Martin Pabst

# Saudi-Arabien verstehen

Geschichte, Politik, Religion, Gesellschaft

Klett-Cotta

FSC
www.fsc.org

MIX
Papier | Fördert
gute Waldnutzung
FSC® C083411

Klett-Cotta
www.klett-cotta.de
© 2022 by J. G. Cotta'sche Buchhandlung
Nachfolger GmbH, gegr. 1659, Stuttgart
Alle Rechte vorbehalten
Cover: Rothfos & Gabler, Hamburg
unter Verwendung einer Abbildung
von © shutterstock
Karte: Isabell Bischoff, Hannover
Gesetzt von Dörlemann Satz, Lemförde
Gedruckt und gebunden von CPI – Clausen & Bosse, Leck
ISBN 978-3-608-98420-0
E-Book ISBN 978-3-608-12104-9

Bibliografische Information der Deutschen Nationalbibliothek
Die Deutsche Nationalbibliothek verzeichnet diese Publikation
in der Deutschen Nationalbibliografie; detaillierte bibliografische
Daten sind im Internet über http://dnb.d-nb.de abrufbar.

# Inhalt

# Saudi-Arabien: Klischeebehaftet und facettenreich, traditionell und reformorientiert, machtbewusst und verunsichert

Über Saudi-Arabien sind in Deutschland viele Klischees verbreitet. Stolze Wüstennomaden, unermesslich reiche Ölscheichs und strenge wahhabitische Prediger sind häufig gebrauchte Stereotypen. Jedoch sind sie überzeichnet und werden dem Königreich nicht gerecht – der langen Geschichte des Landes, seiner gesellschaftlichen und kulturellen Vielfalt, seinen mannigfaltigen Sehenswürdigkeiten. Hinzu kommt, dass die Entwicklungen in raschem Fluss sind, denn Saudi-Arabien befindet sich derzeit in einem rasanten politischen, ökonomischen und gesellschaftlichen Transformationsprozess.

Das unzureichende Wissen ist nicht verwunderlich, war Saudi-Arabien doch in der Vergangenheit eines der abgeschlossensten Länder der Welt. So war es für Touristen einfacher, nach Nordkorea zu gelangen, denn das dortige staatliche Reisebüro bot immerhin in begrenztem Umfang streng beaufsichtigte Gruppenreisen an. Hingegen wurden Visa für Saudi-Arabien nur für muslimische Pilger und vom Königreich benötigte Fachkräfte gewährt.

Für die lange Abschließung des Königreichs nach außen gibt es zwei Gründe: Zum einen war es seit seiner Gründung 1932 misstrauisch gegenüber dem Eindringen fremder Ideen und Wertvorstellungen. Die Ordnung des Königreichs beruht auf dem vom Prediger Abd el-Wahhab (um 1703–1792) reformierten, strikt an den Geboten des Koran und dem Leben des Propheten Muhammad ausgerichteten Islam. Dieses puristische Islamverständnis unterscheidet Saudi-Arabien bereits von anderen muslimischen Staaten. So steht während der fünf täglichen Gebetszeiten das gesamte öffentliche und kommerzielle Leben still. Noch größer ist der Gegensatz zu den Wertvorstellungen Europas und Nordamerikas, ihrem Liberalismus und Pluralismus.

Zum anderen sah Saudi-Arabien aufgrund seines Ölreichtums auch keine Notwendigkeit, den internationalen Tourismus zu fördern. Noch vor wenigen Jahren finanzierten die Einnahmen aus Ölexporten zu 85 Prozent das Budget der Regierung. Touristisch erschlossen wurde das Land lediglich ansatzweise für Inländer sowie für Besucher aus arabischen Nachbarstaaten.

85 Prozent der Einwohner leben heute in Städten, doch viele von ihnen erst seit vergleichsweise kurzer Zeit; sie sind noch ihrem ländlichen Ursprung und seinen Traditionen verbunden.

Das Land folgt der strengen wahhabitischen Richtung des Islam, die Christen und Juden als Ungläubige einstuft, doch seit dem Zweiten Weltkrieg unterhält es enge Beziehungen zur abendländischen Supermacht USA wie auch zu westeuropäischen Staaten. Für beide Seiten ist dieser Spagat eine dauernde Herausforderung.

Lange Zeit hat das Königreich das Leben seiner Bürger auf Glaube, Familie und Arbeit ausgerichtet. Besucher staunen immer wieder, wie vergleichsweise leer die Straßen sind – das Leben spielt sich vorwiegend in geschlossenen Räumen ab. Sichtbare hohe Mauern schirmen die Häuser nach außen ab, ebenso hoch sind die unsichtbaren Mauern der Religion, Tradition, Konvention und Kultur. Vergnügungen wie Kinos, Musik und Theater waren jahrzehntelang tabu. Von Kindertagen an wird eine strikte Geschlechtertrennung praktiziert, und die Rolle der Frau ist auf die Familie ausgerichtet (»Männer müssen Gott, Frauen dem Mann gehorchen.«[1]). Der König regiert als absoluter Monarch, der Koran ist die Verfassung des Landes, und Straftaten können gemäß strikter Auslegung der Scharia mit rigiden Körperstrafen geahndet werden.

Dennoch konkurrieren saudische Traditionen heute mit westlichen Lebensentwürfen. Der Wandel setzte um 2000 ein, als Satellitenfernsehen und Internet alternative Lebensentwürfe bekannt machten und die Regierung begann, ein gewisses Maß an Pluralität zuzulassen. Immer mehr Bürger reisen oder studieren im Ausland und nehmen dort viel größere Freiheiten in Anspruch, als sie in der Heimat genießen. Gebildete Saudis sprechen heute gut Englisch, 96 Prozent der Einwohner nutzten 2021 das Internet und 79 Prozent die sozialen Medien, sie sind also bestens über das Leben in anderen Weltregionen informiert. Ambitionierte Künstler machen von sich reden, Frauen erstreiten mehr Freiräume, und Bürger versuchen, eine aktive Zivilgesellschaft aufzubauen.

Schon während der Regierungszeit König Abdullahs (2005–2015) war der Wunsch nach Veränderung spürbar. Die zunehmend selbstbewusste Mittelschicht strebte nach erweiterter ökonomischer Betätigung und mehr Mitsprache. Junge Saudis waren über mangelnde Freizeitangebote und staatliche Gängelung frustriert und mahnten Reformen an – manche von ihnen suchten auch problematische Auswege, wie den Konsum illegaler Suchtmittel oder private Autorennen auf öffentlichen Straßen. Mutige Frauen kämpften für gesellschaftliche Freiheiten und berufliche Selbstverwirklichung. Im Gegenzug warnten konservative Kräfte vor einer Erosion saudischer Werte. Der vorsichtige Modernisierer Abdullah setzte ausgewählte Reformen um, die lange undenkbar schienen. So berief er Frauen in die beratende Versammlung, ernannte 2009 erstmals eine Ministerin und gründete eine nach ihm benannte, hochmoderne Universität für Wissenschaft und Technologie, die keine Geschlechtertrennung kennt und Englisch als Unterrichtssprache verwendet.

Obwohl nach Abdullahs Tod mit Salman bin Abd al-Asis wiederum ein leiblicher Sohn des Staatsgründers im hohen Alter (79 Jahre) die Herrschaft antrat, nahm die Reformpolitik nun Fahrt auf. Treiber ist der zum Zeitpunkt des Thronwechsels gerade einmal 29 Jahre alte Königssohn Muhammad bin Salman. Heute ist er Kronprinz, stellvertretender Premierminister, stellvertretender Vorsitzender des Ministerrats, Verteidigungsminister, Vorsitzender des Rats für Wirtschaft und Entwicklung sowie des Rats für politische und sicherheitspolitische Angelegenheiten. Damit besitzt er eine ungeheure Machtfülle. »MbS« gilt als Repräsentant der Mittelschicht, der Frauen und der Jugend, die große Hoffnungen in ihn setzen. Er hat erkannt, dass man Saudi-Arabien nicht dauerhaft gegen die große Mehrheit der Bevölkerung regieren kann – zwei Drittel sind jünger als 35 Jahre.

Der Kronprinz will das Image Saudi-Arabiens in der Innen- wie Außenwahrnehmung nachhaltig verändern. Aus dem abgeschlossenen, streng religiösen und auf seinen Ölreichtum konzentrierten Königreich soll ein ökonomisch diversifizierter, gesellschaftspolitisch dynamischer und international einflussreicher Staat mit moderatem Islam und freundlichem Antlitz werden.

Das Tempo der von MbS vorangetriebenen gesellschaftlichen Reformen ist immens. Zehn Jahre zuvor war es noch undenkbar gewesen, dass Frauen Auto fahren, männliche und weibliche Jugendliche in städtischen Cafés zusammensitzen, Konzerte, Theater- und Filmaufführungen stattfinden, die Macht von Klerus und Religionspolizei beschnitten ist und ein internationaler Tourismus angekurbelt wird.

Für den Reformkurs sind auch ökonomische Zwänge verantwortlich. Infolge der Energiewende muss sich Saudi-Arabien auf die Zeit nach dem Öl einstellen. Wenn das Land in den 2020er-Jahren Wirtschaft und Gesellschaft nicht nachhaltig diversifiziert und modernisiert, droht eine mittelfristige Verarmung der weiterhin wachsenden Bevölkerung. Eine solche Entwicklung könnte die jahrhundertealte Herrschaft der Dynastie Saud gefährden, die bisher Garant für Stabilität und Wohlstand war.

Freilich ergeben sich neue Widersprüche: Die Reformen werden nicht von unten angestoßen, sondern von oben verordnet. Eine politische Öffnung parallel zur wirtschaftlichen und gesellschaftlichen ist nicht erkennbar, eine kritische Zivilgesellschaft nicht erwünscht. Gerade Kronprinz Muhammad bin Salman steht für eine autoritäre Moderne, die sich eher an China oder Russland als an den USA oder Westeuropa orientiert. Für die westlichen Demokratien bleibt der Umgang mit Saudi-Arabien somit eine Herausforderung. Auch auf dem Feld der Außen- und Sicherheitspolitik tritt Saudi-Arabien heute nicht mehr zurückhaltend auf, sondern setzt seine Interessen machtvoll durch. Dahinter verbirgt sich freilich auch Verunsicherung, denn das Land fürchtet die wachsende Stärke des Iran angesichts der Verringerung der US-Präsenz am Persischen Golf.

Den Besucher erwartet ein gastfreundliches Land mit vielfältigen Landschaften und Kulturen, von der schwülen Küstenebene Tihama am Roten Meer über die Bergländer Hedschas und Asir mit ihrem gemäßigten Klima, die Hochebene Nedschd, die Wüsten Nefud und Rub al-Chali bis zur erdölreichen Küste am Persischen Golf. Im ganzen Land bietet das Königreich beeindruckende Sehenswürdigkeiten: jahrtausendealte Felszeichnungen und Nabatäergräber, alte Siedlungen mit Häusern aus Lehm oder Korallenstein, lebendige Suks (Märkte) und luxuriöse Einkaufszentren, majestätische Festungen und spektakuläre Gebirgswanderwege, spannende Kamelrennen und Falkenjagden, hohe Dünen, schattige Palmoasen, einsame Strände, Korallenriffe und Tauchparadiese. Manche Einwohner verteidigen eine konservative Lebensweise, andere streben nach raschen Veränderungen, und wieder andere – wahrscheinlich die Mehrheit – wollen wertvolle Traditionen mit den Errungenschaften der Moderne verbinden.

Dieses Buch versucht, vertiefte Hintergrundinformationen über ein lange unzugängliches Land zu bieten und den politischen und gesellschaftlichen Wandel aufzuzeigen, der sich dort gegenwärtig vollzieht. Und es ist eine Einladung, den größten Staat auf der Arabischen Halbinsel selbst zu erkunden.

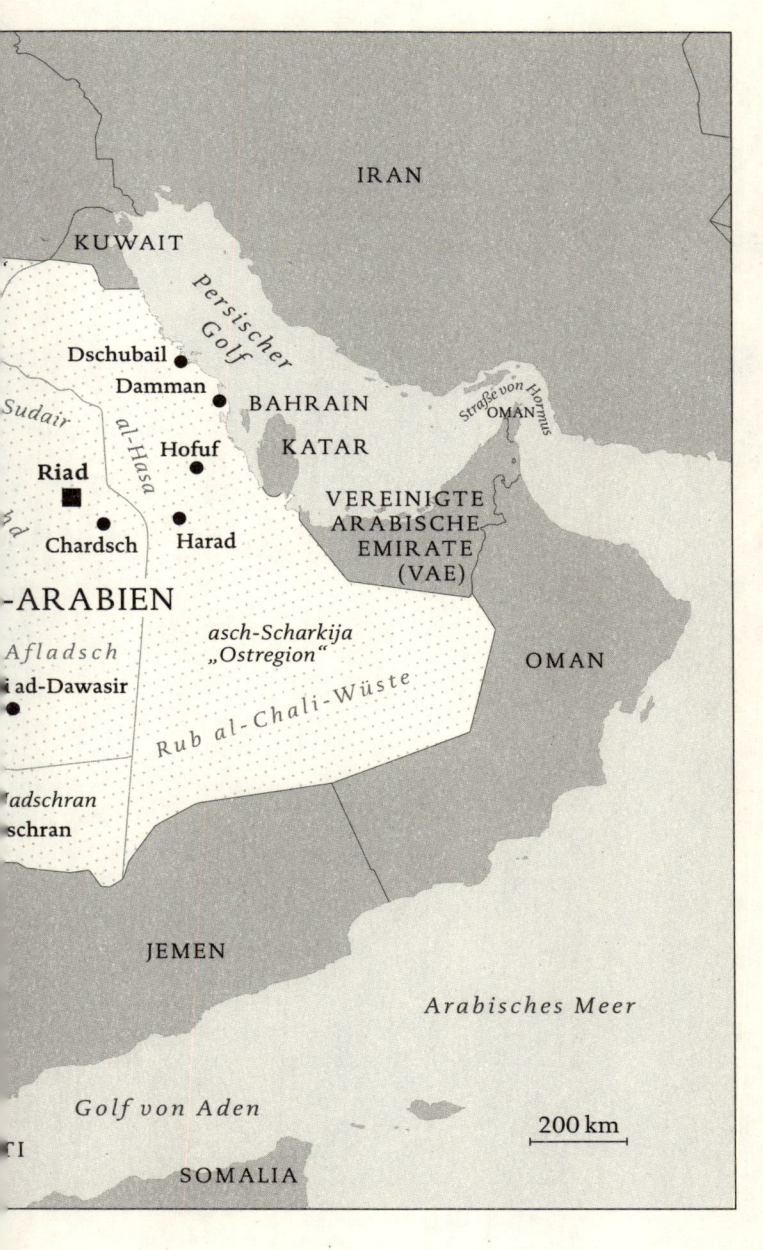

IRAN

KUWAIT

*Persischer Golf*

Dschubail

Damman

BAHRAIN

KATAR

*Straße von Hormus*

OMAN

*Sudair*

*al-Hasa*

Hofuf

**Riad**

Chardsch

Harad

VEREINIGTE
ARABISCHE
EMIRATE
(VAE)

-ARABIEN

*asch-Scharkija
„Ostregion"*

OMAN

*Afladsch*

ad-Dawasir

*Rub al-Chali-Wüste*

*adschran*
*schran*

JEMEN

*Arabisches Meer*

*Golf von Aden*

200 km

SOMALIA

# Was man zur Geographie und zur Geopolitik wissen muss

## Der Großraum

Saudi-Arabien nimmt zwei Drittel der Arabischen Halbinsel ein, der Rest entfällt auf die Staaten Bahrain, Jemen, Katar, Kuwait, Oman und die Vereinigten Arabischen Emirate (VAE). Auf der mit 3,24 Millionen Quadratkilometern größten Halbinsel der Erde lebten 2021 rund 87 Millionen Menschen. Geographisch wird sie zu Südwestasien gezählt, geologisch gehört sie zur afrikanischen Kontinentalmasse, denn vor etwa 30 Millionen Jahren begann sich der Arabisch-Nubische Schild zu teilen, und der Grabenbruch des Roten Meers entstand.[1]

Im Westen, Süden und Osten ist die Arabische Halbinsel von Golfen, Randmeeren oder Meerengen des Indischen Ozeans umgeben: dem Golf von Akaba, dem Roten Meer, der Meerenge Bab el-Mandab, dem Golf von Aden, dem Arabischen Meer, dem Golf von Oman, der Meerenge Straße von Hormus und dem Persischen Golf (das ist die historisch gebräuchliche geographische Bezeichnung, in Saudi-Arabien verwendet man freilich die in den 1960er-Jahren aufgekommene Alternative »Arabischer Golf«.

Nach Norden ist die geographische Grenze nicht klar markiert. Die Arabische Halbinsel endet in der Syrischen Wüste (*badia*), die freilich über weite Teile keine Wüste, sondern eine Trockensteppe ist. Sie erstreckt sich bis zum fruchtbaren Zweistromland von Euphrat und Tigris (Syrien, Irak), dem vulkanischen Hügelgebiet des syrischen Hauran und den regenreichen Gebirgen im Hinterland des Mittelmeers (ostjordanisches Bergland, Golanhöhen, Antilibanon- und Alawiten-Gebirge). In politischer Hinsicht ist die Definition einfacher: Die Nordgrenzen von Kuwait und Saudi-Arabien gelten als Abschluss der Arabischen Halbinsel.

Bis zu 400 000 Jahre zurück datierte Werkzeuge von aus Afrika zugewanderten Hominiden wurden in ehemaligen Seen im Norden Saudi-Arabiens an den Fundstellen Khall Amaischan 4 (KAM-4) und Dschubba gefunden. Vor 120 000 Jahren waren die Randgebirge der Arabischen Halbinsel bewaldet, im Innern gab es Grassteppen, Flüsse und Seen. In einem prähistorischen Süßwassersee in der heutigen Nefud-Wüste wurden Fußabdrücke von Menschen, Kamelen, Pferden und sogar Flusspferden und Elefanten gefunden.

Im Laufe der nächsten Jahrtausende gab es Perioden mit höherer Feuchtigkeit wie auch harsche Trockenzeiten. So war die Arabische Halbinsel im »dunklen Jahrtausend«, einer anhaltenden Dürreperiode, die vor ca. 5900 Jahren begann und vor ca. 5300 Jahren endete, weitgehend unbewohnbar.

Als die Niederschläge zunehmend weniger wurden und sich Wüsten und Halbwüsten ausbreiteten, wanderten die sesshaften Bewohner des Inlandes an die regenbegünstigten bzw. grundwasserreichen Küstenstreifen bzw. in die Oasen mit Wasserquellen. Die Nomaden zogen weiterhin durch die Wüste und betrieben extensive Viehhaltung.

Die Arabische Halbinsel gliedert sich in fünf Landschaften:

- das rund 1000 Meter hohe zentrale Plateau (Nedschd) in Saudi-Arabien mit extensiven Weideflächen und dem rund 1300 Meter langen Tuwaik-Rücken;
- Wüsten wie die teils sandige, teils steinige Nefud (Saudi-

Arabien) und die steinige Dibdiba (Saudi-Arabien, Kuwait) im Norden, die schmale sandige bzw. grasbesetzte ad-Dahna in der Mitte (Saudi-Arabien) und die sandige Rub al-Chali im Süden (Saudi-Arabien, Jemen, Oman, VAE);

- küstennahe, im Jemen bis zu 3665 Meter hohe, schroffe Berge wie das Midian-, Hedschas- und Asir-Gebirge (Saudi-Arabien) und das Haras-Gebirge (Jemen) im Westen, das Hadramaut-Gebirge (Jemen) und das Dhofar-Gebirge (Oman) im Süden bzw. Südosten sowie das Hadschar-Gebirge (VAE, Oman) im Osten;

- das 20 bis 40 Kilometer breite, sumpfige Küstenland (Tihama) mit Korallenriffen am Roten Meer (Saudi-Arabien, Jemen);

- küstennahe Oasen im Osten, wie z. B. al-Buraimi (geteilt zwischen VAE und Oman), al-Hasa und al-Katif (Saudi-Arabien), sowie das sandige bzw. sumpfige Küstenland am Persischen Golf und die dahinterliegende Kalksteinsteppe Summan.

Vorgelagert sind Inseln. Die wichtigsten sind Sanafir und Tiran im Roten Meer am Eingang des Golfs von Akaba (Saudi-Arabien), Perim in der Meeresstraße Bab el-Mandab (Jemen), Sokotra im Indischen Ozean (3625 Quadratkilometer groß; Jemen), Masirah und die Kuria-Muria-Inseln im Arabischen Meer (Oman), Bahrain, al-Muharraq und Sitra (Bahrain), Abu-Musa und die Tunb-Inseln (beide seit 1971 iranisch verwaltet, aber von den VAE beansprucht), Abu Dhabi, Delm, Saadijat, Sir Abu Nuaira und Jas (VAE) sowie Bubijan und Failaka (Kuwait) im Persischen Golf. Bahrain ist ein aus 33 Inseln bestehender Staat.

Drei Wüstentypen kommen vor: die Fels- und Steinwüste (*hamada*), die Schotter- und Kieswüste (*serir*) und die Sandwüste (*erg*). Dort befinden sich salzhaltige Rohböden ohne Humus, die kein Wasser halten und kaum Vegetation hervorbringen können. Nur in windgeschützten Mulden und Senken gedeihen Wüstenpflanzen. Sand, Kies und Steine werden vom Wind sowie in der Regenzeit von Flussläufen weitertransportiert. Durch zu intensive Nutzung von Boden, Vegetation und Wasser können sich Wüsten ausbreiten. Darunter leiden insbesondere der Oman und die VAE.

Die ca. 700 000 Quadratkilometer große Rub al-Chali (»das leere Viertel«) ist die größte Sandwüste der Erde, mehr als zwei Drittel ihrer Fläche sind von bis zu 300 Meter hohen Sanddünen bedeckt. Die Temperaturen können hier innerhalb eines Tages zwischen dem Gefrierpunkt und 60 Grad Celsius schwanken.

In der Nähe der Küste gedeihen mitunter Laubwald und Zederngehölze. In den Bergen findet man Büsche und Tamarisken. Überwiegend stößt der Besucher auf Dornsträucher, Kakteen und Steppengräser, die auf den salzhaltigen Böden wachsen.

Früher war die Fauna viel reichhaltiger; heute muss man sich mit Springmäusen, Wüstenfüchsen und Wüstenhasen begnügen. In den Bergen jagen Geier, Falken, Adler und Bussarde. Ein arabisches Wahrzeichen ist die stattliche Oryx-Antilope mit ihren langen, gebogenen Hörnern. Das Hadramaut-Gebirge im Südjemen ist für seine Steinböcke und Wildkatzen berühmt. In der Rub al-Chali kommen Strauße vor, im Südwesten der Halbinsel arabische Trappen.

Die Arabische Halbinsel ist Bestandteil der tropisch/subtropischen Trockengebiete, die etwa 21 Prozent der Erdoberfläche einnehmen. Niederschlag kann zu unterschiedlichen Jahreszeiten fallen, er reicht aber lediglich für spärliche Vegetation.

Heute ist das Klima subtropisch, trocken und heiß. Hierfür sind die Nordostpassatwinde verantwortlich. Hinzu kommt der Regenschatteneffekt der höheren Gebirge: Die

Feuchtigkeit wird nur auf der Küstenseite abgeregnet. In den Sommermonaten von Juli bis September schwanken die Temperaturen zwischen 45 bis 55 Grad Celsius am Tag und sinken in der Nacht auf ca. 30 Grad ab. In höheren Lagen können diese Schwankungen sogar bis zu 40 Grad betragen.

In den Bergen ist das Klima gemäßigter: So erreicht die auf 1680 Metern Höhe gelegene saudische Stadt Ta'if im Hedschas-Gebirge maximale Sommertemperaturen von 25 Grad. Sie ist dann ein beliebter Rückzugsort für die Bewohner von Dschidda und Mekka. An der Küste können dichter Nebel und Nieselregen auftreten.

In den für europäische Besucher angenehmen Wintermonaten herrschen Temperaturen zwischen 22 und 30 Grad, nachts kann es bis auf 5 Grad abkühlen. Auf den Gipfeln des omanischen Hadschar-Gebirges mag zum Jahreswechsel sogar Schnee fallen.

In den meisten Gebieten der Arabischen Halbinsel fallen jährliche Niederschläge von weniger als 250 Millimeter, im Norden und Südosten sogar von weniger als 100. Dies ermöglicht nur Weidewirtschaft. Heute gibt es allerdings kaum noch Nomaden und Halbnomaden. Politische Grenzen durchschneiden ihre Weideräume, und die Regierungen haben sie mit Landzuteilung und Dienstleistungen dazu gebracht, sesshaft zu werden.

Die Arabische Halbinsel beherbergt kaum Seen oder permanente Flüsse. Die meisten Gebiete werden von kurzlebigen Wasserläufen, den sogenannten *wadis*, entwässert, die nur während der Regenzeit in den Sommermonaten Wasser führen. Urplötzlich können sie zu breiten Strömen werden, Menschen töten und ganze Dörfer mit sich fortreißen.

Unter einem Großteil der Halbinsel existieren fossile Grundwasservorkommen. Wo dieses Wasser an die Erdoberfläche tritt, haben sich natürliche Oasen gebildet. Viele

Städte, wie z. B. die saudische Hauptstadt Riad, gehen auf Oasensiedlungen zurück.

Artesische Brunnen, Quellen und niedriges, durch den Wasserkreislauf entstandenes Grundwasser, ermöglichen Oasenlandwirtschaft. Traditionell wird das Grundwasser mittels hand- bzw. tierbetriebener Brunnen an die Oberfläche gebracht, auch Flaschenzüge wurden schon früh eingesetzt. Heute sind Brunnen mit Motorantrieb üblich.

Das Wasser wird über bis zu 25 Kilometer lange Kanäle (*afladsch*) unter Ausnutzung des Gefälles von den Quellen zu den Dörfern und Städten geleitet und dort verteilt. Die *aini-afladsch* werden direkt von Quellen gespeist, die *ghaili-afladsch* beziehen ihr Wasser aus einem zeitweise wasserführenden Flussbett (*wadi*), und die *iddi-afladsch* gründen im Grundwasser von Brunnen oder in der unteren Schicht eines Gebirges und leiten es bis zu 20 Meter tief unterirdisch in Tunneln mit minimalem Gefälle. Heute sind noch etwa 3000 bis 4500 solcher Bewässerungssysteme mit einer Gesamtlänge von weit über 1000 Kilometern in Gebrauch.

## Die Wirtschaft

Weniger als zwei Prozent der Fläche der Arabischen Halbinsel sind für Acker- und Gemüsebau nutzbar. Erschlossen sind vor allem die niederschlagsreichen Hänge im Südwesten (Asir, Jemen), Küstengebiete mit Grundwasservorkommen im Süden und Osten sowie wasserreiche Oasen im Innern der Halbinsel.

Die Nomaden betrieben extensive Viehzucht, je nach Jahreszeit nutzten sie unterschiedliche Weiden für ihre Kamele, Ziegen, Schafe und Esel. Für die Beduinen war das *dhalul* (einhöckrige Kamel) der treueste Begleiter, es war Transportmittel, lieferte Fleisch, Milch, Leder und Fell, der Kot diente als Heizmaterial. Auch bei großer Hitze kann es 30 bis 50 Kilometer pro Tag zurücklegen und bis zu 180 Liter Wasser aufnehmen. Heute ist die Kamelzucht in der Regel Liebhaberei. Ein besonders edles *dhalul* für Rennen oder Wettbewerbe kann Hunderttausende US-Dollar kosten.

Eine Form intensiver Viehwirtschaft ist die al-Safi-Milchfarm in der Rub-al-Chali-Wüste, rund 100 Kilometer von der saudischen Hauptstadt Riad entfernt. Der größte Milchviehbetrieb der Welt erfordert massiven Wasser- und Stromeinsatz. An die 50 000 Milchkühe zuzüglich Jungtieren werden hier in klimatisierten Ställen gehalten. Die jährliche Milchproduktion liegt bei über 170 Millionen Litern. Auch die Weiterverarbeitung der Milch erfolgt im Unternehmen. Das Wasser, das vor allem für die automatische Sprinkleranlage benötigt wird, wird über 2000 Meter tiefe Grundwasserbrunnen zugeführt und recycelt. Gras, Luzerne und Heu werden vor Ort mit künstlicher Bewässerung angebaut.

Die Oasenlandwirtschaft nutzt in der Regel den Stockwerkbau: Auf der unteren Ebene werden Weizen, Gerste, Hirse, Reis, Gemüse und Futterpflanzen angebaut, in der Mitte niedrige Feigen- und Granatäpfel, und das obere Stockwerk bilden die salzverträglichen Dattelpalmen, deren Wurzeln bis ins niedrige Grundwasser reichen. Auch Öl- und Aprikosenbäume werden kultiviert. Mehrere Ernten pro Jahr sind möglich. Die Oasenwirtschaft bildet ein in sich geschlossenes Wirtschafts- und Sozialsystem.

Ein bekanntes Beispiel ist die 100 Kilometer von der Küste des Persischen Golfs entfernte saudische Oase al-Hasa mit mehr als 2,5 Millionen Palmen. Ursprünglich trat das Wasser aus etwa 30 artesischen Brunnen selbsttätig an die Erdoberfläche. Der Grundwasserspiegel ist jedoch in den letzten Jahrzehnten aufgrund intensiver Wassernutzung stark gesunken. Heute wird das kostbare Nass aus immer tieferen Brunnen nach oben gepumpt. In den 1960er- und 1970er-Jahren begann man, moderne Kanäle mit einer Länge von etwa 1500 Kilometern zu bauen. Heute wird auch Mikro- bzw. Tropfbewässerung eingesetzt. Drainage mittels Entwässerungsgräben ist essenziell, ansonsten versalzen die Böden.

Die Arabische Halbinsel produziert mehr Datteln als jede andere Region. Sie sind nicht nur eine Delikatesse, sondern auch ein Grundnahrungsmittel. In Saudi-Arabien werden sage und schreibe 31 Millionen Dattelbäume kultiviert. Das Land produziert jährlich rund 1,5 Millionen Tonnen Datteln und führte 2019 als weltweit zweitgrößter Exporteur nach Tunesien 184 000 Tonnen aus. Die Früchte sind das einzige nennenswerte landwirtschaftliche Ausfuhrprodukt des Königreichs.

Ab den 1980er-Jahren suchte man braune Wüste in grünes Agrarland zu verwandeln. Fossiles Grundwasser wurde aus Hunderten Metern Tiefe hochgepumpt. Wer mit dem Flugzeug unterwegs war, sah Tausende grüner Kreise in der Steppe: riesige künstlich bewässerte Weizenfelder. Ende der 1980er-Jahre stieg Saudi-Arabien sogar zum zehntgrößten Weizenexporteur weltweit auf.

Im ersten Jahrzehnt des 21. Jahrhunderts entfielen 88 Prozent des Wasserverbrauchs auf die Landwirtschaft, bei der selbst bei moderner Sprühbewässerung Verluste von bis zu 50 Prozent in Kauf genommen werden müssen. In Spitzenzeiten pumpte Saudi-Arabien 8,7 Milliarden Kubikmeter Wasser (2005) jährlich aus dem Boden. Auf diese Weise leerte das Land in nur einer Generation den Aquifer, der Zehntausende Jahre gebraucht hatte, um sich zu füllen. Der Grundwasserspiegel sank massiv, und viele Brunnen versiegten. Es drohte ein Kollaps der Wasserversorgung. Nun setzte ein

Umdenken ein. 2009 wurden alle Subventionen für den Getreideanbau gestrichen, und seit 2016 deckt Saudi-Arabien seinen gesamten Weizenbedarf mit Importen. Trotz dieser Maßnahmen überstieg in diesem Jahr das in Saudi-Arabien entnommene Frischwasser die sich erneuernden Wasserressourcen noch um 943 Prozent. Übertroffen wurde das Land darin nur noch von Kuwait und den VAE.

Die traditionsreiche Küstenfischerei wird heute mit motorisierten Fangflotten betrieben. Früher waren Perlentaucherei und Perlenhandel am Persischen Golf ein bedeutender Wirtschaftsfaktor, Beduinen zogen dorthin, um einige Monate lang Geld zu verdienen. In den 1930er-Jahren beendete der von Japan ausgehende Siegeszug der Zuchtperlen diese Wirtschaftsform abrupt.

Der Handel ist ein traditioneller Wirtschaftszweig in Küstenstädten wie Dschidda und al-Katif. Aus Indien übernahmen die Golfaraber die *dhau* mit ihren großen trapezförmigen Segeln. Einträglicher Seehandel wurde schon früh mit Mesopotamien, Indien und Ostafrika betrieben.

Handelsmetropole Nr. 1 ist heute Dubai in den VAE, mit 3,3 Millionen Einwohnern Hauptstadt des gleichnamigen Emirats. Ihr Hafen Dschebel Ali ist der neuntgrößte Containerhafen der Welt. 2018 wurden hier 15 Millionen 20-Fuß-Container umgeschlagen. 2016 besuchten 15 Millionen internationale Touristen die pulsierende Metropole, die auch beliebtes Ziel von Kreuzfahrtschiffen ist. Weitere bedeutende Häfen sind Abu Dhabi (VAE), Manama (Bahrain), Kuwait-Schuwaikh (Kuwait), Maskat und Salalah (Oman), Mukallah, Aden und Hodeida (Jemen) sowie Ras al-Chair, Dammam, Dschidda und Dschanbu (Saudi-Arabien).

Von den Küstenregionen verlaufen Handelswege durch die Arabische Halbinsel. Im 10. Jahrhundert v. Chr. entstand die »Weihrauchstraße« von Dhofar (heute Oman) über Sanaa (Jemen), Mekka und Medina (Saudi-Arabien), Petra (Jordanien) nach Gasa (Palästina) und Ägypten bzw. nach Damaskus (Syrien). Gehandelt wurden Produkte wie Weihrauch und Myrrhe aus dem Oman sowie Importprodukte wie Textilien, Gewürze und Edelsteine aus Indien. In Ost-West-Richtung verlief ein bedeutender Handelsweg zwischen Manama bzw. al-Katif und Dschidda. Eine wichtige Einnahmequelle der Beduinen waren Führung und Schutz von Karawanen. In den Städten im Inneren der Halbinsel tauschten sie Kamele, Ziegen, Schafe, Fleisch, Milch, Fett, Wolle und Felle gegen Getreide, Obst, Datteln, Salz, Kleider und Waffen.

Auch heute sind diese alten Handelswege noch von Bedeutung, aber statt Kamelen fahren Lastkraftwagen auf Teerstraßen. 1961 bzw. 1965 wurde in Saudi-Arabien der heute dreispurige Highway 40 zwischen Dammam, Riad, Mekka und Dschidda fertiggestellt. Mit dem Arab Mashreq International Road Network wurde 2003 ein internationales Straßennetzwerk im Nahen und Mittleren Osten etabliert. Saudi-Arabien verfügt heute über ein gut ausgebautes Straßennetz von über 220 000 Kilometern, wovon an die 50 000 befestigt sind. Unfälle sind leider häufig, die Zahl der Verkehrstoten ist etwa sechs Mal so hoch wie in Deutschland.

Die im Osmanischen Reich von 1902 bis 1908 für den Pilgerverkehr angelegte Hedschasbahn in 1050 Millimeter Schmalspur führte von Damaskus über Amman nach Medina. Mekka hatte sie 1914 noch nicht erreicht. Die Bahn wurde im Ersten Weltkrieg zerstört. Teilstücke werden noch in Syrien und Jordanien betrieben. In Medina und Mada'in Saleh erwarten den Besucher sehenswerte Museen der Hedschasbahn.

1951 wurde die für lange Zeit einzige Eisenbahnstrecke auf der Arabischen Halbinsel von Dammam nach Riad in Normalspur (1435 Millimeter) eröffnet. 2020 betrieb man ein Netz von 1380 Kilometern im Zentrum, Norden und Osten, das die Saudi Railways Organization (SRO) derzeit erweitert: Die Ost-West-Achse von Dammam nach Riad wird nach Dschidda verlängert (»Saudi Land Bridge«) sowie eine nördliche Linie von Riad über Buraida und Ha'il nach Jordanien (mit Abzweigungen al-Sabirah – Dschubail an den Persischen Golf sowie zum Phosphatabbaugebiet von Hasm al-Dschalamid) gebaut werden. Der zugehörige Abschnitt Riad – al-Kasim wurde im Februar 2017 eröffnet. Seit 2018 wird die elektrische Hochgeschwindigkeitslinie »Haramain Express« Mekka – Dschidda – Medina (449,2 Kilometer) betrieben. Bei der mit dem saudischen Netz verknüpften Küstenbahn am Persischen Golf von Kuwait bis in die VAE handelt es sich um ein Projekt des Golfkooperationsrats (GKR).

Wichtigste Handelshäfen sind Dschidda, Dschanbu, Diba und Dschisan am Roten Meer sowie Dammam und al-Dschubail am Persischen Golf.

Seit den 1930er-Jahren ergänzen Flugzeuge die Kamele, Automobile und Lastkraftwagen. Internationale Drehkreuze sind Dubai (viertgrößter Flughafen weltweit mit rund 86 Millionen Passagieren 2019) und Abu Dhabi (VAE), Riad, Dammam und Dschidda (Saudi-Arabien), Kuwait-Stadt (Kuwait), Manama (Bahrain), Doha (Katar) und Maskat (Oman). Die staatliche Fluglinie Saudia (Saudi Arabian Airlines) wurde 1945 mit einer zweimotorigen DC-3 (Dakota) gegründet, die US-Präsident Franklin D. Roosevelt König Abd al-Asis geschenkt hatte. 2021 war sie hinter Emirates (259 Flugzeuge) und Qatar Airways (231) die drittgrößte Gesellschaft im Mittleren Osten: Sie verfügte über 144 Großraumflugzeuge und flog rund 120 Ziele an. Die Hälfte des Passagieraufkommens entfällt auf Mekka-Pilger.

Bekannt ist die Arabische Halbinsel für ihre immensen Erdölvorkommen. Vor 65 bis 200 Millionen Jahren wurde der Faulschlamm aus abgestorbenen Tieren und Pflanzen in Kohlenwasserstoff verwandelt.

Andere Weltregionen gingen bei der Energieproduktion voran. In den USA setzte die Erdölgewinnung in den 1860er-Jahren, im Russischen Reich (Kaspisches Meer) in den 1870er-Jahren ein. Dort gab es um die Jahrhundertwende die allseits bewunderten »Ölbarone« – von »Ölscheichs« sprach noch niemand.

1909 startete die Ölförderung in Südpersien, 1909 in Ägypten und 1928 im Irak. Erst danach wurden die Ressourcen auf der Arabischen Halbinsel erschlossen. Den Anfang machte Bahrain, das ab 1934 Öl exportierte. In Saudi-Arabien wurde nach jahrelanger Suche endlich am 3. März 1938 die erste Ölquelle entdeckt, und am 1. Mai 1939 verließ der erste Öltanker den neue Verladeterminal Ras Tanura im Persischen Golf. Kuwait begann 1946, Öl zu exportieren, Katar 1949, Abu Dhabi 1963, der Oman 1967, Dubai 1969, als letzter Staat der Jemen 1988.

Von Bedeutung sind heute die 1982 in Betrieb genommene Ost-West-»Petroline« von Abkaik im Osten nach Dschanbu im Westen Saudi-Arabiens sowie die 2012 eröffnete VAE-Pipeline von Habschan (Abu Dhabi) durch Wüstengebiet und das Hadschar-Gebirge nach Fudschaira am Golf von Oman. Beide Ölleitungen umgehen die Meerenge Straße von Hormus.

Gemäß dem British Petroleum Statistical Review of World Energy 2021 verfügt der Mittlere Osten über 48,3 Prozent der weltweit nachgewiesenen Erdölreserven. Nach Venezuela (17,5 Prozent) steht Saudi-Arabien (17,2 Prozent) an zweiter Stelle. Erdöl ist nicht nur ein Energieträger, sondern wird auch in der Pharma- und Kunststoffindustrie als Rohstoff verwendet.[2]

Erdgas findet sich häufig oberhalb von Erdölvorkommen. Laut dem British Petroleum Statistical Review of World

Energy 2021 befinden sich im Mittleren Osten 40,3 Prozent der nachgewiesenen Reserven weltweit. Nach Russland (19,9 Prozent) stehen Iran (17,1) und Katar (13,1) auf dem 2. und 3. Platz.[3]

Früher wurde das Erdgas in der Nähe von Erdölvorkommen häufig ungenutzt abgefackelt, heute wird es als Energieträger genutzt. Nur noch kleine Fackeln sind in der Nähe der Ölförderanlagen zu sehen, wo nicht nutzbare Bestandteile abgefackelt werden. Aramco errichtete ab 1975 in Saudi-Arabien ein Gassammel- und Gasverarbeitungssystem. Zunächst erschloss man das mit dem Öl assoziierte Gas, später auch ölunabhängige Gasfelder. Erdgas ist in Saudi-Arabien bisher ausschließlich ein Energieträger für den heimischen Energieverbrauch und ersetzt dort Öl. Derzeit wird noch ein Viertel der Ölproduktion für den heimischen Bedarf eingesetzt. Parallel zur Ölpipeline nahm Saudi-Arabien 1982 die 1193 Kilometer lange Erdgasleitung von Schedgum am Persischen Golf nach Dschanbu am Roten Meer in Betrieb.

Saudi-Arabien verfügt über einen Weltanteil von 3,2 Prozent bei den nachgewiesenen Erdgasreserven, die aber schwer zu fördern sind. Kronprinz Muhammad bin Salman setzt auf die Erschließung des Dschafurah-Gasfelds (200 Billionen Kubikfuß), wo ab 2024 Schiefergas durch Fracking gewonnen werden soll. Es ist das größte Schiefergasprojekt außerhalb der USA. Obwohl die bisherigen Annahmen nicht dafür sprechen, hofft der Kronprinz, dass Saudi-Arabien mittelfristig zu einem Gasexporteur werden könnte.

Lange Zeit konnte das Erdgas nur in verdichteter Form über Pipelines transportiert werden. Dank Verflüssigung in Terminals, Transport über spezielle Tankschiffe und Regasifizierung am Bestimmungsort kann Erdgas heute weltweit gehandelt werden. Durch Abkühlung auf −161 bis −164 Grad Celsius wird Erdgas in Terminals verflüssigt. Liquified Natural Gas (LNG) weist nur etwa ein Sechshundertstel des Volumens von gasförmigem Erdgas auf. Grundsätzlich geht man davon aus, dass sich ab einer Kundenentfernung von 2500 Kilometer Erdgasverflüssigung rentiert. Saudi-Arabien will gegebenenfalls am Roten Meer einen LNG-Terminal anlegen, der dem Import dient. Das erdgasreiche Katar nahm 1996 seinen ersten LNG-Terminal Ras Laffan in Betrieb und ist seit 2006 der weltweit größte LNG-Exporteur.

Pragmatische Herrscher wie König Abd al-Asis ibn Abd ar-Rahman ibn Faisal Al Saud – bei uns besser bekannt unter der nicht korrekten Kurzbezeichnung »Ibn Saud« – erkannten, dass Erdölexport es ermöglicht, die Lebensqualität der wachsenden Bevölkerung zu verbessern. Es bildete sich eine Rentenökonomie heraus. Erträge aus Erdölexporten und Lizenzen wurden vor allem für Konsumgüter, Nahrungsmittel und Waffen abgeschöpft.

In den 1970er-Jahren begann in Saudi-Arabien der Bau von petrochemischen Industrien, Raffinerien, Werften, Aluminiumschmelzen, Textil- und Nahrungsmittelfabriken sowie touristischen Einrichtungen. Ein Dienstleistungs- und Finanzsektor wurde aufgebaut. Die angestrebte Diversifizierung der Wirtschaft blieb jedoch in Ansätzen stecken: In den VAE hatten Erdölexporte 2011 einen Anteil an den Gesamtwarenexporten von 64,6 Prozent, in Katar waren es 72,8, im Oman 81,2 und in Saudi-Arabien gar 87,5.[4]

Bis heute haben staatliche Unternehmen auf der Arabischen Halbinsel einen Anteil von 50 Prozent am Bruttoinlandsprodukt. Fast 70 Prozent der angestellten saudischen Einwohner arbeiten im Staatsdienst. Mit sicheren Arbeitsplätzen, guten Gehältern, kostenfreien Dienstleistungen und Subventionen auf Bedarfsgüter wird politische Loyalität erkauft. Steuern waren bis vor Kurzem unbekannt. Die Energie exportierenden Staaten rekrutieren in hoher Zahl ausländische Arbeitskräfte, deren Anteil von rund 30 Prozent (Saudi-Arabien) bis zu 86 Prozent (Katar) reicht.

Auf Betreiben von Muhammad bin Salman verkündete Saudi-Arabien 2016 die von McKinsey ausgearbeitete Entwicklungsstrategie »Saudi Vision 2030« für die Zeit nach dem Öl. Sie setzt auf Erneuerbare Energien, Kernkraft, Privatisierung von Staatsunternehmen und den Ausbau von Industrie und Dienstleistungen.

Die Energiewende ist weltweit eingeläutet, doch werden noch auf absehbare Zeit fossile Energieträger benötigt werden. Der British Petroleum Energy Outlook 2020 geht davon aus, dass die Weltbevölkerung zwischen 2020 und 2050 um 2 Milliarden auf 9,6 Milliarden zunehmen wird, das globale Bruttoinlandsprodukt (Kaufkraftparität) weiterhin kontinuierlich um ca. 2,6 Prozent pro Jahr und der primäre Energiebedarf trotz Einsparungen im Net-Zero-Szenario und im Rapid-Transition-Szenario um 10 Prozent, im Business-as-Usual-Szenario um 25 Prozent. Der Anteil fossiler Brennstoffe am Weltenergiebedarf wird sich gegenüber 84,4 Prozent 2018 bis 2050 stark verringern. Im Net-Zero-Szenario wird er auf 21,6 Prozent, im Rapid-Transition-Szenario auf 39,5 Prozent, im Business-as-Usual-Szenario auf 66,5 Prozent fallen. Innerhalb der fossilen Brennstoffe wird sich der Energiemix ändern. Kohle wird in allen drei Szenarien abnehmen, besonders stark in den ersten beiden. In allen drei Szenarien wird Öl von Erdgas überholt werden. Verantwortlich für diese Entwicklung sind Umweltaspekte (Erdgas ist umweltfreundlicher als Öl), die Erschließung großer Schiefergasreserven insbesondere in den USA und die stark gesunkenen Kosten für den Schiffstransport von Flüssiggas (LNG).[5]

Erneuerbare Energien haben auf der Arabischen Halbinsel großes Potenzial (siehe S. 345 f.). Wind- und Sonnenenergie sowie Wasserstoff können für die heimische Versorgung eingesetzt werden, der mit kostengünstigem Solarstrom aus entsalztem Meerwasser produzierte Wasserstoff auch für den Export.

## Die politische Gliederung

Der bei Weitem größte Staat der Arabischen Halbinsel ist Saudi-Arabien mit einer Fläche von 2,15 Millionen Quadratkilometern und einer Einwohnerzahl von 35,8 Millionen Menschen (2022). Politisch, ökonomisch und militärisch dominiert das Königreich die Halbinsel, so auch die in Riad sitzende Regionalorganisation GKR, dem alle Monarchien (aber nicht die Republik Jemen) angehören.

Da andere Sprachen ausgestorben sind, ist Arabisch in allen Staaten Amtssprache. Als zweite Sprache ist Englisch verbreitet, weil die Staaten entweder Protektorate oder Kolonien Großbritanniens waren oder sich, im Fall Saudi-Arabiens, politisch und wirtschaftlich an Großbritannien und die USA angelehnt haben. Der arabische Sprach- und Kulturraum ist freilich viel größer als die Arabische Halbinsel und erstreckt sich bis nach Marokko und Mauretanien.

Der islamische Glaube und die islamische Kultur prägen die Arabische Halbinsel. In allen Staaten ist der Islam die offizielle Religion. Die Wurzeln dieser Weltreligion liegen im saudischen Mekka und Medina. Größtenteils folgen die Menschen auf der Arabischen Halbinsel der sunnitischen Richtung, in Saudi-Arabien und Katar ist die puristische wahhabitische Auslegung Staatsreligion. In Bahrain bekennt sich die Mehrheit der Bevölkerung zur schiitischen Richtung, in Kuwait und in Saudi-Arabien leben starke schiitische Minderheiten. Im Oman folgt die Mehrheit einer dritten islamischen Richtung: dem besonders frommen, aber zugleich toleranten Ibaditentum. Autochthone christliche und jüdische Gemeinden sind mit Ausnahme einer kleinen christlichen Gemeinschaft in Bahrain nicht mehr existent.[6]

## Bevölkerung

Die rund 87 Millionen Einwohner der Arabischen Halbinsel konzentrieren sich in den Küstengebieten und den rasch wachsenden Millionenstädten, was den naturgeographischen bzw. klimatischen Verhältnissen geschuldet ist.

Die gemeinsame Sprache, die tradierten Werte und Gebräuche der Stammesgesellschaft, islamische Rituale und Vorschriften sowie mündlich weitergegebene Geschichten und Gedichte erzeugen kulturelle Homogenität. Im Wettbewerb dazu steht seit Mitte des 20. Jahrhunderts der Einfluss der westlichen Kultur.

Genetische Studien ergaben, dass die Menschen in Dubai und dem Oman mit Menschen im Nahen Osten, im Iran und in Indien verwandt sind. Dies spricht für eine seit Jahrtausenden intensive Migration entlang des Persischen Golfs und des Golfs von Aden und über den Indischen Ozean hinweg. Hingegen ist das Erbgut der Menschen in Saudi-Arabien und im Jemen vergleichsweise homogen, was für eine lang dauernde Isolation insbesondere der Nomadenstämme im Inneren der Halbinsel spricht.

Die Bevölkerung wächst schnell. Ursachen sind die Kindern zugetane Stammeskultur, der geburtenfreundliche Islam, eine unzureichende Familienplanung sowie die großzügigen Sozialleistungen des Staats.[7]

Das hohe Bevölkerungswachstum ist ein potenzielles Entwicklungshemmnis. Bereits die Ernährung der Einwohner und ihre Versorgung mit Wasser ist in dem Trockenraum eine Herausforderung. In Saudi-Arabien hat sich die Bevölkerung zwischen 1984 und 2002 mehr als verdoppelt, doch hielt das Wachstum der Wirtschaft damit nicht stand. Infolge niedriger Ölpreise sank das Pro-Kopf-Einkommen in diesem Zeitraum um mehr als die Hälfte.

Der Öl- und Gasboom hat ein starkes städtisches Wachstum ausgelöst. Die größten Städte sind Riad (Saudi-Arabien) mit 7,7 Millionen Einwohnern, Dschidda (Saudi-Arabien) mit 4,6, Kuwait-Stadt (Kuwait) mit 4,1, Sanaa (Jemen) mit 3,9 und Dubai (VAE) mit 3,3. Der Entwicklungssprung verlief rasant; so hatte Dubai um 1960 gerade einmal 34 000 Einwohner, und traditionelle Lehmhäuser bestimmten das Bild. Heute dominieren Wolkenkratzer aus Beton und Glas die Skyline, gipfelnd im von 2004 bis 2010 erbauten »Burdsch Chalifa« mit einer Höhe von 828 Metern. Energieaufwendige Klimaanlagen haben die traditionellen Windtürme ersetzt, bei denen vertikal geführte Lüftungskanäle einen auf Wärmeströmung beruhenden Kamineffekt nutzten.

## Herausforderung Wasser- und Nahrungsmittelsicherheit

Bevölkerungszunahme, Verstädterung und die negativen Folgen der Klimaerwärmung werden die Konkurrenz um Wasser und Nahrung noch verschärfen. Diese Güter befriedigen nicht nur Grundbedürfnisse, sondern bilden auch die Voraussetzung für menschliche Entwicklung. So sind Fortschritte bei Gesundheit und Bildung von Wasser- und Ernährungssicherheit abhängig. Wenn es nicht gelingt, den Zugang zu diesen Naturressourcen zu gewährleisten, kann die soziale und politische Stabilität einzelner Staaten wie auch von Regionen erschüttert werden.[8]

Die ariden bzw. hyperariden Golfstaaten mit in der Regel

zwischen 50 und 100 Millimetern jährlicher Niederschlagsmenge müssen unter schwierigen natürlichen Bedingungen
Wasser- und Ernährungssicherheit garantieren. Zwischen
beiden Naturressourcen besteht ein enger Zusammenhang,
denn das bei Weitem meiste Wasser wird für die Nahrungs-
mittelherstellung verbraucht.

Der Mangel wird dadurch verschärft, dass die Bevölkerung und ihr Lebensstandard stark zugenommen haben und
die Industrialisierung fortgeschritten ist. Der Wasserverbrauch pro Kopf ist auf der Arabischen Halbinsel höher als
im Weltdurchschnitt.

In der Vergangenheit erfolgte eine intensive Nutzung
von fossilem (nicht erneuerbarem) Grundwasser. In Saudi-
Arabien gingen dabei die Vorräte massiv zurück. Die von
der University of California in Irvine analysierte NASA-
Satellitenmission GRACE (Gravity Recovery and Climate
Experiment; 2003–2013) ergab, dass das Aquifersystem der
Arabischen Halbinsel das weltweit am stärksten überlastete
ist.

Alternativen sind die Anlage von Dämmen zum »Water
Harvesting« (Auffangen von Regenwasser), Wasserwiederaufbereitung (insbesondere für die Landwirtschaft) und
Meerwasserentsalzung (vor allem für Haushalt und Industrie) – in den VAE entfielen 2013 auf letztere Methode bereits
40 Prozent der Wasserproduktion. Neuerdings wird damit
auch Gemüse und Obst angebaut. Freilich ist Meerwasserentsalzung kosten- und energieintensiv.

Da um 2050 geschätzte 120 statt derzeit 87 Millionen Menschen auf der Arabischen Halbinsel leben werden, müssen
strategische Maßnahmen für Wassersicherheit eingeleitet
werden. Empfohlen wird, auf eine dauernd steigende Was-
sernachfrage nicht mit Angebotserweiterung zu reagieren,
sondern die Nachfrage zu reduzieren. Dies soll geschehen

durch Aufklärung mit dem Ziel eines sparsameren Wasserverbrauchs, die landesweite Einführung kostendeckender und tendenziell verbrauchssenkender Gebühren sowie Wasserreduzierung bei der landwirtschaftlichen Bewässerung mit Hilfe verbesserter Technologien. Auch müssen Verluste von derzeit bis zu 40 Prozent in Leitungssystemen reduziert werden.

Die Wasserwiederaufbereitung kann ausgeweitet und durch neue Technologien optimiert werden. Aufbereitetes Wasser sollte nicht nur der Landwirtschaft, sondern vermehrt auch Haushalten und der Industrie zugeführt werden. Eine Alternative im Sinne des Konzepts »Virtuelle Wassernutzung« ist die Auslagerung von Agrarproduktion in wasserreichere Regionen im Ausland. Wasserimporte sind ein weiteres Instrument der Bedarfsdeckung. Beide Vorgehensweisen beinhalten jedoch Abhängigkeiten und Beschaffungsrisiken.

Meerwasserentsalzung ist »die strategische Option« der Golfstaaten. Allerdings müssen Maßnahmen im Hinblick auf eine deutliche Kostensenkung und zur Minimierung von Umweltbelastungen eingeleitet werden. So müssen verstärkt energiesparende Entsalzungstechniken (wie Umkehrosmose) zum Einsatz kommen. Darüber hinaus muss in belastbare Wasserdatensysteme investiert werden sowie in die Erforschung neuer Technologien. In diesem Zusammenhang ist auf die Züchtung salzwasserverträglicher Nutzpflanzen zu verweisen.

Wie kann Ernährungssicherheit erreicht werden vor dem Hintergrund eines bis ca. zum Jahr 2100 andauernden Bevölkerungswachstums, Verstädterung, Einkommenszunahme, sich verändernder Essgewohnheiten (z. B. Fleischkonsum mit intensivem Getreideeinsatz bei der Produktion), der Folgen der Klimaerwärmung, der Verknappung landwirtschaftlicher Anbauflächen (nicht zuletzt infolge der Produktion von Biotreibstoffen), stagnierender Agrarinvestitionen, unzureichender Produktivitätszuwächse und volatiler Märkte?

Das Konzept landwirtschaftlicher Selbstversorgung ist in den Golfstaaten nicht möglich. In ungeeigneten Gegenden darf keine Landwirtschaft mehr stattfinden, allenfalls kleinflächiger Anbau von z. B. Gemüse. Der Nahrungsmittelbedarf muss zu einem erheblichen Teil durch Importe gedeckt werden.

Die auf dem Weltmarkt vorherrschenden Preisschwankungen lassen sich mit Verbrauchersubventionen allenfalls überdecken. Ziel muss sein, die Nahrungsmittelmärkte durch verbindliche internationale Regelungen (nicht nur Richtlinien) offenzuhalten. Handelsbarrieren müssen eliminiert und Versorgungsrisiken wie spekulatives Horten oder Exportverbote unterbunden werden. Auch ist darauf hinzuarbeiten, dass nationale Subventionen für die Produktion von Biotreibstoffen abgeschafft werden.

Den GKR-Staaten wird nahegelegt, eine gemeinsame Strategie zum Erreichen von Nahrungsmittelsicherheit zu beschließen und im Rahmen der WTO auf bindende Regelungen des Nahrungsmittelmarktes hinzuarbeiten. Durch geschickte Nutzung von Finanzinstrumenten wie Forwards und Swaps kann die Abhängigkeit von volatilen internationalen Märkten verringert werden. Langfristig abgeschlossene Verträge können Nahrungsmittelimporte zu günstigen Preisen sichern. Elektronische Informationsplattformen ermöglichen es, Handelsvorteile zu erkennen.

Nahrungsmittelsicherung kann auch durch Verlagerung der Produktion ins Ausland erfolgen. So gewährt etwa die »König-Abdullah-Initiative für landwirtschaftliche saudische Investitionen im Ausland« saudischen Firmen seit 2008 diplomatische Hilfe und günstige Kredite, um Nahrungsmittelunternehmen und Agrarland aufzukaufen, von den Ufern des Senegal-Flusses bis zu den Regenwäldern Indonesiens. Es ist dabei freilich darauf zu achten, dass Nachhaltigkeit erreicht wird und keine sozialen oder politischen Spannungen ausgelöst werden (z. B. durch Landenteignung, Umsiedlungen, Fernhaltung von Nomaden, Wasserentzug). Wegen solcher Fehlentwicklungen wird diese Form der Nahrungsmittelsicherung international auch kritisch bewertet (»Land Grabbing«).

Eingeleitet sind Maßnahmen zur Schaffung einer strategischen regionalen Nahrungsmittelreserve und eines regionalen Fonds für den Fall von Versorgungsschwierigkeiten und extremen Preisschwankungen.

Preisanstiege bei Grundnahrungsmitteln treffen vor allem einkommensschwache Bürger, die bis zu 75 Prozent ihres Einkommens für Nahrung ausgeben müssen. Auch Staaten mit vergleichsweise hohem Durchschnittseinkommen müssen soziale Auffangnetze schaffen. Am unteren Ende der sozialen Skala befinden sich die *bedun* (Staatenlose, meist frühere Saudis, die in Nachbarländer migriert und wieder zurückgekehrt sind). Rund drei Millionen Einwohner Saudi-Arabiens befinden sich unter der Armutsgrenze – entgegen dem im Ausland vorherrschenden Bild vom »reichen Saudi«. In saudischen Städten liegen neben glitzernden Palästen Slums und Zeltsiedlungen. Hungern muss zwar niemand, denn Grundnahrungsmittel wie Brot, Reis und Huhn werden vom Staat bezuschusst, und es existieren viele Wohltätigkeitseinrichtungen. Doch an die 40 Prozent der Bevölkerung leben eher in bescheidenen Verhältnissen. Um 2010 konnten sich 60 Prozent der Saudis kein eigenes Haus leisten, denn Grund und Boden ist weitgehend im Eigentum des Staats, von reichen Prinzen und ihren Günstlingen. Der Gegensatz zwischen Arm und Reich ist groß, die Mittelschicht noch dünn.[9]

## Hohe geostrategische Bedeutung

Entlang der Arabischen Halbinsel, gelegen im Schnittpunkt von Vorderasien, Zentralasien, Südasien und Nordostafrika, verlaufen Welthandelsrouten: die Seewege vom Mittelmeer über den Suezkanal, den Golf von Suez, das Rote Meer und den Golf von Aden in den Indischen Ozean sowie vom Persischen Golf über den Golf von Oman und das Arabische Meer in den Indischen Ozean bzw. den Golf von Aden und das Rote Meer. Meerengen können von Anrainerstaaten gesperrt werden, um politischen Druck auszuüben: der Suezkanal, die Straße von Tiran am Eingang zum Golf von Akaba, das Bab el-Mandab zwischen Dschibuti/Eritrea und dem Jemen und die Straße von Hormus zwischen dem Iran und dem Oman.[10]

In der Antike wetteiferten am Roten Meer und Persischen Golf das Ägyptische und das Babylonische Reich miteinander, später das Römische und das Persische Reich. Im 17. und 18. Jahrhundert stritten das Osmanische und das Persische Reich um die Vorherrschaft, im 19. Jahrhundert Großbritannien und Russland. Von 1918 bis 1945 beherrschte Großbritannien diesen Raum, nach 1945 stiegen die USA zur Vormacht auf. Heute rivalisieren hier die globalen Mächte USA, Russland und China um Einfluss, ebenso die Regionalmächte Iran, Saudi-Arabien, Katar, die VAE und die Türkei. Durch den Suezkanal verlaufen heute 12 Prozent des Weltseehandels sowie jeweils 9 Prozent der weltweiten Öl- und LNG-Transporte. Pro Jahr werden ca. 18 000 Tanker, Containerschiffe, Stückgutfrachter etc. gezählt. Die Alternativroute über das Kap der Guten Hoffnung bedeutet zwischen Dubai und London einen Umweg von 8900 Kilometern.

Die Meerenge von Tiran am Eingang zum Golf von Akaba ist 13 Kilometer breit. An dieser Stelle plant Saudi-Arabien heute eine 32 Kilometer lange Straßen- und Eisenbahnbrücke über die Insel Tiran nach Ras Nasrani (Ägypten). Auf saudischer Seite entsteht die 26 500 Quadratkilometer große ökonomische Entwicklungszone NEOM (Neo-Mustakbal, d. h. »Neue Zukunft«).

Die Kontrolle über die 27 Kilometer breite Engstelle Bab el-Mandab (»Tor der Tränen«) ist eine Priorität saudischer Außenpolitik. Im Jemen führt das Königreich auch deshalb Krieg, um eine eventuelle iranische Präsenz am Roten Meer zu verhindern. Der saudische Bin-Laden-Konzern plant den Bau einer Brücke vom Jemen über die Insel Perim nach Dschibuti. Auf beiden Seiten des Meeres soll die Zwillingsstadt al-Nur (»das Licht«) angelegt werden.

Durch die an ihrer engsten Stelle 38 Kilometer breite Meeresstraße von Hormus verläuft die wichtigste Ölhandelsroute der Welt vom Persischen Golf in den Golf von Oman. Durch sie werden 30 Prozent des weltweit auf dem Seeweg gehandelten Öls verschifft, davon gehen rund 80 Prozent nach Süd-, Südost- und Ostasien. Außerdem passieren diese Wasserstraße ein Viertel der LNG-Transporte. Eine Sperrung der Straße von Hormus z. B. seitens des Iran wäre sowohl für die arabischen Exporteure als auch für die Weltenergieversorgung fatal. Der Iran würde mit dieser Maßnahme freilich auch seine eigenen Exporte schädigen.

Externe Mächte haben auf und gegenüber der Arabischen Halbinsel Militärbasen errichtet: die USA (Bahrain, Dschibuti, Irak, Katar, Kuwait, VAE), die Volksrepublik China (Dschibuti), Frankreich (Dschibuti, VAE), Großbritannien

(Bahrain, Katar, Oman, VAE), Italien (Dschibuti), Japan (Dschibuti) und Russland (Syrien). Regionale Mächte haben nachgezogen und ihrerseits Stützpunkte im Ausland aufgebaut: Iran (Irak, Syrien), Saudi-Arabien (Dschibuti; im Bau), Türkei (Irak, Katar, Somalia), VAE (Jemen).

Das chinesische Großprojekt »One Belt One Road« (OBOR, auch »Neue Seidenstraße« genannt) bezieht die Arabische Halbinsel ein. So mündet der vom chinesischen Kaschgar kommende »China Pakistan Economic Corridor« (CPEC) in die pakistanische Hafenstadt Gwadar am Arabischen Meer. Von dort läuft die OBOR ergänzende »Maritime Silk Road« (MSR) über das Rote Meer und den Suezkanal ins Mittelmeer, mit einer Abzweigung nach Ostafrika.

China ist inzwischen größter Investor im Nahen und Mittleren Osten mit 177 Milliarden US-Dollar (2019); davon entfielen 70 Milliarden auf die Golfstaaten. 17 Staaten sind Bestandteil der MSR-Initiative, Beijing gewährte der Großregion 23 Milliarden US-Dollar Anleihen und Hilfe. Der Schwerpunkt der ökonomischen Kooperation liegt auf Infrastruktur, Handel und Finanzen, ergänzt durch Hightech-Anwendungen wie Atomenergie, Erneuerbare Energien und Satellitentechnik. Intensiviert hat sich auch die militärische Zusammenarbeit. Selbstbewusst wirbt Beijing für sein Entwicklungsmodell einer schnell wachsenden Wirtschaft unter autoritärer Führung.[11]

China bezieht rund 40 Prozent seiner Ölimporte aus dem Mittleren Osten. Toplieferanten waren 2019 Saudi-Arabien (Nr. 1; 16,5 Prozent aller chinesischen Ölimporte), der Irak (Nr. 3), der Oman (Nr. 6), Kuwait (Nr. 7), der Iran (Nr. 8) und die VAE (Nr. 9). Beijings strategische Interessen sind die langfristige Gewährleistung von Öl- und Erdgasimporten und die Sicherung der Haupthandelsrouten. Hierzu wurde 2017 der erste auswärtige Marinestützpunkt Chinas in Dschibuti gegenüber vom Bab el-Mandab eröffnet. Bis zu 10 000 Mann können hier stationiert werden.[12]

2020 bezog die EU 52,4 Prozent ihrer Ölimporte von außerhalb der Gemeinschaft aus Russland, den USA, Kasachstan und Norwegen. Auf Saudi-Arabien entfielen nur 6,4 Prozent. Bei den EU-Gasimporten von Staaten außerhalb der EU rangierten Algerien (12,1 Prozent) und Katar (4,9) hinter Russland (42) und Norwegen (21,3).[13]

Dank der Produktion von Schieferöl, Tight Oil, Tiefseeöl und Schiefergas werden die USA Zug um Zug unabhängig von Importen. 2017 wurden sie zu einem Nettoexporteur von Gas und 2020 erstmals seit 1949 wieder von Öl. Dennoch hat der Persische Golf weiterhin große strategische Bedeutung für die USA:

- Erstens bestimmt diese Weltregion noch auf unbestimmte Zeit die Höhe des Öl- und Gaspreises.
- Zweitens sind die USA (wie auch Russland) mit ihrer Explorations-, Betriebs-, Wartungs- und Zulieferindustrie bestrebt, lukrative Aufträge im Energiesektor am Persischen Golf zu gewinnen.
- Drittens haben die USA ein strategisches Interesse daran, dass die US-Verbündeten Australien, Japan, Philippinen, Südkorea und Taiwan zuverlässig mit Öl und Gas vom Golf versorgt werden.
- Viertens gründet die US-amerikanische globale Dominanz auf ihrer Seemacht. Mit ihrer weltweit dislozierten Flotte beherrschen sie die Seewege.

Russland sucht im arabischen Raum Verbündete zu gewinnen, Stützpunkte zu errichten, Getreide, Waffen und Nukleartechnik zu exportieren sowie Aufträge für seine Energie- und Rüstungsindustrie einzuwerben.

Zwischen Saudi-Arabien und der Islamischen Republik Iran besteht eine doppelte geopolitische Rivalität: Die beiden

Staaten konkurrieren erstens um die Vormachtstellung am Persischen Golf, zweitens um die Führung der islamischen Welt. Ideologische und religiöse Faktoren (expansiver saudischer Wahhabismus vs. expansiver iranischer Islamismus, sunnitischer vs. schiitischer Islam) tragen zur Verschärfung des Konflikts bei, bilden aber nicht seinen Kern. Sie werden von beiden Staaten auch zur Durchsetzung außenpolitischer Ziele sowie zur innenpolitischen Herrschaftslegitimation instrumentalisiert.

Saudi-Arabien präferiert einen nicht zu starken, von sunnitischen Kräften (mit)regierten Irak. Dessen Zerfall in einen kurdischen, einen sunnitischen und einen schiitischen Staat wäre aus saudischer Sicht eine Katastrophe, denn das Königreich hätte dann am Persischen Golf einen weiteren schiitischen Nachbarstaat.

Die Destabilisierung der dritten Regionalmacht Irak nach dem Sturz Saddam Husseins (2003) und die unter US-Präsident Barack H. Obama eingeleitete Reduzierung des US-Engagements am Persischen Golf stärkten den Iran. Saudi-Arabien und andere Golfmonarchien sehen sich bedroht, unterstellen der militärisch stärksten Regionalmacht Iran expansive Absichten und betreiben eine internationale Kampagne gegen die Islamische Republik. Der verdeckte Krieg zwischen Israel und den Golfmonarchien einerseits und dem Iran andererseits wird mit hybriden Mitteln wie Sabotage, Terroranschlägen, Cyberattacken und Desinformation ausgetragen.

Der Persische Golf ist auch deshalb von geostrategischer Relevanz, weil hier das Risiko der Proliferation von Massenvernichtungswaffen und ballistischen Raketen besteht. Der Iran sieht sich von vier Atommächten umringt (Israel, Pakistan, Russland und seegestützt die USA). Das Land hat den Nichtverbreitungsvertrag unterschrieben, unterstützt die Errichtung einer atomwaffenfreien Zone im Nahen und

Mittleren Osten und dementiert bis heute, ein militärisches Nuklearprogramm zu verfolgen. Dieser Verdacht besteht seit 2002, nachdem bekannt wurde, dass der Iran der Internationalen Atomenergiebehörde (IAEA) Anlagen seines zivilen Nuklearprogramms verheimlicht hatte. Allerdings kamen 16 US-Geheimdienste 2007 gemeinsam zum Ergebnis, das Land habe ein mögliches militärisches Atomprogramm mit großer Wahrscheinlichkeit 2003 beendet.[14]

Für den Fall einer nuklearen Aufrüstung des Iran hat Riad angedeutet, sich ebenfalls Atomwaffen zuzulegen. Es könnte zu einem nuklearen Rüstungswettlauf kommen, denn auch der türkische Staatspräsident Erdoğan forderte 2019 für sein Land das Recht auf Atomwaffen, um im Konzert der Großmächte mitspielen zu können. Beide Staaten müssten hierfür allerdings den Nichtverbreitungsvertrag aufkündigen – eine hohe Hürde.

Durch den von China, Deutschland, Frankreich, Großbritannien, Russland, den USA und dem Iran am 14. Juli 2015 unterzeichneten und vom UN-Sicherheitsrat unterstützten Joint Comprehensive Plan of Action (JCPOA) wurde das iranische Atomprogramm bis 2025 einer strengen internationalen Kontrolle unterstellt. Als Gegenleistung sollten die gegen den Iran gerichteten Sanktionen Zug um Zug aufgehoben werden.[15] Doch hat US-Präsident Donald J. Trump, mit unverhohlener Zustimmung Israels und Saudi-Arabiens, den JCPOA im Mai 2018 einseitig aufgekündigt, es droht also ein Scheitern des Plans.

Unter dem neuen US-Präsidenten Joseph R. Biden könnte es zur Rückkehr der USA in den JCPOA kommen, vielleicht sogar zu einem erweiterten sicherheitspolitischen Arrangement in der Region. Die USA als weiterhin stärkste Macht am Persischen Golf wären in der Lage, einen stabilen Ausgleich zu vermitteln, der den arabischen Golfstaaten hinreichende

Sicherheitsgarantien bietet und gleichzeitig berechtigte Sicherheitsinteressen des Iran respektiert. Voraussetzung für das Gelingen wäre, dass sich auf allen Seiten die pragmatischen Kräfte durchsetzen und weitere Akteure wie China und Russland eine konstruktive Haltung einnehmen.

# Die Geschichte der Arabischen Halbinsel
## bis zum Aufstieg der Dynastie Saud

Möglicherweise sind schon in sehr früher Zeit Menschen von Afrika auf die Arabische Halbinsel gewandert. In der heutigen Nefud-Wüste (Saudi-Arabien) fand man 120 000 Jahre alte Fußabdrücke von Menschen und Tieren im Bett eines prähistorischen Sees. Damals war das Rote Meer seicht, und Süd- und Ostarabien waren grün und fruchtbar. Dort herrschte ein feuchtes Klima, es gab Wild zum Jagen und für die Werkzeugherstellung geeignete Steine.[1]

Vor rund 10 000 Jahren nahmen die Niederschläge auf der Arabischen Halbinsel stark zu, es entstanden Seen und eine dichte Vegetation. Al-Magar im südwestlichen Nedschd war um 9000 v. Chr. eine der ersten steinzeitlichen Siedlungskulturen mit Ackerbau und domestizierten Nutztieren einschließlich Pferden. In der Oase Dschubbah nordwestlich von Ha'il wurde Vieh gezüchtet, in den umliegenden Höhlen sind zahlreiche jungsteinzeitliche Felsgravuren erhalten. Die um 5500 v. Chr. entstandenen Darstellungen zeigen Menschen und ihre Tätigkeiten, Jagdszenen mit Tieren sowie Inschriften.

Allmählich reduzierten Klimaveränderungen die Niederschlagsmenge und führten zur Aufgabe der Ansiedlungen im Innern der Arabischen Halbinsel. Entlang der Küste entwickelten sich Herdenhaltung, Fischerei und Seehandel.

Die Araber erscheinen erst recht spät. Erstmals berichtete der assyrische König Salmanassar III. (reg. 858–824 v. Chr.) von Kriegszügen gegen Kamele reitende »*aribi*«. Das semitische Wort stammt möglicherweise aus dem Hebräischen und bedeutet »Wüstenmenschen«. Ihre Heimat war nördlich und südlich der Nefud-Wüste, wo sie als *bedu* (Nichtsesshafte) lebten. Sie stammten aus dem Jemen und waren ursprünglich sesshafte Ackerbauern gewesen. Aufgrund zunehmenden Bevölkerungsdrucks waren Teile von ihnen gezwungen gewesen, nach Norden und Osten zu ziehen und in den Steppen, Halbwüsten und Wadis als nomadisierende Kamel- und Schafzüchter zu leben. Später gingen benachbarte Völker wie die Minäer, Sabäer und Nabatäer in den Arabern auf. Es entstand eine überregionale arabische Sprache und Kultur.[2]

Die »Nordaraber« (*adnan*) werden als arabisierte Nachkommen von Ismael und Ibrahim (Abraham) angesehen, während sich die »Südaraber« (*kahtan*) mit entsprechendem Stolz als die ursprünglichen Araber verstehen und sich auf Joktan, einen Nachkommen des Propheten Noah, zurückführen. Eine lange zurückreichende Genealogie und die Berufung auf eine möglichst »reine« Abstammung sind der Stolz eines Stammes. Im Zuge der jahrhundertelangen Wanderbewegungen zogen freilich später auch südarabische Stämme nach Norden, es kam zu mannigfaltigen Vermischungen bzw. Abspaltungen.

Ab dem 3. Jahrtausend v. Chr. existierten nördlich und westlich der Arabischen Halbinsel die die Region dominierenden Hochkulturen Mesopotamiens und Ägyptens. Die lebensfeindlichen Wüsten und Halbwüsten im Innern erschwerten es Angreifern lange Zeit, in sie einzudringen. Unter König Nebukadnezar II. (reg. 605–561 v. Chr.) unterwarfen die Babylonier dann sukzessive die Arabische Halbinsel. Der letzte babylonische König Nabonidus (reg. 555–539 v. Chr.) verlegte gar seine Hauptstadt von Babylon nach Taima im Nordwesten der Halbinsel.

## Frühe Staaten auf der Arabischen Halbinsel

Im Jahrtausend vor Christi Geburt verliefen entlang der Küsten der Arabischen Halbinsel wichtige Schifffahrtsstraßen und außerdem Karawanenwege zum Mittelmeerraum, so die legendäre »Weihrauchstraße« vom Oman über den Jemen und den Hedschas nach Damaskus, Gasa und Alexandria. Weihrauch und Myrrhe wurden für kultische Zwecke benötigt, waren aber auch geschätzte Heilmittel und Parfüme. Sorgsam verbargen die Araber Anbau und Produktion vor den Griechen und Römern.

Im Nordosten der Arabischen Halbinsel bestand im Zeitraum zwischen 2300 und 1800 v. Chr. auf dem Gebiet des heutigen Oman der bedeutende Handelsstaat Magan. Das Königreich exportierte auf Schiffen Kupfer, Dioritstein und Holz nach Mesopotamien und in das Indus-Tal.

Begünstigt durch Süßwasservorkommen entstand um 2050 v. Chr. auf den Inseln und dem Festland von Bahrain das Königreich Dilmun, benannt nach der sumerischen Bezeichnung für »paradiesisches Land«. Die Bewohner sprachen eine semitische Sprache und kontrollierten den Seehandel von Mesopotamien bis zum Indus-Tal. Im Westen reichte Dilmun bis ins heutige Kuwait, im Osten umfasste es Katar, die saudische al-Hasa-Region und einen Zipfel Abu Dhabis. Im 8. Jahrhundert v. Chr. geriet es unter die Herrschaft der Assyrer.

Das Schwinden der ägyptischen Vormacht ermöglichte im Süden der Arabischen Halbinsel um 1000 v. Chr. die Bildung des bedeutenden Königreichs Saba mit der Hauptstadt Marib. Große Landflächen am Rand der wasserlosen Wüste Rub al-Chali konnten mit dem zwischen dem 6. und 4. Jahrhundert v. Chr. gebauten Marib-Staudamm bewirtschaftet werden. Saba betrieb einen florierenden Seehandel mit Indien und Ostafrika. Es kontrollierte die »Weihrauchstraße«, und in Äthiopien und Eritrea wurden Kolonien gegründet. Als Vasallenkönigreiche entstanden im Süden Kataban (8. Jahrhundert), im Osten Hadramaut (8. Jahrhundert) und im Norden Ma'in (6. Jahrhundert). Wie Saba lagen sie auf dem Territorium des heutigen Jemen. Im 5. und 4. Jahrhundert v. Chr. konnten sich die Vasallenkönigreiche die Unabhängigkeit erkämpfen.

Ma'in weitete seinen Einfluss stark aus und kontrollierte die nördlich von ihm liegenden Gebiete Nadschran, Asir und Hedschas (die heutigen Westprovinzen Saudi-Arabiens). Der nördlichste Punkt war die in der Bibel als Station der Weihrauchstraße erwähnte Oasensiedlung Dedan (heute al-Ula). Händler betrieben Handel bis in die Ägäis. Zum Ende des 2. Jahrhunderts v. Chr. gelangte Ma'in unter katabanische, später wieder sabäische Herrschaft.

Ein aufstrebendes Volk im 1. Jahrtausend v. Chr. waren die indoeuropäischen Perser unter der Dynastie der Achämeniden (559–330). Im Jahr 539 eroberte König Kyros II. der Große Babylon, sein Nachfolger 525 Ägypten. Um 500 reichte das Persische Reich von Makedonien, Thrakien und Libyen im Westen bis an den Indus-Fluss im Osten. Die Arabische Halbinsel blieb sich selbst überlassen.

333 v. Chr. schlug der makedonische König Alexander der Große die Perser bei Issos in Kilikien und stieß bis zum Indus vor. Doch starb er 323 mit nur 32 Jahren. Makedonische Feldherren begründeten die Nachfolgedynastien der Seleukiden und Ptolemäer.

Den aus dem nordwestiranischen Hochland stammenden Parthern gelang es, den Seleukiden nach und nach Gebiete zu entreißen und wieder ein Reich (247 v. Chr.–224 n. Chr.) zu begründen.

Ab Mitte des 3. Jahrhunderts v. Chr. expandierten die Römer im Mittelmeerraum. Unter Kaiser Trajan (reg. 98–117 n. Chr.) erreichte das Römische Reich seine größte Ausdehnung und umschloss das gesamte Mittelmeer.

## Die Stadtkönigreiche Palmyra und Nabataea und das südarabische Reich Himjar

Seit dem 3. Jahrhundert v. Chr. bestand in Palmyra in der Übergangsregion von der Syrischen Wüste zur Arabischen Halbinsel ein unabhängiges Stadtkönigtum. Die Palmyrer kontrollierten den Handel auf der »Seidenstraße«, die vom chinesischen Kaschgar bis nach Damaskus und Alexandria bzw. Aleppo, Antiochia und Byzanz verlief. 64 v. Chr. eroberten die Römer Palmyra, gestanden dem Stadtkönigtum aber eine weitreichende Autonomie zu.

Unter Gaius Aelius Gallus, dem römischen Präfekten von Ägypten, versuchten die Römer, die gesamte Arabische Halbinsel unter ihre Kontrolle zu bringen. Mit 10 000 Legionären eroberte er zwischen 26 und 24 v. Chr. Mekka und Jathrib (das spätere Medina) und belagerte Marib im Jemen. Eine römische Flotte zerstörte die Hafenstadt Aden. Doch entwickelte sich die Expedition zum Fiasko. Hitze, Wassermangel, ausbleibender Nachschub, Krankheiten und Probleme der Pferde auf dem Sand erzwangen den Rückzug.

Die Römer untergliederten die Arabische Halbinsel in drei Regionen: ihre Provinz »Arabia petraea« (das steinerne Arabien), »Arabia deserta« (das wüstenhafte Zentralarabien) und »Arabia felix« (das glückliche, weil regenreiche Südarabien). Arabia petraea war die Bezeichnung für das wohlhabende Händlerreich der Nabatu (ca. 312 v. Chr.–106 n. Chr.), die die Römer »nabataei« (Nabatäer, d. h. Sesshafte) nannten. Sie sprachen eine dem Arabischen verwandte semitische Sprache. Ihre monumentalen Heiligtümer, Felsengräber und Häuser nahmen griechische und römische Stilformen auf. Die Hauptorte des Nabatäerreichs waren Petra (al-Batra) im heutigen Jordanien, Bosra (Busra) im heutigen Syrien und Hegra (Mada'in Saleh) im heutigen Saudi-Arabien. Unter dem römischen Kaiser Trajan wurde das Zwischenreich der Nabatäer 106 n. Chr. dem Römischen Reich einverleibt.

Himjar mit der auf 2800 Meter liegenden Hauptstadt Zafar wurde zum bedeutendsten spätantiken Königreich auf der Arabischen Halbinsel (ca. 1. Jahrhundert v. Chr.–570 n. Chr.), es vereinte erstmals um 300 n. Chr. das gesamte Südarabien inklusive Saba, Kataban und Hadramaut unter einem Herrscher, der nun den Titel eines »Königs von Saba« führte. Bemerkenswert war im 4. Jahrhundert der Übergang Himjars zum Monotheismus. Verehrt wurde Ilan, »der Herr des Himmels«. Zum Ende dieses Jahrhunderts konvertierte König Abu Karib Asad (reg. 390–420) zum Judentum. Die Legende sagt, dass sich der Herrscher dazu aus Dankbarkeit entschloss, da ihn zwei jüdische Gelehrte von einer schweren Krankheit geheilt hatten. Unter diesem König stieß das Reich Richtung Norden vor, wo König Abu Karib Asad die Stadt Jathrib eroberte und zerstörte. Mit seinen Feldzügen suchte er den Byzantinern zuvorzukommen, die damals von Norden her die Arabische Halbinsel erobern und christianisieren wollten. 525 stießen die christlichen Aksumiter aus Nordostafrika nach Himjar vor und setzten den letzten jüdischen König ab.

## Persische Vasallenherrschaft

224 n. Chr. begründete die Dynastie der Sassaniden wieder ein Großpersisches Reich. Der zwischen 1800 und 600 v. Chr. entstandene monotheistische Zoroastrismus wurde nun Staatsreligion. Nun drangen die Perser erstmals auf die Arabische Halbinsel vor. Ihre Expansion war eine Antwort auf Raubzüge arabischer Stämme nach Persien. König Schapur II. (reg. 309–379) eroberte unter anderem den nördlichen Oman. Anfang des 5. Jahrhunderts zog ein sassanidischer General bis nach Südarabien und half den Jemeniten gegen die Aksumiter. Schließlich eroberten die Sassaniden um 570 Südarabien und erklärten es 598 zur persischen Provinz. Ihre Gouverneure beaufsichtigten arabische Vasallenherrscher. Insbesondere in al-Hira im Grenzgebiet zwischen Mesopotamien und der arabischen Wüste kam es unter den Lachmiden zu einem lebendigen kulturellen Austausch zwischen Arabern und Persern. Doch zum Ende der Regierungszeit von König Chosrau II. (reg. 590–628) verloren die Sassaniden ihre arabischen Gebiete wieder.

Der arabisch-persische Gegensatz geht auf die vorislamische Zeit zurück. Geschichte, Mentalität, Kultur, Sprache und Selbstverständnis beider Völker sind verschieden. Die Perser blicken mit Stolz auf ihre Tausende Jahre alte Geschichte von Großreichen zurück und fühlen sich den arabischen »Heuschreckenfressern« in der Wüste überlegen. Im Gegenzug bezeichnen Araber die Perser mit ihrer ihnen unverständlichen indoeuropäischen Sprache abschätzig als die *adscham* (»die unverständlich Redenden«).

Gemäß dem im 13. Jahrhundert lehrenden persischen Gelehrten Nasir al-Din Tutsi »zeichnen sich die Araber durch gute Rede und Verstand aus; doch sie sind grausam und von starken Begierden. Die Perser sind klug, scharfsinnig, sauber und gescheit, aber verschlagen und leidenschaftlich.«[3] Solche Stereotypen sind bis heute im Umlauf.

## Jüdische und christliche Einflüsse

Bereits in vorislamischer Zeit verbreiteten sich monotheistische Religionen auf der Arabischen Halbinsel. Nach der Zerstörung Jerusalems und des jüdischen Tempels durch die Babylonier (587 v. Chr.) flohen Juden auch nach Osten. Im Jemen siedelten sie sich ab dem 4. Jahrhundert v. Chr. an, möglicherweise sogar noch früher. Bis Ende der 1940er-Jahre lebten sie dort als geschätzte Handwerker und Kaufleute, dann mussten sie infolge des Nahostkonflikts ihre Heimat verlassen.

70 n. Chr. zerstörten die Römer nach einem örtlichen Aufstand den zweiten jüdischen Tempel in Jerusalem und vertrieben die Bevölkerung; ab dem 2. Jahrhundert zogen erneut Juden auf die Arabische Halbinsel. An die zehn arabische Stämme nahmen diesen Glauben an. Prophet Muhammad (siehe unten) fand 622 in Jathrib drei jüdische Stämme vor: die Banu Nadir, die Banu Kainuka und die Banu Kuraisa (»banu« bedeutet im Arabischen »Söhne von«). Als sie nach Muhammads Auffassung den mit ihnen geschlossenen Duldungspakt brachen, ließ er alle Männer der Banu Kuraisa exekutieren und die Frauen und Kinder versklaven. Die anderen beiden jüdischen Stämme flüchteten. In Koran und Sunna finden sich judenfreundliche, aber auch dezidiert judenfeindliche Aussagen.

Neben Nordafrika, Ägypten, dem Sudan, dem Nahen Osten und Kleinasien etablierte sich das Christentum ab dem 1. Jahrhundert auf der Halbinsel. Manche dorthin migrierte

Christen entzogen sich den Verfolgungen römischer Herrscher, andere waren geflohene Kriegsgefangene aus dem Persischen Reich, wieder andere suchten als Einsiedler die Einsamkeit der Wüste. Außerdem missionierten koptische Mönche von Ägypten und Äthiopien aus.

Im 3. Jahrhundert gründete Amr ibn Adi die Dynastie der Lachmiden, deren Hauptstadt al-Hira am Euphrat lag. Das Christentum durfte in seinem Reich Fuß fassen und war dort gegen 380 fest etabliert. Schließlich ließ sich der letzte Lachmidenherrscher an-Numan III. um 593 taufen.

Im 5. Jahrhundert waren die Banu Salih der bedeutendste christliche Stamm. Ihr Schwerpunkt lag im Hedschas (heutiges Saudi-Arabien) und im Wadi Sirhan (heutiges Jordanien). Angeblich waren sie konvertiert, nachdem ein christlicher Mönch einer seit Jahren unfruchtbaren Frau zu Kindern verholfen hatte. Weitere christliche Stämme waren die Banu Kalb, die Banu Ghudam, die Banu Taghlib, die Banu Tamim, die Banu Tay, die Banu Harith, die Banu Mazuna, die Banu Ayla, die Banu Abdul Kais und die Banu Kinda.

Mit der Etablierung des Islam im 7. Jahrhundert wurden das Judentum und das Christentum auf der Arabischen Halbinsel zurückgedrängt. Zwar genossen Juden und Christen als »Schriftbesitzer« den Schutz des Kalifen, wenn sie die Kopfsteuer (dschisija) zahlten und den Ausschluss von Ämtern hinnahmen. Doch wollte der zweite Kalif Umar diese Regelung nicht auf die Araber, das Volk des Propheten, anwenden. Später wurde die Zahlung der Kopfsteuer doch bewilligt, allerdings in doppelter Höhe. Spätestens ab dem 10. Jahrhundert gab es auf der Arabischen Halbinsel praktisch keine Christen mehr; nur in Bahrain hat sich bis heute eine kleine christliche Gemeinde gehalten.

Jüdische Gemeinden bestanden insbesondere im Jemen. Bei Gründung des Königreichs Saudi-Arabien (1932) gab es auf seinem Territorium keine Juden mehr, und Ausländer jüdischen Glaubens erhielten damals keinen Zutritt. In der Saudi-Arabien 1934 angegliederten Region Nadschran lebten rund 600 Juden, die sich aufgrund staatlichen Drucks 1949 nach Israel absetzten.

## Der Islam begründet ein arabisches Großreich

Der von den Muslimen als letzter Prophet und Gesandter Gottes verehrte Muhammad bin Abdallah (um 570–632) leitete eine geschichtsmächtige Wende ein. Er gehörte dem Stamm der Kuraisch und der Sippe der Haschemiten an und lebte in Mekka, einem blühenden Handelszentrum im Hedschas. Mekka war auch ein Ort vieler religiöser Kulte, die sich um die Kaaba, einen Meteoriten, etabliert hatten.[4]

Ab 610 berichtete Muhammad von göttlichen Offenbarungen und verkündete den Koran (d. h. das zu Lesende), der ihm von Gott durch den Erzengel Gabriel diktiert worden sei. Der Islam (d. h. Hingabe an den Willen Gottes) als monotheistische Religion lehnte den auf der Arabischen Halbinsel verbreiteten Polytheismus dezidiert ab.

Schon bald erachteten die Mekkaner Muhammads Predigten als geschäftsschädigend und begannen, ihn zu verfolgen. 622 entschloss er sich, mit seinen Getreuen nach Jathrib auszuwandern, da er von den dortigen Bewohnern eingeladen worden war. Später erhielt die Stadt den Namen *al-Madina al-munauwara* (d. h. die erleuchtete Stadt), kurz Medina. Das Jahr der *hidschra* (»Auszug«) ist der Beginn der muslimischen Zeitrechnung.

In Jathrib herrschte ein Zwist zwischen den Stämmen Kasradsch und Aus. Muhammad wurde als Schlichter eingesetzt, und nach erfolgter Versöhnung trug man ihm die Leitung der

Stadt an. 622 erließ er die Gemeindeordnung von Medina. Als es bald zu eskalierenden Scharmützeln zwischen Mekkanern und Medinensern kam, leitete Muhammad auch Schlachten, wie z. B. 624 die für die Muslime trotz dreifacher Unterlegenheit siegreiche Schlacht von Badr. Daraufhin schlossen sich ihm zahlreiche Stämme des Hedschas an.

630 eroberten die Muslime Mekka. Im Jahr 632 führte der alternde Muhammad eine große Wallfahrt zur Kaaba nach Mekka und hielt seine Abschiedspredigt, in der er die wesentlichen Gebote des Islam noch einmal zusammenfasste. Im Juni dieses Jahres starb er in Medina.

Muhammad war damit nicht nur Prophet und religiöser Führer. Im Unterschied zu Jesus Christus wirkte er auch als Politiker und Feldherr. Vom »Bürgermeister« stieg er zum Herrscher eines Staatswesens auf, das bei seinem Tod 632 durch freiwilligen Anschluss oder Unterwerfung nahezu die gesamte Arabische Halbinsel umfasste.

## Sunniten, Schiiten und Charidschiten

Nach Muhammads Tod wurde ein »Kalif« (Nachfolger) als »Befehlshaber der Gläubigen« gesucht. Dies war ausschließlich der Wille der damaligen Muslime – weder der Koran noch Muhammad selbst hatten dies gefordert. Gerade Muhammads Abschiedspredigt 632 zeigt, dass ihm allein die religiöse Botschaft wichtig gewesen war. Nachfolgeregelungen fehlten, was zum Streit unter seinen Anhängern führte. Das 632 von diesen ausgerufene und bis 1924 weitergeführte »Kalifat« hat das Modell und Ideal eines islamisch verfassten, »gerechten« Staats etabliert.

Eine Mehrheit der Muslime sprach sich für die Wahl des Kalifen aus dem Kreis der Prophetengefährten aus. Diese

Gruppe bezeichnete sich als »Sunniten« (Anhänger der Tradition, d. h. des Vorbilds von Muhammad).

Eine Minderheit, die »Schiat Ali« (Partei Alis), lehnte das Wahlprinzip ab und war der Ansicht, dass Muhammad seinen Vetter und Schwiegersohn Ali ibn Abu Talib am 10. März 632 in Ghadir Chumm mit den Worten »Wessen Führer ich bin, dessen Führer ist auch Ali« zu seinem Nachfolger bestimmt habe. Den *ahl al-bait* (Leuten des Hauses Muhammads) erkennen die Schiiten eine herausgehobene religiöse Rolle zu. Daraus folgern sie, der Leiter der muslimischen Gemeinde könne nur ein Blutsverwandter Muhammads sein.

Eine weitere Minderheit, die rigorosen »Charidschiten« (d. h. die Ausziehenden), forderte, der Kalif solle der frömmste aller Muslime sein. Grundsätzlich komme jeder Gläubige für dieses Amt infrage – der Kalif müsse daher weder mit Muhammad blutsverwandt noch arabischer Herkunft sein noch einer gehobenen Schicht entstammen.

Zunächst setzte sich die sunnitische Richtung durch. Aus dem Kreis der engsten Prophetengefährten wurden Abu Bakr, dann Umar, dann Uthman zum Kalifen gewählt. Mit der Wahl Ali ibn Abu Talibs zum vierten Kalifen 656 schien zumindest zwischen Sunniten und Schiiten eine Aussöhnung erreicht. Doch erkannten nicht alle Muslime seine Wahl an. Es kam zu Rebellionen, und als Ali in den Augen der Charidschiten zu versöhnlich taktierte, anstatt sein Recht mit Gewalt durchzusetzen, wurde er 661 von einem radikalen Vertreter dieser Richtung ermordet.

Quietistische, sich vom Mehrheitsislam absondernde Charidschiten standen radikalen und militanten Vertretern dieser Richtung gegenüber, die allen Muslimen ihr Religionsverständnis aufzwingen wollten. Letztere erklärten diejenigen Muslime, die ihren strengen Auffassungen nicht folgten, zu »Ungläubigen« und töteten sie. Mit diesem Vorgehen können sie als Vorläufer heutiger dschihadistischer Terroristen gelten, die ebenfalls angebliche »Häretiker« exkommunizieren und für vogelfrei erklären. Von den sunnitischen Herrschern unnachsichtig verfolgt bzw. vertrieben, zersplitterten sich die Charidschiten und wurden bis in den Maghreb und nach Ostafrika verstreut. Quietistische Nachfolger dieser Richtung im Oman sind heute unter dem Namen »Ibaditen« bekannt. Seit dem 17. Jahrhundert haben sie dort auch die politische Macht und stellen den Sultan.

Zum Krieg zwischen Sunniten und Schiiten kam es nach der Ermordung von Ali. In der Schlacht von Kerbela (südlich von Bagdad) setzten sich 680 die Sunniten unter dem fünften Kalifen Muawija durch. Die kleine schiitische Streitmacht unter ihrem Anführer Hussein, einem Sohn Alis, wurde vernichtend geschlagen, Hussein wurde getötet und sein Leichnam geschändet. Seither wurden fast alle muslimischen Staatswesen von Sunniten geführt.

Der Kalif agierte als politischer Führer (»Befehlshaber der Gläubigen«). Gestützt auf Koranstellen wie Sure 4, Vers 59 (»Gehorcht Gott und gehorcht dem Propheten und denen unter Euch, die zu befehlen haben«) forderte er Gehorsam ein.[5] In seiner Eigenschaft als »Wächter des Glaubens« war der Kalif an das religiöse Recht gebunden und benötigte die Bestätigung der *ulema* (religiösen Gelehrten), dass seine Erlasse und Gesetze konform mit den islamischen Normen und Werten (*scharia*) waren. Das Kalifat, wie jede islamisch legitimierte Herrschaftsform, ist damit prinzipiell ein Rechtsstaat und keine Despotie. Doch kam es immer wieder vor, dass sich islamische Herrscher in der Praxis repressiv verhielten und islamische Rechtsgrundsätze missachteten.

Den Schiiten haftet der Ruf der staatlichen Illoyalität an. In der Tat gibt es theologische Unterschiede, die dazu führen, dass sie tendenziell regierungskritisch sind. Sie erkennen nur Familienangehörige des Propheten als religiöse und politische Führer an, die sogenannten »Imame«. Nur diese können nach schiitischem Verständnis eine gerechte Ordnung verwirklichen, nicht ein weltlicher Herrscher. Gerechtigkeit als Voraussetzung für Herrschaft ist ein zentraler Glaubensgrundsatz der Schiiten.

Die Mehrheit der Schiiten verehrt zwölf Imame, die als Nachkommen Muhammads vom göttlichen Licht erleuchtet und unfehlbar waren. Nach Auffassung der Zwölferschiiten (Dschafariten) brach mit dem zwölften Imam Muhammad al-Mahdi diese Linie ab: 941 entzog er sich der sunnitischen Verfolgung durch das Entweichen in die »Verborgenheit«. Die Zwölferschiiten glauben, dass der zwölfte Imam vor dem Jüngsten Gericht als *mahdi* (»Erlöser«) wiederkehren wird. Ohne Imamat kann es in der Zwischenperiode aber nur unvollkommene menschliche Herrschaft geben. Die Gläubigen sollen in ihrer Lebensführung Geistlichen folgen, die die Imame vertreten.

Fünferschiiten (Zaiditen) und Siebenerschiiten (Ismaeliten) sind andere schiitische Glaubensrichtungen. Beginnend mit dem fünften bzw. siebten Imam haben sie eigene, bei ihnen bis in die Gegenwart reichende Linien von Imamen begründet.

Nur selten gelangten Schiiten an die Macht, z. B. gab es von 909 bis 1171 im Maghreb, in Ägypten und Syrien ein schiitisches Gegenkalifat unter der Dynastie der Fatimiden, die auch Mekka und Medina kontrollierten. Die Hauptstadt war Kairo.

Ein weiterer schiitischer Staat war die von ca. 899 bis 1078 bestehende »Karmatenrepublik« am Persischen Golf. Die von den Ismaeliten abgespaltene Sekte predigte radikale Gleichheit und Gütergemeinschaft. Mit dieser sozialrevolutionären Botschaft fand sie insbesondere bei verarmten Bauern, dem städtischen Proletariat und Beduinen Gehör. Zwischen Männern und Frauen herrschte Gleichberechtigung. Zentrum der Karmatenrepublik war die Oasenstadt al-Hasa (heute Hofuf, Saudi-Arabien). 930 plünderten die Karmaten Mekka und entführten vorübergehend den Schwarzen Stein der Kaaba nach Bahrain. Ihre mit brutalen Eroberungszügen territorial ausgedehnte Herrschaft reichte zeitweise bis nach Syrien und in den Oman.

897 gründete der zaiditische Imam al-Hadi ila'l-Hak Jahja im Jemen einen theokratischen Staat mit Saada als Hauptstadt. Das Imamat hielt sich über 1000 Jahre, die politischen und sozialen Verhältnisse waren hier denen anderer arabischer Staaten genau entgegengesetzt. Der zaiditische Imam, vom Propheten abstammende vornehme Familien, Geistliche, Richter und Stammesführer bildeten die Oberschicht; Sunniten fanden sich hingegen tendenziell in der Unterschicht. 1962 endete die Herrschaft des Imams durch eine Revolution.

Natürlich trug zur staatskritischen Haltung der Schiiten auch bei, dass sie in sunnitisch geführten Staaten eine häufig benachteiligte und mitunter sogar verfolgte Bevölkerungsgruppe darstellten. In der Regel konnten sie keine höheren Positionen in Politik, Verwaltung und Militär erreichen, waren sozial schlechter gestellt als die sunnitischen Einwohner und standen daher der staatlichen Obrigkeit kritisch gegenüber. Arabische Schiiten unterstützten im 20. Jahrhundert häufig sozialistische oder kommunistische Parteien, so z. B. im Irak. Im Iran begründete der schiitische Religionsphilosoph Ali Schariati eine linksislamische Bewegung, die zu einer Inspiration der Islamischen Revolution (1979) wurde.

Zwölferschiiten (Dschafariten) stellen heute die Mehrheit in Bahrain und in der Ostprovinz Saudi-Arabiens. Siebenerschiiten (Ismaeliten) bilden kleine Minderheiten in den südlichen saudischen Provinzen Dschisan und Nadschran sowie im Jemen. Die Fünferschiiten (Zaiditen) stellen im Jemen heute an die 40 Prozent der Bevölkerung. In theologischer Hinsicht stehen sie den Sunniten am nächsten. Sie beten auch zusammen mit Sunniten in derselben Moschee.

## Expansion des arabisch-islamischen Reichs

Unter den Nachfolgern Muhammads dehnte sich das arabisch-islamische Reich rasch aus. Manche arabische Stämme waren Speerspitzen der Eroberung, so sind etwa die Spuren der Beni Hilal aus Zentralarabien bis nach Marokko verfolgbar. Um 750 umfasste das Reich die gesamte Arabische Halbinsel, den Nahen Osten, den Maghreb, große Teile Spaniens und Portugals, Ostanatolien, die heutigen Staaten Armenien, Aserbaidschan, Georgien, Persien, Afghanistan sowie Teile Zentralasiens und den westlichen Teil des heutigen Staates Pakistan.

Begünstigt wurde die schnelle Expansion dadurch, dass sich damals Byzantiner und Perser in verlustreichen Schlachten gegenseitig schwächten. Das arabisch-islamische Reich war der lachende Dritte. Zunächst schlugen die Muslime 636 bei Jarmuk im heutigen Syrien die Byzantiner, dann 637 bei Chadisija (in der Nähe von Hilla) im heutigen Irak und 642 bei Nehawand im heutigen Iran die Perser.

Nach dem heftigen Streit um Wahl oder Vererbung des Kalifenamts entbehrt es nicht einer gewissen Ironie, dass sich unter den Sunniten schon bald ein dynastisch vererbtes Kalifat durchsetzte. Der fünfte Kalif Muawija I. (661–680) erhob seinen Familienklan der Kuraisch zur Erbdynastie der Omajaden. Er führte sich auf Abd Schams ibn Abd Manaf, einen Kuraischi, zurück. Seine Residenz verlegte Muawija I. von

Medina nach Damaskus. Damit verschob sich das Zentrum der Macht von der Arabischen Halbinsel in den Nahen Osten.

Auf die Omajaden folgte die Dynastie der Abbasiden (750–1258), die einen strengeren Islam propagierten. Sie führten sich auf Haschim ibn Abd Manaf, den Urgroßvater Muhammads, zurück. Auch die heute regierenden »haschemitischen« Königsdynastien in Jordanien und Marokko sehen sich als Nachkommen von Haschim. Ab 762 regierte der Kalif von der neu angelegten Hauptstadt Bagdad in Mesopotamien aus. Unter den Abbasiden schwand die politische Macht der Araber, und kurdische, persische und türkische Eliten etablierten in den Provinzen semiautonome Herrschaften.

Einem Omajadenprinzen gelang die Flucht vor den Abbasiden nach al-Andalus, wo er 756 das Emirat von Cordoba errichtete. 929 erhob sich einer seiner Nachfolger zum Kalifen. Auch Marokko machte sich 789 unter der Dynastie der Idrisiden unabhängig vom Kalifat in Bagdad. Damit war das Ideal eines einheitlichen Kalifats für alle Muslime durchbrochen.

Im Zuge der Ausbreitung des Islam und der territorialen Expansion des Reichs sogen die Araber andere Völker durch Vermischung und Akkulturation auf, so z. B. die Aramäer, Assyrer und Philister in Syrien, die Altägypter in Ägypten und – teilweise – die Berber im Maghreb. Von Jemen und Oman bis nach Marokko und Mauretanien ist heute Arabisch die Landes- und Verkehrssprache, und die meisten Menschen bezeichnen sich als Araber, auch wenn sie nicht von der Arabischen Halbinsel stammen.

Drei Völker blieben eigenständig und wurden nicht arabisiert: Türken, Kurden und Perser. Zwar kamen sie unter arabische Herrschaft, nahmen die islamische Religion und die arabische Schrift an, hielten aber an ihrer nationalen Sprache und Kultur fest. Türken und Perser konnten zwischen dem 14. und 16. Jahrhundert mächtige Reiche, das Osmanische und das Persische Reich, begründen. Hingegen haben es die zwischen ihnen siedelnden Kurden bis heute nicht zu einem eigenen Staat gebracht.

Das Reich der Abbasiden brach im Hochmittelalter unter dem Mongolensturm zusammen. 1258 wurde Bagdad zerstört, der letzte Abbasidenkalif floh nach Kairo, fristete dort aber unter dem Mameluckensultan nur noch ein Schattendasein. Damit wurden die Stämme und Herrschaftsgebilde auf der Arabischen Halbinsel unabhängig.

## Überseeische Expansion von Chinesen, Europäern und Osmanen

Muslimische Kaufleute waren damals Mittler des Welthandels. Seefahrer aus dem Oman, Hormus, Bahrain, Aden und Dschidda fuhren nach Indien, in den indonesischen Archipel und nach Kanton in Südchina. Kaufleute entwickelten handelsjuristische Instrumente wie Kredite, Gewinnbeteiligungen und Partnerschaften. Der Austausch von Gütern, Technologien und Ideen führte dazu, dass sich Städte wie Kairo, Aleppo und Damaskus zu Stätten des Wissens und Zentren der Metall- und Textilproduktion entwickelten.

Auch andere Mächte wollten an dem lohnenden Welthandel mitverdienen, ihn gar beherrschen. Von 1405 bis 1433 entsandte der chinesische Kaiser aus der Ming-Dynastie den aus einer muslimischen Familie stammenden Admiral Zheng He auf sieben Handelsmissionen und Expeditionen in den Indischen Ozean. Auf seiner vierten Reise (1413–1415) besuchte er mit 63 Schiffen und 28 560 Mann die Straße von Hormus, umsegelte dann die Arabische Halbinsel und landete in Aden und Dschidda, eine Delegation wurde nach Mekka entsandt. Teile der Flotte fuhren an der afrikanischen Ostküste bis zur

Insel Mosambik weiter. Im Sommer 1415 kehrte die Flotte mit arabischen Gesandten und zahlreichen orientalischen Waren zurück. Doch legte der neue Kaiser Zhengtong 1435 die kostenintensive »Schatzflotte« wieder still.

Eine weitere expandierende Macht war damals das katholische Portugal. In Südostasien baute es zwischen 1503 und 1560 ein Netz von befestigten Stützpunkten auf, das bis nach Macao (Südchina) reichte. Goa und Diu an der Westküste Indiens entwickelten sich zu bedeutenden Umschlagplätzen für den Handel zwischen Südasien, Arabien und Afrika. Im 16. und 17. Jahrhundert beherrschten die Portugiesen mit einer Perlenkette von Forts die Südküste des Persischen Golfs und des Golfs von Oman.

### Das portugiesische Massaker an den Mekka-Pilgern

Der Kampf um Märkte und Vorherrschaft war brutal. Der aus Brasilien kommende portugiesische Admiral Amilcar Cabral errichtete im Jahr 1500 im südindischen Kalikut (heute Koshikode) eine einträgliche Faktorei. Dort herrschte ein Hindufürst. Doch führten Auseinandersetzungen um Handelsanteile zu Spannungen mit den ansässigen arabischen Kaufleuten. Zum Jahresende zettelten diese eine Randale an, und ein Mob brachte Dutzende Portugiesen um. Daraufhin bombardierte Cabral die Stadt, tötete Hunderte Einwohner, beschlagnahmte so viele muslimische Schiffe wie möglich, tötete deren Besatzungen und verkaufte zu Hause die wertvollen Gewürzladungen.

Zwei Jahre später nahm Flottenkommandeur Admiral Vasco da Gama erneut grausame Rache. Auf seinen Befehl wurde am 29. September 1502 vor Cannanore (Südindien) das aus Dschidda zurückkehrende Schiff »Miri« mit Mekka-Pilgern angehalten und geplündert. Das angebotene Lösegeld verweigerten die Portugiesen. Die rund 700 Passagiere – Männer, Frauen und Kinder – starben elend, als die Portugiesen es in Brand setzten und mit Kanonenkugeln versenkten. Damit nicht genug: Erbarmungslos ermordeten sie mit Speeren auch diejenigen Passagiere, die sich ins Wasser hatten retten können. Die grausame Tat erzeugte in Arabien und Indien immensen Hass gegen die Portugiesen.[6]

Am 3. Februar 1509 siegten die Portugiesen in der entscheidenden Seeschlacht vor Diu (Indien) über eine ägyptisch-indische Flotte. Sie rechneten nun damit, den ägyptisch-mameluckischen Zwischenhandel zwischen den indischen Gewürzproduzenten und den venezianischen Käufern auszuschalten. Jedoch konnten sie 1513 bzw. 1517 weder Aden noch Dschidda erobern, da die Osmanen den Mamelucken zu Hilfe kamen. Nun waren die Osmanen ihrerseits stark genug, um die Mamelucken zu besiegen, und annektierten 1517 Ägypten, Syrien und den Hedschas. Auch der Großscherif von Mekka, »Hüter der Heiligen Moscheen«, unterstellte sich nun den Osmanen. Die Bezeichnung »Scherif« bedeutet »adlig«, sie verweist auf die Abstammung von Haschim ibn Abd Manaf, dem Urgroßvater Muhammads. Es gelang den Osmanen, die Portugiesen fernzuhalten, nicht aber, sie auszuschalten. Die geostrategisch bedeutende Insel Hormus konnten die Portugiesen 1515 einnehmen, sie hatte vorher persischer Oberherrschaft unterstanden. Das Monopol über den Gewürzhandel hatten sich die Portugiesen nicht aneignen können, doch unterhielten sie Zollstationen, erpressten Schutzgelder von Handelsschiffen bzw. kaperten sie und betrieben Zwischenhandel.

Der Schah von Persien war zu schwach, um den Portugiesen allein entgegenzutreten, er verbündete sich daher mit den Briten. 1616 erreichte das erste britische Kriegsschff »James« unbemerkt von den Portugiesen die persische Küste.

1622 griff eine britisch-persische Flotte die Insel Hormus an und vertrieb die Portugiesen von ihrem wichtigsten Stützpunkt. Nun etablierte sich Großbritannien als neue Vormacht am Persischen Golf.

Im Oman profitierte der ibaditische Imam von den Kämpfen zwischen Persern, Briten und Portugiesen. 1624 gründete er die Herrschaftsdynastie der Jaruba, eroberte 1650 den letzten portugiesischen Stützpunkt Maskat und kontrollierte damit den gesamten Oman.

## Die Herrschaft der türkischen Osmanen in Küstengebieten

Ab dem 16. Jahrhundert setzte sich das ab 1299 begründete Osmanische Reich auf der Arabischen Halbinsel fest. Es konnte jedoch nur Küstengebiete am Roten Meer und dem Persischen Golf beherrschen, nie das Innere der Halbinsel und den Oman. Die osmanische Herrschaft reichte im Maghreb bis in den Norden des heutigen Algerien sowie weit nach Südosteuropa hinein. Seit 1517 führte der Sultan in Konstantinopel den Kalifentitel.[7]

Die Osmanen praktizierten den gleichen sunnitischen Glauben wie die meisten Araber; dennoch erlebten diese die osmanische Herrschaft auch als eine Periode der Fremdherrschaft und Ausbeutung. Osmanische Steuereintreiber und Militärkommandanten verhielten sich in den arabischen Provinzen häufig überheblich und pressten die Menschen aus. Die Araber respektierten den Herrscher in Konstantinopel als Kalifen (Schutzherrn der Muslime), sahen ihn jedoch als Sultan (dynastischen Herrscher) kritisch.

Im Osten rivalisierten die Osmanen mit dem von den Safawiden (1501–1722) wiedererrichteten Persischen Reich. Bemerkenswert ist, dass in Persien die Schia im Jahr 1501 auf Anordnung des Safawidenschahs Ismail I. als Staatsreligion eingeführt wurde. Zuvor war Persien mehrheitlich sunnitisch gewesen. Wahrscheinlich wollten die Safawiden mit dem Konfessionswechsel den Gegensatz zu den sunnitischen Osmanen zementieren und die Loyalität gegenüber der eigenen Dynastie stärken. Zu dem bereits bestehenden sprachlich-ethnisch-kulturellen Gegensatz zwischen Arabern und Persern trat also ab 1501 ein konfessioneller Gegensatz hinzu, der die gegenseitigen Ressentiments verstärkte.

Das Innere der Arabischen Halbinsel konnte sich von osmanischem Einfluss weitgehend freihalten. Der Sultan beherrschte lediglich mit Unterbrechungen die Küstenstreifen: al-Hasa am Persischen Golf (1521–1670, 1818–1830, 1871–1913) und den Hedschas am Roten Meer (1517–1804, 1813–1918). Von ihren dortigen Garnisonen aus waren die Osmanen bestrebt, die Stämme im Inneren der Halbinsel von sich abhängig zu machen, was ihnen aber nur ansatzweise glückte.

Auch der Jemen und der Oman konnten ihre Unabhängigkeit von den Osmanen weitgehend verteidigen. Lediglich von 1552 bis 1635 sowie von 1869 bis 1918 beherrschten diese den Jemen. Im Süden verlor der Imam des Jemen 1839 die Hafenstadt Aden an Großbritannien, später kontrollierte London durch Protektoratsverträge mit örtlichen Sultanen auch die angrenzende Region Hadramaut.

Der Oman blieb völlig souverän und stieg im 18. und 19. Jahrhundert dank seiner starken Flotte sogar zur Seemacht im Indischen Ozean auf, er beherrschte die Insel Sansibar sowie einträgliche Handelsplätze an der ostafrikanischen Küste. Mit dem Import von Sklaven und Elfenbein verdiente der Oman viel Geld. 1744 wurde die Al-Busaidi-Dynastie begründet, die bis heute an der Macht ist. Dynastische Rivalitäten nutzten die Briten dazu, 1861 die Teilung von Oman und Sansibar in zwei Staaten herbeizuführen. Die Verträge von 1839 und 1891 garantierten London Eingriffsrechte in die omanische Wirtschaft, Jurisdiktion, Außenpolitik und Militärhoheit. Ein formelles Protektorat wurde aber nie erklärt.

Zeitweise geriet die arabische Küste am Persischen Golf unter den Einfluss der wiedererstarkten Perser. Unter der Dynastie der Safawiden vertrieben sie 1602 die Portugiesen aus Bahrain, beherrschten die Insel, zumeist über lokale Herrscher, und verbreiteten das Schiitentum. Nach einem omanischen Zwischenspiel ging den Persern 1783 Bahrain verloren und fiel an die aus Katar zugewanderte arabisch-sunnitische Al-Chalifa-Dynastie.

### Der Siegeszug des Kaffees

Im 16. Jahrhundert breitete sich der Kaffee vom Osmanischen Reich nach Europa aus und wurde dort zum belebenden Modegetränk. Die »Milch der Denker« stammt aus dem Hochland von Äthiopien, wo man wilde Kaffeebohnen als Marschverpflegung mitnahm bzw. aufkochte. Später baute man sie auch an.

Im 15. Jahrhundert soll Scheich Dschemal Eddin Abd Allah Mohammed von Aden nach Äthiopien gereist sein und von dort Kaffee mitgebracht haben. Im Jemen wurden die Bohnen geröstet, gemahlen, gekocht und getrunken. Zunächst nutzte man den Kaffee als Magenmedizin, dann auch als Konsumgetränk. Auf den jemenitischen Terrassengärten wird seither hochwertiger »Arabica«-Kaffee angebaut, und der Hafen Mokka wurde mit dem Export von Kaffee reich. Er gab auch einer Kaffeesorte den Namen.

Von Mokka gelangte das Getränk nach Mekka. Doch Khair-Beg, örtlicher Statthalter des ägyptischen Oberherrn, verbot 1511 den berauschenden »Wein aus der Bohne« als un-

islamisch. Zum einen war er persönlich allen Sinnesfreu-
den abgeneigt, zum anderen sah er in den Kaffeehäusern
Treffpunkte von Spöttern und Unruhestiftern. Zur Freude
der Kaffeetrinker hob der Mameluckensultan von Ägypten
das Verbot jedoch später wieder auf.

Die Wallfahrtsort Mekka war stets Umschlagort neuer
Produkte, Ideen und Gewohnheiten. *Hadsch*-Pilger verbreiteten den Kaffee von dort nach Kairo, Damaskus und
Aleppo, und 1554 gründeten zwei Syrer in Konstantinopel
das erste Kaffeehaus.

Der Augsburger Arzt und Botaniker Leonhart Rauwolf berichtete 1582 nach einer »Raisz [...] inn die Morgenländer«
von dem »guten Getränk, das sie hoch halten, Chaube von
ihnen genannt. Das ist beinahe wie Tinte so schwarz und
bei Gebrechen, besonders des Magens, sehr dienlich. Dieses
pflegen sie frühmorgens zu trinken, auch an öffentlichen
Orten, vor jedermann ohne Scheu, aus tiefen Schalen von
Ton oder Porzellan, so warm, wie sie es ertragen können.«[8]
Auch der osmanische Sultan begegnete dem Kaffeegenuss
mit Argwohn: In den Kaffeehäusern wurde geraucht, ge-
spielt und musiziert, junge Kellner und freizügige Tänze-
rinnen weckten erotische Gefühle, und der Kaffee wurde
mit Rauschmitteln vermischt. Sultan Murad IV. (reg.
1623–1640) verbot den Genuss von Kaffee, Opium, Wein und
Tabak. 18 Menschen sollen an einem einzigen Tag wegen
entsprechender Vergehen hingerichtet worden sein.

Derweil breitete sich der Kaffee von Konstantinopel über
Venedig nach Paris, London und Hamburg aus. 1685 eröffnete ein Armenier das erste Kaffeehaus in Wien. Nicht nur
der friedliche Handel, sondern auch die »Türkenkriege«
trugen zur Beliebtheit des Getränks bei. Der Kaffee wurde
zum exotischen Modegetränk und brachte die nicht selten
widerständige Kultur der Kaffeehäuser hervor.

Das Alltagsgetränk auf der Arabischen Halbinsel ist freilich der Tee. Der aus dem Jemen kommende Kaffee war stets ein teures Gut; seine Darreichung ist ein Zeichen der Gastfreundschaft. Arabischer Kaffee (*gahwa*) unterscheidet sich vom türkischen; er wird aus hellen, mild gerösteten Bohnen in der langschnabeligen Kaffeekanne (*dallah*) gebrüht und mit Gewürzen wie Kardamom, Zimt, Nelken, Rosenwasser, Safran oder Muskatnuss verfeinert. Man serviert den goldfarbenen Kaffee ungesüßt in einer kleinen henkellosen Tasse (*findschaan*) und reicht dazu süße Datteln. Die Tasse wird nur zu etwa einem Viertel gefüllt: Der Gast soll sich frei fühlen, zu verweilen und mit ausgestrecktem Arm ein Nachfüllen zu erbitten. Hat er genug, schwenkt er die Tasse hin und her, und sie wird eingesammelt.

# Die Allianz Saud/Wahhab begründet ein religiös legitimiertes Staatswesen

## Der erste saudische Staat (1744–1818)

1744 entstand im Innern der Arabischen Halbinsel der erste saudische Staat, bekannt als »Emirat von Nedschd«. Das Jahr markiert den geschichtsmächtigen Pakt zwischen dem Emir von Dirija Muhammad ibn Saud (reg. 1735–1765) und dem Geistlichen Muhammad ibn Abd el-Wahhab.[1]

Die Al Saud sollen von den nomadischen Banu Hanifa abstammen, Mitgliedern der nordarabischen (*adnan*) Stammeskonföderation der Ribi'a. Sie lebten aber schon lange nicht mehr nomadisch. Der Emir Muhammad ibn Saud herrschte über eine landwirtschaftliche Siedlung und finanzierte kaufmännische Unternehmungen, er war einer von mehreren Lokalherrschern, die damals miteinander um Einfluss rangen. 1446 war der Vorfahr Mani al-Muraidi mit der Herrschaft über die Oase Dirija belehnt worden. Sie lag im langgestreckten Flusstal des Wadi Hanifa.

Der Geistliche Muhammad ibn Abd el-Wahhab wurde um 1703 in der Provinzstadt Ujaina im Nedschd geboren und studierte in Medina und Basra Theologie und Philosophie. Er kritisierte die laxe Befolgung der Rituale seitens der Beduinen, Praktiken des Aberglaubens, wozu er die Verehrung von Gräbern und heiligen Männern zählte, sowie das Luxusleben der Reichen. In Basra dürfte ihn die besondere Verehrung von Familienangehörigen des Propheten durch die schiitischen Muslime abgestoßen haben. Ausgehend von der konservativen Rechtsschule der Hanbaliten konzipierte er einen auf radikalem Monotheismus (*tauhid*) fußenden und gegen »verbotene Neuerungen« (*bida*) ausgerichteten Reformislam. Er predigte die strikte Befolgung der Scharia-Gebote inklusive der *hadd*-Körperstrafen, wie z. B. dem Abhacken einer Hand bei Diebstahl und dem Steinigen von Ehebrecherinnen. Alle Nichtmuslime inklusive Juden und Christen bezeichnete er als »Ungläubige« (*kuffar*), die vom rechten Pfad abgewichenen Muslime als Abweichler (*rafida*) bzw. Ketzer (*sandaka*). Seine Lehren fasste er in dem »Buch des Ein-Gott-Glaubens« (*kitab at-tauhid*) zusammen. Auf radikale Weise forderte er die ausschließliche Verehrung Gottes. »Wisse, daß dieses Bekenntnis eine Verneinung neben einer Bekräftigung enthält: die Verneinung der Eigenschaft als Gott bei den Geschöpfen, die nicht Allah sind, selbst bei Mohammed und Gabriel, geschweige denn bei sonstigen Heiligen und Frommen.«[2]

Natürlich stießen Aktionen wie das Fällen heiliger Bäume oder das Zerstören von Heiligengräbern bei vielen Beduinen auf Widerstand. Zunächst fand Abd-el Wahhab Schutz beim Emir seiner Heimatstadt Ujaina, doch die Bani Chalid in der Region al-Hasa setzten mit einem Lebensmittelembargo seine Ausweisung durch. Er begab sich nach Dirija und entkam auf der Reise einem Mordversuch. Schließlich schworen Abd el-Wahhab und der Emir von Dirija 1744 einen gegenseitigen Treueeid (*baia*). Der Herrscher schützte den Prediger, im Gegenzug gewährte dieser dem Herrscher eine religiöse Legitimation. Muhammad ibn Saud nannte sich fortan selbst nicht mehr Emir, sondern Imam (Vorbeter) und dokumentierte damit seine politische und religiöse Führerrolle. Abd el-Wahhab stand ihm als religiöser Ratgeber zur Seite. Gestärkt wurde der Pakt durch die Heirat Abd el-Wahhabs mit einer Tochter Muhammad ibn Sauds. Der Prediger starb 1792.

Missionarischer Eifer förderte die rasche Expansion des saudischen Staates. Erstens erhob Muhammad ibn Abd el-Wahhab die Verbreitung der Rechtgläubigkeit (*dawaa*) zur Pflicht. Zweitens galt jeder, der nicht den strengen eigenen religiösen Regeln folgte, als Ungläubiger (*kuffar*) und musste mit einem Heiligen Krieg (*dschihad*) bekämpft werden. Die Krieger folgten damit einer religiösen Pflicht und wurden im irdischen Leben mit Beute, im Fall des Märtyrertodes mit dem Paradies belohnt. Rudolph Peters spricht von einer erfolgreichen »Verbindung von religiösem Eifer und Streben nach weltlichem Gewinn«.[3] Das Bündnis war auch von den ortsansässigen Kaufleuten in Dirija unterstützt worden, die sich von der Durchsetzung der strengen wahhabitischen Gesetze die Disziplinierung der räuberischen Beduinen versprachen.

Muhammad ibn Saud vermehrte sein Herrschaftsgebiet 1746 um das rund 20 Kilometer entfernt liegende Riad (heute die Hauptstadt Saudi-Arabiens) sowie um die Oasen Manfuha und al-Hasa, weitere Ansiedlungen schlossen sich an. Die Herrschaft war nicht unangefochten: So fiel der Emir von Riad dreimal ab, jedes Mal bestrafte Muhammad ibn Saud den Verrat gnadenlos (der endgültige Anschluss von Riad erfolgte 1774).

Sein Sohn Abd al-Asis ibn Muhammad ibn Saud (reg. 1765–1803) konnte zahlreiche weitere Gebiete hinzugewinnen, so 1768 das Kasim rund 300 Kilometer nördlich, in den 1780er-Jahren al-Chardsch und das Wadi Dawasir im Süden sowie 1779 den Dschebel Schammar mit der Hauptstadt Ha'il rund 600 Kilometer im Norden.

Damals wurden große Schlachten mit 10 000 bis 20 000 Kriegern pro Seite geschlagen. In der siegreichen Schlacht im Dschebel Schammar (1791) gegen die mit dem Großscherifen von Mekka verbündeten Schammar und Mutair erbeuteten die Wahhabiten 11 000 Kamele und Hunderttausende Schafe. Besondere Meister waren die Wahhabitenkrieger aber im irregulären Kampf mit Hinterhalten.[4]

Die Sauds beherrschten nun die gesamte Zentrallandschaft Nedschd und forderten das Osmanische Großreich heraus. Im Westen plünderten sie den reichen Hedschas und zerstörten Heiligenstätten. Im Osten eroberten sie 1794 die Küstenprovinz al-Hasa. Von dort unternahmen sie einen von religiösem Fanatismus, Plünderung und Brandschatzung geprägten Feldzug nach Mesopotamien. Die Unterworfenen hatten die Wahl, den wahhabitischen Glauben anzunehmen oder zu sterben. 1801 unterbrachen die Wahhabiten die wichtige Handelsroute zwischen Damaskus und Bagdad. Am 21. April 1802 eroberten 12 000 Krieger die Stadt Kerbala, die osmanische Garnison war zuvor geflohen. Hier befand sich eines der bedeutendsten schiitischen Heiligtümer: das Grab des 680 vom omajadischen Kalifenheer getöteten Prophetenenkels Hussein ibn Ali. Die Wahhabiten brachten zwischen 2000 und 5000 der »ketzerischen« Einwohner um, verwüsteten das Grab Husseins und zerstörten den Wallfahrtsschrein mit seiner goldenen Kuppel. Die wahhabitischen Eroberer zogen mit mehr als 4000 Kamelen aus Kerbala ab, sie trugen eine reiche Beute: Gold, Silber, Münzen, Juwelen, Perserteppiche und Waffen, denn auf ihren Wallfahrten pflegen die schiitischen Pilger freigiebig zu spenden. Aus Rache tötete am 2. Oktober 1803 ein Schiit »den Schlächter von Kerbala« Imam Abd al-Asis ibn Muhammad ibn Saud beim Gebet in der Moschee von Dirija.

Unter dem Sohn Imam Saud I. ibn Abd al-Asis dem Großen (reg. 1803–1814) fielen die Wahhabiten erneut im Hedschas ein, besetzten nun Medina, erbeuteten Juwelen im Wert von 40 000 bis 50 000 Talern und nahmen 1803 Mekka sowie 1804 Medina ein. Gnadenlos zerstörten sie Mausoleen von Heiligen und Moscheen mit opulenten Kuppeln. 1806 gewannen die Wahhabiten die Herrschaft über den Oman, und 1808 marschierten sie bis vor die syrischen Städte Damaskus und Aleppo. In Briefen forderten sie die Unterwerfung und die Annahme der wahhabitischen Lehre, doch blieb den beiden Städten die Eroberung erspart. Raubzüge unternahmen die Wahhabiten bis nach Palästina. Der erste saudische Staat umfasste nun weite Teile der Arabischen Halbinsel und war in etwa deckungsgleich mit dem heutigen Königreich Saudi-Arabien. Bei Teilen der städtischen Bevölkerung begannen die Vorstellungen der Wahhabiten Anklang zu finden.

In den Augen der Osmanen war nun das Maß voll, denn mit der Besetzung Mekkas und Medinas untergruben die Wahhabiten die politische und religiöse Legitimität des Sultans bzw. Kalifen, außerdem entzogen sie ihm die einträglichen Einkünfte aus den Küstenprovinzen al-Hasa und Hedschas (insbesondere diejenigen aus der Pilgerfahrt nach Mekka und Medina). Sultan Mahmud II. beauftragte 1811 seinen Gouverneur in Ägypten, Muhammad Ali Pascha, mit einer Strafexpedition gegen die Wahhabiten. Über das Rote Meer verlegte dieser 14 000 Soldaten auf die Arabische Halbinsel und schloss Allianzen mit Stämmen. 1812/13 wurden die Heiligen Städte Mekka und Medina wiedererobert.

Auf Saud I. ibn Abd al-Asis folgte sein Sohn Abdallah I. ibn Saud (reg. 1814–1818). Er schloss 1815 einen Waffenstillstand mit den Osmanen, der jedoch nicht lange hielt. Daraufhin rückte der Sohn des osmanischen Gouverneurs von Ägypten, Ibrahim Pascha, mit einer neuen Streitmacht und Kanonen an. Bei seinem Vormarsch wandte er das taktische Mittel der »Verbrannten Erde« an. Die Guerillataktik der Wahhabiten konnte ihre Niederlage verzögern, aber nicht aufhalten. Immer mehr Stämme liefen nun zu den Osmanen über. Vor der sechsmonatigen Belagerung wurde die Hauptstadt Dirija am 11. März 1818 mit Artillerie sturmreif geschossen und schließlich erobert. 10 000 Ägypter und 1300 wahhabitische Kämpfer fielen dort, darunter drei Brüder des Imams Abdallah. Dieser wurde am 17. Dezember 1818 in Istanbul wegen »Spaltung der Muslime« und »Rebellion gegen den Kalifen« öffentlich zur Schau gestellt und vor der Hagia Sophia mit dem Schwert öffentlich hingerichtet, sein Kopf wurde danach in einem Mörser zerstampft. Die Familienmitglieder deportierte man nach Kairo und Istanbul. Wahhabitische Prediger wurden nun brutal verfolgt, mitunter vor Kanonen gebunden und exekutiert. Als Menetekel wurde 1822 Dirija bis auf seine Grundmauern zerstört. Die Ruinen der aus Lehm gebauten alten Wahhabitenhauptstadt sind nun eine Sehenswürdigkeit für Touristen, sie wurden in den letzten Jahren konserviert.

Zeitgleich zu den Auseinandersetzungen zwischen Osmanen und Wahhabiten erschienen im Roten Meer und am Persischen Golf europäische Kolonialmächte, die sich angesichts der schwindenden osmanischen Macht dort festzusetzen suchten. Napoleon Bonaparte führte als General der Französischen Republik 1798/99 einen Feldzug in Ägypten, um Großbritanniens Verbindungen nach Indien zu stören und seinen eigenen Ruhm zu steigern. Doch misslang sein Plan, über Syrien nach Konstantinopel durchzustoßen, und 1801 musste das französische Expeditionsheer kapitulieren. Das französische Ausgreifen erschütterte jedoch das Selbstvertrauen der Osmanen und ihrer Untertanen nachhaltig. Die vernichtende Niederlage des osmanisch-ägyptischen Heeres am 21. Juli 1798 bei den Pyramiden hatte die arabische und muslimische Welt gedemütigt. Sie bildete den Auftakt zur europäischen Kolonisierung in Nordafrika, dem Nahen und Mittleren Osten.

Auf dem Wiener Kongress wurde 1815 ein Mächtegleichgewicht in Europa vereinbart, das jahrzehntelang Bestand hatte. Territoriale Eroberungen konnten die europäischen Mächte nur an der Peripherie, in Afrika und Asien erreichen. Zum bevorzugten Opfer wurde das Osmanische Reich.

Großbritannien schloss 1798 mit dem Sultan von Oman einen ersten Vertrag. 1816 und 1819 erschienen britische Flotten im Persischen Golf, vor dem Oman kam es 1820/21 zu militärischen Auseinandersetzungen mit Wahhabiten. Ab Mitte der 1830er-Jahre schloss London mit den Scheichtümern an der »Piratenküste« des Persischen Golfs Schutzverträge, erzwang die Aufgabe der Seeräuberei und entsandte britische Residenten als außenpolitische Ratgeber. 1839 annektierte Großbritannien die bis dahin zum Imamat Jemen gehörende, strategisch bedeutende Hafenstadt Aden mit ihrem Naturhafen und baute sie zum Stützpunkt für den Seeweg zwischen Europa und Britisch-Indien aus. An der nur 27 Kilometer breiten Engstelle Bab el-Mandab des Roten Meers besetzte Großbritannien 1857 die strategisch bedeutende Insel Perim. 1873 sicherte es sich auch das Hinterland von Aden und den Hadramaut.

Im Jahr 1869 wurde der Suezkanal eröffnet, der das Mittelmeer über das Rote Meer mit dem Indischen Ozean verbindet. Damit stieg die geostrategische Bedeutung der Arabischen Halbinsel für die europäischen Mächte. Zunächst war der Kanal französisch dominiert, denn 56 Prozent der Aktien der privaten Gesellschaft mit Verwaltungssitz Paris befanden sich in französischer Hand, 44 Prozent in der Hand des ägyptischen Vizekönigs. Kaiser Napoleon III. sponserte 1862/63 eine Reise des Jesuiten William Gifford Palgrave in das Innere der Arabischen Halbinsel, um den französischen Einfluss auszudehnen. Doch gelang es Großbritannien, 1875 die Kanalanteile des bankrotten Ägypten zu übernehmen, und 1882 nutzte London ausländerfeindliche Unruhen in Alexandria, um das Land zu besetzen und Soldaten am Suezkanal zu stationieren.

Auch am Persischen Golf rivalisierten europäische Mächte um Einfluss. Frankreich schloss 1844 einen Handels- und Freundschaftsvertrag mit dem Oman. In Kuwait rivalisierten deutsche, britische, französische und russische Emissäre um die Gunst des Emirs. Doch konnten andere europäische Mächte die britische Dominanz nicht ernstlich gefährden.

Zug um Zug etablierte Großbritannien mittels Protektoratsverträgen ökonomische und militärische Stützpunkte am Persischen Golf: Bahrain (1861), Katar (1868), die »Vertragsstaaten« (die heutigen VAE; 1892) und Kuwait (1899). Damit deutete sich ein Machtkampf um die Arabische Halbinsel zwischen dem Osmanischen Reich und Großbritannien an, der im Ersten Weltkrieg mit Waffen ausgetragen wurde.

Am östlichen Ausgang des Mittelmeers setzte sich Großbritannien 1878 in Zypern und 1882 in Ägypten fest. Nach Ausbruch des Ersten Weltkriegs annektierte es diese Gebiete im November 1914.

Das Osmanische Reich musste in Europa und Afrika herbe Gebietsverluste hinnehmen, doch konnte es bis 1918 (Groß-) Syrien, Mesopotamien und die Randgebiete der Arabischen Halbinsel behaupten.

## Der zweite saudische Staat (1824–1891)

Den Wahhabiten eilte im frühen 19. Jahrhundert ein Ruf des Schreckens voraus, ähnlich wie 200 Jahre später den Kämpfern des »Islamischen Staats«. Mit dem Fall ihrer Hauptstadt Dirija schien der Spuk vorbei, doch hatten sie weiterhin Anhänger, die von der Rechtmäßigkeit ihrer Mission und von

ihrem gottgewollten Sieg überzeugt waren. Der 1818 untergetauchte Onkel Abdallahs I., Turki ibn Abdallah Al Saud (reg.
1824–1834), begann 1823 einen Kleinkrieg gegen die Osmanen
und eroberte 1824 Riad.

Der zweite saudische Staat beschränkte sich auf das Innere der Arabischen Halbinsel und zeigte keine expansi-
ven Tendenzen. Zunächst duldeten ihn die Osmanen und
ihre ägyptischen Vizekönige, doch als 1834 Imam Turki im
Zuge einer familieninternen Auseinandersetzung ermordet und durch seinen aus dem ägyptischen Exil geflohenen
Sohn Faisal ibn Turki Al Saud (reg. 1834–1838, 1843–1865) ersetzt wurde, starteten die Osmanen eine erneute Militär-
expedition. Sie eroberten 1837 Riad und setzte nun mit dem
aus Ägypten mitgebrachten Prinzen Chalid einen rivalisierenden wahhabitischen Prätendenten als Imam ein. Faisal
wurde zum zweiten Mal nach Kairo deportiert. Ihm gelang
jedoch erneut die Rückkehr, und mit Hilfe des mächtigen
Führers der Schammar, Abdallah bin Ali bin Raschid, konnte
er Riad 1843 zurückerobern und seine Herrschaft wiederge-
winnen. Die Raschiden, Vasallen der Sauds, hatten 1836 mit
deren Zustimmung den Herrscher Muhammad ibn Ali im
Emirat Ha'il abgesetzt.

Imam Faisal I. ibn Turki Al Saud regierte bis 1865. Als Pro-
vinzgouverneure ernannte er nun saudische Prinzen, nicht
mehr Stammesführer. Dies wird bis heute so praktiziert. Es
gelang Faisal wieder, weitreichende tribale Bündnisse zu
etablieren. Bis in den Oman hinein entrichteten ihm nun
Stämme Tribut. 1850 eroberten die Wahhabiten Katar, dank
300 erbeuteter Segelschiffe (*dhaus*) waren sie nun auch eine
Seemacht. Faisals Versuch, sich mit den Briten im Oman an-
zulegen, misslang jedoch. Sein Sohn und Nachfolger Abdallah musste 1866 die britischen Rechte in den »Vertragsstaaten« sowie im Oman anerkennen.

Nach Imam Faisals Tod im Dezember 1865 brach ein bewaffneter Konflikt zwischen seinen Söhnen Abdallah und Saud aus. Nutznießer waren die Raschiden, die die Prätendenten gegeneinander ausspielten und ihre eigene Macht in Zentralarabien konsolidierten. Zunächst sicherte sich Abdallah III. ibn Faisal das Imamat, doch nach jahrelangen Kämpfen setzte sich schließlich 1871 Imam Saud II. ibn Faisal Al Saud (reg. 1871–1873) durch. Abdallah flüchtete zu den Osmanen nach Mesopotamien und wurde wieder Herrscher. Der Bruderzwist ermöglichte es den Osmanen, 1872 die al-Hasa-Küstenprovinz am Persischen Golf wiederzubesetzen, die seit 1793 von den Wahhabiten kontrolliert worden war.

Nachdem die Raschiden Abdallah III. ibn Faisal 1884 abgesetzt und gefangen genommen hatten, verhalf Abdul Rahman ibn Abdallah seinem Vater Abdallah III. wieder zum Imamat. Als dieser 1889 starb, wurde Abdul Rahman ibn Abdallah (reg. 1889–1891, 1902–1928) sein Nachfolger. Doch verweigerte ihm der mächtige Emir von Ha'il Muhammad Al Raschid (reg. 1869–1897) die Anerkennung und eroberte 1891 Riad. Auch der zweite saudische Staat war damit Geschichte, und die Raschiden waren nun die unangefochtenen Herrscher vom Dschebel Schammar, dem Kasim und dem Nedschd.

Abdul Rahman ibn Abdallah musste mit seiner Familie zunächst zum Stamm der Murra in die unwirtliche Rub-al-Chali-Wüste fliehen. Nach weiteren Exilstationen in Bahrain und Katar fand er schließlich Zuflucht bei Scheich Mubarak as-Sabah, dem Herrscher von Kuwait.

## Ein gescheitertes Projekt: Israel auf der Arabischen Halbinsel

Der Historiker Julius H. Schoeps entriss ein frühes zionistisches Ansiedlungsprojekt der Vergessenheit.[5] Der wohlhabende Berliner Philanthrop Paul Friedmann stammte aus einer ostpreußischen Familie jüdischen Glaubens, die zum Protestantismus konvertiert war. Für die Juden im Russischen Reich sah er keine Zukunft. Der Privatgelehrte studierte Veröffentlichungen von Ägyptologen und Orientalisten über Midian am Roten Meer (heute Teil der saudischen Provinz Tabuk). Daraufhin kam er zu dem Ergebnis, dass sich der Küstenstreifen zwischen Akaba und al-Wadsch hervorragend für eine Ansiedlung von Juden eignen würde. Midian ist der Name des Stammvaters der Midianiter, der in der Bibel als vierter Sohn Abrahams und dessen zweiter Frau Ketura genannt wird. Friedmann führte an, dass nur ca. 23 000 Beduinen in dem rund 20 000 Quadratkilometer großen Gebiet lebten. Die osmanische Oberherrschaft sei unbeliebt, das Klima vergleichsweise gemäßigt, und im Winter regne es ausreichend. 1891 veröffentlichte er die Schrift »Das Land Midian«.

Friedmann reiste in diesem Jahr in das nominell osmanische, aber von Großbritannien kontrollierte Vizekönigreich Ägypten. In Midian war damals kein osmanisches Militär stationiert, sondern ägyptische Soldaten wurden dort geduldet. In Kairo sprach Friedmann mit Premierminister Rias Pascha, er korrespondierte mit dem britischen Premierminister Lord Salisbury, und er traf den österreichischen Verteidigungsminister Zeno Graf Welser von Welsersheimb und den deutschen Außenminister Leo Graf von Caprivi. Überall überwog jedoch Skepsis.

Wie andere Zionisten deutete Friedmann das Ziel einer künftigen Staatsgründung aus taktischen Erwägungen nur an. An Lord Salisbury schrieb er, er wolle die Juden in die Lage versetzen, »über die Beduinen zu herrschen und die Ordnung aufrecht zu halten«.[6] Ebenso sollten künftig nur noch Juden nach Midian einwandern dürfen. Für einen späteren Zeitpunkt erwog er auch die Ansiedlung von Juden in anderen Teilen Arabiens. Friedmann suchte – wie nach ihm der Präsident der Zionistischen Weltorganisation Chaim Weizmann – Großbritannien mit den strategischen Vorteilen einer jüdischen Ansiedlung für das Empire zu locken. Die Juden würden den wichtigen Seeweg nach Indien sichern, mit ihrem Fleiß den Handel beleben und eine Brücke zwischen Okzident und Orient bilden. Friedmann bereitete sein Vorhaben mit einer militärisch organisierten Expedition vor. Im österreichischen Krakau warb er mehrere Dutzend gestrandeter russischer Juden an. Außerdem heuerte er einen pensionierten preußischen Offizier, drei ehemalige Unteroffiziere der preußischen bzw. österreichisch-ungarischen Armee, einen Arzt und einen Chemiker an.

Mit einem gecharterten und auf den Namen »Israel« getauften Dampfschiff traf die Expedition am 1. Dezember 1891 in Suez ein. Dort wurden die Frauen und Kinder zurückgelassen. In Scherm-el-Mojeh an der Südspitze der Sinai-Halbinsel (heute Teil des Urlaubsortes Scharm el Scheich) begannen die Unteroffiziere a. D. mit dem militärischen Drill der jüdischen Männer. Diese erhielten nur wenig zu essen und zu trinken, sie mussten schwere körperliche Arbeit verrichten, und bei Fehlverhalten setzte es Schläge. Schon bald kam es zu einer fatalen Meuterei. Friedmann entließ den Rädelsführer, der daraufhin in der Sinai-Wüste umherirrte und starb.

Mit drei loyal gebliebenen Juden fuhr Friedmann im Februar 1892 nach dem Küstenort Duba. Dort nahm der bisweilen in einer Phantasieuniform als »König des Midian« auftretende Friedmann Kontakt mit Beduinenscheichs auf und traf auf abweisende Militärs. Nun verließen ihn auch die restlichen Expeditionsteilnehmer. Zum einen fürchteten sie die Gegnerschaft des osmanischen Sultans, zum anderen zeigten sie keine Lust, sich in dieser entlegenen Region als Bauern und Pioniere zu betätigen.

Friedmann musste tief enttäuscht nach Berlin zurückkehren und den Verlust von 170 000 Gulden verkraften. In der Presse wurde er als »Abenteurer«, »Phantast« und »Tyrann« gescholten, der den Tod eines Menschen zu verantworten habe. 1911 verlieren sich seine Spuren. Wann und wo er verstorben ist, ist nicht bekannt.

Was Friedmann nicht ahnen konnte: Sein Projekt löste einen Streit zwischen dem Osmanischen Reich und dem Vizekönigreich Ägypten aus, denn die Grenzen waren umstritten. Die Hohe Pforte in Konstantinopel nahm Friedmanns Expedition zum Anlass, Truppen in den Midian zu entsenden. Schließlich einigten sich die beiden Regierungen 1906 darauf, dass die Sinai-Halbinsel bei Ägypten verblieb, Midian aber vom Osmanischen Reich verwaltet wurde. Ohne Friedmanns Expedition würde die nordwestliche Region Saudi-Arabiens am Roten Meer heute möglicherweise zu Ägypten gehören.

## Abd al-Asis gründet ab 1902 den dritten saudischen Staat

Noch einmal sollte der Wahhabitenstaat aus dem Nichts wiederauferstehen. Zu verdanken war dies Abd al-Asis ibn Abdul Rahman Al Saud, dem ältesten Sohn von Imam Abdul Rahman. 1902 eroberte er in einem Handstreich die Heimatstadt Riad zurück, gewann die Unterstützung immer weiterer Stämme, vertrieb 1913 die Osmanen aus der Region al-Hasa am Persischen Golf, eroberte 1922 den Dschebel Schammar von den Raschiden und rundete seinen Staat 1926 mit der Eroberung des Hedschas sowie weiterer Gebiete ab. Abd al-Asis nahm den Titel eines »Königs von Hedschas und Nedschd« an, führte nach dem Tod seines Vaters ab 1928 auch den religiösen Titel »Imam« und wurde vier Jahre später zum König des vereinigten Staats »Saudi-Arabien« proklamiert, der große Teile der Arabischen Halbinsel umfasste. Als Gründungsvater regierte er das Königreich bis zu seinem Tod 1953. Ohne die traditionellen Werte infrage zu stellen, leitete er eine vorsichtige Entwicklung und Modernisierung ein, gestützt auf die 1938 anlaufende Ölförderung.

Bis heute genießt Abd al-Asis als Übervater eine immense Verehrung, sein Bild ist im Lande omnipräsent. Der hochgewachsene Mann mit den durchdringenden Augen strahlte Charisma aus und flößte Respekt ein. Seine zarter besaiteten Brüder – darunter ein Gelehrter und Literat, ein Einsiedler und ein begeisterter Gartenbauer – fürchteten ihn. Es gelang ihm, unterschiedliche Eigenschaften harmonisch miteinander zu verbinden: Milde und Strenge, Versöhnungsbereitschaft und Rachsucht, Kriegertum und Friedensstreben, Traditionsbewusstsein und Veränderungswillen, puristische Frömmigkeit und diplomatischen Pragmatismus. Am Schicksal seines Vaters hatte er die unheilvollen Wirkungen von innerfamiliären Rivalitäten im Haus Al Saud miterlebt, die immer wieder von externen Gegnern ausgenutzt worden waren. Auch war ihm die Wankelmütigkeit der arabischen Stämme bewusst, die nicht selten ihre Loyalität wechselten. Einheit in der Familie und das Knüpfen stammesübergreifender Bande waren daher Eckpunkte seiner Politik.

Im Ausland hat sich der unrichtige Name »Ibn Saud« durchgesetzt, in dieser Veröffentlichung wird die korrekte Bezeichnung Abd al-Asis verwendet.

Abd al-Asis ibn Abdul Rahman Al Saud wurde 1876 in Riad geboren. Seine Mutter war Sara bint as-Sudairi, die aus Sudair stammte, einer Region, die sich schon früh den Wahhabiten angeschlossen hatte und als ausnehmend loyal gegenüber dem Haus Saud gilt. Er wuchs zusammen mit den Geschwistern Faisal, Nura, Bassa, Haja und Saad auf. Besonders schätzte er seine Schwester Nura, die er lebenslang als Ratgeberin heranzog. Mit 16 Jahren heiratete er erstmals; insgesamt hatte er mindestens 24 Frauen und 43 Söhne. Zusammen mit den Töchtern dürfte er weit mehr Nachkommen gehabt haben. Als ausgesprochen einflussreich gelten die Söhne seiner Lieblingsfrau Hasa bint Ahmad as-Sudairi, die »Sieben Sudairi« aus dem mächtigen Stamm der al-Dawasir. Von ihnen stiegen Fahd bin Abd al-Asis (reg. 1982–2005) und Salman bin Abd al-Asis (reg. seit 2015) zu Königen auf.

Noch in Riad erhielt Abd al-Asis privaten Schulunterricht und wurde von seinem Vater auf die spätere Rolle als Herrscher vorbereitet. Während der entbehrungsreichen Exiljahre unter den Murra in der Rub-al-Chali-Wüste lernte er den Überlebenskampf und die kriegerischen Tugenden der Beduinen kennen. So erlebte er dort, wie man ohne Betäubung Bauchoperationen durchführte und Wunden durch Ansetzen von Wüstenameisen mit deren Beißzangen verschloss. Später führte er Raubzüge in seine frühere Heimat an. In Kuwait fand er in Scheich Mubarak as-Sabah (reg. 1896–1915) einen väterlichen Mentor, der ihn in Staatskunst und Diplomatie einführte. Die wichtige Hafenstadt Kuwait war damals Schauplatz von Intrigen ausländischer Staaten wie Großbritannien, Frankreich und Russland, die die osmanische Machtstellung am Persischen Golf untergraben wollten. Auch Berlin umwarb den Emir, suchte es doch die durch Anatolien und Syrien führende Bagdadbahn bis nach Kuwait zu bauen, um Einfluss am Persischen Golf zu erhalten.

Am 23. Januar 1899 unterzeichnete Scheich Mubarak einen geheimen Schutzvertrag mit der aufsteigenden Macht Großbritannien.

Die politische, ökonomische und militärische Macht Großbritanniens beeindruckte den jungen Abd al-Asis, der erkannte, dass die Briten zur dominierenden Weltmacht aufsteigen und die Vorherrschaft des Osmanischen Reichs ablösen würden. Zum Fixpunkt seiner Politik wurde ein enges Vertragsverhältnis mit Großbritannien, allerdings auf Augenhöhe. Zunächst waren die Briten skeptisch gegenüber Abd al-Asis und wollten das Osmanische Reich nicht verärgern. Jörg-Dieter Brandes schreibt: »Für England schienen die Al Saud damals nur innerarabische Unruhestifter und verantwortungslose religiöse Fanatiker gewesen zu sein, die nicht in das Empire-Denken in Eton erzogener stocksteifer Diplomaten passten.«[7] Hauptmann William Shakespear, der Adjutant des britischen Residenten für den Persischen Golf mit Sitz im persischen Buschir, nahm dann 1910 in Kuwait Kontakt zu Abd al-Asis auf und wurde dessen Freund.

Im November 1915 traf Abd al-Asis den britischen Residenten Sir Percy Cox in Basra. Argwöhnisch beobachtete er dessen unverschleierte Beraterin Gertrude Bell, die selbstbewusst auftrat und alle männlichen Privilegien genoss – was sie ihm nicht sympathisch machte. Von der Vorführung von Flakgranaten, eines Eisenbahnzugs und eines Flugzeugs war Abd al-Asis aber stark beeindruckt. Schließlich schloss er am 26. Dezember 1915 auf der Insel Tarut einen Vertrag mit Großbritannien. Auch für Cox, den späteren Gouverneur des Britischen Irak, entwickelte Abd al-Asis eine dauerhafte Wertschätzung und bezeichnete ihn als einen »Vater«.

Zum dritten Vertrauten wurde der Arabist Harry St. John Bridger Philby, den die britische Regierung im November 1917 zu Abd al-Asis entsandte. St. John Philby begleitete den Herrscher der Wahhabiten auf Reisen und Feldzügen. 1924 verließ er den britischen Geheimdienst, da er mit der projüdischen Palästinapolitik Londons nicht einverstanden war.

Ein Jahr später trat er als Berater in saudische Dienste und konvertierte 1930 zum Islam. Es war St. John Philby, der seinem Heimatland Großbritannien dezidiert empfahl, die Expansion des Wahhabitenstaats auf der gesamten Arabischen Halbinsel als Stabilitätsfaktor zu unterstützen. Auf seinen Ratschlag hin diversifizierte Abd al-Asis seine außenpolitischen und ökonomischen Beziehungen und schloss 1933 nicht mit einer britischen, sondern mit einer US-amerikanischen Ölfirma einen Explorationsvertrag.

St. John Philby verfasste Bücher über die arabisch-islamische Kultur, unternahm Forschungsreisen und entdeckte 1932 in der Wüste Rub al-Chali die Wabar-Krater. 1939 nach Großbritannien zurückgekehrt, wurde er dort als Kriegsgegner zeitweise interniert. Später lebte er wieder als Berater in Saudi-Arabien, wurde aber 1955 vom neuen König Saud entlassen und starb 1960 in Beirut. Sein Sohn Kim Philby löste 1963 einen Skandal aus: Er wurde als britisch-sowjetischer Doppelagent enttarnt und floh von Beirut nach Moskau.

Freilich gab es stets auch Kritiker von Abd al-Asis in der britischen Politik: So tendierte das India Office im Unterschied zum Foreign Office dazu, ihn für nicht besonders wichtig oder vertrauenswürdig zu halten. Ein einflussreicher Gegner von Abd al-Asis war auch der britische Offizier Thomas Edward Lawrence, der 1916 nach Arabien entsandt wurde, um die osmanische Hedschasbahn nach Medina zu sabotieren und den arabischen Aufstand gegen die Osmanen zu unterstützen. Er setzte auf die Rivalen der Sauds, die Dynastie der Haschemiten aus Mekka.

Nach dem Tod des mächtigen Emirs von Ha'il Muhammad bin Abdullah Al Raschid (1897) unternahmen Mubarak as-Sabah und Abdul Rahman mehrere Vorstöße gegen die Raschiden, bei denen sich der junge Abd al-Asis als Führer von Kommandoaktionen auszeichnete und sogar kurzzeitig in seine Heimatstadt Riad eindrang. Doch kam es 1901 bei Sarif im nördlichen Kasim zur Niederlage gegen die Raschiden. Beinahe wäre Kuwait-Stadt erobert worden. Nur dem Eingreifen eines britischen Kanonenboots war es zu verdanken, dass die Schammar-Krieger wieder abzogen. Besondere Empörung löste aus, dass die Gegner Gefangene aufhängten, Brunnen vergifteten, Palmhaine zerstörten und türkische Begleitoffiziere sogar Frauen vergewaltigten.

Mit einigen Dutzend Kriegern und Gewehren führte Abd al-Asis daraufhin von der Wüste Rub al-Chali aus einen Guerillakrieg gegen das 10 000-Mann-Heer der Raschiden. Seinen besonderen Zorn bekam der Stamm der Adschman zu spüren, der von seinem Vater abgefallen war.

Am 15. Januar 1902 eroberte der 22-Jährige in einem kühnen Handstreich seine Heimatstadt Riad zurück. In der Nacht zuvor hatte das von Abd al-Asis angeführte Kommando die Mauerwächter überwältigt und war in das Haus des raschidischen Gouverneurs Adschlan vorgedrungen, in dem sich aber nur die Ehefrau und eine Schwester befanden. Der Gouverneur zog es vor, in der sicheren Festung zu nächtigen. Als sich deren Tore am Morgen öffneten, stürzte sich Abd al-Asis mit seinen 30 Kriegern auf den überraschten Gouverneur. Erbittert kämpften sie gegen 80 Schammar.

Adschlan konnte Abd al-Asis verletzen und in Richtung der Moschee flüchten, aber am Eingang streckte ihn dieser mit einem Säbelhieb nieder. Abd al-Asis enthauptete Adschlan, spießte dessen Kopf auf seinen Säbel und warf ihn unter die Schammar, die sich daraufhin ergaben. Rasch holte er seinen Vater Abdul Rahman nach, der von den Einwohnern begeistert empfangen wurde. Die Kernprovinz Aridh des Nedschd gehorchte erneut den Sauds. Nominell war Imam Abdul Rahman wieder der Herrscher, doch faktisch regierte Abd al-Asis.

Der neue Emir von Ha'il, Abd al-Asis bin Mutaib Al Raschid, ein Neffe von Muhammad bin Abdallah Al Raschid, suchte mit Angriffen gegen Kuwait zu kontern, doch scheiterte sein Vorstoß im Winter 1902/03. Der Mauerring hielt, und Abd al-Asis entsetzte mit 10 000 Kriegern die Eingeschlossenen.

Im Nedschd eroberte Abd al-Asis Zug um Zug weitere Gegenden. In der Schlacht von Bukairija gelang es ihm im Sommer 1904, mit einem Überraschungsangriff den von osmanischen Bataillonen verstärkten, zahlenmäßig überlegenen Feind zu schlagen. Damit kam auch die Region Kasim mit der wichtigsten Stadt Buraida unter die Herrschaft der Wahhabiten. Der Besitz dieser Region war bedeutend, bildete sie doch die strategische Landbrücke zwischen Persischem Golf und Rotem Meer. Pilgerkarawanen von und nach Mekka entrichteten dort Abgaben.

Der Emir von Ha'il Abd al-Asis bin Mutaib wollte die Rückschläge nicht akzeptieren und versuchte, das Kasim zurückzugewinnen. Er fiel jedoch im April 1906 in der Schlacht von Rawdat Muhanna, als er im Morgengrauen auf die falsche Frontseite geriet. Darauf zogen sich die Schammar panisch zurück. Blutige Familienfehden schwächten die Raschiden-Dynastie der Schammar zusätzlich. Abd al-Asis verzichtete vorerst darauf, das Kerngebiet Dschebel Schammar anzugreifen, und prägte die Formel »Schammar den Raschiden – Nedschd den Sauds«.

In Anaisa war Abd al-Asis 1904 auf drei Enkel von Saud II. ibn Faisal gestoßen, der 1871 seinen Bruder Abdallah III. vorübergehend vom Imamat verdrängt hatte. Mit Unterstützung der Raschiden hatten sie gehofft, ihre Linie wieder an die Macht zu bringen. Abd al-Asis verzieh ihnen und gewährte ihnen Aufenthalt in Riad. Doch nutzten die »araif« (der arabische Ausdruck für wiederaufgefundene Kamele) 1910 eine Abwesenheit von Abd al-Asis und versuchten mit

Hilfe der Raschiden und der notorisch unzuverlässigen Adschman, Riad unter ihre Kontrolle zu bringen. Das Vorhaben scheiterte; zwei der Prinzen flohen an den Persischen Golf, dem dritten verzieh Abd al-Asis zum zweiten Mal: Er durfte in Riad wohnen bleiben.

Nun ging Abd al-Asis daran, seinem Staatswesen eine festere Klammer zu geben, als es die bisherigen Stammesbündnisse waren. Er gründete die ihm persönlich ergebenen *ichwan* (»Brüder«), eine Bruderschaft sesshafter wahhabitischer Krieger. Im Frieden nutzten sie das ihnen zur Verfügung gestellte Land, im Krieg leisteten die anfänglich 30 000, später an die 150 000 Mann Militärdienst. Da sie das Nomadentum aufgegeben hatten, waren sie sofort mobilisierbar. Das einigende Band war die Idee eines kämpferischen Wahhabismus, d. h. die Ausbreitung des wahren Islam gegen Ungläubige, Abgefallene und Ketzer.

Aufgrund des individuellen Eintritts in die *ichwan* wurden Stammesstrukturen geschwächt, wegen der Sesshaftmachung an einem anderen Ort familiäre und lokale Loyalitäten aufgebrochen. Ausschließlicher Bezugspunkt war die *umma* (Gemeinschaft der Gläubigen). Es kam jedoch auch vor, dass sich Teile von Stämmen oder sogar ganze Stämme kollektiv den *ichwan* anschlossen. Mit ihrem fanatischen Glaubenseifer und der Bereitschaft zum Märtyrertum wurden sie die Speerspitze der Macht von Abd al-Asis. Beim *dschihad* war selbst das Lachen verboten. Todesmutig stürzten sich die *ichwan* auf den Gegner, gegenüber Besiegten kannten sie keine Gnade. Ihr Lohn war das Paradies, nicht mehr wie früher die Beute. »Die Winde des Paradieses wehen«, lautete ihr Schlachtruf.

1912 wurde in Artawija in der Provinz Sudair das erste *ichwan*-Dorf gegründet. Die Wehrdörfer wurden an strategischen Punkten im ganzen Machtbereich von Abd al-Asis verteilt und erhielten wahhabitische Prediger, Moscheen, Schulen, Saatgut und Waffen. Die Ansiedlung in einem Wehrdorf wurde als »*hidschra*« (Auswanderung) bezeichnet, entsprechend dem Auszug Muhammads aus Mekka nach Medina.

Ihre erste Bewährungsprobe hatten die *ichwan* 1913 beim Angriff auf die osmanische Küstenregion al-Hasa. Im Mai eroberten 7000 Krieger die Zitadelle von Hofuf. Zunächst wurden die Außenmauern mit Palmleitern erklommen und die Wachen erschlagen. Schließlich ergaben sich die letzten Verteidiger in der Moschee, nachdem Abd al-Asis einen Sprengstollen hatte graben lassen. Mit freiem Geleit zogen die osmanischen Soldaten und Beamten über Bahrain nach Basra ab. Ihre Niederlage bemäntelten die Osmanen damit, dass sie Abd al-Asis nominell zum *mutassarif* (Gouverneur) von al-Hasa ernannten.

Mit der Eroberung von al-Hasa wurden die Wahhabiten wieder zur regionalen Macht. Sie beherrschten nun nicht nur das innere Hochland Nedschd, sondern auch eine strategisch bedeutende Küstenregion mit den befestigten Häfen al-Ukair und Katif. Damit konnte Abd al-Asis den Nachschub von Lebensmitteln, Waffen und Munition selbst organisieren und war nicht mehr von benachbarten Herrschern abhängig. Der Seehandel nach Mesopotamien und Indien, das Perlentauchen im Persischen Golf und die reichen Dattelvorkommen in der Oase al-Hasa bescherten dem wahhabitischen Staat erstmals eine sichere ökonomische Grundlage.

## Das Ende des Osmanischen Reichs

Ab der zweiten Hälfte des 19. Jahrhunderts betrieb insbesondere Russland die Zerschlagung des Osmanischen Reichs, während Großbritannien lange Zeit versuchte, den wankenden Sultan als Instrument seiner Außenpolitik zu stützen.

Ab den 1880er-Jahren stellte sich London jedoch allmählich auf eine Aufteilung der Territorien des »kranken Mannes am Bosporus« ein.

Als Alternative suchten die Osmanen politischen, ökonomischen und militärischen Rückhalt bei Berlin. Das selbstbewusste Deutsche Reich strebte nach Einfluss am Persischen Golf. So wurden ab 1882 Militärmissionen nach Konstantinopel entsandt, die das osmanische Heer reformierten, und deutsche Waffen wie Mauser-Gewehre, Krupp-Kanonen und Torpedoboote dorthin exportiert. Ab 1903 baute eine neu gegründete Eisenbahngesellschaft die von Konya, Adana, Aleppo, Mosul und Samarra nach Bagdad führende Bagdadbahn (Länge ca. 1600 Kilometer), eine Verlängerung nach Kuwait war angedacht. Bis 1918 waren die Abschnitte zwischen Konya und Nusajbin (anatolisch-syrische Grenze) sowie zwischen Samarra und Bagdad (Mesopotamien) fertiggestellt. Entlang der Bahntrassen sicherten sich die Deutschen auch die ersten Ölkonzessionen in Mesopotamien. Außerdem bauten deutsche Firmen die 1320 Kilometer lange, schmalspurige und zum Teil aus den Spenden von Pilgern finanzierte Hedschasbahn von Damaskus über Amman, Ma'an, Tabuk, Mada'in Saleh nach Medina.

Die Entente cordiale zwischen Frankreich und Großbritannien (1904) und die Tripelallianz zwischen Frankreich, Großbritannien und Russland (1907) legten die überseeischen Rivalitäten dieser drei Staaten bei. Nun avancierte das Deutsche Reich zum gemeinsamen Gegner. Zwar einigte sich Großbritannien im Juni 1914 noch mit dem Deutschen Reich in Bezug auf die Bagdadbahn (London erhielt Anteile an einer künftigen Hafengesellschaft in Basra und das Recht der Zustimmung für einen Weiterbau entlang des Persischen Golfs), doch war die politische, militärische und ökonomische Rivalität zwischen London und Berlin im Mittleren

Osten ein wesentlicher Faktor für den Ausbruch des Ersten Weltkriegs.

Bereits vor Kriegsausbruch bearbeiteten europäische Agenten die Herrscher von Jemen, Kuwait und Persien. Bei diesen Bemühungen spielte der strategische Rohstoff Öl eine zunehmende Rolle. So hatte sich die Zahl der Automobile in den USA zwischen 1905 und 1913 verzwanzigfacht. In Großbritannien ordnete 1912 der Erste Lord der Admiralität, Sir Winston Churchill, die Umstellung der Royal Navy von Kohle- auf Ölfeuerung an, und die Marinekräfte anderer Länder zogen nach. Zu diesem Zeitpunkt versiegten in den USA die ersten Ölquellen. Im Nahen und Mittleren Osten bot sich die Hoffnung auf Ersatz.

Im Juli 1913 schloss Großbritannien einen neuen Vertrag mit dem schwächelnden Osmanischen Reich. Die Arabische Halbinsel wurde in zwei Einflusssphären geteilt. Die Briten waren aber noch nicht bereit, mit Abd al-Asis ein Abkommen auf Augenhöhe abzuschließen oder auf seine Bitte nach Waffenlieferungen einzugehen. Ab April 1914 jedoch erkannte die britische Regierung zunehmend an, dass es im Nedschd und in al-Hasa faktisch eine autonome staatliche Macht gab, und kam Abd al-Asis schrittweise entgegen.

Schließlich schlossen Abd al-Asis und der Sultan am 15. Mai 1914 einen Vertrag. Der Imam der Wahhabiten musste lediglich folgende Bedingungen akzeptieren: Hissen der osmanischen Flagge, Verwendung osmanischer Briefmarken, Verzicht auf formelle Beziehungen mit ausländischen Staaten sowie symbolische Stationierung von 15 osmanischen Soldaten. Auch war er im Kriegsfall zu Militärhilfe verpflichtet. Abd al-Asis erhielt die volle Verfügungsgewalt über die Häfen Katif, Ukair und Dschubail und konnte dort Großbritannien nun Vorzugsrechte einräumen. Außerdem wurde ihm ein monatlicher Zuschuss von 250 Mariatheresientalern von Konstantinopel zugesagt. Allerdings bevorzugte die osmanische Regierung weiterhin seinen Konkurrenten, den Emir von Ha'il von den Al Raschid, und lieferte diesem über die neu eröffnete Hedschasbahn 30 000 deutsche Gewehre. Abd al-Asis wurde mit Orden und Titeln abgespeist.

Viele Araber blickten damals mit Bewunderung auf die politische, militärische und ökonomische Macht der europäischen Staaten. Die eigene Kultur und den Islam erachteten sie als rückständig. Zunächst strebten sie noch keine Loslösung vom Osmanischen Reich an, sondern eine weitgehende politische Autonomie. Als freilich bei der 1908 in Konstantinopel an die Macht gekommenen Reformbewegung der Jungtürken der türkisch-nationalistische Flügel die Führung übernahm, radikalisierten sich die arabischen politischen Organisationen und erhoben nun die Unabhängigkeit zum Programm.

Großscherif Hussein ibn Ali, der Herrscher des Hedschas, hatte noch 1911 die Osmanen bei der Bekämpfung arabischer Nationalisten unterstützt. Nach dem Ausbruch des Krieges knüpfte er Kontakte zum arabischen Widerstand und bot die Unterstützung kampfbereiter Beduinenstämme an.

Nun mussten sich die Briten zwischen zwei englandfreundlichen arabischen Dynastien entscheiden, denn auch der Wahhabitenführer Abd al-Asis machte ihnen Avancen. Eigentlich war er dem osmanischen Sultan zur Militärhilfe verpflichtet. Das vom *wali* (Gouverneur) von Basra erbetene Truppenkontingent setzte Abd al-Asis aber nur gemächlich in Marsch, so dass es erst eintraf, nachdem ein britisches Heer im November 1914 Basra erobert hatte. Auch unternahm er nicht den von Konstantinopel erbetenen Ablenkungsangriff gegen den Suezkanal.

Im Januar 1915 marschierten die Schammar der Raschiden gegen die Wahhabiten; die Schlacht bei Dscharab ging unentschieden aus. Dabei fiel Hauptmann Shakespear, der offiziell als britischer Beobachter teilnahm, tatsächlich aber ein wahhabitisches Kontingent befehligt haben soll.

Das »Arabische Büro« des britischen Hochkommissars in Ägypten, Sir Henry MacMahon, setzte seine Hoffnungen auf Großscherif Hussein, nicht auf Abd al-Asis. Erstens konnte Hussein im strategisch bedeutsamen Nahen Osten mit Truppen nützlich sein. Zweitens verfügte er über gute Verbindungen zu städtischen arabischen Nationalisten. Drittens besaß er als Nachfahre des Propheten religiöse Legitimität und war eventuell sogar als Gegenkalif vorstellbar. In einem Briefwechsel zwischen MacMahon und Hussein von Juli 1915 bis März 1916 sagte London gegen militärische Unterstützung von Seiten der Araber zu, ein unabhängiges arabisches Königreich unter Führung der haschemitischen Dynastie Husseins und die Proklamation eines arabischen Kalifats anzuerkennen. In Bezug auf Teile Syriens sollten allerdings die französischen Interessen in einer endgültigen Friedensregelung berücksichtigt werden, und hinsichtlich des Irak wurde eine fortdauernde Stationierung britischer Truppen gegen eine finanzielle Kompensation in Aussicht genommen. Hussein erhielt zudem die Zusage für hohe Subsidien sowie Waffen und Munition für ein mindestens 100 000 Mann starkes Heer.

Am 5. Juni 1916 rief Großscherif Hussein alle Araber zum Aufstand gegen die Türken auf. Erfolgreich unterstützte der britische Oberst Thomas Edward Lawrence den Guerillakrieg arabischer Stämme gegen die osmanische Armee im Nahen Osten und unterbrach immer wieder die türkische Hedschasbahn. Schließlich eroberten die Stämme im Juli 1917 sogar die Hafenstadt Akaba am Roten Meer.

Während ihrer Verhandlungen mit Großscherif Hussein erkannten die Briten am 26. Dezember 1915 Abd al-Asis als unabhängigen »Herrscher über Nedschd, al-Hasa, Katif, Dschubail und abhängige Gebiete« an und sicherten ihm Hilfe gegen nicht von ihm provozierte ausländische Angriffe zu. Abd al-Asis erklärte sich im Gegenzug bereit, als Verbündeter Großbritanniens gegen das Osmanische Reich in den Krieg einzutreten. Der in Katif von Sir Percy Cox und Abd al-Asis unterzeichnete Vertrag stand in offenkundigem Widerspruch zu den britischen Zusagen gegenüber Großscherif Hussein, der für sein arabisches Königreich die gesamte Arabische Halbinsel, Mesopotamien und Groß-Syrien beanspruchte. Territorialfragen ließ Großbritannien bewusst offen: Darüber sollte erst nach Kriegsende entschieden werden. Im Sinne ihrer stets bevorzugten Gleichgewichtspolitik (»balance of power«) waren den Briten mehrere arabische Staaten lieber als ein arabischer Großstaat.

Auf Anraten der britischen Forschungsreisenden und Geheimdienstmitarbeiterin Gertrude Bell gewährten die Briten Ende 1916 dem zunehmend mächtigen Abd al-Asis finanzielle und militärische Unterstützung: monatlich 5000 Pfund Sterling Subsidien sowie 3000 Gewehre und vier Maschinengewehre, nicht jedoch die gewünschten Kanonen zur Eroberung von Ha'il. Die Wahhabiten sollten die Al Raschid lediglich davon abhalten, in den Hedschas oder nach Mesopotamien vorzustoßen. Ebenso sollten sie verhindern, dass die türkischen Garnisonen in Syrien, Medina und im Jemen Nachschub vom Persischen Golf erhielten.

Abd al-Asis erklärte sich im Sommer 1916 bereit, den arabischen Aufstand zu unterstützen, doch wollte er vom Großscherifen eine Zusicherung, dass dieser seine Unabhängigkeit respektiere und keine Angriffe von Stämmen mehr gegen sein Territorium fördere. Als Hussein in seinem schroff ablehnenden Antwortschreiben am Verstand von Abd al-Asis zweifelte und sich überdies im November 1916 zum »König der Araber« ausrief, war das Tischtuch zerschnitten, denn Abd al-Asis bezeichnete sich nun selbst als *Malik Bilad al-Arab* (»König der Arabischen Lande«). Eine militärische Auseinandersetzung über die Kontrolle der Arabischen Halbinsel zwischen beiden Herrschern war nun vorgezeichnet.

Hatten die Briten bereits die Araber gegeneinander ausgespielt, so scheuten sie sich nicht, konkurrierende Versprechungen gegenüber Dritten zu machen: Am 16. Mai 1916 vereinbarten der britische Diplomat Mark Sykes und der französische Diplomat François Georges-Picot eine geheime Übereinkunft zur späteren territorialen Aufteilung des Nahen und Mittleren Ostens. Die nördlichen Gebiete wurden Frankreich als Kolonie bzw. als Einflussgebiet zugesprochen, die südlichen Großbritannien, und Palästina sollte unter internationale Verwaltung kommen. Später wurden Italien und das Russische Reich in die Vereinbarung einbezogen. Die Sykes-Picot-Übereinkunft war ein berüchtigtes Beispiel von Geheimdiplomatie zu Lasten Dritter. Bekannt wurde sie nur, weil die Bolschewisten sie nach der Russischen Revolution in den zaristischen Archiven entdeckten und als Dokument imperialistischer Machenschaften veröffentlichten.

Damit noch nicht genug: Am 2. November 1917 sicherte der britische Außenminister Arthur James Balfour dem zionistischen Führer Baron Lionel Walter Rothschild die Unterstützung seines Landes bei der Gründung einer jüdischen »Heimstatt« in Palästina und der Förderung ihrer jüdischen Besiedlung zu, denn aus geostrategischen Erwägungen strebte London die Kontrolle über Palästina an und verband sich für diesen Zweck mit der zionistischen Bewegung.

Das von den nationalistischen Jungtürken geführte Osmanische Reich war im Oktober 1914 leichtfertig an der Seite des Deutschen Reichs und Österreich-Ungarns in den Krieg eingetreten und hoffte auf territoriale Gewinne.

Die deutsche Militärhilfe und die Entsendung eines kleinen deutschen »Levante-Korps« konnten die unzureichende militärische Rüstung und Wirtschaftskraft der Osmanen nicht wettmachen. Rasch geriet das Reich an allen vier Fronten (Balkan, Kaukasus, Mesopotamien, Sinai) unter Druck. Die unerwarteten Siege über die Alliierten bei Gallipoli an den Dardanellen (Februar 1915 bis Januar 1916) und Kut-al-Amara in Zentralmesopotamien (Dezember 1915 bis April 1916) verschafften dem Osmanischen Reich vorübergehende Erleichterung. Trotz immer häufigerer Sabotage der Hedschasbahn hielten sich die Garnisonen in Medina und im Jemen bis Kriegsende, und die sultanstreuen Schammar beherrschten die nördliche Arabische Halbinsel. An der Palästinafront leisteten die Osmanen hinhaltenden Widerstand, doch im November 1917 konnten die vom Sinai aus vorrückenden britischen Truppen Gasa einnehmen, im Dezember 1917 Jerusalem und im Oktober 1918 Damaskus.

## Die Neuaufteilung des besiegten Osmanischen Reichs

Vor dem Eintreffen des US-Präsidenten Woodrow Wilson zu den Pariser Friedenskonferenzen trafen sich der britische Premierminister Lloyd George und sein französischer Amtskollege Georges Clemenceau am 1. Dezember 1918 in London und bekräftigten die wesentlichen Ergebnisse des Sykes-Picot-Abkommens. Großbritannien gelang es, zusätzlich die eigentlich Frankreich zugestandene ölreiche Provinz Mosul (Nordirak) unter seine Kontrolle zu bekommen. Als Gegenleistung erhielten die Franzosen eine Beteiligung an der künftigen Gesellschaft zur Förderung des irakischen Öls. Außerdem wurde Großbritannien die Kontrolle über das gemäß Sykes-Picot eigentlich international zu verwaltende

Palästina zugesprochen. London hatte damit sein Kriegs-
ziel einer strategischen Landverbindung vom Mittelmeer
zum Persischen Golf erreicht. Haifa wurde im September
1918 britisch besetzt, zur Marinebasis ausgebaut und sollte
den Schifffahrtsweg durch den Suezkanal nach Indien ab-
sichern. London plante außerdem den Bau eines »Zweiten
Suezkanals«, sprich einer Straßen- und Eisenbahnverbin-
dung von Haifa nach Basra.

Im 1920 unterzeichneten Vertrag von Sèvres musste das Osmanische Reich auf seine arabischen Territorien verzichten,
und auf der Konferenz von San Remo im April desselben Jahres wurde die Region neu aufgeteilt. Nominell wurden keine
Kolonien, sondern »Treuhandgebiete« des neu gegründeten
Völkerbundes etabliert, doch handelte es sich de facto um koloniale Herrschaft. Frankreich und Großbritannien mussten
lediglich jährliche Entwicklungsberichte an den Völkerbund
senden, und im Unterschied zu Kolonien war als vages mittel-
fristiges Ziel die Entlassung in die Unabhängigkeit in Aussicht
gestellt. Der Selbstbestimmungsbefürworter Wilson musste
klein beigeben, im US-Kongress erreichte er nicht einmal den
Beitritt seines Landes zum neu gegründeten Völkerbund.

Im März 1920 hatte ein in Damaskus einberufener Volks-
kongress die Unabhängigkeit Syriens erklärt, eine Union
mit Mesopotamien proklamiert und Faisal ibn Hussein,
einen Sohn des Großscherifen, zum »König von Syrien« ausgerufen. Daraufhin setzten die Franzosen eine 12 000 Mann
starke Armee in Marsch. Nach der Niederlage der Araber in
der Schlacht von Maisalun rückten die Franzosen im Juli
1920 in Damaskus ein.

Gewachsene Grenzziehungen wurden von den Mandats-
mächten mutwillig verändert. Zunächst teilten Frankreich
und Großbritannien die historische Region Syrien unter sich
auf. Das zu Syrien gehörende Palästina wurde britisches

Mandat, und London trennte davon 1923 noch ein »Emirat Transjordanien« ab. Dort und im neu gegründeten »Königreich Irak« wurden Großscherif Husseins Söhne Faisal und Abdallah als Monarchen von Londons Gnaden eingesetzt – sozusagen als Trostpreis für den nicht mehr unterstützten arabischen Großstaat. Frankreich schuf einen Groß-Libanon und trennte ihn von seinem Mandat Syrien ab.

»Teile und herrsche« war eine probate Strategie kolonialer Herrschaft. Nie hatten die Briten ernsthaft einen arabischen Großstaat gewollt – der Oberkommandierende in Kairo General Gilbert Clayton verglich ein solches Ziel mit der Schaffung eines »Frankenstein«.[8] Wenig bekannt ist, dass sich auch der Araberfreund Oberst Thomas Edward Lawrence für eine Aufspaltung aussprach. In einem Memorandum an den britischen Geheimdienst schrieb er im Ersten Weltkrieg: »Wenn wir das Ganze richtig angehen, werden sie politisch zerrissen bleiben – ein Flickenteppich kleiner und kleinster Fürstentümer, die sich eifersüchtig gegenseitig beäugen und deshalb nie zum Zusammenhalt fähig sein [...] oder gemeinsamen Widerstand gegen uns leisten werden.«[9] In die gleiche Richtung ging noch 1958 ein britisches Kabinettsmemo: »Unsere Interessen lauten [...] die vier wichtigsten ölfördernden Länder [Saudi-Arabien, Kuwait, Iran und Irak] unter separater politischer Herrschaft zu halten.«[10] Die nach dem Zweiten Weltkrieg dominierenden USA verhielten sich nicht anders: 1955 wünschte sich Präsident Eisenhower einen »hochklassigen machiavellistischen Plan«, der »die eigenen Interessen im Mittleren Osten gewährleisten und die Araber spalten« würde.[11]

Das egoistische Vorgehen Großbritanniens und Frankreichs löste tiefe Enttäuschung unter den Arabern aus. Der »Verrat von Sykes-Picot« und die Umsetzung der prozionistischen »Balfour-Deklaration« in Palästina führten zu territorialer Zersplitterung und Fremdherrschaft. Schon bald brachen im Irak und in Syrien nationalistische Aufstände gegen Briten und Franzosen aus, die brutal niedergeschlagen wurden. So griffen die Briten 1920 bei einem Aufstand im Irak zu »terror bombing«, das Kriegsminister Sir Winston Churchill explizit rechtfertigte: »Es bestraft widerspenstige Eingeborene, ohne sie zu schwer zu verletzen.«[12] Selbst den Einsatz chemischer Waffen gegen »Eingeborene« hielt Churchill unter bestimmten Bedingungen für gerechtfertigt. Ähnlich verhielten sich die Franzosen, bombardierten sie doch 1925 aufständische syrische Orte mit Kampfflugzeugen.

Im Kampf gegen den britischen und französischen Kolonialismus wurden in den 1920er- und 1930er-Jahren im arabischen Raum radikale nationalistische und islamistische Bewegungen begründet. Sie wandten sich auch gegen konservative Monarchen, die mit den Europäern kooperierten. Damit war eine Frontstellung zwischen Radikalen und Gemäßigten in der arabischen Welt vorgezeichnet, die über Jahrzehnte anhalten sollte.

## Expansion des Sultanats Nedschd und seine Vereinigung mit dem Hedschas

Nur die zentral- und südarabischen Staaten kamen nach dem Ersten Weltkrieg nicht unter europäische Vorherrschaft: das Königreich Hedschas, das Emirat und Imamat Nedschd, das Emirat Ha'il, das Emirat Asir und das Imamat Jemen. Zwischen den beiden stärksten Mächten, dem Hedschas und dem Wahhabitenreich, brachen schon bald militärische Auseinandersetzungen aus. Immer wieder hetzte Großscherif Hussein Stämme gegen die Herrschaft von Abd al-

Asis auf, und wiederholt verwehrte er wahhabitischen Pilgerkarawanen die Wallfahrt nach Mekka. Im Sommer 1918 versuchte der selbsternannte »König der Araber« viermal, die sich zum Wahhabitenstaat bekennende, wasserreiche Grenzoase Khurma zu erobern, und wurde jedes Mal zurückgeschlagen. Im Dezember 1918 schritten die Wahhabiten zur Gegenoffensive, und die *ichwan* waren nur allzu motiviert, den als korrupt geltenden und in religiöser Hinsicht laxen Großscherifen zu besiegen. Obwohl Großbritannien Imam Abd al-Asis mit dem Entzug aller Subsidien drohte, stoppte er seine *ichwan* nicht. Schließlich kam im Sommer 1920 ein Waffenstillstand zustande, den die Briten beiden Herrschern mit Extrazahlungen schmackhaft machten.

In den Jahren 1918/19 erfasste die verheerende Spanische Grippe auch den Nahen und Mittleren Osten, dort verloren zwischen 215 000 und 430 000 Menschen ihr Leben. Auf der Arabischen Halbinsel wütete sie unter Städtern wie Beduinen und rottete ganze Sippen aus. Nicht nur Abd al-Asis' Lieblingsfrau Dschauhura bint Musaid bin Dschiluwi, Mutter des späteren saudischen Königs Chalid (reg. 1975–1982), fiel der Epidemie 1918 zum Opfer, sondern auch ein Jahr später sein ältester Sohn Turki. Daraufhin entsandte Abd al-Asis seinen drittältesten Sohn Faisal zu Verhandlungen nach London, wo dieser fünf Monate blieb. Der mutige, intelligente und verschwiegene Junge von gerade einmal 13 Jahren genoss das unbedingte Vertrauen des Vaters. Erzogen hatte ihn sein mütterlicher Großvater Abdullah bin Abdullatif, einer der wichtigsten Berater und religiösen Lehrer von Abd al-Asis. »Hätte ich nur drei Faisals«,[13] soll dieser 1945 geäußert haben. Faisal unternahm zahlreiche Reisen und studierte mit großem Interesse Politik, Wirtschaft, Wissenschaft und Technik der westlichen Länder. Da er fließend Englisch und Französisch sprach, eignete er sich hervorragend als Außenminister: Dieses Amt bekleidete er jahrzehntelang von 1930 bis 1960 und 1962 bis 1975. Doch bereits in den 1920er-Jahren setzte die lebenslange Rivalität zwischen Faisal und seinem älteren Bruder Kronprinz Saud ein.

Nach dem Ersten Weltkrieg beanspruchte Abd al-Asis Kuwait und suchte das Emirat 1919/20 gewaltsam zu annektieren. Angriffe der *ichwan* schlugen die Kuwaitis aber mit Hilfe Großbritanniens zurück.

Das von den Raschiden regierte Emirat Ha'il wurde 1918 durch die Niederlage seiner osmanischen Schutzmacht geschwächt. Als die Briten 1920 begannen, die Raschiden zu umwerben, griff Abd al-Asis präventiv ein, um eine Wiedererstarkung des alten Rivalen zu verhindern. Die Offensive gegen den Dschebel Schammar wurde im November 1921 mit der Eroberung von Ha'il abgeschlossen. Als Unterführer wurde dort wieder die 1836 abgesetzte Linie Ibn Ali eingesetzt. Gegenüber den Raschiden zeigte Abd al-Asis Großmut: Die Prinzen konnten als Gäste in Riad ihren Wohnsitz nehmen, und Abd al-Asis nahm die Tochter des unterlegenen Emirs Mohammad bin Talal Al Raschid zur Ehefrau.

Für Beduinenherrscher galten keine mit dem Lineal gezogenen Grenzen: Das Herrschaftsgebiet reichte so weit, wie die Stämme einem Herrscher Loyalität bekundeten. Nach der Eroberung des Dschebel Schammar beanspruchte Abd al-Asis auch Gebiete im Irak, die ihm unterstehende Stämme als Weidegründe nutzten. Unter den *ichwan* waren die Mutair unter Faisal al-Duwisch besonders kühn: So griffen sie im März 1922 – möglicherweise ohne Wissen von Abd al-Asis – Abteilungen der irakischen Wüstenpolizei an. Britische Kampfflugzeuge wandten daraufhin die »Churchill-Doktrin« an und vernichteten die »widerspenstigen Eingeborenen« mit Maschinengewehren. Der britische Hochkommissar im Irak, Sir Percy Cox, wusste jedoch um den Wert von Abd al-Asis und vermittelte am 5. Mai 1922 einen Vertrag zwischen dem Sultan des Nedschd und dem König des Irak.

Im Dezember 1922 traf Cox sogar persönlich mit Abd al-Asis in der Hafenstadt Ukair zusammen und brachte ihn dazu, einem Kompromiss in noch ungeklärten Territorialfragen zuzustimmen. Abd al-Asis verzichtete auf weitere Ansprüche, und Cox entschädigte ihn dafür mit Gebieten, die dem britischen Hochkommissar nicht gehörten: Das bei dem Treffen nicht einmal vertretene Emirat Kuwait – ein Staat, dem London seinen Schutz zugesichert hatte – musste zugunsten des Nedschd auf sage und schreibe zwei Drittel seines Territoriums verzichten. Außerdem wurden zwischen Kuwait und dem Nedschd sowie zwischen dem Irak und dem Nedschd zwei gemeinsam verwaltete »Neutrale Zonen« vereinbart – ein völkerrechtliches Kuriosum. Dies entschärfte das Problem der aus Weidezügen hergeleiteten Gebietsansprüche. Heute bestehen sie nicht mehr: Die erste Neutrale Zone wurde 1970, die zweite 1991 in bilateralen Verträgen aufgeteilt.

Auch gegen Transjordanien stießen die auf Verbreitung der wahhabitischen Herrschaft bedachten *ichwan* vor. Die Glaubenskämpfer suchten die Kontrolle über das Wadi Sirhan inklusive der Oase Dschof zu erlangen, doch just durch dieses Gebiet wollten die Briten die Straße und Eisenbahnlinie in den Irak bauen. Im August 1922 töteten die *ichwan* alle Einwohner des Dorfes Sisa bei Amman, im August 1924 stießen sie erneut bis kurz vor Amman vor. Beide Male mussten sie einen hohen Blutzoll entrichten: Britische Kampfflugzeuge und Panzerwagen trieben die *ichwan* unter hohen Verlusten zurück.

Nun planten die Briten eine großangelegte Konferenz, bei der die territorialen Ansprüche zwischen den rivalisierenden arabischen Herrschern im Rahmen eines erneuten

Ringtauschs einvernehmlich geregelt werden sollten. Aber jetzt überschlugen sich die Ereignisse: Ab dem 29. August 1924 rückten die *ichwan* gegen das Königreich Hedschas vor. Am 3. März 1924 hatte nämlich der türkische Staatspräsident Kemal Atatürk das osmanische Kalifat für abgeschafft erklärt, und Großscherif Hussein hatte sich acht Tage später selbst zum Kalifen proklamiert. Eine solche Aufwertung seiner Stellung wollte Abd al-Asis dem Rivalen nicht zugestehen. Der Wahhabitenherrscher nahm keine Rücksichten mehr auf London, da die Briten ihre Subsidien an ihn gestrichen hatten und sein Gönner Sir Percy Cox in den Ruhestand gegangen war.

Abd al-Asis sah sich im Westen und Norden von drei Territorien unter Führung haschemitischer Herrscher eingekreist (Hedschas, Transjordanien, Irak). Mit dem Großscherifen des Hedschas griff er das schwächste Glied an.

Den Wahhabiten kam zugute, dass Hussein die Wiederinbetriebnahme der kriegszerstörten Hedschasbahn nach Medina plante. Beduinenstämme im Hedschas lehnten dieses Vorhaben ab, weil dies ihre Einnahmen beeinträchtigt hätte, sie setzten daher auf Abd al-Asis.

Schon binnen einer Woche erstürmten die *ichwan* die Stadt Taïf im Hochland. In der auf 1640 Meter Höhe gelegenen Stadt befanden sich eine Garnison, die Sommervillen der Kaufleute aus Dschidda und Mekka sowie blühende Obstgärten. Die Kunde vom Massaker an 300 Bewohnern verbreitete Furcht und Schrecken. Zunehmend liefen weitere Stämme zu den Wahhabiten über. Schließlich dankte König Hussein ibn Ali am 3. Oktober 1924 ab und fuhr auf einem britischen Schiff über Akaba ins zypriotische Exil. Vergeblich hatten die Könige des Irak und Transjordaniens die Briten aufgefordert, die Herrschaft ihres Vaters zu retten: London blieb aber neutral, denn mit seiner zunehmend größenwahnsinnigen und halsstarrigen Haltung hatte Hussein sich die Sympathien verscherzt. Auch schreckten die Briten davor zurück, christliche Soldaten in Mekka und Medina einzusetzen.

Mitte Oktober konnten die *ichwan* kampflos Mekka besetzen, auf Befehl von Abd al-Asis verschonten sie nun die Zivilisten. Unter einem Sohn des Großscherifen suchten die Städte Medina, Dschanbu und Dschidda standzuhalten. Im Dezember jedoch ergaben sie sich kampflos dem überlegenen Gegner. Ali ibn Hussein dankte am 20. Dezember 1925 ab und floh in den Irak.

Gegenüber Monumenten ließ König Abd al-Asis keine Gnade walten: Auf seinen Befehl zerstörten die *ichwan* in Mekka den al-Mualla-Friedhof mit den jahrhundertealten Grabsteinen verdienter Muslime, in Medina wüteten sie noch stärker auf dem al-Baki-Friedhof und machten die Mausoleen schiitischer Imame dem Erdboden gleich. Nur das Grab Muhammads in der Prophetenmoschee blieb verschont.

Abd al-Asis war bemüht, die Eroberung des Hedschas international zu legitimieren. Nach Riad eingeladene Würdenträger aus der islamischen Welt, darunter Vertreter des indischen Chilifat-Komitees, kritisierten die religiös indifferente Herrschaft des Großscherifen und trugen Abd al-Asis den Schutz der Heiligen Stätten an. Ob es zur Bildung der geforderten »demokratischen Regierung« über den Hedschas kam, wie vom Chilifat-Komitee gefordert, sei freilich dahingestellt – Abd al-Asis dürfte dieses Ziel dahingehend interpretiert haben, dass er den Willen der muslimischen Welt umsetzte. Als die Komiteemitglieder ihren Wunsch zu nachdrücklich vorbrachten, schaffte er sie kurzerhand nach Dschidda und setzte sie in ein Schiff nach Indien.

Als neuer Hüter der Heiligen Stätten sicherte Abd al-Asis allen Muslimen weltweit freien Zugang und Schutz zu, und er beendete die Besteuerung der Pilger. Damit gewann er ihre Sympathien, denn unter der Herrschaft des Großscherifen hatten geldgierige städtische Kaufleute und räuberische Hedschas-Stämme die Wallfahrer betrogen bzw. ausgeplündert. Als schlichter Pilger verrichtete Abd-al Asis das Freitagsgebet in der Heiligen Moschee von Mekka, und die örtlichen Würdenträger proklamierten ihn am 8. Januar 1926 zum »König des Hedschas«.

Auch der Grenzkonflikt zu Transjordanien wurde einvernehmlich beigelegt. Im Vertrag von Hadda wurde am 2. November 1925 die britische Landbrücke zwischen Transjordanien und dem Irak zum Persischen Golf finalisiert. Im Gegenzug erhielt Abd al-Asis fast das gesamte Wadi Sirhan inklusive der ökonomisch bedeutsamen Salzvorkommen zugesprochen.

1927 erkannte der Wahhabitenherrscher die von Transjordanien faktisch ausgeübte Souveränität über das Gebiet von Akaba und Ma'an an, die Transjordanien einen Zugang zum Roten Meer ermöglichte. Es war ein kluger Schritt auf dem Weg zu einer Aussöhnung mit seinem haschemitischen Rivalen Emir Abdallah ibn Hussein. Territoriale Ansprüche auf Akaba und Ma'an hielt Saudi-Arabien aber grundsätzlich noch bis 1965 aufrecht.

Außerdem trafen sich am 22. Februar 1930 König Abd al-Asis und der haschemitische König des Irak Faisal ibn Hussein vor der Küste Kuwaits auf einem britischen Kreuzer. Die beiden Monarchen schlossen sogar ein Freundschaftsabkommen.

Der pragmatische Abd al-Asis gab sich mit der Vorherrschaft über die Arabische Halbinsel zufrieden und verzichtete auf weitere territoriale Expansion, die ihn in Konflikt mit den überlegenen Briten und Franzosen gebracht hätte. Doch suchte er seine Macht auf andere Weise zu erweitern. So berichtete 1927 der deutsche Gesandte in Bagdad Fritz Grobba mit Bezug auf einen arabischen Gewährsmann, dass »Ibn Saud nicht ein grosses arabisches Reich auf nationaler Basis schaffen will, sondern panislamische Tendenzen verfolgt. Diesem Zweck soll auch das Angebot seines Sohnes für den syrischen Königsthron dienen.«[14] Zuvor hatte Abd al-Asis Karawanen für den Transport von Waffen für die aufständischen Drusen in Französisch-Syrien bereitgestellt. Nach deren Niederlage gewährte er dem Drusenführer Sultan al-Atrasch und weiteren drusischen Flüchtlingen im Nedschd Exil. 85 Jahre später unterstützte Saudi-Arabien erneut arabische Aufständische in Syrien, um dort machtpolitische Interessen durchzusetzen.

Bis 1925 war Abd al-Asis international kaum bekannt. Nach der Eroberung des Hedschas wurde er als »Bismarck« und »Napoleon« der Wüste gerühmt. Sein Eroberungsfeldzug hatte laut dem britischen Historiker Christopher Davidson 400 000 Tote und 1 Million Vertriebene gefordert. Seine fanatisierten wahhabitischen Krieger sollen für 40 000 öffentliche Enthauptungen und 350 000 Amputationen verantwortlich gewesen sein.[15] Geschickt betrieb Abd al-Asis ein Doppelspiel: Zunächst verbreitete er Furcht und Schrecken mit den fanatisierten Horden der *ichwan*, dann rief er sie zurück und gab sich gemäßigt und friedensbereit. Freilich frustrierte er mit dieser Strategie seine treuesten und fanatischsten Unterstützer.

Es ist eine Ironie der Geschichte, dass am 16. Februar 1926 ausgerechnet die Sowjetunion als erster ausländischer Staat Abd al-Asis als König des Hedschas anerkannte. Als ihm der spätere sowjetische Generalkonsul Karim Khakimov, ein Muslim tatarischer Herkunft, 1925 in Mekka die Aufwartung machte, wurde noch gekämpft. Ideologisch gab es keinerlei Gemeinsamkeiten zwischen der antireligiösen Sowjetunion und dem frommen wahhabitischen Königreich, aber

Moskau war nicht wählerisch in seinem Bestreben, unter allen jungen Staaten in Amerika und Asien Bundesgenossen zu gewinnen. Der sowjetische Außenkommissar Georgej Tschitscherin schrieb in seinem Memorandum an Josef Stalin: »Zugriff auf Mekka zu haben, ist für uns von entscheidender Bedeutung, da dies unseren Einfluss in Arabien und darüber hinaus erhöhen würde.«[16]

Als im Juni 1926 ein Panislamischer Kongress nach Mekka einberufen wurde, um die künftige Kontrolle der Heiligen Stätten von Mekka und Medina zu klären, unterstützte die Sowjetunion mit ihren 30 Millionen muslimischen Bürgern Abd al-Asis, indem sie sechs islamische Gelehrte als Teilnehmer entsandte. Es wurden Handelsbeziehungen etabliert, und 1932 besuchte Prinz Faisal im Rahmen seiner Europareise die Sowjetunion, bekam die Errungenschaften der sowjetischen Industrialisierung vorgeführt und besichtigte die Ölfelder am Kaspischen Meer. In der Weltwirtschaftskrise bewährten sich die Bande, versorgte die Sowjetunion doch Saudi-Arabien mit knapp gewordenen Importgütern. Moskau bot 1932 sogar 1 Million Britische Pfund Finanzhilfe. König Abd al-Asis nahm dieses Angebot zwar nicht an, nutzte es aber als Hebel, um von London finanzielle Unterstützung zu erhalten.

Allerdings verlor Stalin Mitte der 1930er-Jahre das Interesse an Saudi-Arabien und verbot den Sowjetbürgern Pilgerreisen dorthin. Nachdem er im Januar 1938 den nach Moskau zurückberufenen Generalkonsul Khakimov hinrichten ließ, war König Abd al-Asis empört. Er betrachtete Khakimov und einen weiteren hingerichteten sowjetischen Diplomaten als Freunde und brach die diplomatischen Beziehungen ab. Als die Sowjetunion die Bande nach Entdeckung der riesigen saudischen Ölvorkommen wieder etablieren wollte, blieb Abd al-Asis hart. Erst 1992 wurden diplomatische Beziehungen mit dem Nachfolgestaat, der Russischen Föderation, geknüpft.

Nach der Sowjetunion erkannten Großbritannien, Frankreich, Belgien, die Niederlande und Italien den neuen Staat an. 1929 nahm auch das Deutsche Reich diplomatische Beziehungen auf. Ab 1933 war der in Kairo sitzende US-Botschafter in Dschidda zweitakkreditiert.

Zögerlicher waren die muslimischen Länder, da sie den Wahhabiten misstrauten und zu Unrecht fürchteten, Abd al-Asis strebe nun die Kalifenwürde an. Wegen der Ausschreitungen der *ichwan* gegen schiitische Heiligtümer im Hedschas wartete Persien mit einer Anerkennung bis 1929. Die säkulare Türkei nahm 1932 diplomatische Beziehungen auf, Ägypten erst 1936. Zu dem schlechten Verhältnis zwischen Riad und Kairo hatte auch beigetragen, dass es während des *hadsch* immer wieder zu Auseinandersetzungen mit ägyptischen Pilgern kam, die ein laxeres Islamverständnis als die Wahhabiten hatten.

Alle Konsulate und Botschaften wurden in Dschidda errichtet, da Ausländer das Nedschd bis in die 1960er-Jahre nur mit einer Sondererlaubnis besuchen durften. Erst in den 1980er-Jahren wurden die Botschaften in die Hauptstadt Riad verlegt.

**Muhammad Asad alias Leopold Weiss: Berater von König Abd al-Asis**

Ein bemerkenswerter Berater am Hof von Abd al-Asis war der in Lemberg in einem jüdischen Elternhaus geborene Leopold Weiss (1900–1992). Er studierte in Wien, ging 1922 als Journalist nach Berlin und entfremdete sich seiner jüdischen Religion. Nach Reisen im arabischen Raum konvertierte der Antizionist 1926 in Berlin zum Islam, nannte sich fortan Muhammad Asad und trat den *hadsch* an. Über die Verhältnisse auf der Arabischen Halbinsel schrieb er in deutschsprachigen Zeitungen und verfasste einen Bericht für das Auswärtige Amt. Asad warb für die Aufnahme enger politischer und wirtschaftlicher Beziehungen mit den Königreichen Hedschas-Nedschd. Zwischen 1927 und 1932 lebte er lange Zeit als persönlicher Gast und Berater von Abd al-Asis im Land und heiratete eine saudische Frau. Im Auftrag des Königs untersuchte er in geheimer Mission, ob und inwieweit Ausländer den Aufstand der *ichwan* (siehe unten) unterstützt hatten.

1932 ging Asad nach Britisch-Indien. Dort wurde er ein Freund des Dichters und Philosophen Muhammad Ikbal. Bei der Gründung der Islamischen Republik Pakistan 1947 schrieb er Teile der Verfassungspräambel und wurde später pakistanischer Diplomat. Von 1959 bis zu seinem Tod 1992 lebte er in der Schweiz, in Marokko, Portugal und schließlich in Spanien. Er entwickelte eine metaphorische Islamauffassung, mit der er in Gegensatz zum Wahhabitentum geriet. Seine Alterswerke wurden in Saudi-Arabien verboten. Asad veröffentlichte auch eine einflussreiche, akkurate Übersetzung des Korans ins Englische. Er hinterließ eine spannende Autobiographie mit dem Titel »Der Weg nach Mekka«.[17]

Vor der Eroberung des Hedschas hatte die Wirtschaft des Wahhabitenstaats auf Datteln, Fleisch und Milch, Hafenzöllen sowie Abgaben von Karawanen beruht. Nun brachten die Einkünfte aus dem Pilgerwesen 4 bis 5 Millionen Pfund Sterling pro Jahr ein. Doch war es eine Herausforderung, den vom Nedschd kulturell und religiös abweichenden Landesteil zu assimilieren. Die meisten Bewohner des Hedschas hatten mit der Lebensweise im arabischen Hochland nicht viel gemein und praktizierten einen gemäßigten Islam.

Weltoffene städtische Kaufleute trafen auf sittenstrenge Beduinen. Nach und nach setzte Abd al-Asis die strengen wahhabitischen Lebens- und Glaubensregeln in der neuen Provinz seines Reiches durch. Die Religionspolizei, genannt »Komitee zur Förderung der Tugend und Verhinderung des Lasters«, hatte alle Hände voll zu tun, das Verbot von Tabak, Alkohol und Prostitution durchzusetzen und die Bewohner zum fünfmaligen Tagesgebet anzuhalten. Räuberische Beduinen wurden streng bestraft, und Mördern wurde auf dem Richtplatz vor der Großen Moschee von Mekka der Kopf abgeschlagen.

Nun entwickelte sich ein innerer Konflikt, der schon länger geschwelt hatte. 15 Jahre lang waren die *ichwan* die Speerspitze der wahhabitischen Macht gewesen und hatten einen hohen Blutzoll entrichtet. Sie drängten auf die schnelle und unnachsichtige Durchsetzung aller wahhabitischen Gebote im ganzen Staat, sahen sich in einem dauernden *dschihad* gegen vom Glauben Abgefallene bzw. Ungläubige, wollten den Wahhabitenstaat territorial erweitern und im gesamten Nahen und Mittleren Osten die wahre islamische Herrschaft verbreiten. Vom König eingeführte Neuerungen wie Automobile und Flugzeuge lehnten sie ab. Die engen persönlichen Kontakte von König Abd al-Asis zu Europäern waren ihnen ein Dorn im Auge. Auch wollten sie nicht, dass das freie Beduinenleben durch zwischenstaatliche Grenzregime eingeschränkt wurde.

Im Gegensatz dazu war Abd al-Asis Realist und wusste seine Machtposition richtig einzuschätzen. Großbritannien war eine globale Seemacht. Britische Garnisonen waren nördlich (Transjordanien, Irak), östlich (Kuwait, Vertragsstaaten) und südlich (Aden, Hadramaut) seines Reiches stationiert. Allenfalls bescheidene Gebietserweiterungen schienen Abd al-Asis noch möglich. Als vordringliche Aufgaben betrachtete er die Konsolidierung seiner Macht im Hedschas und die internationale Anerkennung seines Staats.

Im Mai 1927 schloss Abd al-Asis mit Großbritannien den Vertrag von Dschidda, der ihm die vollständige Unabhängigkeit seiner Territorien bestätigte. Im Gegenzug respektierte er die britischen Besitzungen, Protektorate und Schutzstaaten auf der Arabischen Halbinsel, gestand allen britischen Untertanen die Pilgerfahrt nach Mekka zu und sagte die Bekämpfung des Sklavenhandels zu. Letzteren Punkt garantierte er freilich nur nominell. Noch bis in die 1950er-Jahre wurden Sklaven aus Ostafrika verkauft, allerdings hinter verschlossenen Türen, und erst 1962 wurde die Sklaverei in Saudi-Arabien offiziell abgeschafft.

Der Scheich der Mutair Faisal al-Duwisch und andere *ichwan*-Führer forderten Abd al-Asis ultimativ auf, zum rechten Weg zurückzukehren. Gefährlich war, dass sich die *ichwan*-Opposition mit dynastischen Rivalen verband: Abd al-Asis, der Bruder von Muhammad, sympathisierte mit den *ichwan*, da er seinen Sohn Chalid zum Thronfolger machen wollte. Möglicherweise unterstützten auch die Briten den Aufstand der *ichwan* mit Geld und Waffen, um Abd al-Asis zu schwächen. Zu diesem Ergebnis kam jedenfalls sein Berater Muhammad Asad (siehe S. 110 f.) nach seiner geheimen Erkundungsmission in Kuwait.

Im Januar 1927 lud Abd al-Asis rund 3000 Geistliche, Stammesälteste und *ichwan*-Führer zu einer Ratsversammlung nach Riad ein. Mit einer entschlossenen Rede gewann er ihre Zustimmung. Im Austausch hatte er einige Konzessionen zugestanden, so die Abschaffung aller den wahhabitischen Regeln widersprechenden Gesetze im Hedschas und das Verbot schiitischer Rituale in der Ostprovinz. Zwangsbekehrt wurden die Schiiten nicht, sie durften ihre Glaubensrichtung aber nicht mehr öffentlich praktizieren. Die

Versammlung proklamierte Abd al-Asis zum »König von Nedschd«.

Ohne Wissen des Königs lieferten sich *ichwan*-Abteilungen unter Führung von Faisal al-Duwisch 1927/28 erneute Scharmützel mit irakischen Sicherheitskräften und britischen Soldaten im Irak und in Kuwait. Ende 1928 verschaffte sich Abd al-Asis durch eine zweite Ratsversammlung erneuten Rückhalt und mobilisierte ihm loyal ergebene Stämme gegen die *ichwan*. Er konnte an die 30 000 Krieger aufbieten, seine Gegner nur 8000. Abd al-Asis verlangte nicht mehr und nicht weniger als eine bedingungslose Unterwerfung. In der Ebene von Sibila bei Artawija schlug er die *ichwan* am 30. März 1929. Faisal al-Duwisch, seinen härtesten Widersacher, begnadigte er.

Doch als Abd al-Asis im Sommer 1929 zur Wallfahrt in Mekka weilte, wagte sein Gegner einen erneuten Aufstand. Nun suchte Faisal al-Duwisch eine breite Gegenkoalition zu schmieden: von den Mutair über die Oteiba, Adschman, Ruwala und Schammar bis hin zu dem König des Irak sowie dem Emir von Kuwait. Die Monarchen hatten nichts mit dem Glauben und der Ideologie der Wahhabiten gemein, doch wollten die Haschemitenmonarchen im Irak und in Transjordanien die Vertreibung ihres Vaters aus dem Hedschas rächen, und der Emir von Kuwait suchte verlorenes Territorium zurückzugewinnen. Abd al-Asis kehrte umgehend zurück, übernahm den Oberbefehl und stellte die *ichwan* im Oktober 1929 im Dreiländereck Irak/Kuwait/Nedschd zum letzten Gefecht. Nach ihrer vernichtenden Niederlage wurden Faisal al-Duwisch und weitere *ichwan*-Führer auf Geheiß der Briten aus dem Irak ausgeliefert. Den Rest seiner Tage verbrachte der uneinsichtige Faisal al-Duwisch im Kerker.

Der König hatte politischen Erwägungen den Vorrang vor der reinen wahhabitischen Lehre eingeräumt. Kooperationswillige Teile der *ichwan* wurden in die neu aufgestellte »Weiße Armee« aufgenommen, deren Formationen sich an die Stammesstrukturen anlehnten. Die Kämpfer trugen traditionelle weiße arabische Gewänder anstelle westlicher Uniformen. Wiederbelebte beduinische Werte und Gepflogenheiten prägten die »Weiße Armee«, nicht mehr ein aggressiver Wahhabismus. Die Einbindung der Stämme war ein kluger Schachzug, er sicherte dem König deren Loyalität. Die »Weiße Armee« schützte den König und die Heiligen Stätten. Für die Verteidigung gegen externe Aggressoren war sie aber nicht hinreichend gerüstet und ausgebildet: In dieser Beziehung verließ sich Abd al-Asis noch auf die Briten.

Es war das letzte Mal, dass der mittlerweile 54-jährige Abd al-Asis als Heerführer aufgetreten war. Nun widmete er sich der Konsolidierung seiner Macht im Innern und der wirtschaftlichen Entwicklung des Königreiches. Seine ältesten Söhne Saud und Faisal machte er zu Statthaltern im Nedschd bzw. Hedschas.

# Ein neuer Staat:
# Das Königreich Saudi-Arabien

## Behutsame Modernisierung
## unter König Abd al-Asis (1932–1953)

Am 23. September 1932 proklamierte Abd al-Asis das Arabische Königreich Saudi-Arabien (*al-mamlaka al-atabija a-saudia*). Damit sollten die innere Einheit gestärkt und die Sezessionsbestrebungen im Hedschas unterminiert werden. Bemerkenswert ist, dass die Herrscherdynastie in der Staatsbezeichnung mit dem Territorium verknüpft wurde. (Nur zwei weitere Staaten weltweit tragen den Namen der Herrscherfamilie: das Haschemitische Königreich Jordanien und das Fürstentum Liechtenstein.) Abd al-Asis organisierte den Staat denn auch als »Familienunternehmen«: Mitglieder der Familie Al Saud besetzten die meisten hohen Ämter, profitierten persönlich von den Ressourcen des Staats und sorgten für eine Verteilung von Gütern und Dienstleistungen an die Bewohner im Austausch gegen deren Loyalität. Dieses System besteht fort. Auch heute werden 40 Prozent des Staatsbudgets nicht näher spezifiziert.

Obwohl sich König Abd al-Asis nun der inneren Konsolidierung seines Reiches widmen wollte, kam schon bald eine erneute militärische Auseinandersetzung auf ihn zu. Südlich des Hedschas hatte die aus Marokko stammende Dynastie der Idrisiden in Asir 1908 ein unabhängiges Emirat begründet. Das Emirat wurde nach dem Ersten Weltkrieg von Großbritannien als Staat anerkannt, tat sich aber trotzdem schwer, seine Unabhängigkeit gegen territoriale Ansprüche der Nachbarstaaten zu behaupten. Dynastische Machtkämpfe unter den Idrisiden nutzten die wahhabitischen Saudis 1922 zur vorübergehenden Besetzung von Asir. Als der Imam des Jemen Teile des Landes im April 1925 besetzte, stellte sich der Emir von Asir 1926 unter den Schutz von Hedschas-Nedschd. Doch schon bald trachtete er wieder nach der vollen Unabhängigkeit. Als Abd al-Asis seine Rechte anmahnte, suchte der Emir Schutz beim Imam von Jemen, der seinerseits bestrebt war, sein Staatsgebiet auszuweiten.

1934 stellte Abd al-Asis dem Imam und König von Jemen ein Ultimatum, und bald darauf gewannen die saudischen Truppen die Oberhand. Im Frieden von Taïf erhielt Saudi-Arabien Asir, Dschisan und Nadschran zugesprochen. Aus jemenitischer Sicht bedeutete dies den Verlust von fast der Hälfte des Territoriums. Saudi-Arabien war damit zur größten Macht auf der Arabischen Halbinsel geworden und nahm fast 80 Prozent ihrer Fläche ein. Allerdings stimmte der Jemen der Abtretung der Gebiete nicht endgültig zu und erhebt bis heute Ansprüche auf sie.

Die europäischen Mächte zeigten Abd al-Asis nun die Rote Karte: Nach der saudischen Besetzung der Hafenstadt Hodeida fuhren dort britische, französische und italienische Kriegsschiffe auf, die signalisierten, dass weitere Eroberungen nicht toleriert werden würden. Daran hat sich das Königreich Saudi-Arabien bis heute gehalten, setzt aber seine Interessen in den Nachbarstaaten mittels großzügiger Subsidien an Stammesführer, Politiker, Militärs und Medienvertreter durch.

Die saudische Expansionspolitik wurde 1934 eingestellt; einzige Ausnahme war der Streit um die zwischen Abu Dhabi und Oman geteilte Oase Buraimi (auch Ai-Ain genannt). Saudi-Arabien erhob ab 1949 ebenfalls Ansprüche auf die

Oase und argumentierte, sie habe von 1801 bis 1819 und 1845 bis 1869 unter wahhabitischer Oberherrschaft gestanden. 1952 besetzten saudische Gendarmen überraschend mehrere Dörfer im omanischen Teil und versuchten, Stammesführer zu bestechen. Ein internationales Schiedsverfahren scheiterte, und die USA leisteten Saudi-Arabien nicht die erhoffte politische Unterstützung. 1955 überwältigten omanische Soldaten unter Führung britischer Offiziere die saudischen Gendarmen und schoben sie auf dem Seeweg in die Heimat ab. Die Briten vermittelten ein Grenzabkommen zwischen Oman und Abu Dhabi, doch Saudi-Arabien erhob weiterhin Ansprüche. Schließlich schlossen König Faisal und der Emir von Abu Dhabi Sheikh Zayed 1974 den Vertrag von Dschidda, der den Status quo bestätigte. Auch gegenüber dem Oman hat Saudi-Arabien keine Gebietsansprüche mehr erhoben.[1]

Die ersten unabhängigen Staaten auf der Arabischen Halbinsel, Saudi-Arabien und der Jemen, waren noch keine »normalen« Staaten und wollten dies damals auch nicht sein. Ihre Könige waren zugleich religiös legitimierte »Imame«, deren Herrschaft theokratischen Charakter hatte. Dem Völkerbund »ungläubiger« Staaten traten sie nicht bei, im Gegensatz zum Irak (1932) und Ägypten (1937). Dies änderte sich nach dem Zweiten Weltkrieg: Saudi-Arabien war am 24. Oktober 1945 Gründungsmitglied der Vereinten Nationen, und auch das Königreich Jemen trat ihnen zwei Jahre später bei.

1938 verließ König Abd al-Asis seinen ersten bescheidenen Palast und verlegte seine Residenz in den neu erbauten, weiterhin vergleichsweise bescheidenen Lehmpalast »Murabba« (»das Quadrat«) außerhalb der Altstadt. Es war das erste Gebäude jenseits der Stadtmauern von Riad; eine Teerstraße führte zur Stadt. Eine Neuerung waren elektrische Anlagen, versorgt über Generatoren. Die marmorne Audienzhalle mit prächtigen Teppichen schmückten Pantherfelle, die ein Zei-

chen der Autorität des Königs waren. Ein silberner Wand-
stammbaum zeigte die königliche Abstammung. Prunk-
stück war das in Gold und Marmor gehaltene Badezimmer
des Königs mit großer Badewanne und Spülklosett. Der großzügig dimensionierte und luxuriös ausgestattete Harem besaß einen getrennten Eingang, wurde vom Eunuchen des Königs geleitet und beherbergte die Ehefrauen des Königs, die
Prinzen und Prinzessinnen, Konkubinen sowie zahlreiche
Angestellte, Diener und Sklaven.[2]

König Abd al-Asis integrierte die Stämme mit einer strategischen Heiratspolitik. Der Platz der vierten Ehefrau blieb
stets frei, um bei Bedarf eine schnelle Ehe eingehen zu können. Es kam vor, dass eine Ehe schon nach einer Nacht geschieden wurde. Bei der Geburt eines seiner unzähligen
Kinder soll er scherzhaft geäußert haben: »In meiner Jugend
brachte ich die Stämme mit dem Schwert auf Vordermann,
jetzt halte ich sie im Bett zusammen.«[3] Im Durchschnitt
überlebte damals nur jedes fünfte königliche Kind. Viele
Anekdoten rühmen Abd al-Asis' Klugheit. So sollte er einmal über einen Mann Gericht halten, der einem anderen von
einer hohen Palme auf den Kopf gesprungen war und ihn
so zu Tode gebracht hatte. Die untröstliche Witwe des Op-
fers forderte den Tod des Täters. Der König gab ihr recht, die
Scharia vergelte Gleiches mit Gleichem, doch deshalb müsse
die Witwe ihrerseits auf die Palme klettern und dem Täter
auf den Kopf springen. Sie verzichtete.

Lange wurde Saudi-Arabien von König Abd al-Asis persönlich regiert, Fachministerien wurden erst in den 1940er- und
1950er-Jahren errichtet. Einer seiner treuesten Mitarbeiter
war Abdullah ibn Sulaiman. Er gehörte dem Stamm der al-
Kasim im Nedschd an, hatte als junger Mann im Getreide-
handel im indischen Bombay gearbeitet und mit dem dort
verdienten Geld in Bahrain ein Unternehmen gegründet.

1932 folgte er seinem verstorbenen Bruder als Schatzmeister (*wasir al-maliah*) am Hof von König Abd al-Asis nach. Die Staatskasse verwahrte er in einem Panzerschrank in seinem Schlafzimmer. Wenn er verreiste, nahm er sie in Kisten oder Satteltaschen mit und deponierte sie nachts unter seinem Bett. Wurden die Mittel knapp, vermied er es, mit dem König zusammenzutreffen, um keine Zahlungen leisten zu müssen. Nach dem Zweiten Weltkrieg etablierte er eine professionelle Finanzverwaltung, gab aber die Kontrolle nicht aus der Hand.[4]

Abdullah ibn Sulaiman beriet König Abd al-Asis auch in der Außen- und Verteidigungspolitik. Nebenberuflich gründete er selbst Unternehmen. Er besaß Hotels, Schifffahrtslinien, Kühlhäuser, Tankstellen und Ländereien und starb als einer der reichsten Männer Saudi-Arabiens. Im Herbst 1953 bereiste Abdullah ibn Sulaiman die Bundesrepublik Deutschland und besuchte die Krupp-Werke im Ruhrgebiet. Besonders verdient machte er sich in den 1950er-Jahren um die Agrarentwicklung, bei der er sich von deutschen Experten beraten ließ. So gründete er südlich von Riad einen der ersten Milchbetriebe. Nach dem Tod des Königs musste er zurücktreten. Das Verhältnis zum neuen König Saud war von Anfang an nicht gut gewesen.

In der arabischen Welt wurden drei Ansätze verfolgt, um auf die Überlegenheit der europäischen Staaten zu reagieren: erstens die Übernahme von deren Zivilisation unter Aufgabe der als rückständig angesehenen traditionell-islamischen Lebensweise, zweitens die Übernahme technischer und wissenschaftlicher Errungenschaften unter Beibehaltung der eigenen Traditionen, drittens die Abschottung von äußeren Einflüssen. König Abd al-Asis wählte den Mittelweg zwischen Reform und Tradition. Weder versuchte er, die europäische Zivilisation zu imitieren, wie am radikalsten zwischen 1967 und 1990 im marxistischen Südjemen betrieben, noch schottete er sein Königreich nach außen ab wie der von 1932 bis 1970 regierende omanische Sultan Said ibn Taimur. Dieser kontrollierte persönlich, wer ein- und ausreisen durfte, lehnte jahrzehntelang größere Ausgaben ab, verbot kulturfremde Gegenstände wie Radiogeräte oder Sonnenbrillen, ließ lediglich Koranschulen zu und verweigerte Investitionen in die Entwicklung des Landes. 1970 wurde er in einem von den Briten unterstützten Familienputsch zugunsten seines Sohnes Kabus gestürzt. Zu diesem Zeitpunkt besaß der Oman zehn Kilometer Teerstraße, eine Sterblichkeitsrate bei Kindern bis zu fünf Jahren von 25 Prozent und eine Analphabetenrate von 95 Prozent.

Der saudische König Abd al-Asis baute Straßen, Schulen, Krankenhäuser und führte Automobile, Lastkraftwagen, Flugzeuge und den Funkverkehr ein. 1948 wurden die ersten Radiosendungen ausgestrahlt. Gegen Widerstände von Geistlichen stimmte er der Erdölförderung mit Hilfe US-amerikanischer Ingenieure zu, denn schnell erkannte er die Bedeutung dieses Rohstoffs für die Entwicklung des Landes.

Seit den 1920er-Jahren stieg die weltweite Nachfrage an Erdöl rasant. Arbeitsteilung, Fließbandfertigung und Standardisierung in der Automobilfertigung kurbelten in den USA die Massenmotorisierung an. 1920 waren in den Vereinigten Staaten acht Millionen Automobile registriert, zehn Jahre später waren es bereits 23 Millionen.[5] 1927 stieß man im Norden des Irak bei Kirkuk auf Erdöl. Das Ölvorkommen im Irak und in Persien ließ vermuten, dass auch auf der arabischen Seite des Persischen Golfs Öl in der Erde lag. Die erste Quelle sprudelte 1931 in Bahrain und wurde von einer Tochter der Standard Oil Company of California (SOCAL) ausgebeutet.

1932/33 bewarben sich britische und US-amerikanische Ölgesellschaften um Explorationsrechte in Saudi-Arabien. Auf

Anraten seines Beraters St. John Philby entschied sich Abd al-Asis am 29. Mai 1933 ebenfalls für die SOCAL und gewährte Förderrechte auf 60 Jahre. Zum einen existierte damit ein Gegengewicht zum starken britischen Einfluss im Königreich, zum anderen war die SOCAL wirklich an einer Ölförderung interessiert, während die Iraq Petroleum Company (IPC) möglicherweise nur bis auf Weiteres unerwünschte Konkurrenz zu blockieren suchte. König Abd al-Asis glaubte nicht an Ölfunde, sah jedoch die Chance, ein wenig Geld für die angespannte Staatskasse zu erhalten. Schatzmeister Abdullah ibn Sulaiman bestand angesichts der Weltwirtschaftskrise auf Zahlungen in Gold, nicht in US-Dollar.

Jahrelang waren die Ergebnisse ernüchternd. In einer Tiefe bis 1000 Meter stießen die US-Ingenieure nur auf geringe Mengen Erdöl. Schon wollte man aufgeben, doch am 4. März 1938 sprudelte nach dem Vordringen in eine Tiefe von 1417 Metern plötzlich die Quelle Nr. 7 bei Dammam in die Höhe. Bis 1982 war sie 45 Jahre lang in Betrieb und förderte 32 Millionen Fass bei einer durchschnittlichen Tagesleistung von 1600 Fass. 1939 brachte die Ölförderung dem Königreich bereits 200 000 Pfund Sterling. Doch bald musste die SOCAL-Tochtergesellschaft California Arabian Standard Oil Company (CASOC) wegen des totalen Seekriegs der Achsenmächte die Förderung bis 1944 einstellen. Erst als 1945 die Schifffahrtswege wieder frei waren und die Weltwirtschaft unter Führung der USA angekurbelt wurde, begann der legendäre Reichtum in Saudi-Arabien. 1948 wurden die riesigen Vorkommen des Ghawar-Feldes entdeckt. Abd al-Asis blieb seinem US-Partner lebenslang treu und vergab keine Konzessionen an deutsche, britische oder japanische Mitbewerber.[6]

## Ein Stück USA in Saudi-Arabien

Jahrzehntelang wirkte die 1944 aus der CASOC hervor-gegangene Arabian-American Oil Company (Aramco) wie ein Stück USA, das in der saudischen Wüste gelandet war und, abgezäunt nach außen, seinen besonderen Charakter bewahrte.[7] Die Siedlungen der Ingenieure und Fachkräfte hatten den Charakter einer US-amerikanischen Vorstadt: Schulen, Einkaufsläden, Restaurants und Ice Cream Shops, Gyms, Bowlinghallen, Sportstadien und Clubs unterschieden sich kaum von denen in der Heimat. Aramco erhielt eine Monopolstellung und dankte sie dem König mit der Erhöhung der Abgaben sowie mit großzügigen Investitionen in Infrastruktur, Erziehungs- und Gesundheitswesen. So baute Aramco drei Städte (Dhahran, Ras Tanura, Abkaik) und übernahm zusammen mit US-Infrastrukturfirmen Großprojekte wie den Eisenbahnbau für den Staat. Aramco legte Wert darauf, das Königreich nie als »unterentwickelt« zu bezeichnen: Die Sprachregelung lautete, Saudi-Arabien stehe an der Schwelle zu einer neuen Ära.

Gerühmt wurden das gute Verhältnis zu den arabischen Mitarbeitern, die Sozialleistungen und die erstaunlichen Erfolgsgeschichten wie im Falle von Ali bin Ibrahim Al-Naimi. 1935 geboren, wuchs er unter Nomaden auf und war Analphabet. Als »Coffee Boy« arbeitete er nachmittags bei Aramco und besuchte die Firmenschule, wo er Englisch lernte. Er arbeitete sich im Unternehmen nach oben und erhielt Aramco-Stipendien für das Geologie- und Hydrologiestudium im Libanon und den USA. 1980 wurde er Direktor und 1983 erster saudischer Präsident des Energieunternehmens. 1985 ernannte ihn König Fahd zum Ölminister, er bekleidete diesen Posten bis 2016. Saudische Mitarbeiterinnen durften auf dem Aramco-Gelände Auto fahren und mussten weder *abaja* noch *hidschab* tragen.

In ihren Siedlungen genossen die »ungläubigen« Ingenieure aus den USA zunächst Freiheiten, die ansonsten im Land undenkbar waren. So konnten sie Alkohol trinken, Schweinefleisch essen und christliche Gottesdienste abhalten. Doch wurden diese Vorrechte in den 1950er-Jahren abgeschafft, nachdem z. B. Alkohol herausgeschmuggelt und verkauft worden war.

Die saudischen Mitarbeiter unterlagen der Scharia-Gerichtsbarkeit. Als ein US-Arzt beobachtete, wie in der Arbeitersiedlung Dieben Hände und Füße abgehackt wurden und siedendes Öl zur Schmerzlinderung eingesetzt wurde, empfahl er, statt des alten Schwerts ein chirurgisches Messer sowie eine wirksamere Betäubung zu verwenden. Die saudischen Justizkräfte akzeptierten die Offerte, und das für diesen Zweck zur Verfügung gestellte Messer wurde fortan steril im Kühlschrank der Amerikaner aufbewahrt.

Der US-Anthropologe Loring M. Danforth hat auch andere Schattenseiten der Aramco-Geschichte aufgezeigt: So wurde bis in die 1960er-Jahre gegenüber den arabischen Arbeitern dieselbe Segregation praktiziert wie gegenüber den Afro-Amerikanern in den USA. Rassistische Ausdrücke waren verbreitet, und selbst die ersten saudischen Ingenieure taten sich schwer, gesellschaftlich akzeptiert zu werden. Wegen der Diskriminierungen kam es in den 1940er- und 1950er-Jahren wiederholt zu Arbeiterstreiks.

Das ursprüngliche Abkommen mit dem saudischen Staat war eklatant einseitig: Mit einer Einmalzahlung von 250 000 US-Dollar, jährlichen Abgaben von 25 000 US-Dollar sowie 1 US-Dollar pro Tonne gefördertem Erdöl an das Königshaus hatten sich die US-Amerikaner die Förderrechte für knapp 1 Million Quadratkilometer auf 60 Jahre gesichert. Um ein Vielfaches des Gestehungspreises verkauften sie das Öl, und die US-Regierung schlug obendrein noch Mineralölsteuer darauf. Doch als die saudische Regierung auf Nachverhandlungen drängte, war Aramco 1950 klug genug, eine 50:50-Teilung zuzugestehen.[8]

Zwischen 1973 und 1980 erwarb Saudi-Arabien die gesamten Anteile der Aramco. 1988 besetzten erstmals Saudis das Präsidenten- und Geschäftsführeramt. US-Fachleute blieben im Land tätig, doch wurde die Schulung saudischer Kräfte beschleunigt. Das Königreich legte Wert darauf, dass die Änderung der Eigentumsverhältnisse ein wirtschaftlicher Vorgang in beiderseitigem Einvernehmen war, keine Verstaatlichung zu Lasten der Firmeneigner wie 1970 in Libyen oder 1975 im Irak. Noch bis 1988 existierte Aramco, dann wurde als Nachfolgerin die Saudi Arabian Oil Company (Saudi Aramco) gegründet. Auch heute ist die Gesellschaft »ein Staat im Staat«, immer noch wirkt Saudi Aramco amerikanischer als seine Umgebung und hat sich manche Freiheiten bewahrt.

Der voll integrierte Energiekonzern deckt die gesamte Palette von der Exploration bis zur Raffinierung von Öl und Gas ab, gehört zu den fünf größten Unternehmen weltweit und wird auf an die 2 Billionen US-Dollar Kapitalwert geschätzt. 2019 begann das Unternehmen, Aktien auszugeben. Es verfügt über ein hochmodernes Exploration and Petroleum Engineering Center (EXPEC), eine Operationelle Planungsabteilung mit Echtzeit-Videoverfolgung der Produktion, ein Großlabor mit 192000 Proben, virtuelle Trainingssysteme, ein Human Resources Center für die konsequente Fortbildung der Mitarbeiterinnen und Mitarbeiter und eine eigene Universität. Am Firmensitz Dhahran wurde ein Besucherzentrum mit interaktiver, multimedialer Ausstellung eingerichtet; hier sieht man auch das berühmte Bohrloch Nr. 7, wo am 4. März 1938 erstmals Öl sprudelte. Die Firma setzt im Land umfangreiche Sozialprogramme um und fördert kulturelle Bestrebungen.

In den 1930er-Jahren spitzte sich die Lage in Britisch-Palästina zu. Entsprechend dem Völkerbundsmandat förderte die britische Verwaltung bis Mitte der 1930er-Jahre die Einwanderung von Juden. Die demographische Zusammensetzung änderte sich dadurch erheblich: War 1922 eine Bevölkerung von 668 000 Arabern und 84 000 Juden ansässig gewesen, so waren es zum Jahresende 1946 ca. 1,3 Millionen Araber und bereits 608 000 Juden.

Im Mandatsvertrag wurde die zionistische »Jewish Agency« ausdrücklich als Partner der britischen Verwaltung anerkannt, ein arabisches Pendant fehlte. Infrastruktur wie die von jüdischen Firmen gebaute Strom- und Wasserversorgung waren auf die Bedürfnisse der Einwanderersiedlungen zugeschnitten. Die Briten tolerierten die Etablierung eines jüdischen Parallelstaats; dagegen revoltierte die arabische Bevölkerung Palästinas im »Großen Arabischen Aufstand« von 1936 bis 1939. Zur Lösung des Dilemmas empfahl die von Großbritannien eingesetzte Peel-Kommission 1937 die Dreiteilung Palästinas in einen jüdischen und einen arabischen Staat sowie eine weiterhin britisch verwaltete Zone (Jerusalem nebst einem Korridor zur Küste). Landteilung war freilich eine Option, die von der angestammten arabischen Bevölkerung strikt abgelehnt wurde, und vielen Zionisten ging sie nicht weit genug.

Abd al-Asis war dezidiert gegen die Teilung Palästinas. Im Mai 1943 schrieb er an US-Präsident Franklin D. Roosevelt: »Juden haben kein Recht auf Palästina. Gott bewahre [...], dass die Alliierten am Ende ihres Kampfes ihren Sieg damit krönen, dass sie die Araber aus ihrer Heimat vertreiben.«[9]

Einige Wochen später schrieb er, Palästina »ist seit Anbeginn der Geschichte ein arabisches Land und [...] wurde nie länger als eine Zeit lang von Juden bewohnt, in der ihre Geschichte im Land voller Mord und Grausamkeit war. [Es gibt] religiöse Feindschaft [...] zwischen den Muslimen und den Juden seit Beginn des Islam [...] sie entstand aus dem verräterischen Verhalten der Juden gegenüber dem Islam, den Muslimen und ihrem Propheten.«[10]

Jedoch war König Abd al-Asis gleichzeitig bemüht, seine guten Beziehungen zu Großbritannien und den USA nicht aufs Spiel zu setzen. Im Juni 1936 appellierten die anglophilen Monarchen von Ägypten, Irak, Saudi-Arabien und Transjordanien gemeinsam an die palästinensischen Araber, den Generalstreik abzubrechen und einen Kompromiss zu suchen.

Auch wenn Saudi-Arabien den Alliierten zuneigte, pflegte es Beziehungen zum nationalsozialistischen Deutschen Reich. Als die Briten 1938 den deutschen Botschafter im Irak Fritz Grobba der Beteiligung an einem Sprengstoffanschlag auf eine Pipeline verdächtigten, gewährte ihm Abd al-Asis Schutz in seinem Königreich. Adolf Hitler empfing am 17. Juni 1939 in Berlin den saudischen Sondergesandten Chalid al-Hud al-Gargani und sagte einen Kredit für den Bau einer Munitionsfabrik und den Kauf von Waffen zu. Hitler erklärte seine Hochachtung für die Araber und für die »heroische« Religion des Islam. Er versicherte, das Deutsche Reich hege keine territorialen Ambitionen in Arabien. Auch verwies er auf gemeinsame Feinde wie die Juden – erst dann werde er Ruhe geben, wenn der letzte Jude Deutschland verlassen habe. Der saudische Sondergesandte antwortete, der Prophet Muhammad habe die Juden aus Arabien vertrieben. Auch sinnierte er darüber, dass die Sarazenen, wenn sie 732 die Schlacht von Tours und Poitiers gewonnen hätten, vielleicht in Westeuropa ansässig geworden wären. Möglicherweise wäre ihr Islam dann von der dynamischen Kraft des Germanentums befruchtet worden. Hitler bezeichnete diesen Gedanken als bemerkenswert.[11]

Die im Wahhabismus angelegte antijüdische Haltung reichte allerdings nicht aus, um eine deutsch-saudische Allianz zu begründen, denn Abd al-Asis bewunderte die Briten und US-Amerikaner und zweifelte nicht an deren Sieg im Zweiten Weltkrieg. Bei Kriegsausbruch blieb er neutral.

Am 19. Oktober 1940 wurden die Ölförderanlagen bei Dhahran Opfer eines fehlgeleiteten italienischen Luftangriffs auf die britische Ölraffinerie in Bahrain. Der Schaden hielt sich allerdings in Grenzen. Über eine moderne Armee verfügte Saudi-Arabien damals noch nicht, weswegen der Angriff nicht hatte abgewehrt werden können. Erst 1944 wurde ein Verteidigungsministerium errichtet, gefolgt von einer Militärakademie in Taïf. Zunächst mit britischen, dann mit US-amerikanischen Ausbildern stellte man Streitkräfte auf.

Washington hatte lange Zeit wenig Notiz von Saudi-Arabien genommen. Dies änderte sich nach dem Kriegseintritt der USA am 11. Dezember 1941. Geheime Erkundungsmissionen überzeugten die US-Regierung von der großen strategischen Bedeutung des saudischen Erdöls. Im September 1943 wurden Außenminister Prinz Faisal und sein Halbbruder Chalid in die USA eingeladen und mit einem Besuchsprogramm beeindruckt – so besichtigten sie das Empire State Building in New York, die Ford-Werke in Detroit, die University of Princeton, landwirtschaftliche Großbetriebe, den Grand Canyon, ja sogar die Studios von Hollywood.

Die US-Regierung war nicht nur bestrebt, das saudische Öl für die Kriegsanstrengungen zu sichern, sondern wollte nach einem Sieg die Briten als führende Einflussmacht am Persischen Golf ablösen. Obwohl Saudi-Arabien nicht auf alliierter Seite in den Krieg eintrat, erhielt es ab 1943 günstige Lieferungen aus dem Lend-Lease-Programm.

Die USA und Großbritannien stritten ab 1943 erbittert um den Zugriff auf das strategische Gut Erdöl im Mittleren Osten nach Kriegsende. US-Präsident Roosevelt bezeichnete am 18. Februar 1943 gegenüber Außenminister Edward Stettinius jr. Saudi-Arabien als »lebensnotwendig für die Verteidigung der Vereinigten Staaten«[12] und setzte sich schließlich gegenüber Großbritannien durch.

Am 14. Februar 1945 empfing er König Abd al-Asis an Bord des US-Kriegsschiffs »Quincy« auf dem Großen Bittersee in der Mitte des Suezkanals. Mit 47 Begleitern und einer Schafherde für die Versorgung mit geschächtetem Fleisch war Abd al-Asis per Schiff von Dschidda aus angereist. Roosevelt verzichtete bewusst auf Alkohol und seine geliebten Zigarren, umgarnte den saudischen König mit seinem Charme und gab ihm das Gefühl der Ebenbürtigkeit. Roosevelt schenkte Abd al-Asis nicht nur ein DC3-Verkehrsflugzeug, mehr noch: Der US-Präsident, der seit einer Polioerkrankung in seiner Jugend auf einen Rollstuhl angewiesen war, überließ seinem Gast spontan ein solches Hilfsmittel, als ihm der 70-jährige Abd al-Asis von Schmerzen in den Beinen berichtete. Abd al-Asis seinerseits überreichte Präsident Roosevelt perlenbesetzte Juwelen, einen Dolch mit Diamanten, Gürtel mit Goldfäden, reich bestickte Kleider, arabische Parfüme und saudische Briefmarken, denn er hatte vorher in Erfahrung gebracht, dass Roosevelt passionierter Sammler war.

Abd al-Asis sagte Roosevelt zu, dass keine Gesellschaften anderer Länder Ölkonzessionen in Saudi-Arabien erhalten würden, und versprach, nach Kriegsende die strategischen Interessen der USA am Roten Meer und Persischen Golf zu unterstützen.

Dass König Abd al-Asis zuerst Roosevelt und erst drei Tage später den britischen Premierminister Sir Winston Churchill in der ägyptischen Oase Fajum traf, sagte viel über die sich verändernden Machtverhältnisse aus. Churchill agierte auch nicht geschickt, ignorierte er doch den saudischen Protokollwunsch, auf Alkohol und Tabak zu verzichten: »Da ich der Gastgeber beim Mittagessen war, sprach ich die Angelegenheit sofort an und sagte dem Dolmetscher, wenn es die Religion Seiner Majestät sei, sich des Rauchens und des Alkohols zu enthalten, müsse ich darauf hinweisen, dass meine Lebensregel als absolut heiligen Ritus das Rauchen von Zigarren und auch das Trinken von Alkohol vorschreibt, vor, nach und gegebenenfalls während aller Mahlzeiten und in den Intervallen zwischen ihnen. Gnädig akzeptierte der König diese Haltung.«[13]

Churchill konnte aus dem Gespräch wenig mitnehmen – weder sicherte ihm der saudische König Zugang zu den saudischen Ölvorkommen noch Unterstützung für eine Aufteilung Palästinas zu.

Erst im Februar 1945 erklärte Saudi-Arabien nominell den Achsenmächten den Krieg, da es den zu gründenden Vereinten Nationen beitreten und dadurch das künftige internationale Regelwerk mitbestimmen wollte. Außenminister Prinz Faisal unterzeichnete am 26. Juni 1946 in San Francisco die UN-Charta. In diesem Jahr entsandten die USA erstmals einen Botschafter nach Dschidda. Saudi-Arabien tat sich vor allem als großzügiger Zahler hervor. So stellte es der UNO zwischen 1976 und 2016 nicht weniger als 115 Milliarden US-Dollar für Entwicklungsunterstützung zur Verfügung.

Am 22. März 1945 war Saudi-Arabien Gründungsmitglied der Liga Arabischer Staaten (LAS) in Kairo. Ziel war die rasche Unabhängigkeit aller noch unter fremder Herrschaft stehenden arabischen Gebiete, die Herstellung arabischer Einheit, der Abschluss eines Konsultativ- und Nichtangriffspakts sowie die Zusammenarbeit auf allen Politikfeldern. Nur sieben arabische Staaten waren damals unabhängig und wurden 1945 Mitglieder: die Königreiche Ägypten, Irak, Jemen und Saudi-Arabien, das Emirat Transjordanien und die Republiken Libanon und Syrien. Das Übergewicht konservativer Monarchien nahm später ab. Heute zählt die LAS 22 Mitglieder: acht Monarchien und 14 Republiken (darunter das international noch nicht als unabhängiger Staat anerkannte Palästina).

Während des Kalten Kriegs war die Allianz mit den USA für Saudi-Arabien alternativlos; der gemeinsame Antikommunismus schweißte die beiden ungleichen Partner zusammen. König Abd al-Asis soll einmal geäußert haben: »Zeigt mir einen Kommunisten in meinem Land, und ich zeige euch seinen Kopf.«[14] Die USA erhielten zuverlässig Öl geliefert, als Gegenleistung garantierten sie die Sicherheit Saudi-Arabiens. Immer wieder setzte das Königreich seine beträchtlichen finanziellen Ressourcen und seine Stellung als eine Führungsmacht des sunnitischen Islam zugunsten der US-Weltpolitik ein. Mit seinen immensen Ölreserven war es ein »swing producer«, d. h., es konnte den weltweiten Ölpreis durch Drosselung oder Erhöhung der Fördermenge stabil halten, was im Interesse der USA und ihrer Verbündeten war.

Nur in einer Frage blieb König Abd al-Asis unnachgiebig: Die Ansiedlung weiterer Juden in Palästina und die Errichtung eines jüdischen Staats auf diesem Territorium lehnte er strikt ab. Zwar erkannte er das den Juden zugefügte Leid an, doch meinte er, die Deutschen sollten ihnen Land zur Verfügung stellen, sie seien schließlich für die verübten Verbrechen verantwortlich. Noch mehr als die Staatsgründung fürchtete er eine spätere Machtausweitung und Expansion der Juden zu Lasten der arabischen Nachbarstaaten.

Den USA versicherte er jedoch, unterschiedliche politische Absichten würden die Geschäftsbeziehungen nicht beeinflussen.[15]

Riad vertiefte die strategische Kooperation mit den USA, 1950 gab US-Präsident Harry S. Truman Saudi-Arabien eine offizielle Sicherheitsgarantie. Das 1946 fertiggestellte »Dhahran Air Field« wurde erweitert, im Gegenzug wurde die US-Entwicklungshilfe erhöht. Auf die Bezeichnung »Air Base« verzichteten die USA, um jeden Anschein von Imperialismus zu vermeiden. Es war der einzige Luftwaffenstützpunkt in der Region, von dem die viermotorigen B-29-Superfortress-Bomber der U. S. Air Force starten konnten. Von Dhahran aus wurden US-Verbündete wie der Irak, der Iran und Jordanien gegen eine eventuelle sowjetische Aggression geschützt.

Die Saudis versprachen den USA auch, eine Ölpipeline zum Mittelmeer zu bauen. 1950 ging die 1214 Kilometer lange Transarabische Pipeline (TAPLINE) in Betrieb. Ursprünglich sollte sie von Kaisumah (Saudi-Arabien) nach Haifa (Palästina) führen, doch musste sie infolge des Ersten Nahostkriegs ersatzweise nach Sidon (Libanon) geführt werden. Da die syrische Regierung den Bau auf ihrem Gebiet nicht genehmigen wollte, organisierte die CIA kurzerhand 1949 einen Staatsstreich in Damaskus. Seit dem libanesischen Bürgerkrieg der 1970er-Jahre ist die Pipeline nicht mehr in Betrieb.[16]

## Palästinakonflikt und Entkolonialisierung

Zunehmend eskalierte nun der Konflikt in Britisch-Palästina. Als Reaktion auf den starken arabischen Widerstand hatte Großbritannien 1939 die jüdische Einwanderung begrenzt. Jüdische Terrorgruppen führten ab Mitte der 1940er-Jahre Angriffe und Attentate gegen die britische Mandatsverwaltung aus, um die Etablierung eines zionistischen Staats voranzutreiben. Auf der anderen Seite rüsteten die Araber zum Widerstand gegen dieses Projekt. Großbritannien entledigte sich schließlich seiner Verantwortung, indem es 1947 sein Mandat niederlegte und das Palästina-Problem den neu gegründeten Vereinten Nationen hinterließ. Deren erneute Teilungsempfehlung lehnten die arabischen Einwohner Palästinas und die Arabische Liga strikt ab. Die jüdische Seite bejahte die Teilungsempfehlung grundsätzlich, wartete aber die vorgesehene Einsetzung einer UN-Übergangsverwaltung nicht ab, sondern rief am 14. Mai 1948 einseitig den Staat Israel aus und suchte mehr Territorium unter ihre Kontrolle zu bringen als von den Vereinten Nationen vorgesehen. Schon zuvor hatten heftige Kämpfe zwischen Juden und arabischen Palästinensern stattgefunden, in denen Letztere zu unterliegen drohten. Am 15. Mai marschierten mehrere arabische Truppenkontingente ein, um den bedrängten Palästinensern beizustehen und eine jüdische Staatsgründung zu verhindern. Der Erste Nahostkrieg zog sich bis in den März 1949 hin und endete mit einer klaren Niederlage der uneinig agierenden Araber.[17]

Die Hauptkontingente auf arabischer Seite stellten Ägypten, Transjordanien und der Irak sowie eine arabische Freiwilligenlegion. Kleinere Kontingente entsandten der Jemen, der Libanon, Syrien und Saudi-Arabien. Die rund 800 saudischen Soldaten trafen erst gegen Ende des Kriegs ein. Für die Palästinenser bedeutete die Niederlage die *nakba* (»Katastrophe«): Über 700 000 Menschen wurden vertrieben oder mussten flüchten, ihre Häuser wurden zerstört, ihr Eigentum geplündert oder konfisziert. Bis heute sind sie Flüchtlinge in verbliebenen palästinensischen Gebieten oder in Nachbarstaaten. Transjordanien nutzte die Gelegenheit, einseitig das Westjordanland inklusive Ost-Jerusalems zu annektieren, und nannte sich fortan »Königreich Jordanien«. Der durch den Ansturm vertriebener Palästinenser völlig übervölkerte Gasastreifen wurde bis auf Weiteres von Ägypten verwaltet.

Die arabische Politik wurde fortan stark vom ungelösten Palästina-Problem geprägt, und die Staaten rivalisierten darum, wichtigste Schutzmacht der Palästinenser zu sein. Saudi-Arabien unterstützte den Anspruch der Palästinenser auf einen Staat, leistete großzügig humanitäre Hilfe für die Flüchtlinge und gewährte manchen Asyl und Arbeit. Auch bei den Nahostkriegen 1967 und 1973 entsandte Saudi-Arabien militärische Kontingente.

Junge Araber waren in der Zwischenkriegszeit nach Europa zum Studium gegangen, und es hatte sich ein lebendiger kultureller Austausch entwickelt. Doch war die brachiale Interessenpolitik der Europäer auf Ablehnung gestoßen. Die 1945 einsetzende Entkolonialisierung hätte die Chance auf eine Neuformulierung der Beziehungen zwischen Orient und Okzident auf der Basis der Gleichheit und des Respekts eröffnen können. Das gegenseitige Verhältnis war jedoch von Anfang an belastet.

Erstens hatten die USA und die meisten europäischen Staaten die Teilung Palästinas und die Gründung des Staates Israel unterstützt. In den 1960er-Jahren wurden die USA zum engsten Verbündeten des jüdischen Staates. Von vielen Arabern wird Israel weniger als Projekt der zionistischen Bewegung, sondern eher als neokolonialer »Brückenkopf des Westens« gesehen, der diesem die Kontrolle über die Region sichern und die arabische Einheit verhindern soll.[18]

Zweitens verlief die Entkolonialisierung nicht überall einvernehmlich. So leistete Paris noch bis 1962 erbitterten Widerstand gegen die Aufgabe Algeriens, das als Teil des Mutterlandes galt. Frankreich wurde damit zum Hauptfeind der arabischen Welt. Der 1954 ausgebrochene algerische Befreiungskrieg forderte Hunderttausende Tote.

Drittens versuchten die ehemaligen Kolonialmächte, von ihnen abhängige Eliten in den unabhängigen Nachfolgestaaten an der Macht zu halten und diese in Militärbündnisse zu drängen. So initiierten die USA 1955 den kurzlebigen »Bagdad-Pakt« zwischen Großbritannien, Irak, Iran, Pakistan und der Türkei. Auch sicherten sich die USA und ihre europäischen Verbündeten den Zugang zu den strategisch bedeutenden Transportwegen und Ölreserven und paktierten mit den konservativen Monarchien.

Diese westliche Politik war auf der »arabischen Straße« höchst unpopulär. Nach Kreuzzügen und Kolonialismus sah man im »Neokolonialismus« eine dritte Phase externer Einmischung. Der Widerstand führte zu einem »Zweiten Arabischen Erwachen«. Zur Gallions- und Führungsfigur wurde Gamal Abd el-Nasser, der 1952 mit gleichgesinnten jungen Offizieren die englandfreundliche Monarchie in Ägypten stürzte. Neben der Befreiung der arabischen Welt von europäischer Vormundschaft hatte der Visionär Nasser weitere ehrgeizige Ziele: die Herstellung von Entwicklung und Wohlstand durch einen »Arabischen Sozialismus« sowie die Zusammenfassung der arabischen Staaten zu einem geeinten Staatenbund im Zeichen des »Panarabismus«. Kairo wurde zum Zentrum des antikolonialen Befreiungskampfes und der Agitation gegen »reaktionäre«, prowestliche Staaten wie die Königreiche Irak, Jordanien, Marokko und Saudi-Arabien.

Die Beendigung der britischen Militärpräsenz (März 1956) und die Verstaatlichung des Suezkanals (Juli 1956) brachten Nasser immense Popularität in der arabischen Welt ein. Der gescheiterte Versuch Großbritanniens und Frankreichs, Nasser im Verbund mit Israel durch einen Angriffskrieg zu beseitigen, führte im Oktober/November 1956 zu einem Debakel. Die USA und die Sowjetunion zwangen die Aggressoren zum Rückzug. Die »Suezkrise« machte klar, dass das koloniale Zeitalter beendet war, und sowohl Frankreich als auch Großbritannien zogen sich in den 1960er-Jahren aus der Großregion weitgehend zurück. Unbestrittene Vormacht am Roten Meer und am Persischen Golf sind seither die USA.

## Krisen und Konflikte während der Herrschaft von König Saud (1953–1964)

Der zunehmend herzkranke und sehbehinderte König Abd al-Asis pilgerte im September 1951 ein letztes Mal nach Mekka, ein Jahr später eröffnete er noch ein Lieblingsprojekt: die erste Eisenbahnlinie zwischen Riad und der Hafenstadt Dammam. In diesem Jahr waren auch die ersten neuzeitlichen Schulen eröffnet worden. Auf die Feier des 50. Jahrestags der Gründung des dritten saudischen Staats verzichtete er aufgrund einer *fatwa* (Rechtsgutachten) der wahhabitischen Geistlichkeit – die Herausstellung einer persönlichen Leistung ziemte sich nicht für einen Muslim. Die internationalen Gäste wurden wieder ausgeladen, die Speisen und Getränke an die Armen verteilt.

Am 9. November 1953 starb der greise König in seiner Sommerresidenz Taïf. Beerdigt wurde Abd al-Asis auf dem El-Ud-Friedhof in Riad neben seinem Vater Abdul Rahman ibn Abdallah. Nach wahhabitischem Brauch markieren nur zehn flache Steine das einfache Grab. Die damals in Riad praktizierende deutsche Hofärztin Dr. Liselotte Rautenbach schrieb:

»Der ersten Erregung folgte eine tiefe Ergriffenheit. Die Menge vor dem Palast wandte sich gen Mekka und betete. Alle Arbeit war eingestellt. Im Palast ging alles noch leiser als bisher. Überall waren Betende anzutreffen. Wirklich, ein in seiner Religion, in Bindung zu Gott und König intaktes Volk kniete einmütig in Ehrfurcht nieder.«[19]

Am Sterbebett nahm König Abd al-Asis seinen beiden Söhnen Saud und Faisal den feierlichen Schwur ab, einander zu respektieren und keine familiären Intrigen zu betreiben.

Kronprinz Saud wurde mit 51 Jahren zum König proklamiert. Er hatte Großbritannien und die USA besucht, als Kronprinz den Bau von Teerstraßen und Wasserleitungen unterstützt, 1948 erstmals ein Staatsbudget eingeführt und die Koppelung des Rials an den US-Dollar durchgesetzt. Prinz Faisal wurde neuer Kronprinz.[20]

Bei seiner Thronbesteigung verkündete König Saud seine Ziele: Armut, Unwissenheit und Krankheit zu bekämpfen sowie eine starke nationale Armee zur Verteidigung der nationalen Souveränität aufzubauen. Die aus den Stämmen rekrutierte zweite Streitmacht, die »Weiße Armee«, wurde 1954 in die »Saudische Nationalgarde« umgewandelt und professionalisiert. Ihre Aufgaben sind die Bewachung des Königs und seiner Familie, der Schutz der Heiligen Stätten und die Bekämpfung innerer Unruhen als Unterstützung der Polizei. Die Kompetenz der Regierung stärkte König Saud durch die Einführung neuer Fachministerien.

Außenpolitisch suchte König Saud die muslimische Welt zu einigen und eine blockfreie Politik zwischen Ost und West zu verfolgen. Der Monarch bot sich als Vermittler in Konflikten an und setzte sich für die Sache der unterdrückten Palästinenser und Algerier ein. Er war nicht nur der dekadente und regierungsscheue König, als der er mitunter dargestellt wird.

Allerdings neigte er in der Tat dem Luxus und den Frauen zu. Aus seinen zahlreichen Ehen gingen 52 Söhne und 50 Töchter hervor. Stammesführer und Günstlinge alimentierte er mit großzügigen Subsidien und erkaufte sich so

Wohlwollen. 1955 bezog er im Nordwesten von Riad hinter acht Kilometer Mauern das neu errichtete, prächtige Palastviertel Nassaria. In dessen Zentrum lagen der opulente Königspalast, die vier Paläste der Hauptfrauen sowie 40 Villen für unverheiratete Söhne des Königs. Der umfangreiche Harem residierte nun in einem Bungalowkomplex. 1000 Automobile, vom Rolls Royce und Cadillac bis hin zum wüstentauglichen Jeep, standen für Freizeitvergnügen bereit. Springbrunnen und Wasserspiele ließen die umliegenden Wüsten vergessen. Selbst ein Kino war vorhanden, was außerhalb der Palastmauern noch undenkbar war. Ein großer Teil der Öleinnahmen wurde für den königlichen Haushalt verwendet. Insgesamt ließ König Saud 24 Paläste im ganzen Land bauen. Er trank gerne Alkohol, liebte Reisen mit großem Gefolge, fuhr beispielsweise zur Kur nach Baden-Baden und Bad Nauheim, kaufte im großen Stil ein, gab opulente Trinkgelder und begründete in Deutschland das romantische Image der »Ölscheichs« und »Märchenprinzen aus Tausendundeiner Nacht«.

1955 besuchte König Saud zusammen mit Kronprinz Faisal Teheran. Er wollte Differenzen ausräumen, die immer wieder mit schiitischen Pilgergruppen auftraten, denn deren Rituale missfielen den frommen Wahhabiten. Später stattete Mohammed Resa Schah Saudi-Arabien einen Gegenbesuch ab.

Problematisch war die Konfliktscheu des Königs: Saud neigte dazu, seinem Gegenüber zuzustimmen. Widersprüchliche Aussagen fielen auf ihn zurück. Bei seiner Schaukelpolitik zwischen progressiven und konservativen Staaten setzte er sich nicht selten zwischen alle Stühle.

Die US-Amerikaner verärgerte er durch ein 1954 abgeschlossenes Abkommen mit dem griechischen Reeder Aristoteles Onassis. Bislang war das saudische Öl ausschließlich mit US-Schiffen exportiert worden. Nun überredete Onassis König Saud, mit seiner Hilfe eine saudische Ölflotte aufzubauen. Nach dem Ende des Zweiten Weltkriegs hatte der Reeder auf Bremer, Hamburger und Kieler Werften riesige Tankschiffe zu günstigen Löhnen fertigen lassen. Im Gegenzug sicherte ihm König Saud das Vorrecht des Transports zu, und Onassis wurde am Verkauf des Öls beteiligt. Als die USA von der Vereinbarung erfuhren, fürchteten sie, die Kontrolle über das saudische Öl zu verlieren, argwöhnten gar, die Enteignung der Aramco stehe bevor. Neben einem internationalen Schiedsgerichtsverfahren setzte die CIA eine Diffamierungskampagne gegen Onassis in Gang; gegen ihn wurde ein Gerichtsverfahren wegen Betrugs eingeleitet. Auch wurde enthüllt, dass in Saudi-Arabien Bestechungsgelder geflossen waren. Die CIA sorgte dafür, dass der Reeder lukrative Aufträge verlor und an den Rand der Zahlungsunfähigkeit geriet. 1955 war Saud gezwungen, das Abkommen mit Onassis zu kündigen.[21]

Korruption war unter König Saud freilich an der Tagesordnung. Wer die höchsten Bestechungsgelder zahlte, kam an Aufträge. Riad wurde zum Zentrum zwielichtiger Geschäfte und fragwürdiger Gestalten.

Die Kluft zwischen dem extrovertierten und ausgabefreudigen König Saud und seinem introvertierten und asketischen Bruder Faisal wurde zunehmend größer. Dieser missbilligte neben der Korruption den unklaren Kurs des Königs zwischen Ost und West.

König Saud bemühte sich um gute Beziehungen zum nasseristischen Ägypten. Um die Abhängigkeit von den USA zu vermindern, entsandte er in den 1950er-Jahren saudische Offiziere nach Ägypten zur Ausbildung und lud 200 ägyptische Militärausbilder nach Saudi-Arabien ein. Die Zusammenarbeit wurde allerdings schon bald auf eine Probe gestellt, als im Januar 1955 zwölf in Ägypten ausgebildete saudische Offiziere einen Putsch versuchten, um die saudische Monarchie durch eine Republik zu ersetzen. Für eine Beteiligung der ägyptischen Regierung gab es allerdings keine Beweise. Anfang der 1960er-Jahre kam es immer wieder vor, dass die saudische Luftwaffe Startverbot hatte, da man befürchtete, junge Offiziere würden mit ihrem Jet nach Ägypten desertieren oder einen Putsch planen.

1955 verweigerte König Saud den Beitritt Saudi-Arabiens zum antikommunistischen Bagdad-Pakt, und er hielt Jordanien und Syrien davon ab, ihrerseits dem Pakt beizutreten.

Von den USA versuchte König Saud eine Erhöhung der finanziellen Unterstützung zu erreichen und drohte mit der Kündigung des US-Luftwaffenstützpunkts Dhahran. Schließlich verlängerte er 1962 die Nutzungsgenehmigung nicht mehr, und die US-Amerikaner zogen ab.

Hingegen war Kronprinz Faisal ein geschworener Gegner der »gottlosen« Kommunisten. Die USA erachtete er als das mächtigste Bollwerk gegen die rote Gefahr. Zweimal – 1966 und 1971 – bereiste Faisal die USA als Staatsgast. In diesem Land sah er keine imperialistische oder kolonialistische Macht. Auch bewunderte er es als Hort freien Unternehmertums, das er als kompatibel mit dem Islam erachtete: »Nach unserer Überzeugung stimmt es vollkommen mit unseren islamischen Gesetzen überein. Es nützt unserem Lande, indem es dem Volk alle Entfaltungsmöglichkeiten öffnet, indem es jedem einzelnen und jeder Gruppe Anreize bietet, für die Gemeinschaft zu arbeiten.«[22] Seine Söhne Turki und Saud schickte er auf prestigeträchtige US-Universitäten.

Kronprinz Faisal sah die Araber als das Kernvolk der muslimischen Welt, da Allah aus ihrer Mitte den Propheten erwählte, auf Arabisch den Koran diktierte und den Arabern die Ehre erwies, seine Botschaft in alle Welt zu tragen.[23]

Demnach war Saudi-Arabien der gottgewollte Führer aller später arabisierten und islamisierten Völker, wie z. B. der Ägypter, Syrer oder Marokkaner, sowie aller nichtarabischen muslimischen Völker. Auch heute legitimiert Saudi-Arabien mit dieser Argumentation seinen Führungsanspruch gegenüber konkurrierenden iranischen oder türkischen Ansprüchen.

Den rivalisierenden Machtanspruch Ägyptens erachtete Kronprinz Faisal als doppelte Zumutung – in historisch-religiöser Hinsicht als anmaßend, in ideologischer Hinsicht als bedrohlich.

Zunehmend radikalisierten der ägyptische Staatspräsident Gamal Abd el-Nasser und andere progressive Kräfte, wie die irakischen und syrischen Baathisten, in den 1960er-Jahren ihre Politik gegenüber den konservativen Monarchien. Nassers Schlachtruf lautete: »Zieht die Teppiche unter den Thronen weg!«[24] Ebenfalls populär war sein Motto »Das Öl gehört dem Volk«,[25] also die Forderung nach Vergemeinschaftung der Ölressourcen am Persischen Golf zugunsten aller Araber. Der saudische Außenminister Kronprinz Faisal antwortete darauf mit dem Schlagwort: »Kairo ist das Tor nach Moskau.«[26]

In der Tat wackelten die arabischen Throne: 1952 wurde der ägyptische König gestürzt, 1958 der irakische König, 1962 der jemenitische König. 1957 rettete König Saud die Herrschaft des jordanischen Königs Hussein I. durch die Entsendung von 6000 bis 7000 saudischen Soldaten. Sie schützten Hussein vor nasseristischen und baathistischen Verschwörern, die den Sturz der Monarchie planten. Nach dem Militärputsch im Irak vom 14. Juli 1958 musste sich das kleine Königreich Jordanien noch stärker unter die Fittiche des einst verhassten saudischen Nachbarn begeben und wird bis heute von dort großzügig alimentiert.

Die revolutionären Machtwechsel verliefen nicht selten blutig. So wurde der letzte irakische König Faisal II. 1958 in seinem Palast an eine Wand gestellt und von Maschinengewehren zerfetzt. Der nackte Leichnam seines Onkels Kronprinz Abd ul-Ilah wurde von aufgebrachten Aufständischen verstümmelt und durch die Straßen Bagdads geschleift. Das Herrscherhaus Al Saud war verständlicherweise um sein Überleben besorgt.

Außenminister Kronprinz Faisal steuerte anfänglich einen pragmatischen Kurs, traf im August 1958 den ägyptischen Präsidenten Nasser in Kairo und suchte eine Verständigung auf der Grundlage »positiver Neutralität«. Saudi-Arabien erkannte die Revolutionsregierung im Irak an und rief seine Soldaten aus Jordanien zurück.

1961 kündigte Großbritannien an, sein Protektorat über das Emirat Kuwait aufzugeben. Daraufhin beanspruchte der revolutionäre irakische Premierminister Abd el-Karim Kassem Kuwait als Teil des Irak und bereitete einen Einmarsch vor. Zunächst sicherten britische Truppen die Unabhängigkeit Kuwaits, bevor im September des Jahres eine Schutztruppe der LAS diese Aufgabe übernahm. Mit jeweils 1200 Mann stellten Saudi-Arabien und Ägypten den Hauptanteil der 4000 Mann starken »Arabischen Streitmacht«. Es war einer der seltenen Fälle, in denen sich die LAS in Konflikten zwischen Mitgliedsstaaten als handlungsfähig erwies.

Die USA fürchteten ein zunehmendes Abdriften der blockfreien progressiven Republiken in sowjetisches Fahrwasser, schlossen diese doch ökonomische und militärische Abkommen mit den Warschauer-Pakt-Staaten. US-Präsident Dwight D. Eisenhower verkündete am 5. Januar 1957 die nach ihm benannte »Eisenhower-Doktrin«, die besagte, dass die USA überall und mit allen Mitteln (inklusive Atomwaffen) prowestliche Regierungen vor kommunistischer Unterwanderung oder einer Bedrohung durch die Sowjetunion schützen würden. Am 15./16. Juli 1958 wurden US-amerikanische Marineinfanteristen in den Libanon entsandt, um die Herrschaft des konservativen christlichen Präsidenten Camille Chamoun zu stützen, einen Tag später in Absprache mit den USA britische Luftlandetruppen aus Aden, Bahrain und Zypern in die jordanische Hauptstadt Amman.

Um jeden Preis suchte Washington die Entstehung eines revolutionären Blocks von Ägypten bis zum Irak zu verhindern. Das robuste Vorgehen der US-Amerikaner, die im Kalten Krieg nur Freund oder Feind kannten, trug freilich zur Polarisierung der arabischen Welt bei.

Immer häufiger weilte der kränkelnde König Saud nun im Ausland. Im März des Jahres 1958 stand Saudi-Arabien vor der Pleite. In der Staatskasse sollen sich nur noch 317 Rial (100 US-Dollar) befunden haben. Die Auslandsverschuldung erreichte 450 Millionen US-Dollar, die Landeswährung Rial verlor die Hälfte ihres Werts, und weder Aramco noch internationale Banken wollten noch Kredite gewähren. Gegen den König regte sich Widerstand von Seiten der Geistlichen, Stammesführer, Emire und einzelner Prinzen. Der Gouverneur der ölreichen Provinz al-Hasa drohte gar, sein Gebiet aus dem Königreich zu lösen.

Der progressive Prinz Talal bin Abd al-Asis provozierte den fast 30 Jahre älteren König und Halbbruder mit den Worten: »Wenn die Misswirtschaft nicht aufhört, wird Blut fließen.«[27] Am 24. März 1958 verschaffte sich eine Delegation von zwölf Prinzen Zugang zur Wohnung des Königs und forderte ihn auf, alle exekutiven Befugnisse an seinen Bruder Faisal zu übertragen. Der in die Enge getriebene Saud gehorchte.

Kronprinz Faisal übernahm vom König das Amt des Ministerpräsidenten, entließ den Finanzminister, kontrollierte den Kapitalverkehr ins Ausland und reduzierte die Apanagen des Königs und der Prinzen und Prinzessinnen. Auch sanierte er die Landeswährung, die nun eine ausreichende Deckung durch Gold und US-Dollars erhielt.

Im Dezember 1960 kam es jedoch zu einer unerwarteten Revolte. Der mit Nassers Ideen sympathisierende »Rote Prinz« Talal bin Abd al-Asis brachte König Saud dazu, den gerade im Ausland weilenden Bruder Faisal seiner Ämter zu entheben. Saud wurde (nominell) wieder Ministerpräsident, Prinz Talal übernahm das stellvertretende Ministerpräsidentenamt sowie die Ressorts für Finanzen, Wirtschaft und Verteidigung. Mitte 1960 hatte er verkündet: »Die Leute dort oben im Nassaria-Palast leben 300 Jahre hinter der Zeit her. Im 20. Jahrhundert ist eine Regierungsform wie die unsere unmöglich. Wenn wir sie nicht selbst reformieren, werden es andere auf revolutionärem Weg tun.«[28] Einem überraschten heimischen und internationalen Publikum kündigte Prinz Talal nun an, dass eine vom Volk gewählte Nationalversammlung einberufen werde.

Doch war sein Bündnis mit anderen Angehörigen der Familie Saud fragil. Talal und seine drei progressiven Brüder wurden von ultrakonservativen bzw. Pfründen nachtrauernden Prinzen unterstützt, die einen grundlegenden Politikwechsel ablehnten. Im September 1961 wurden Prinz Talal und seine Vertrauten entlassen. Kronprinz Faisal übernahm wieder das Außenministerium, vertrat König Saud bis zu dessen Rückkehr von einem Auslandsaufenthalt im Frühjahr 1962 als Ministerpräsident und war danach stellvertretender Ministerpräsident. Die Häuser des verreisten Prinzen Talal wurden durchsucht, sein Reisepass entzogen. Daraufhin verließen auch zwei seiner progressiven Brüder und ein Vetter Saudi-Arabien. In Kairo wurden die vier Rebellen von Staatspräsident Nasser mit offenen Armen aufgenommen. Talal legte seinen Prinzentitel ab und machte im Kairoer

Radiosender »Stimme der Araber« Front gegen die saudische Regierung. Schließlich verbündete er sich sogar mit der von Ägypten aus agierenden »Saudischen Nationalen Befreiungsfront«. Sie wurde von Nasir as-Said geführt, einem ehemaligen Arbeiter der Aramco, der nach der Organisation eines Streiks 1953 ins Gefängnis geworfen worden war und nach seiner Freilassung in Ägypten Zuflucht gefunden hatte. Im Januar 1963 ordnete Kronprinz Faisal die allgemeine Mobilmachung an und brach die diplomatischen Beziehungen zu Ägypten ab. Als die nasseristische Propaganda zunehmend blutrünstig den Sturz des Hauses Saud propagierte, verließen die progressiven Prinzen ihr Exil in Kairo und kehrten im Januar 1964 reumütig zurück. In »Radio Mekka« bereute Prinz Talal öffentlich seine Irrtümer. Er wurde von allen Ämtern ausgeschlossen und begann eine unternehmerische Tätigkeit in der Baubranche. Von seinen Gewinnen spendete er großzügig Mittel für Bildungs-, Frauen- und Trinkwasserprojekte.

Zu einem Opfer von Faisals Säuberungen wurde 1962 auch Abdullah Tariki, seit 1960 erster Ölminister des Königreichs. Der Nasser-Anhänger hatte im September 1960 zusammen mit seinem venezolanischen Kollegen Juan Pablo Pérez Alfonso das Kartell Organisation Erdölexportierender Länder (OPEC) gegründet. Tariki hatte bei der Vergabe einer Offshore-Konzession erstmals nicht den USA, sondern Japan den Zuschlag gegeben und eine 57:43-Einnahmenaufteilung durchgesetzt, außerdem eine Klausel zur Herbeiführung paritätischer Kapitalanteile im Fall von Ölfunden. Sein Nachfolger wurde 1962 Ahmed Saki Jamani. Der bis 1986 amtierende saudische Ölminister war 26 Jahre lang der mächtigste Bürgerliche im Königreich.[29]

Zum Jahreswechsel 1963/64 fühlte sich König Saud wieder stark genug, den Einfluss seines Bruders zu untergraben.

Unverhohlen drohte seine Königliche Garde Kronprinz Faisal, wenn dieser zu seinem Regierungsbüro fuhr. Allerdings hatte Faisal inzwischen die Nationalgarde zu einer schlagkräftigen Truppe ausgebaut und dem Befehl seines ihm loyal ergebenen Halbbruders Prinz Abdullah unterstellt.

Am 13. März 1964 wollte König Saud wieder selbst die Regierung übernehmen und das Machtabtretungsabkommen aufkündigen. Faisal reagierte darauf mit der Einberufung der Großen Ratsversammlung aus Prinzen, Stammesführern und Geistlichen. Sie bestätigte nicht nur das Abkommen, sondern forderte Kronprinz Faisal auf, die Königswürde selbst zu übernehmen. Am 26. März wurde die Königliche Garde entwaffnet, und nach einem Ultimatum des Großen Rats verzichtete Saud erneut auf jegliche Macht außer dem Königstitel.

Doch bald darauf suchte der König den Budgetentwurf von Kronprinz Faisal zu blockieren, der Investitionen in Schulen und Krankenhäuser vorsah und die Apanage für ihn und seine Söhne kürzte. Erneut wandte sich Faisal an die Prinzen, Emire und Geistlichen. Am 29. Oktober 1964 beschlossen die islamischen Gelehrten unter Führung des Großmuftis, dass Saud abdanken und Faisal König werden müsse. Auf dem Weg zwischen Dschidda und Riad huldigten Abgesandte Faisal als neuem König, bald darauf auch die Einwohner von Riad. Aber erst als die Absetzung des Königs am 2. November 1964 durch koranisches Dekret bekräftigt worden war und die Prinzen dem neuen König den Treueeid geleistet hatten, gab der bisherige Amtsinhaber auf. Gegenüber einem ausländischen Journalisten sprach er die Worte: »Was geschehen ist, ist geschehen.«[30] Einen Tag später flog er nach Genf und führte in Paris und an der Côte d'Azur ein luxuriöses Leben. Später lebte er in einem Palast bei Kairo, schließlich auf einem Anwesen in Athen, wo er am 23. Februar 1969 an Herzversagen starb. Sein Leichnam wurde in aller Stille in Riad beigesetzt. Die King Saud University in Riad erinnert noch an ihn.

## König Faisal (1964–1975) macht Saudi-Arabien zur regionalen Führungsmacht

Die Position des neuen Königs Faisal war noch keineswegs gefestigt. Unter anderem im November 1964 und im November 1966 wurden Putschpläne gegen ihn aus dem Umfeld des abgesetzten Königs und seiner Söhne vereitelt. Außerdem wurden 1965 Hunderte schiitische Aktivisten inhaftiert, die gegen die benachteiligte Lage der Minderheit protestierten. Die Regierung warf ihnen vor, »Kommunisten« zu sein. In der Tat war es eher ein politisch-sozialer als ein konfessioneller Protest: Viele der Aktivisten waren Ölarbeiter in der al-Hasa-Provinz, die Sympathien für den Nasserismus entwickelt hatten.

Während König Faisal im September 1965 auf dem Gipfel der LAS in Casablanca weilte, versuchte Prinz Chalid ibn Mussaed, der Verbindung zu radikalen Muslimbrüdern hatte, einen Putsch. Es war der erste mit einer islamistischen Organisation in Zusammenhang stehende Umsturzversuch in Saudi-Arabien – diese Bedrohung sollte im Lauf der nächsten Jahrzehnte zur gefährlichsten für das Königreich werden.

Die 1928 in Ägypten von dem Lehrer Hassan al-Banna gegründete, antikoloniale und republikanische Muslimbruderschaft betreibt die Wiedereinführung des Kalifats, lehnt die Monarchie ab und hat ein internationales Netzwerk gleichgesinnter Organisationen aufgebaut. Nasser hatte sie 1954 in Ägypten verboten und unnachsichtig verfolgt, doch lebte sie im Untergrund weiter.

Noch gefährlicher war der gescheiterte Putsch vom 5. Juni 1969 gegen König Faisal, der wahrscheinlich aufgrund von Informationen der CIA vereitelt werden konnte. 200 bis 300 Luftwaffen- und Armeeoffiziere, Polizeioffiziere und einflussreiche Zivilisten planten die Ermordung Faisals. Über 2000 Verdächtige wurden verhaftet, außerdem Hunderte Stammesmitglieder aus Asir. Angeblich waren die Putschisten baathistisch bzw. marxistisch-leninistisch beeinflusst.

Die zahlreichen Umsturzversuche waren freilich keine saudische Spezialität: Die 1960er waren das Jahrzehnt der Staatsstreiche und Putsche im arabischen Raum. Eine Erklärung liegt in den jungen Staaten, ihren ungefestigten politischen Strukturen und der massiven externen Einflussnahme während des Kalten Kriegs. In Saudi-Arabien bestehen hohe Hürden für das Gelingen eines Putschs, denn fast alle hohen Positionen werden von Mitgliedern der Familie Al Saud eingenommen, und ein Umsturz müsste gleichzeitig in drei Machtzentren (Dschidda, Riad, al-Hasa) erfolgreich sein. Allenfalls im Fall einer Spaltung der Familie Al Saud hätte er Chancen.

Erstmals wurde nun das Königreich Ziel terroristischer Anschläge. Im Dezember 1966 und Januar 1967 wurden Sprengstoffattentate auf Verteidigungsminister Prinz Sultan bin Abd al-Asis, auf königliche Paläste und Sitze ausländischer Unternehmen verübt. Verantwortlich war eine revolutionäre »Union der Völker der Arabischen Halbinsel«, die aus der bereits erwähnten Saudischen Nationalen Befreiungsfront hervorgegangen war. Am 17. März 1967 wurden 17 Mitglieder dieser Organisation verhaftet und später öffentlich hingerichtet. König Faisal setzte auf Polizei und Geheimdienste, Letztere wurden in den 1970er-Jahren von einer US-amerikanischen Sicherheitsfirma ausgebildet und gewannen an Professionalität.

Potenzielle Opposition in der Königsfamilie erstickte König Faisal mit diskreter Beteiligung an den Staatseinkünften und großzügiger Landvergabe. Seine Nachfolger führten dieses System fort. Rund 80 Prozent des Landes befinden sich im Besitz der Königsfamilie bzw. ihrer Günstlinge.[31]

Saudi-Arabien profitierte 1961 vom Scheitern der drei Jahre zuvor begründeten »Vereinigten Arabischen Republik« (VAR) aus Ägypten und Syrien. Das Schisma zwischen Nasseristen und Baathisten verhinderte einen einheitlichen revolutionären Block westlich von Saudi-Arabien. Bald darauf zerstritten sich auch noch Syrien und der Irak und wandten sich unterschiedlichen Richtungen der Baath-Ideologie zu.

Ab 1961 konzentrierte der ägyptische Staatspräsident Gamal Abd el-Nasser seine Energien auf den Jemen, wo sich der jahrzehntelang feudal regierende Imam Ahmad ibn Jaja auf die vom Propheten abstammenden zaiditischen »Noblen« und auf ergebene Stämme gestützt hatte. In Bagdad ausgebildete Offiziere sowie städtische Intellektuelle forderten politische, ökonomische und gesellschaftliche Reformen. Sunnitische Unter- und Mittelschichten versprachen sich von einer Abschaffung des Imamats Aufstiegschancen. Der letzte König und Imam Mohammad al-Badr regierte nur sieben Tage, bevor ihn am 26. September 1962 ein »Komitee Freier Offiziere« unter Führung von General Abdallah as-Sallal stürzte. Die nunmehrige »Arabische Republik Jemen« stützte sich auf Nassers Ägypten, das zur Unterstützung Truppen entsandte. Faktisch war der Jemen ab 1962 mit Ägypten vereinigt, die Union sollte nach dem Ende des Bürgerkriegs mit den Royalisten formalisiert werden. Saudi-Arabien sah sich damit von zwei Seiten durch Ägypten in die Zange genommen.

Ab Ende 1962 bombardierten ägyptische Kriegsschiffe saudische Küstenorte nahe der Grenze, ägyptische Kampfflugzeuge beschossen Orte in der südsaudischen Provinz

Asir, und die neue jemenitische Regierung drohte mit der Annexion des Südens von Asir. Faisal brach daraufhin die diplomatischen Beziehungen mit Ägypten ab und hielt gemeinsame Militärmanöver mit den USA ab.

Zum Leidwesen König Faisals erkannte US-Präsident John F. Kennedy die neue jemenitische Regierung an; allerdings gab er gleichzeitig eine Bestandsgarantie für das Königreich Saudi-Arabien ab und entsandte US-Flotteneinheiten ins Rote Meer. Faisal unterstützte die royalistische Widerstandsbewegung im Jemen, die weiterhin das Bergland beherrschte und den in fremdem Terrain operierenden Ägyptern schwer zusetzte. Der Krieg kostete die Ägypter 500 000 US-Dollar pro Tag, in fünf Jahren verloren sie über 15 000 Soldaten in den jemenitischen Bergen.

Der Propagandakrieg zwischen Saudi-Arabien und Ägypten war nun voll entfacht: »Radio Mekka« wetterte gegen die gottlosen Nasseristen, die »Stimme der Araber« in Kairo gegen die dekadenten saudischen Haremsprinzen.

König Faisal suchte nun den Panislamismus als Gegenideologie zum Panarabismus zu etablieren und Saudi-Arabien zu seiner Führungsmacht zu erheben. Das *dar al-islam* (»Haus des Islam«) war für ihn das Gegenmodell zum *dar al-harb* (»Haus der Finsternis«) der Kommunisten, Zionisten und Imperialisten.[32]

Als Kronprinz hatte Faisal die Gründung der Islamischen Universität von Medina (1961) betrieben. Sie sollte ein Gegengewicht zur führenden al-Ashar-Universität in Kairo bilden, die 1960 unter den politischen Einfluss des ägyptischen Präsidenten Nasser gekommen war. Die akademische »Missionszentrale der Wahhabija«[33] in Medina unterstützte mit großzügigen Mitteln die weltweite Verbreitung des Islam. Moscheen und Schulen wurden gegründet und mit Predigern, Lehrern und Unterrichtsmaterial versorgt. So gewann die strenge wahhabitische Lehre auf anderen Kontinenten eine überproportionale Bedeutung, da andere islamische Strömungen erst spät die Mission aufnahmen und keine vergleichbaren Mittel einsetzen konnten.

Ein besonderer Coup gelang König Faisal bei einem Staatsbesuch 1967 in Belgien. Er beklagte, dass die dort tätigen muslimischen Arbeiter kaum Möglichkeiten hätten, ihre Religion zu leben. Daraufhin bot ihm der belgische König Baudouin ein Gebäude mitten in Brüssel an. Als Gegenleistung sicherte König Faisal Belgien verbilligte Öllieferungen zu. Die Eröffnung von Großer Moschee und Kulturzentrum fand 1978 statt. Wahhabitische Prediger und Lehrer trugen in den kommenden Jahrzehnten massiv zur Radikalisierung der in Belgien lebenden Muslime bei. Aus diesem Milieu sollten später radikalislamistische Terroristen hervorgehen, was freilich nicht im Sinne des »unpolitischen« saudischen Wahhabismus war.[34]

Auf Initiative König Faisals gründeten islamische Gelehrte aus 22 Ländern am 18. Mai 1962 die Islamische Weltliga mit Sitz in Mekka. Ab den 1970er-Jahren entfaltete sie missionarische Aktivitäten vor allem in Afrika und Europa und wurde hierfür in den ersten drei Jahrzehnten mit schätzungsweise 90 Milliarden US-Dollar von Saudi-Arabien unterstützt. Die Islamische Weltliga nur als Handlangerin Saudi-Arabiens zu bezeichnen, wäre übertrieben, doch rekrutierte sie vor allem in den Anfangsjahren viele Missionare aus Absolventen der Universität Medina. Als Unterabteilung wurde 1979 die humanitäre International Islamic Relief Organization (IIRO) gegründet. Über großzügige saudische Spenden flossen wahhabitische Vorstellungen in ihre Arbeit ein.

Am 21. August 1969 verübte ein australischer evangelikaler Christ einen Brandanschlag auf die al-Aksa-Moschee in Jerusalem, da er dort den jüdischen Tempel wiedererrichten wollte. Als Reaktion initiierte König Faisal die Gründung einer weiteren islamischen Organisation: Am 25. September 1969 wurde die Organisation der Islamischen Konferenz (seit 2011 Organisation der Islamischen Zusammenarbeit, OIZ) als Zusammenschluss von heute 57 Staaten gegründet, in denen der Islam entweder Staatsreligion oder die Religion eines bedeutenden Teils der Bevölkerung ist. Ziele sind die politische, ökonomische, soziale, kulturelle und wissenschaftliche Kooperation der Mitgliedstaaten, der Schutz der heiligen islamischen Stätten und die Unterstützung der Palästinenser in ihrem Kampf gegen die Besatzungsherrschaft. Sitz der OIZ ist Dschidda, und Saudi-Arabien übt als Hauptfinanzier starken inhaltlichen Einfluss aus.

König Faisal gewährte damals auch zahlreichen Muslimbrüdern Zuflucht in seinem Land. Viele Exilanten arbeiteten dort als Lehrer, Ingenieure oder Ärzte. Ihr Ziel einer »Islamischen Demokratie« war freilich unvereinbar mit dem saudischen Staatsmodell. Werben durften sie für ihre Ideen in Saudi-Arabien nicht, jedoch stellten Muslimbrüder in den 1970er- und 1980er-Jahren an der Islamischen Universität in Medina, der König-Abd-al-Asis-Universität von Dschidda und der Umm-al-Kura-Universität in Mekka die Mehrheit der Dozenten. Im vorpolitischen Raum errangen sie beträchtlichen Einfluss.

So nahm Saudi-Arabien 1971 Muhammad Kutb auf, den Bruder des 1966 in Ägypten hingerichteten Vordenkers der Muslimbruderschaft Sajid Kutb. Er wurde Dozent in Dschidda und Mekka und war bestrebt, das Gedankengut der Muslimbruderschaft mit dem saudischen Wahhabismus zu harmonisieren. Zu seinen Studenten zählte der junge Osama bin Ladin.

Zudem baute König Faisal die Kooperation mit islamischen Kernstaaten aus. 1966 besuchte er den schiitischen Iran, und beim Gegenbesuch von Mohammed Resa Schah 1968 wurde eine »Islamische Achse« zwischen beiden Staaten begründet. Dabei stellte Faisal sein Misstrauen gegenüber dem großen Nachbarn zurück, der Ansprüche auf Bahrain und Inseln des Emirats Ras al-Chaima erhob.

Bekannt wurde ein Briefwechsel zwischen beiden Monarchen. Mohammed Resa Schah schrieb an König Faisal: »Bitte, mein Bruder, modernisieren, öffnen Sie Ihr Land. Führen Sie gemischte Schulen für Frauen und Männer ein. Lassen Sie die Frauen des Landes kurze Röcke tragen. Dulden sie Diskotheken. Seien Sie modern. Andernfalls kann ich nicht garantieren, dass Sie auf Ihrem Thron bleiben.« König Faisal soll ihm geantwortet haben: »Majestät, ich schätze Ihren Rat. Darf ich Sie aber daran erinnern, dass Sie nicht der Schah von Frankreich sind. Sie sind nicht im Élysée-Palast. Sie sind im Iran. Seine Bevölkerung ist zu 90 Prozent muslimisch. Bitte vergessen Sie das nicht.«[35]

Die Pahlewi-Monarchie im Iran, die damals ein radikales, an den Westen angelehntes Modernisierungsprogramm verfolgte, wurde 1979 durch eine islamische Revolution gestürzt, die konservative Dynastie Saud hingegen blieb bis heute an der Macht. Interessant ist in diesem Zusammenhang, dass beide Staaten Partner der USA waren. Im Iran drängte Washington den Schah zu überstürzten und letztlich kontraproduktiven Reformen. Im Gegensatz dazu hielt sich die US-Regierung aus der saudischen Innenpolitik heraus und akzeptierte eine Monarchie, die absolutistischer als im Iran war und nicht einmal über eine Verfassung und ein Parlament verfügte.

Außerdem baute König Faisal die Beziehungen zu Indonesien, Malaysia, zur Türkei und zu Pakistan aus, nach dem Tod Nassers 1970 auch zu dem von Anwar al-Sadat geführten Ägypten. In den 1970er-Jahren dominierte die starke Achse der US-Verbündeten Ägypten/Iran/Saudi-Arabien den Nahen und Mittleren Osten. Sein Projekt einer engen »Islamischen Allianz« führender Mächte konnte Faisal aber nicht realisieren.

Pakistan besuchte der König 1969 und 1974. Saudi-Arabien unterstützte dort großzügig Entwicklungsprojekte und finanzierte 1974 den Zweiten Islamischen Weltgipfel in Lahore. Für Saudi-Arabien war Pakistan nicht nur ein islamischer Verbündeter: Das 58 Millionen Menschen (1970) zählende Land bot billige Arbeitskräfte, zudem verfügte es über eine 500 000 Mann starke, nach britischem Standard ausgebildete Armee. Demgegenüber befand sich die damals aus 42 000 Mann bestehende Armee Saudi-Arabiens noch in einer Aufwuchsphase. Im August 1967 unterzeichneten beide Länder ein Verteidigungsabkommen. Schon 1969 flogen pakistanische Piloten saudische Abfangjäger und bekämpften einen südjemenitischen Invasionsversuch. In den 1970er- und 1980er-Jahren waren bis zu 15 000 pakistanische Soldaten unterstützend in Saudi-Arabien stationiert.

Riad betätigte sich auch als Mitfinanzier des pakistanischen Atomwaffenprogramms und wurde als einziges Land vor dem ersten Test 1998 informiert. Saudi-Arabien sieht die pakistanischen Atomwaffen als Schutzschirm, auch wenn es sie nicht einfach »ausleihen« kann, wie manche Journalisten naiv spekulieren. Laut dem früheren Geheimdienstchef Prinz Turki bin Faisal ist die Kooperation zwischen beiden Ländern »vielleicht die engste aller Kooperationen zwischen zwei Ländern weltweit«.[36]

Sowohl die USA als auch die Sowjetunion setzten damals auf Klientelstaaten in der Region. Damit kam es gemäß Malcolm Kerr zu einem ersten »Arabischen Kalten Krieg« der Regionalmächte.[37] Er wurde vom großen Kalten Krieg beeinflusst, entfaltete aber durchaus eine Eigendynamik. Die

Regionalmächte agierten nicht nur als Stellvertreter der Supermächte, sondern konnten diese im Gegenzug auch für ihre Interessen instrumentalisieren. Konservative, mit dem Westen verbündete Monarchien standen gegen progressive sozialistische Republiken.

Innenpolitisch strebte König Faisal danach, konservativ-islamische Prinzipien mit Reformen zu verbinden. Die Frömmigkeit des Königs war über alle Zweifel erhaben. Über seine Mutter stammte er von Abd el-Wahhab ab. »Alles, was der Einzelne oder die Gesellschaft braucht, steht im Koran«, war ein häufiger Satz aus dem Mund des Königs. Doch mahnte er gleichzeitig notwendige Reformen an: »Wir müssen unseren Platz in der modernen Welt suchen.«[38] Über Funk sprach Faisal erstmals zu den Beduinen in abgelegenen Oasen. Gegen den Widerstand konservativer Kreise führte er Anfang der 1960er-Jahre das Fernsehen ein. Am 6. November 1962 verkündete er als Kronprinz ein Zehn-Punkte-Reformprogramm. Es reichte von der schrittweise geplanten Modernisierung der Verwaltung über die Abschaffung der Sklaverei und sozialpolitische Maßnahmen bis hin zum Projekt einer Beratenden Versammlung (die freilich erst 1993 unter seinem Nachfolger Fahd eingeführt wurde).

König Faisal organisierte erstmals eine Müllabfuhr und baute die Infrastruktur aus. Hatte das Königreich 1965 über 2375 Kilometer Teerstraßen verfügt, waren es zehn Jahre später 10 000 Kilometer. Der König führte Verwaltungsregionen ein und legte den Grundstein für ein Wohlfahrtssystem. In den Krankenhäusern wurden die Saudis auf Staatskosten behandelt. Sie konnten subventionierte Lebensmittel kaufen und erhielten günstige staatliche Wohnbaudarlehen. Das auf der Scharia beruhende Justizsystem systematisierte er 1970 durch Einrichtung eines Justizministeriums. Auch führte er einen ersten Fünf-Jahres-Wirtschaftsplan ein.

Richtungweisend war Faisals Förderung der Frauenbildung, die von seiner Frau Iffat unterstützt wurde. Gegenüber Kritikern rechtfertigte er diese Reform mit dem Argument, dass Bildung bessere Hausfrauen und Mütter hervorbringe und damit der ganzen saudischen Nation nutze. Die erste staatliche Mädchenschule wurde 1960/61 eröffnet, das erste Frauencollege 1970. Die weiblichen Bildungsanstalten waren allerdings nicht dem Bildungsministerium, sondern der Abteilung für Religionsberatung unterstellt, um zu gewährleisten, dass islamkonforme Lehrinhalte für Frauen unterrichtet wurden. Bis heute ist die Bildung nach Geschlechtern getrennt.

Der König hielt ultrakonservative und radikale Geistliche vom Rat der Kleriker und dem Amt des Großmuftis fern. Viele Anekdoten erzählen davon, wie Faisal Widerstände gekonnt ins Leere laufen ließ. So leisteten Geistliche Widerstand gegen die Einführung des »gottlosen« Unterrichtsfaches Physik. Faisal stimmte ihnen zu und entschied, stattdessen das Fach »Erkenntnis der Natur« einzuführen. Als erbitterte Gegner des »unislamischen« Fernsehens bei ihm vorsprachen, gelobte er, ihre Argumente zu überdenken. Als sie seinen Palast verließen, fanden sie ihre Automobile nicht mehr vor. Ersatzweise bot er seinen Gästen Kamele für den Rückweg an, denn im Koran stehe auch nichts von Automobilen.

Bemerkenswert war das Bemühen König Faisals um nationale Integration. So nahm er nichtwahhabitische Sunniten aus dem Hedschas in die Regierung auf. Auch den Stämmen in Asir mit ihrer abweichenden Kultur, den Siebenerschiiten in Nadschran und Dschisan sowie den Zwölferschiiten in al-Hasa gewährte er gewisse Freiräume. Nach seinem Tod wurde diese Politik wieder rückgängig gemacht.

Faisal war König, Premierminister, Außenminister und Armeechef zugleich, er pflegte 16 Stunden pro Tag zu arbeiten. Alle wichtigen Entscheidungen verantwortete er persönlich und verlangte ihre peinlich genaue Ausführung. Stets mit dem schmucklosen *thaub* (dem weißen arabischen Männergewand) bekleidet, strahlte Faisal persönliche Bescheidenheit aus. Die dichten schwarzen Augenbrauen, die große Hakennase und das vorstehende Kinn machten sein Gesicht unverwechselbar. Wenn Faisal einen Raum betrat, spürte jeder Anwesende seine ungeheure Präsenz. Er ernährte sich von gekochtem Gemüse und gedünsteten Früchten und hatte die meiste Zeit seines Lebens nur eine Ehefrau. Seine Kinder erzog er zu Sparsamkeit und Strenge. Jeden Dienstag hielt er eine Generalaudienz ab, zu der jeder Saudi vorgelassen wurde. Er ließ sich mit »Bruder Faisal« ansprechen, die Anrede »Ihre Majestät« lehnte er als unislamisch ab. Immer wieder fuhr er in die Wüste, um dort in der Einsamkeit zu beten und zu meditieren. Der schweigsame und nachdenkliche Monarch folgte dem Prinzip: »Allah gibt dem Menschen zwei Ohren, aber nur eine Zunge, damit wir zweimal hören und nur einmal reden.«[39] Sein Gesicht war stets ernst, was freilich auch auf sein chronisches Magenleiden zurückzuführen war.

Gemäß dem Motto »Vertrauen ist gut, Kontrolle ist besser« überwachten die Geheimdienste im Auftrag von König Faisal nicht nur penibel die Untertanen, sondern auch alle Ausländer inklusive der Mekka-Pilger. Potenzielle Oppositionelle wurden in großer Zahl inhaftiert. Gegen Alkoholsünder, Prostituierte, Ehebrecher oder Diebe wurden strenge Scharia-Strafen verhängt.

### Eine schillernde Persönlichkeit: Adnan Kaschoggi

Zu König Faisal und seinem asketischen Lebensstil konnte man sich keinen größeren Gegensatz vorstellen als Adnan Kaschoggi. Er wurde 1935 geboren, war saudischer Großunternehmer und Waffenhändler, besaß prächtige Paläste in Cannes, Monte Carlo und Marbella, Luxuswohnungen in London, Paris und an der New Yorker 5th Avenue, eine riesige Ranch in Kenia, 1000 Automobile, drei Privatjets und die weltweit größte Jacht »Nabila« mit Bordhubschrauber, die er für einen James-Bond-Film zur Verfügung stellte. In den 1970er- und 1980er-Jahren soll er bis zu 250 000 US-Dollar pro Tag privat ausgegeben haben. Seine tagelangen Partys waren legendär. Sie zogen die hübschesten Schauspielerinnen und Models an, die seinen Harem von einem Dutzend Favoritinnen bereicherten. Für diskrete Besuche verfügte er auf seiner Jacht über ein Schlafzimmer mit geheimem Zugang. Verheiratet war er mit einer Engländerin, einer Italienerin und einer Iranerin. Sein extravaganter Lebensstil begeisterte die Regenbogenpresse und dürfte manchen saudischen Prinzen zur Nachahmung motiviert haben.

Der Sohn des Leibarztes von König Abd al-Asis studierte nach dem Besuch des renommierten Victoria College in Alexandria Wirtschaftswissenschaften in den USA und machte sich mit der Vermittlung von Geschäften selbständig. In Saudi-Arabien machte er Milliarden US-Dollar zunächst als Generalvertreter von US-Kraftfahrzeugherstellern, später mit Rüstungsgeschäften (auch mit deutschen Herstellern). Dabei soll er Provisionen von bis zu 15 Prozent kassiert haben. Mit seinem legendären Charme umgarnte er seine Partner. Seine Gäste hielt er mit großzügigen Geschenken, gutem Essen und willigen Frauen bei Laune. Manchmal hatte er mehrere Könige und Staatschefs gleichzeitig an Bord seiner Jacht. Auch US-Präsident Richard Nixon gehörte zu den Empfängern seiner Schmiergelder. Das 60 000 US-Dollar teure Armband für Nixons Tochter war dabei noch eine der geringeren Zuwendungen.

Kaschoggis in Genf sitzende Triad International Holding Company managte ein verschlungenes Netz von Tochterunternehmen und Beteiligungen. Die CIA unterstützte er bei zahlreichen geheimen Auslandsoperationen, z. B. beim Iran-Contra-Geschäft in den 1980er-Jahren. Ein Schwager Kaschoggis war der ägyptische Unternehmer Mohamed al-Fajed (dessen Sohn Dodi der letzte Partner von Lady Diana war), ein Neffe von ihm der 2018 im saudischen Generalkonsulat von Istanbul umgebrachte Journalist Dschamal Kaschoggi (siehe S. 414–418).

In mehreren Ländern musste sich Kaschoggi staatsanwaltlichen Ermittlungen stellen, doch wurde er nie verurteilt. Er starb am 6. Juni 2017 an den Folgen einer Parkinson-Erkrankung in London. Vor seinem Tod sagte er: »Was habe ich Falsches getan? Nichts. Ich habe unmoralisch gelebt, aber für einen moralischen Zweck.«[40] Seine Loyalität zum Königreich Saudi-Arabien sei über jeden Zweifel erhaben gewesen.

König Faisal war ein eingeschworener Gegner des Zionismus. Die Israel-Politik der USA hielt er für irregeleitet und kontraproduktiv: »Wenn die Vereinigten Staaten den Zionismus unterstützen, treiben sie die arabischen Staaten in die Hände der Sowjetunion.«[41] Erfolglos hatte er 1948 nach der Staatsgründung Israels seinen Vater beschworen, die diplomatischen Beziehungen zu den USA so lange auszusetzen, wie diese sich für den Judenstaat einsetzten. Er misstraute den politischen Plänen der Juden, glaubte an eine »jüdische Weltverschwörung« und zitierte gerne die »Protokolle der Weisen von Zion« (ein gefälschtes Pamphlet der zaristischen Geheimpolizei mit antisemitischer Tendenz). US-Firmen und US-Armee mussten sich während seiner Regierungszeit verpflichten, keine jüdischen US-Bürger nach Saudi-Arabien zu entsenden. Doch stellte König Faisal klar, dass er kein Gegner des Judentums an sich sei: »Wir sind nicht gegen die jüdische Religion, sondern gegen die Zionisten und diejenigen Juden, die den Zionisten helfen.«[42]

Gemäß dem jemenitischen Präsidenten Ali Abdullah Saleh soll die Furcht König Faisals vor dem panarabischen und sozialistischen Ägypten so groß gewesen sein, dass sie seine Gegnerschaft zu Israel noch überwog. In einem Schreiben an US-Präsident Lyndon B. Johnson mit Datum vom 27. Dezember 1966 habe Faisal angeregt, die israelische Armee solle mit Unterstützung der USA Gasa, Sinai und das Westjordanland besetzen – nur auf diesem Weg könne Ägypten dazu gebracht werden, aus dem Jemen abzuziehen und seine schädliche Politik in der arabischen Welt aufzugeben. Ägypten sei »der größte Feind« Saudi-Arabiens und der USA. Auch Syrien solle durch die israelische Besetzung in seine Schranken verwiesen werden. Faisal sprach sich in dem Brief auch ablehnend gegenüber einer palästinensischen Staatsgründung aus.[43] Kritiker Saudi-Arabiens sehen in dem Schreiben einen Beleg für die Doppelzüngigkeit der Politik des Königreichs. Die Authentizität der 2017 publizierten Briefkopie, die die Ideale Faisals konterkarierte, ist freilich unklar.

Ein halbes Jahr später brach in der Tat Krieg aus: der Dritte Nahostkrieg zwischen Israel und den arabischen Staaten, provoziert durch ägyptische Militäroperationen auf dem Sinai (15. Mai) sowie die Sperrung der Meeresstraße von Tiran für israelische Schiffe und militärische Lieferungen für Israel (22. Mai). Heute sind sich die meisten Historiker einig, dass es sich um einen Bluff Nassers handelte, denn die ägyptische Armee war nicht kriegsbereit, und die besten Truppenteile kämpften zu dieser Zeit im Jemen. Israel nutzte die Gelegenheit am 5. Juni 1967 zu einem vernichtenden Präventivschlag gegen ägyptische Luftwaffenbasen, woraufhin

Ägypten, Jordanien und Syrien ihrerseits Israel attackierten. Aber schon am 10. Juni erlitten die arabischen Staaten eine vernichtende Niederlage. Die Sinai-Halbinsel, der Gasastreifen, das Westjordanland mit Ostjerusalem sowie die syrischen Golanhöhen waren fortan israelisch besetzt.[44]

Über die massive militärische Unterstützung Israels seitens der USA zeigte sich König Faisal erzürnt. Am zweiten Tag des Krieges befürwortete er einen (eher symbolischen) Vorschlag des Irak, einen Ölboykott gegen die USA zu verhängen.

Doch profitierte Saudi-Arabien von der schweren Niederlage der progressiven Staaten Ägypten und Syrien, die nun zunehmend von saudischen Hilfszahlungen abhängig wurden. Jetzt konnte das Königreich politisch in die Offensive gehen und sich zum Verfechter der arabischen Sache aufschwingen. »Radio Mekka« kritisierte, mangelnde Solidarität unter den Arabern habe zur verheerenden Niederlage geführt: »König Faisal war weise, andere arabische Führer erwiesen sich als eigensinnig und kurzsichtig.«[45] Auf dem Gipfeltreffen der LAS Ende August/Anfang September 1967 in Khartum musste der geschwächte ägyptische Präsident Nasser auf König Faisal zugehen. Er zog seine 50 000 Mann starken Truppen aus dem Jemen ab; im Gegenzug beendete Faisal die Unterstützung der jemenitischen Royalisten. Nasser gelobte, keine regierungsfeindlichen Bestrebungen in Saudi-Arabien mehr zu fördern, und entzog dem saudischen Ex-König Saud das Aufenthaltsrecht in Ägypten.

Die Befreiung Ostjerusalems bezeichnete König Faisal als politische und religiöse Herzensangelegenheit. Immer wieder äußerte er, er wolle nicht sterben, ohne auf dem *al-haram asch-scharif* (Tempelberg) in der al-Aksa-Moschee gebetet zu haben. Saudi-Arabien wurde nun zum wichtigsten Mentor der 1964 konstituierten »Palästinensischen Befreiungsorganisation« (PLO) und ihres Führers Jassir Arafat. Es unterstützte fortan die Gründung eines palästinensischen Staates auf dem Territorium Israels, nicht mehr die jordanische Souveränität über das Westjordanland. Auf dem Gipfeltreffen der LAS in Rabat im Oktober 1974 wurde die PLO auf Betreiben Saudi-Arabiens als alleinige Vertreterin der Palästinenser anerkannt. Gleichzeitig war König Faisal bestrebt, die PLO zu mäßigen und von sozialistischen und marxistisch-leninistischen Ideen abzubringen.

Zum 30. November 1967 entließ London die Föderation und das Protektorat Südarabien unter der Bezeichnung »Volksrepublik Jemen« in die Unabhängigkeit, und im nächsten Jahr kündigte der britische Premierminister Harold Wilson an, dass sich Großbritannien bis 1971 aus der Region »East of Suez« zurückziehen werde, d. h. seine Protektorate auf der Arabischen Halbinsel in die Unabhängigkeit entlassen und seine militärischen Verpflichtungen aufgeben werde. Der Rückzug war Folge einer in den 1960er-Jahren entwickelten Neuausrichtung der britischen Außen- und Sicherheitspolitik durch die Labour-Partei. Darüber hinaus befand sich Großbritannien 1968 in einer Wirtschaftskrise, das Pfund musste abgewertet werden.

Die britischen Schutzstaaten am Persischen Golf hatten die Unabhängigkeit eigentlich nicht bzw. nicht so schnell angestrebt, da sie fürchteten, zwischen die Mühlsteine der mächtigen Nachbarn Iran und Saudi-Arabien zu geraten. Großbritannien war jedoch nicht von einem raschen Rückzug abzubringen. Dem Emir von Abu Dhabi, Scheich Zayed bin Sultan Al Nahyan, gelang es 1971, die zerstrittenen Herrscher am Persischen Golf zur Bildung der Föderation Vereinigte Arabische Emirate (VAE) zu bewegen, um die Kräfte zu bündeln. Bahrain und Katar zogen die nationale Unabhängigkeit vor.

König Faisal unterstützte die Bildung der VAE, da der Emir von Ras al-Chaima Sympathien für den Nasserismus gezeigt hatte. In einer von Abu Dhabi dominierten Föderation wurden dessen politische Ambitionen eingehegt.

Fortan garantierten die USA die Sicherheit der kleinen Golfmonarchien, die ihrerseits für den Schutz dankbar waren und um US-Stützpunkte wetteiferten. In Bahrain verfügt die US-Armee seit der Unabhängigkeit 1971 über Stützpunkte. Das 2002 zum Königreich erhobene Emirat ist heute Sitz des U.S. Naval Forces Central Command und der 5. US-Flotte, außerdem befindet sich hier die Isa Air Base. Später errichteten die USA auch Stützpunkte in Katar und den VAE.

Im Sultanat Oman hatte Saudi-Arabien zunächst die ab 1962 aktive »Dhofar-Befreiungsfront« mit Waffen und Fahrzeugen versorgt, da beide Staaten zerstritten waren. Der Widerstand unzufriedener Bergstämme entwickelte sich allerdings zunehmend zum revolutionären Kampf. Eine zweite Widerstandsgruppe nannte sich »Volksfront für die Befreiung des Besetzten Arabischen Golfs« und bedrohte somit auch die Herrschaft der Sauds in Saudi-Arabien. Bis 1969 brachten die mit sowjetischen und chinesischen Waffen ausgerüsteten und vom Südjemen unterstützten Widerstandsbewegungen große Teile der Provinz Dhofar unter ihre Kontrolle. Britische Spezialkräfte und Militärberater, jordanische Soldaten sowie ab 1973 auch 4000 iranische Soldaten (finanziert von Saudi-Arabien) standen der omanischen Armee zur Seite. Bis 1976 konnte die Rebellion in der Provinz Dhofar niedergeschlagen werden.

Saudi-Arabien erachtete die von der Sowjetunion protegierte Demokratische Volksrepublik Jemen, wie der Südjemen ab 1970 hieß, als gefährliche außenpolitische Bedrohung. Auch ihre dezidiert säkulare Politik stand in diametralem Gegensatz zur inneren Ordnung Saudi-Arabiens. An der gemeinsamen Grenze kam es immer wieder zu bewaffneten Auseinandersetzungen, doch war das marxistisch-leninistische Nachbarland 1976 zu einem Friedensvertrag bereit. Mit saudischer Wirtschaftshilfe wurde es fortan ruhiggestellt.

Der 1969 durch einen Putsch an die Macht gekommene libysche Staatsführer Muammar al-Gaddafi agierte als eingeschworener Feind der Golfmonarchien. Gestützt auf seine reichen Öleinnahmen entwickelte er den Ehrgeiz, zum Führer der arabisch-islamischen Welt in der Nachfolge Gamal Abd el-Nassers aufzusteigen. Zunächst vertrat er linksnationalistische, nasseristische Ideen, doch ab Mitte der 1970er-Jahre entwickelte er die auf einer revolutionären Interpretation des Islam aufbauende »Dritte Universale Welttheorie«. Zu seinen gesammelten Werken gehört das »Grüne Buch«, das einen Mix aus Islam, Sozialismus und plebiszitärer Demokratie propagiert. Gaddafi scheute sich in den folgenden Jahrzehnten nicht, die konservativen Monarchen öffentlich scharf zu attackieren. Er bezeichnete sie als gottlos und forderte, ihnen die Aufsicht über die Heiligen Moscheen zu entziehen. Auch finanzierte er gewalttätige und terroristische Untergrundbewegungen in der arabischen Welt und in anderen Weltregionen. 1977 wurde in Saudi-Arabien ein von Libyen angestifteter Putsch vereitelt. Der saudische König Chalid nannte Gaddafi eine »Inkarnation des Teufels«.[46]

Die PLO hatte nach ihrer Vertreibung aus dem Westjordanland ihren Sitz im Königreich Jordanien genommen, wo die Kämpfer der Mitgliedsorganisationen immer ungenierter als Staat im Staat auftraten. Ein Drittel der Landesbewohner waren palästinensische Flüchtlinge. In der PLO gab es Bestrebungen, die Monarchie zu stürzen und in Jordanien die erste Stufe einer palästinensischen Republik auszurufen (bis 1923 hatte Transjordanien zum historischen Palästina gehört). Da die Stabilität des gesamten Nahen und Mittleren

Ostens durch die krisenhafte Zuspitzung in Jordanien akut bedroht war, erwogen Saudi-Arabien, der Irak und Syrien damals sogar eine Besetzung und territoriale Aufteilung des Königreichs.

Schließlich startete der jordanische König Hussein mit saudischer Unterstützung am 16. September 1970 eine militärische Gegenaktion. Nach monatelangen schweren Kämpfen unterlagen die PLO-Kämpfer. Ägyptens Staatspräsident Nasser vermittelte ein Friedensabkommen, und die PLO-Führung und ihre *fedajin* (»Opferbereite«, d. h. Kämpfer) mussten in den Libanon abziehen. Die Geschehnisse gingen als »Schwarzer September« in die Geschichte ein.

Die gleichnamige, neu gegründete palästinensische Terrororganisation »Schwarzer September« erklärte Saudi-Arabien zum Hauptfeind. Am 1. März 1973 stürmte sie einen Empfang der saudischen Botschaft in Khartum. Als ihre Forderungen nicht erfüllt wurden, erschossen sie zwei US-Amerikaner und einen Belgier, sieben saudische Geiseln wurden nach Vermittlung der sudanesischen Regierung freigelassen. Sechs Monate später brachte ein Kommando der palästinensischen Splittergruppe *Al Icab* (»Die Bestrafung«) vorübergehend die saudische Botschaft in Paris in seine Hand.

Am 21. Dezember 1975 stürmte die Gruppe »Arm der arabischen Revolution« unter Führung von Ilich Ramírez Sánchez, genannt Carlos, ein Treffen der OPEC in Wien, erschoss drei Polizisten bzw. Delegierte und brachte elf Minister aus OPEC-Staaten in ihre Gewalt. Erst nach einem Flug mit mehreren Stationen wurden der saudische Ölminister Jamani und sein iranischer Kollege Jamschid Amusegar, deren Staaten den Entführern besonders verhasst waren, als letzte Geiseln am 23. Dezember 1975 in Algier freigelassen.

Im Vierten Nahostkrieg (6.–26. Oktober 1973) gelang Ägypten und Syrien eine Wiederherstellung der arabischen Ehre, denn Israel musste zunächst empfindliche militärische Rückschläge verkraften. Auf Druck der USA und der Sowjetunion endete der Krieg mit einem Waffenstillstand. Beide Seiten reklamierten den Sieg für sich.[47]

König Faisal hatte lange Zeit die Verhängung eines Ölembargos gegen den Westen gemäß dem Motto »Öl und Politik soll man nicht vermischen« abgelehnt. Er meinte im Gegenteil, eine enge Verflechtung mit dem Westen mittels Energielieferungen sollte zu mehr Verständnis für die Ziele der Araber führen.

Doch vor diesem Krieg trafen sich am 23. August 1973 König Faisal und der ägyptische Präsident Anwar as-Sadat heimlich in Riad und vereinbarten, den Einsatz der Ölwaffe im bevorstehenden Krieg gegen Israel zu erwägen. In diesem Zusammenhang ist auch zu berücksichtigen, dass die USA aufgrund massiv abnehmender eigener Ölvorkommen nun viel stärker von Lieferungen aus dem Mittleren Osten abhängig wurden. Die Organisation Arabischer Erdölproduzierender Staaten (OAPEC) verkündete Mitte Oktober ein Embargo gegen Staaten, die Israel unterstützten, und reduzierte ihre Fördermengen. Die OPEC verkündete am 16. Oktober eine drastische Preiserhöhung um 70 Prozent. Der Westen sollte damit dazu gebracht werden, die »legitimen Rechte der Palästinenser« anzuerkennen. Der Ölpreis stieg von ca. 3 US-Dollar pro Fass am 17. Oktober 1973 auf fast 12 im März 1974. Dem saudischen Ölminister Jamani gelang es schließlich, die zögerliche US-Firma Aramco, ohne deren Kooperation er machtlos gewesen wäre, zur Förderkürzung zu bewegen. Diese erfolgte aber erst kurz vor Kriegsende. Vom emporgeschnellten Weltölpreis konnte das Unternehmen dann erheblich profitieren.

Saudi-Arabien setzte sich im März 1974 gegen radikalere Staaten (Libyen, Syrien) durch und erreichte eine Rücknahme des Embargos und der Förderbeschränkungen. Die Preiserhöhungen ließ man allerdings bestehen. Die Maßnahmen lösten in den westlichen Industriestaaten eine zweijährige Rezession aus, begleitet von einem Emporschnellen von Inflation und Arbeitslosigkeit. Hingegen verzeichneten die ölproduzierenden Staaten in der Periode von 1973 bis 1985 stark gesteigerte Einnahmen. In nur wenigen Monaten explodierte der saudische Gewinn pro Fass Öl von 1 auf über 10 US-Dollar. Damals begann Saudi-Arabien, weltweit Unternehmensbeteiligungen zu erwerben, und intensivierte die wahhabitische Mission im Ausland.

Schnell zeitigte das Ölembargo Erfolge. Die Europäische Wirtschaftsgemeinschaft verabschiedete am 6. November 1973 eine Ergebenheitsadresse an die arabischen Staaten, und Japan revidierte am 22. November seine bislang israelfreundliche Politik. Auch US-Außenminister Henry Kissinger lenkte ein und mahnte Verständnis für die arabische Position an. Im Januar (Ägypten) bzw. Mai 1974 (Syrien) wurden Truppenentflechtungsabkommen mit Israel geschlossen.

Kissingers Vorgehen wurde durch die US-freundliche Politik von Ägyptens Staatspräsident Sadat erleichtert. Schon vor dem Krieg hatte Sadat im Juli 1972 die sowjetischen Militärberater ausgewiesen. Nachdem er von Saudi-Arabien informiert worden war, dass ihn die USA bei der Rückgewinnung des Sinai unterstützen würden, leitete er im Februar 1974 die Wiederannäherung an die Vereinigten Staaten ein. Dies hatte auch wirtschaftliche Gründe: Sadat benötigte dringend US-Finanzhilfen. Die ägyptischen Auslandsschulden beliefen sich auf die riesige Summe von über 3 Milliarden US-Dollar. Die Planwirtschaft ergänzte er um marktwirtschaftliche Elemente. Die USA und Ägypten vereinbarten eine enge Militärkooperation, die ägyptische Armee erhielt 19 Milliarden US-Dollar Militärhilfe zwischen 1979 und 2003.

Im Juni 1975 eröffnete Sadat den acht Jahre lang gesperrten Suezkanal wieder.

US-Außenminister Kissinger warnte allerdings im Januar 1975 in einem Interview die Araber: »Im Fall einer tatsächlichen Strangulierung der industrialisierten Welt« würden die USA im »äußersten Notfall« Gewaltanwendung gegen die Ölstaaten nicht ausschließen.[48] Später gab Kronprinz Fahd die beruhigende Antwort: »Mein Land, das die größten Ölreserven der Welt besitzt, wird nicht die Ursache für eine Schwächung der Fähigkeit der Menschheit sein, in Stabilität und Wohlstand zu leben.«[49]

Die Ölkrise führte zu einer Annäherung der bisher einseitig auf den Westen ausgerichteten Türkei an Saudi-Arabien. 1974 wurde ein saudisch-türkisches Handelsabkommen geschlossen. Ende der 1970er-Jahre förderte das Königreich die in die Krise geratene türkische Wirtschaft mit günstigen Krediten. Saudi-Arabien sah es als ein Ziel an, die islamische Mittelmacht Türkei stärker an das arabische Lager heranzuführen, und unterstützte das Land, als es sich wegen seiner Militärintervention in Zypern im Juli 1974 isoliert hatte.

Völlig unerwartet erfolgte am 25. März 1975 ein Mordanschlag auf König Faisal. Während einer Audienz schoss ihm sein Neffe Faisal ibn Musaid zweimal in den Kopf. Faisal starb im Krankenhaus, der Attentäter wurde des Königsmords schuldig gesprochen und öffentlich enthauptet. Sein Motiv war Rache für die Tötung seines Bruders, der in den 1960er-Jahren bei Demonstrationen gegen die Einführung des Fernsehens erschossen worden war.

Offenkundig handelte es sich um die Tat eines verwirrten Familienmitglieds, doch glaubten viele Menschen in der arabischen Welt, der Westen habe König Faisal wegen seines Einsatzes der Ölwaffe bestrafen wollen. Hierzu trug bei, dass der Attentäter erst kurz vor seinem Anschlag aus den USA zurückgekehrt war. Diese Theorie konnte aber nie bestätigt werden.

Mit König Faisal trat eine Herrscherpersönlichkeit ab, die politische und moralische Autorität ausgestrahlt hatte. Bis heute wird er nicht nur in Saudi-Arabien, sondern auch in anderen muslimischen Ländern hoch verehrt. Zu seinen Ehren wurde die philanthropische King Faisal Foundation gegründet. In Pakistan wurde aus Dankbarkeit die drittgrößte Stadt Lyallpur in »Faisalabad« umbenannt.

Hoch geachtet wird auch seine Witwe Iffat Al Thunajan (1916–2000), genannt »Emira Iffat« und sogar »Königin Iffat«. Die in Konstantinopel aufgewachsene, gebildete Frau förderte mit den von ihr ins Leben gerufenen Organisationen Saudi Renaissance Movement und Women's Welfare Association Wohlfahrtseinrichtungen, Kliniken und Bildungsanstalten für Frauen.

## Die Ära von König Chalid (1975–1982): »Goldene Siebziger« und das Schicksalsjahr 1979

Gemäß dem Wunsch des verstorbenen Königs wurde der 62-jährige Kronprinz Chalid bin Abd al-Asis Al Saud zum König ernannt. Der ein Jahrzehnt jüngere und erfahrene Außenminister Prinz Fahd wurde neuer Kronprinz.

Faisals Sohn Saud bin Faisal wurde neuer Außenminister. Loyal diente er 40 Jahre lang (!) bis 2015 drei Monarchen. Stets sah er sich als Berater und Helfer des Königs, nicht als Architekt der Außenpolitik. Seine dezidiert proamerikanische, antisowjetische und antiisraelische Linie hatte er vom Vater übernommen. Ein weiterer Sohn König Faisals, der an angloamerikanischen Schulen bzw. Universitäten ausgebildete

Prinz Turki bin Faisal, erweiterte und professionalisierte ab 1977 den wichtigsten saudischen Geheimdienst.

Mit dem Tod Faisals war die straffe Einpersonenherrschaft Geschichte. Auch wenn König Chalid grundsätzlich über absolute Macht verfügte, etablierten Prinzen mit ihren jeweiligen Posten, Netzwerken und Stiftungen konkurrierende Machtzentren. In diesem Zusammenhang sind vor allem die von Kronprinz Fahd angeführten »Sieben Sudairi« zu nennen, d. h. die Söhne von Hasa bint Ahmad as-Sudairi (Fahd, Sultan, Abdul Rahman, Naif, Turki, Salman, Ahmed). Konsequent wurden sie von ihrer Mutter auf die Übernahme von Schlüsselpositionen trainiert.

König Chalid galt als aufrichtig und liebenswürdig. Angenehmer als das Regieren waren ihm seine Steckenpferde: Kamelrennen, kostbare Waffen und die Falkenjagd. Am liebsten zog er sich in die Rub al-Chali zurück, um mit den Beduinen zu leben und zu jagen. Vor allem unter den Stämmen und in der Nationalgarde genoss König Chalid Rückhalt. Eine Hypothek war seine Herzkrankheit; 1972 und 1978 musste er sich Operationen in den USA unterziehen. In das königliche Düsenflugzeug wurde ein Operationsraum für kardiologische Eingriffe eingebaut.[50]

Seine Weltsicht entsprach derjenigen Faisals: »Wir betrachten Zionismus, Kommunismus und Kolonialismus als ein Trio, das sich gegen arabische und islamische Rechte und Bestrebungen verbündet hat.«[51] Innen- und außenpolitisch bemühte sich König Chalid um Konsens. Nach seiner Inthronisation erließ er eine Amnestie für politische Gefangene, und Exilanten durften zurückkehren. Ein besonderes Anliegen war ihm die Verbesserung der Erziehung, Krankenversorgung und Infrastruktur; dabei konnte er sich auf die massiv ansteigenden Öleinnahmen stützen. Er initiierte auch die Anwerbung von Gastarbeitern, insbesondere aus

Pakistan, Indien und Bangladesch. 1975 gründete er neue Industrieansiedlungen in Dschubail am Persischen Golf und Dschanbu am Roten Meer (Petrochemie, Stahl-, Aluminium-, Kunststoff- und Düngemittelindustrie). Die Beziehungen zu den Nachbarstaaten wurden spürbar verbessert, der König berief zahlreiche Gipfel und Konferenzen ein. 1976 war er Mitinitiator des Arab Monetary Fund (AMF) mit Sitz in Abu Dhabi, der die Einführung einer arabischen Gemeinschaftswährung anstrebte.

Während eines medizinischen Aufenthalts 1978 in den USA entwickelte König Chalid gute persönliche Beziehungen zu US-Präsident Jimmy Carter und erreichte die Lieferung von 60 modernen F-15-Kampfflugzeugen. Dies hatten Israel und israelfreundliche Lobbygruppen in den USA zuvor verhindert. Als Saudi-Arabien 1983 weitere 48 F-15-Kampfflugzeuge kaufen wollte, geriet der neue US-Präsident Ronald Reagan so stark unter innenpolitischen Druck, dass er ablehnte. Stattdessen kaufte Saudi-Arabien Tornado-Flugzeuge aus Großbritannien.

Ende der 1970er-Jahre waren 30 000 US-Amerikaner in Saudi-Arabien tätig. Jährlich bezog das Königreich von den USA Rüstungsgüter in Höhe von 4 Milliarden US-Dollar. Auch kaufte Saudi-Arabien in großem Umfang US-Staatsanleihen. Damit flossen Petrodollars in die Vereinigten Staaten zurück und belebten dort die Wirtschaft.

König Chalid, Kronprinz Fahd und Außenminister Saud suchten die Führungsrolle Saudi-Arabiens gegenüber Rivalen in der arabischen Welt zu behaupten. Von 1976 bis 1979 bildeten saudische Soldaten zusammen mit syrischen, emiratischen, libyschen und sudanesischen Kräften die »Arab Deterrence Force« der Arabischen Liga im Libanon. Die Streitmacht hatte als Gegengewicht gegen linke Kräfte zum Schutz der Christen im Libanon eingegriffen. Nach

1979 blieben allein die syrischen Kräfte mit Zustimmung Saudi-Arabiens im Land stationiert. Nun unterstützten sie die Palästinenser gegen die christlichen Milizen und Israel. Saudi-Arabien ist damit mitverantwortlich für Syriens jahrzehntelange militärische Besatzung im Libanon.

Den Abschluss des Camp-David-Separatfriedens zwischen Ägypten und Israel (1979), der Kairo die ersehnte schrittweise Rückgabe der Sinai-Halbinsel brachte, missbilligte Saudi-Arabien. Das Königreich trug die Suspendierung Ägyptens von der LAS mit und stoppte die bilaterale militärische Zusammenarbeit, verhinderte jedoch stärkere Sanktionen.

Als Gegenentwurf zum Camp-David-Abkommen legte Kronprinz Fahd 1981 einen Friedensplan vor, der die Gründung eines unabhängigen Palästinenserstaats in den Grenzen vom 4. Juni 1967 und eine indirekte Anerkennung Israels im Gegenzug für einen israelischen Rückzug von allen besetzten Gebieten vorsah. Auf dem Gipfel der LAS im marokkanischen Fez wurde der Fahd-Plan ein Jahr später beschlossen. Auch die PLO stimmte ihm zu, doch der nationalistische israelische Ministerpräsident Menachem Begin lehnte ihn als »Täuschungsmanöver« ab.

Ab Mitte der 1970er-Jahre wurde die saudische Regierung mit organisierter schiitischer Opposition konfrontiert. Von Kuwait aus koordinierte die »Bewegung der missionarischen Vorhut« Aktionen in Bahrain und Saudi-Arabien. Ihr Führer war der aus dem Irak emigrierte Ajatollah Muhammad al-Schirasi, der die Gründung eines islamischen Staats propagierte. Den saudischen Zweig der Bewegung leitete der Denker und Prediger Hasan as-Saffar. 1979 organisierte er in der Stadt al-Katif einen Aufstand, der von den Sicherheitskräften niedergeschlagen wurde. As-Saffar floh daraufhin in die gerade ausgerufene Islamische Republik Iran.

Der Ölboom machte die Saudis reich – nicht nur die Prinzen, sondern auch manche bürgerliche Untertanen. Immer häufiger reisten Saudis nun nach Nordamerika und Europa und brachten von dort neue Ideen und Lebensgewohnheiten mit. In Saudi-Arabien lockerten sich die strikten Vorgaben der Scharia. So wurden in den 1970er-Jahren Kinos errichtet, die nordamerikanische, ägyptische, türkische und indische Filme zeigten.

Manche Mitglieder der saudischen Elite führten ein Doppelleben: ausschweifend im Ausland, fromm im Inland. Auch Kronprinz Fahd war dem westlichen Lebensstil zugetan. Ende der 1960er-Jahre soll er in einer einzigen Nacht 1 Million US-Dollar in Monte Carlo verspielt haben und danach von König Faisal auf demütigende Weise zur Rechenschaft gezogen worden sein. Faisal hatte seinen Halbbruder Chalid zum Kronprinzen ernannt – Fahd sollte moralisch reifen.

Die für Saudi-Arabien »Goldenen Siebziger Jahre« fanden 1979 ein abruptes Ende. Vier Schlüsselereignisse trugen sich in dem nach islamischer Zeitrechnung runden Jahr 1400 zu:

- die Islamische Revolution im Iran (Januar–April),
- die Machtübernahme von Saddam Hussein im Irak (Juli),
- die Besetzung der Großen Moschee in Mekka durch wahhabitische Extremisten (November/Dezember),
- der sowjetische Einmarsch in Afghanistan (Dezember).

Die Islamische Revolution im Iran kam für viele Beobachter sehr überraschend, denn nach dem Zweiten Weltkrieg ging man allgemein von einem Niedergang islamistischer Bewegungen aus. So hatte der Arabien-Experte Harry St. John Philby 1957 mit Verweis auf die allmächtige westliche Moderne geäußert, »religiöse Bewegungen werden in der arabischen Entwicklung nie mehr eine wesentliche Rolle spielen«. Auch den Wahhabismus hielt er nun lediglich für eine »Episode«.[52] Doch die Enttäuschung über prowestliche wie prosowjetische Politiker führte in den 1970er-Jahren zu einer Renaissance islamistischer Strömungen.

Nach anhaltenden Protesten im Iran verließ Mohammed Resa Schah am 16. Januar 1979 das Land, ohne dass die von Linken, Nationalisten und Islamisten getragene Protestbewegung abebbte. Ajatollah Ruhollah Chomeini kehrte am 1. Februar aus dem Exil in sein Heimatland zurück und stellte sich an die Spitze des Widerstands. Die Revolution mündete am 1. April 1979 in die Ausrufung einer von Geistlichen kontrollierten »Islamischen Republik Iran«. Chomeini schaltete nach und nach alle konkurrierenden politischen Strömungen mit rigiden Mitteln aus.

Die Islamische Republik Iran war als Gegenmodell sowohl zum westlichen Kapitalismus als auch zum östlichen Kommunismus konzipiert. Chomeini sah die vom Versprechen sozialer Gerechtigkeit begleitete Islamische Revolution nicht nur als nationale bzw. innerschiitische Entwicklung, sondern auch als emanzipatorisches Modell für die gesamte islamische Welt, ja sogar für den gesamten globalen Süden. Entsprechend intensivierte die Islamische Republik Iran ihre revolutionären Anstrengungen zum Aufbau verwandter Bewegungen und der Gewinnung von Partnern im sunnitischen wie schiitischen Umfeld, beispielsweise bemühte sie sich um eine Kooperation mit der sunnitischen Muslimbruderschaft. Auch suchte sie die (häufig benachteiligten) schiitischen Minderheiten in arabischen Staaten gegen ihre sunnitischen Herrscher aufzuwiegeln.

Bereits unter dem Schah hatten sich die Beziehungen zwischen Saudi-Arabien und dem Iran in den 1970er-Jahren verschlechtert, denn Mohammed Resa hatte ein gigantisches Aufrüstungsprogramm betrieben und danach gestrebt, den Iran zur politischen, militärischen und wirtschaftlichen Vormacht am Persischen Golf zu machen. Mit der Annexion der von den VAE beanspruchten Inseln Abu Musa und Tunb war er 1971 zum Gegenspieler seiner arabischen Nachbarn geworden. Paul Erdmans fiktionaler Roman »The Crash of '79« hatte 1976 eine Konfrontation zwischen einem expansionistischen Iran und den arabischen Mächten vorhergesagt, allerdings ohne eine islamische Revolution im Iran.[53] Nun wurde die Islamische Republik Iran zur doppelten Bedrohung Saudi-Arabiens, war sie doch ebenso machtpolitischer wie ideologischer Rivale.

König Chalid hatte nach der Islamischen Revolution noch ein Glückwunschtelegramm an Revolutionsführer Chomeini geschickt und das Prinzip islamischer Solidarität als Grundlage für die Beziehungen zwischen beiden Ländern genannt. Doch mehrten sich nun die Angriffe iranischer Kleriker gegen das saudische Herrschaftssystem. Chomeini hatte denn auch beim Sturz des Schahs drohend verkündet: »Im Islam gibt es keine Könige.«[54] Im Emirat Bahrain trainierten und finanzierten die iranischen Revolutionsgarden eine im Untergrund agierende »Islamische Front für die Befreiung Bahrains«. 1981 scheiterten deren Umsturzpläne. Die Bedrohung rückte 1987 näher, baute die Islamische Republik Iran doch nun unter saudischen Schiiten eine »Hisbollah al-Hedschas« nach dem Vorbild des Libanon auf, die ab Ende der 1980er-Jahre mit Bombenattentaten auf sich aufmerksam machte.

Als es 1987 auf dem *hadsch* zu gewaltsamen Konfrontationen mit iranischen Pilgern kam und Polizisten 400 von ihnen erschossen, verkündete Chomeini: »Diese abscheulichen und gottlosen Wahhabiten sind wie Dolche, die das Herz der Muslime immer von hinten durchbohrt haben.« Mekka sei »in den Händen einer Bande von Ketzern«.[55] Danach ruhten die diplomatischen Beziehungen zwischen beiden Staaten vier Jahre lang.

Noch in seinem Testament attackierte Chomeini die saudische Königsfamilie: »Muslime sollten Tyrannen verfluchen und bekämpfen, einschließlich der saudischen Königsfamilie, dieser Verräterin des großen Heiligtums Gottes, möge Gottes Fluch und der seiner Propheten und Engel auf ihnen sein. König Fahd verwendet jedes Jahr einen großen Teil des Volksvermögens auf den antikoranischen, völlig unbegründeten und abergläubischen Glauben des Wahhabismus. Er missbraucht den Islam und den verehrten Koran. Man soll diesen Verräter vor Gott verfluchen!«[56]

Nabeel A. Khoury kommt zum Ergebnis, dass 1979 ein zweiter »Arabischer Kalter Krieg« einsetzte. Mittlerweile gab es ein Dreiecksverhältnis aus konservativen prowestlichen Status-quo-Mächten, sozialistischen progressiven Republiken und vom Iran inspirierten schiitischen und sunnitischen islamistischen Bewegungen.[57] Die neuen Spannungen mündeten schon bald in den Ersten Golfkrieg zwischen dem Irak und dem Iran (1980–1988).

Der irakische Vizepräsident Saddam Hussein war am 11. Juli 1979 Generalsekretär der irakischen Baath-Partei geworden, am 16. Juli hatte er auch die Ämter des Staatspräsidenten und Regierungschefs übernommen. In der Nachfolge des wegen seines Separatfriedens mit Israel isolierten Ägypten suchte er den Irak zur Führungsmacht des Panarabismus zu machen. Ebenso rücksichtslos, wie er gegen interne Rivalen und Gegner vorging, betrieb er seine expansive Außenpolitik. Am 22. September 1980 griff er ohne Kriegserklärung die Islamische Republik Iran mit neun Divisionen an. Er wollte eine vermeintliche innere Schwäche des Nachbarn ausnutzen, um die von Arabern besiedelte iranische Grenzprovinz Khusistan zu erobern, die er als »Arabistan« bezeichnete. Saddam Hussein machte auch keinen Hehl aus seiner grundsätzlichen Gegnerschaft gegenüber den arabischen

Monarchien. Das ohnehin seit 1961 vom Irak territorial beanspruchte Kuwait, Saudi-Arabien und andere Nachbarstaaten mussten befürchten, ebenfalls zum Opfer irakischen Ex-
pansionsdrangs zu werden.

Die USA hatten den bislang antiwestlich ausgerichteten
Irak zu dem Angriffskrieg gegen die Islamische Republik
Iran ermuntert. Sie tolerierten auch den völkerrechtswid-
rigen Einsatz chemischer Waffen seitens der irakischen Ar-
mee, der ca. 20 000 iranische Soldaten und eine unbekannte
Zahl von Zivilisten das Leben kostete, und schirmten das
Land vor Strafmaßnahmen im UN-Sicherheitsrat ab. Saudi-
Arabien (30,9 Milliarden US-Dollar), Kuwait (8,2 Milliarden)
und die VAE (8 Milliarden) gewährten dem Irak als kleineres
Übel massive Finanzmittel für die Kriegführung. Der Erste
Golfkrieg politisierte den konfessionellen Gegensatz zwi-
schen Sunniten und Schiiten, was Folgen bis heute hat.

Die USA spielten ein Doppelspiel: Sie lieferten Waffen sowohl an den Irak als auch an den Iran und trugen damit zur
langen Dauer des Kriegs bei. Israel, das die Islamische Republik von Chomeini damals noch nicht zum Feindbild erhoben hatte, lieferte sogar ausschließlich Rüstungsgüter an
den Iran.[58]

Monate vor dem Ausbruch des Golfkriegs, am 20. November 1979 (dem islamischen Neujahrstag), stürmten rund 500
wahhabitische Extremisten die Große Moschee in Mekka.
Panzerfäuste, Maschinengewehre und Schnellfeuergewehre
hatten sie unter ihren Gewändern verborgen oder in Lebens-
mittelkisten und Särgen zuvor eingeschmuggelt. König Chalid, der eigentlich geplant hatte, zum Neujahrsgebet die Große
Moschee zu besuchen, rettete eine Krankheit. Hunderte
Pilger wurden in den Kämpfen mit den Sicherheitskräften
erschossen oder in der entstehenden Panik totgetrampelt,
weitere 6000 als Geiseln genommen. Der apokalyptische

Führer der Moscheebesetzer, Dschuhaiman al-Utaibi, rief angesichts des angeblich bevorstehenden Jüngsten Gerichts zum Sturz der »korrupten« Dynastie Al Saud und zur Errichtung eines endzeitlichen Gottesstaates auf. Sein Schwager Mohammed ibn Abdullah al-Kahtani wurde zum *mahdi*, d. h. dem im Koran erwarteten Erlöser, proklamiert.[59]

Die saudische Regierung wurde von der Besetzung der Moschee völlig unvorbereitet getroffen. Ursprünglich vermutete man einen vom iranischen Revolutionsführer Chomeini angestifteten Terrorangriff. König Chalid war krank, Kronprinz Fahd und der Oberkommandeur der Nationalgarde befanden sich auf Auslandsreisen. Lediglich Verteidigungsminister Sultan bin Abd al-Asis war einsatzbereit. Bald stellte sich heraus, dass die Angreifer große Mengen Lebensmittel in die Große Moschee geschmuggelt hatten. Von den sieben Minaretten aus beschossen sie die Sicherheitskräfte. Am 22. November begann der Gegenangriff. Der Informationsminister verkündete: »Mit Gottes Willen wird in ein paar Stunden alles vorbei sein.«[60] Doch erst nach 15-tägigen blutigen Kämpfen, zuletzt in den ausgedehnten Kellern der Moschee, und vielen Hunderten Toten konnten die fanatisch kämpfenden Extremisten unter Einsatz von Nervengas niedergerungen werden. Zuletzt hatte die saudische Regierung sogar die Hilfe französischer Spezialkräfte in Anspruch nehmen müssen, was allerdings geheim gehalten wurde. Nach Todesurteilen gegen die »Verbrecher« und »Gottesgegner« wurden 63 Moscheebesetzer am 9. Januar 1980 in Mekka, Riad und sechs weiteren Städten mit dem Schwert öffentlich geköpft. Da viele Waffen aus den Arsenalen von Armee und Nationalgarde stammten, fanden in den Sicherheitskräften umfangreiche Säuberungen statt.

Dschuhaiman al-Utaibi berief sich auf die Traditionen seiner Vorfahren, die in den *ichwan*-Formationen des Staatsgründers Abd al-Asis gedient und Ende der 1920er-Jahre Widerstand gegen dessen Reformpolitik geleistet hatten. Der ehemalige Unteroffizier der Nationalgarde hatte an der Universität Medina beim ultrakonservativen Kleriker Abd al Asis bin Bas Theologie studiert und war dort mit ausländischen Radikalislamisten in Kontakt gekommen. Bin Bas hatte die Freilassung von Dschuhaiman und Dutzenden seiner Anhänger erreicht, nachdem sie im Sommer 1978 – wenige Monate vor dem Anschlag – vom Staatssicherheitsdienst verhaftet worden waren.

Bemerkenswerterweise hatte Dschuhaiman auch zum marxistisch-leninistischen Regime in Südjemen Kontakte geknüpft und von dort Unterstützung erhalten. Der bereits erwähnte saudische Regimegegner Nasir as-Said und seine »Union der Völker der Arabischen Halbinsel« übernahmen von Beirut aus ebenfalls die Mitverantwortung für den Anschlag. Bald darauf wurde Nasir as-Said – wahrscheinlich von einem Kommando des saudischen Geheimdienstes – verschleppt; man hörte nie mehr etwas von ihm.

Zu 80 Prozent waren die Moscheebesetzer Saudis (überwiegend aus dem in Asir siedelnden Stamm der Kahtan), der Rest bestand aus Ägyptern, Irakern, Kuwaitis, Marokkanern, Sudanesen, Südjemeniten und Pakistanern. Die Moscheebesetzung bildete den Auftakt für die Entstehung des globalen Dschihadismus.

Und noch ein viertes folgenschweres Ereignis fand 1979 statt: Ende Dezember marschierte die sowjetische Armee in Afghanistan ein, um die ein Jahr zuvor durch einen von Moskau organisierten Putsch an die Macht gebrachte kommunistische Regierung zu stützen. Damit drohte ein Vorstoß der Sowjetunion an den Persischen Golf sowie die Förderung revolutionärer Widerstandsbewegungen auf der Arabischen Halbinsel.

Saudi-Arabien sah sich nun von unterschiedlichen äußeren und inneren Feinden gleichzeitig bedroht: von der revolutionären Islamischen Republik Iran, vom expansionistischen irakischen Diktator Saddam Hussein, von wahhabitischen Extremisten sowie von der Sowjetunion und ihren marxistischen Verbündeten. Im Ausland sah man das Königreich Saudi-Arabien nicht mehr als Hort der Stabilität, sondern als eine potenziell gefährdete Monarchie. Bücher wie »Arabia Without Sultans« (1974) von Fred Halliday hatten nun Konjunktur.[61]

Die noch kleine saudische Armee hätte 1979 keinem konventionellen Angriff von außen standhalten können. Die Wirtschaft war von einer einzigen Einnahmequelle, dem Ölexport, abhängig, und die Ölproduktion war auf eine Region konzentriert. Damit war das Land durch Sabotage, Terrorismus oder Luftschläge verwundbar. Auch war Saudi-Arabien eine erst fünf Jahrzehnte alte Nation, die unterschiedlichste Regionen und Menschen vereinte – so die weltoffenen Händler an der Hedschas-Küste, die streng wahhabitischen (Ex-)Beduinen des Nedschd und die überwiegend schiitische Bevölkerung in al-Hasa, ganz zu schweigen von spät eroberten Regionen wie dem Dschebel Schammar und Asir. Das Nationalbewusstsein war nicht überall gleichmäßig entwickelt. Gefahrenabwehr ist seither Leitlinie der saudischen Politik. Mitunter verleitet sie zu Überreaktionen.

## Militärische Aufrüstung und wahhabitische Renaissance unter König Fahd (1982–2005)

Kronprinz Fahd folgte am 13. Juni 1982 auf König Chalid, der einem Herzinfarkt erlegen war. Zum stellvertretenden Ministerpräsidenten und neuen Kronprinzen wurde sein

Halbbruder Abdullah bestimmt. König Fahd verfügte über eine solide politische Ausbildung und viel Erfahrung. Nach dem Besuch der Prinzenschule in Riad hatte er 1945 seinen Bruder Faisal zur Unterzeichnung der UN-Charta nach San Francisco begleitet und 1953 an der Krönung von Königin Elizabeth II. in der Westminster Abbey teilgenommen. Im gleichen Jahr war er zum ersten Erziehungsminister seines Landes ernannt worden. 1962 hatte er es zum Innenminister, 1967 zum zweiten stellvertretenden Ministerpräsidenten und 1975 zum Kronprinzen gebracht.[62]

König Fahd setzte die enge Kooperation mit den USA fort. 1977 unternahm er einen Staatsbesuch und traf mit US-Präsident Jimmy Carter zusammen. Er war überzeugter Antikommunist und suchte proamerikanische Staaten durch großzügige finanzielle Unterstützung an Saudi-Arabien zu binden. Die Beziehungen zur Türkei wurden ausgebaut. Dort regierte von 1983 bis 1993 als Premierminister bzw. Staatspräsident der konservativ-islamische und wirtschaftsliberale Turgut Özal, der die bislang ausschließlich auf den Westen ausgerichtete Türkei nach Süden und Osten öffnen wollte. Im März 1985 reiste Özal nach Saudi-Arabien und vereinbarte eine Intensivierung der politischen und ökonomischen Beziehungen. Saudische Investitionen in der Türkei nahmen stark zu. Unter anderem wurde mit Kapital aus dem Königreich 1984 die erste islamische Bank der Türkei mit Zinsverbot gegründet. Im Gegenzug erhielten türkische Baufirmen lukrative Aufträge in Saudi-Arabien.

König Fahd kurbelte die Aufrüstung massiv an. 1981 betrug das saudische Militärbudget sage und schreibe 20 Milliarden US-Dollar – dies freute die US-Rüstungsindustrie. Der Politikwissenschaftler Michael Lüders schreibt:

»Bereits in den 1980er Jahren war ein enges Interessengeflecht zwischen den USA und Saudi-Arabien entstanden, das nicht allein profitable Geschäftsbeziehungen aller Art umfasste, sondern zunehmend auch, offen und verdeckt, Kooperationen im Dunstkreis der Geheimdienste. Konkret nahm die CIA [...] saudische Dienste in Anspruch, um Schattenkriege zu führen oder dubiose Deals im Umfeld von Drogen- und Waffenhändlern einzufädeln. Vor allem die engen wirtschaftlichen und privaten Bande zwischen dem Bush-Clan und dem Haus Saud prägten nah- und mittelöstliche Politik, meist hinter den Kulissen.«[63]

Auch Großbritannien profitierte: So verdienten British Aerospace bzw. BAE Systems am gigantischen Waffengeschäft »al-Dschamama« (unter anderem Lieferung von Tornado- und Eurofighter-Kampfflugzeugen sowie Hawk-Flugabwehrraketen) zwischen 1985 und 2006 mindestens 43, vielleicht sogar an die 80 Milliarden Pfund. Es war die bis dato größte britische Außenhandelstransaktion. In kleinerem Umfang gingen Rüstungsaufträge auch an Frankreich, Deutschland, Spanien und Kanada.

Die saudische Armee wuchs von 74 000 (1983) auf 227 000 Mann (2020; jeweils inklusive Nationalgarde) auf. Verteidigungsminister blieb der 1963 noch unter König Saud ernannte, strikt antikommunistische Prinz Sultan bin Abd al-Asis. Er behielt dieses Amt 48 Jahre lang bis zu seinem Tod im Jahr 2011.

Saudi-Arabien schürte nun konfessionelle Ressentiments gegen schiitische Bürger und gegen den Iran. Als politisches und militärisches Gegengewicht initiierte es den am 25. Mai 1981 gegründeten Golfkooperationsrat (GKR), dem alle Monarchien, aber nicht die Republiken Nordjemen und Südjemen beitraten. Die Organisation strebt die Zusammenarbeit ihrer Mitglieder in der Außen- und Sicherheitspolitik sowie die Förderung der wirtschaftlichen und gesellschaftlichen Beziehungen an. Das Königreich repräsentiert 80 Prozent der

Fläche, 54 Prozent der Bevölkerung und 43 Prozent des Bruttoinlandsproduktes des GKR und nimmt damit eine sehr starke Position ein.

Um einerseits den Iran, andererseits Israel von Angriffen auf Saudi-Arabien abzuschrecken, bat das Königreich seine westlichen Verbündeten um die Lieferung von Mittelstreckenraketen. Als dies verweigert wurde, beschritten König Fahd und Verteidigungsminister Prinz Sultan einen ungewöhnlichen Weg. Obwohl Saudi-Arabien keine diplomatischen Beziehungen zur Volksrepublik China pflegte, wurde der saudische Botschafter in Washington Bandar bin Sultan beauftragt, geheime Kontakte zu knüpfen. Die Mission war erfolgreich, und China lieferte 1987/88 rund 50 CSS-2-Mittelstreckenraketen inklusive Ausbildern. Als die CIA die Abschussbasen Anfang 1988 entdeckte, forderte sie vergeblich deren Entfernung. Israel erwog einen Militärschlag, ließ sich aber schließlich von den USA davon abbringen. Das erfolgreiche Geschäft führte 1990 zur Aufnahme diplomatischer Beziehungen zwischen Saudi-Arabien und China, das in immer größeren Mengen Öl kaufte.

Die Moscheebesetzung in Mekka 1979 fungierte in globalem Rahmen als das Scharnier zwischen einem abebbenden säkularen, panarabischen Nationalismus und einem zunehmend aggressiven Islamismus. Erstere Ideologie verlor immer stärker an Anziehungskraft: Zum einen hatte die versprochene Befreiung Palästinas nicht stattgefunden, sondern 1967 in einer verheerenden Niederlage gegen Israel gemündet; zum anderen war der versprochene wirtschaftliche Wohlstand nicht eingetreten. Viele Araber setzten ihre Hoffnungen fortan auf islamistische Bewegungen, von denen sie sich politischen Anstand und soziale Gerechtigkeit, wirtschaftliche Besserstellung, außenpolitische Stärke und überstaatliche Vereinigung erhofften. Nicht die Nation (*watan*), sondern die Gemeinschaft der Gläubigen (*umma*) war nun der vorrangige politische Bezugspunkt. Über lange Jahre waren die Muslimbrüder im Schatten der säkular-nationalistischen Bewegungen gestanden, jetzt überflügelten sie diese. Aber auch militante radikalislamistische Strömungen, deren Gedankengut im Salafismus und Wahhabismus fußte, gewannen an Einfluss. Diese Entwicklungen bedrohten die auf unpolitischer Loyalität gründende saudische Monarchie. König Chalid hatte auf einer Islamischen Gipfelkonferenz im Januar 1981 in Taïf versucht, die Islamische Republik Iran zu überbieten: Er verkündete, »nur Gott, seinem Propheten und den moslemischen Massen der ganzen Welt haben wir zu dienen«,[64] und rief, wie Ajatollah Chomeini im August 1979, zum *dschihad* gegen Israel auf.

Sein Nachfolger, der in religiösen Fragen eigentlich vergleichsweise gemäßigte König Fahd, stärkte nun die Macht der wahhabitischen Geistlichkeit, um islamistischen Gegnern keine Angriffsfläche zu bieten. So wurden Kinos verboten, und der Freiraum von Frauen in der Öffentlichkeit wurde stark eingeschränkt. Die Einhaltung islamischer Pflichten und die Befolgung der Scharia setzte man nun strikt durch. Im Oktober 1986 schaffte König Fahd die Anrede »Ihre Majestät« ab und wünschte, fortan als »Hüter der beiden Heiligen Moscheen« angeredet zu werden.

Mit dem blinden Geistlichen Abd al-Asis bin Bas wurde 1993 ein besonders strenger Wahhabit Großmufti von Saudi-Arabien, Vorsitzender des Rates der Höchsten Religionsgelehrten und Präsident des Ständigen Komitees für Rechtsfragen. Während seiner bis 1999 dauernden Amtszeit forderte er dazu auf, die Präsenz von Frauen im öffentlichen Raum grundsätzlich zu untersagen. Auch warnte er junge Saudis vor Reisen nach Europa und Nordamerika, da sie dort von »teuflischen Versuchungen« heimgesucht würden. Bin

Bas pflegte gute Kontakte zu islamistischen Organisationen weltweit. Viele seiner Anhänger entwickelten radikale Ideen – nicht wenige Moscheebesetzer von 1979 waren seine Schüler gewesen.

Seit den 1980er-Jahren intensivierte Riad die wahhabitische Weltmission, um im eigenen Land sowie international an Legitimität zu gewinnen. Gemäß dem Journalisten der Washington Post David B. Ottaway soll König Fahd bis 2004 für diesen Zweck 75 Milliarden US-Dollar aufgewendet haben.[65] Der französische Soziologe und Arabist Gilles Kepel spricht von einem islamistischen »Überbietungswettbewerb« zwischen Saudi-Arabien, dem Iran und der Muslimbruderschaft.[66]

König Fahd verkörperte in seiner Person die Widersprüche vieler Saudis. In seinem Land forcierte er eine strenge wahhabitische Auslegung des Islam, doch im Ausland pflegte er einen verschwenderischen Lebensstil. Sein persönliches Vermögen wurde auf bis zu 25 Milliarden US-Dollar geschätzt. In der Nähe von Dschidda gehörte ihm eine große Halbinsel, im spanischen Marbella residierte er in einem luxuriösen Palast. 1999 reiste er mit acht requirierten Flugzeugen der Saudi Airlines in die Ferien nach Spanien, begleitet von über 400 Personen, 200 Tonnen Gepäck und 25 Rolls Royce und anderen Limousinen. Gerne fuhr er mit seiner 100-Millionen-US-Dollar-Jacht an die Côte d'Azur und spielte dort, gekleidet in teure westliche Anzüge, mit hohem Einsatz Roulette im Kasino und Blackjack in seiner Hotelsuite. Bekannte Schauspielerinnen waren an seiner Seite zu sehen. Natürlich wurde darüber nichts in den saudischen Medien berichtet, doch Gerüchte machten die Runde. Konservative Saudis verurteilten einen solchen Lebensstil als unislamisch.[67]

Im »Familienunternehmen« Saudi-Arabien existierte keine strikte Trennung zwischen der öffentlichen Hand und der Privatschatulle. Der von London aus wirkende saudische Oppositionelle Saad Fakih behauptete 1999, dass 40 Prozent der Staatseinnahmen in den Taschen von Mitgliedern der Familie Saud versickern würden.

Die Korruption nahm stark zu. So sollen bei dem oben erwähnten al-Dschamama-Waffengeschäft laut Berichten der BBC Hunderte Millionen Britische Pfund Bestechungsgelder über eine Fassadengesellschaft an saudische Prinzen und Regierungsvertreter geflossen sein. Auf saudischen Druck wurde die britische Untersuchung 2006 »im öffentlichen Interesse« eingestellt. In den USA wurde BAE 2010 zu einer Strafe von 400 Millionen US-Dollar wegen »Täuschung« verurteilt. In einvernehmlicher Absprache war der Tatbestand der Korruption im Urteil vermieden worden.[68]

Als Reaktion auf die sowjetische Invasion in Afghanistan unterstützte Saudi-Arabien die islamisch motivierten Widerstandskämpfer (*mudschahedin*). Der pakistanische Geheimdienst Inter-Services Intelligence (ISI) rekrutierte Kämpfer und kümmerte sich um die Logistik, die USA lieferten Waffen und Ausbilder, Saudi-Arabien übernahm die Finanzierung und entsandte Lehrer in die Flüchtlingsschulen in der pakistanischen Grenzprovinz Peschawar. Daraus gingen die von wahhabitischen Lehrern indoktrinierten Taliban (»Schüler«) hervor, die einen viel rigideren Islam praktizierten als in Afghanistan üblich.

Von diesem Großprojekt Pakistans, Saudi-Arabiens und der USA profitierten auch Dschihadisten, denen es nicht nur um die Vertreibung der »gottlosen« sowjetischen Besatzer, sondern um die islamistische Weltrevolution ging. Osama bin Ladin organisierte zusammen mit dem radikalen Geistlichen Abdullah Assam im pakistanischen Peschawar ein »Büro für *mudschahedin*-Dienste«. Assam, der radikalisierte palästinensische Muslimbruder, hatte mehrere Jahre an der

König-Abd-al-Asis-Universität in Mekka gelehrt. Von jedem Gläubigen forderte er eine »individuelle Verpflichtung« zum *dschihad* ein. Auch rief Assam dazu auf, nicht nur den »nahen Feind«, sondern auch den »fernen Feind« des Islam, d.h. die USA und andere westliche Staaten, zu bekämpfen. Terrorismus bezeichnete er als notwendiges Kampfmittel der Muslime. 1988 propagierte er die Bildung einer *al-kaida as-sulba* (»soliden Basis«) erprobter und ideologisch gefestigter Kämpfer. Sein Schüler Osama bin Ladin setzte dies nach der Ermordung Assams im November 1989 um. Seine Anhänger sahen sich nach dem Rückzug der Roten Armee aus Afghanistan als gottgewollte Vollender einer islamischen Weltrevolution.

Mit Sorge beobachtete König Fahd die zunehmende Destabilisierung des Libanon in dem seit 1975 andauernden Bürgerkrieg. 1989 arbeitete das Königreich zusammen mit Kuwait, Algerien und Marokko an einer Initiative für einen Friedensschluss; im Oktober wurde im saudischen Taïf der Friedensvertrag unterzeichnet. Die Christen als Kriegsverlierer mussten nun im Proporzsystem eine Parität gegenüber den Muslimen akzeptieren. Über den sunnitischen Geschäftsmann Rafik al-Hariri, der als Bauunternehmer ein Vermögen in Saudi-Arabien gemacht und zusätzlich die saudische Staatsbürgerschaft angenommen hatte, konnte das Königreich seinen Einfluss im Libanon ausbauen. Von 1992 bis 1998 sowie von 2000 und 2004 amtierte al-Hariri als libanesischer Ministerpräsident.

Allerdings waren auch die libanesischen Schiiten durch den Bürgerkrieg gestärkt worden. Es entstand die von der Islamischen Republik Iran unterstützte Hisbollah-Bewegung. Seit 1989 wird im Libanon ein Stellvertreterkrieg zwischen Saudi-Arabien und dem Iran ausgetragen, nach dem Beginn des »Arabischen Frühlings« 2011 auch in Syrien und im Irak. Der saudische Günstling al-Hariri fiel am 14. Februar

2005 in Beirut zusammen mit 21 weiteren Menschen einem Mordanschlag zum Opfer. 2020 sprach das Internationale Hariri-Sondertribunal einen Mann mit Verbindungen zur Hisbollah schuldig. Für eine Verstrickung der Führung der Hisbollah in das Attentat fand das Sondertribunal allerdings keine Beweise.

Der Erste Golfkrieg zwischen dem Irak und dem Iran endete im August 1988 mit einem Waffenstillstand, der den Status quo festschrieb. Doch schon zwei Jahre später kam es am Persischen Golf zu einem neuen Krieg, denn die Golfmonarchien setzten den von ihnen hochgerüsteten Irak mit einem niedrigen Ölpreis und der Verweigerung eines Schuldenerlasses unter Druck. Der überhebliche Saddam Hussein versuchte im August 1990, seine prekäre ökonomische Lage durch die Invasion und Annexion Kuwaits zu verbessern. Der kuwaitische Emir und hochrangige Regierungsmitglieder flohen nach Saudi-Arabien.

Gestützt auf ein zu Gewaltausübung ermächtigendes Mandat des UN-Sicherheitsrats, bildete sich unter Führung der USA eine 34 Staaten umfassende Koalition freiwilliger Interventionsmächte. 22 von ihnen stellten Truppen, darunter die muslimischen Staaten Saudi-Arabien, Türkei, Ägypten, Syrien, Kuwait, Pakistan, Bangladesch, Marokko, Oman, Niger und Bahrain.

Sowohl Saudi-Arabien als auch die VAE fürchteten einen Angriff Saddam Husseins auf die in Reichweite der irakischen Truppen liegenden Ölanlagen am Persischen Golf und ersuchten die USA um die Stationierung von Truppen in ihren Ländern. Die defensive Militäraktion »Desert Shield« begann im August 1990. Am 5. September 1990 rief Saddam Hussein zum »Heiligen Krieg« gegen die Präsenz der USA am Persischen Golf und zum Sturz des saudischen Königs Fahd auf.

Für die offensive Operation »Desert Storm« stellte Saudi-Arabien den Koalitionsstreitkräften sein Territorium als Aufmarschraum zur Verfügung. Vom 17. Januar bis 28. Februar 1991 wurden die irakischen Truppen aus Kuwait vertrieben. Im Lauf des Krieges feuerte der Irak 46 Raketen auf Saudi-Arabien; Ende Januar 1991 eroberte er die saudische Grenzstadt Chafdschi, konnte aber nicht weiter vordringen.

US-amerikanische Truppen hatten die Hauptlast des Kriegs getragen. Von den rund 61 Milliarden US-Dollar Kriegskosten übernahmen Saudi-Arabien, Kuwait und andere Golfmonarchien 36 Milliarden. Saudi-Arabien stellte den US-Truppen kostenlos Treibstoff zur Verfügung.

Da US-Präsident George H. W. Bush das UN-Mandat nicht überziehen und weiter nach Bagdad marschieren wollte, blieb Saddam Hussein an der Macht. Sein Aktionsradius wurde nun aber durch ein hartes Sanktionsregime und Flugverbotszonen massiv eingehegt.

In Saudi-Arabien löste die Stationierung »ungläubiger« Soldaten eine politische Krise aus, obwohl eine *fatwa* des loyalen Geistlichen Abd al-Asis bin Bas sie legitimiert hatte. Viele islamische Gelehrte sahen die Stationierung als Entweihung heiligen islamischen Bodens an. Sie schlossen sich in der Bewegung *as-sahwa al-islamija* (»Islamisches Erwachen«) zusammen und brachten ihren Protest in Predigten, Büchern und Memoranden zum Ausdruck. Auch Korruption und Sittenverfall von Vertretern der saudischen Elite wurden heftig kritisiert. Die Bewegung rezipierte auch Gedankengut des internationalen Salafismus und der Muslimbruderschaft.

Bekanntester Vertreter war der Religionsgelehrte und Prediger Salman al-Auda. Im Mai 1991 war er Mitunterzeichner eines »Briefs der Forderungen«. Darin wurde an den König appelliert, wirtschaftliche, politische und militärische Reformen einzuleiten und den Koran, die Scharia und die

Sunna zur verbindlichen Richtschnur der Politik zu machen. In einem Buch unterstellte al-Auda dem Westen eine Verschwörung gegen den Islam. Von 1994 bis 1999 war er wie viele andere Führer der *as-sahwa*-Bewegung inhaftiert, danach mäßigte er seine Positionen.

Erstmals seit Anfang der 1960er-Jahre machte sich auch wieder eine liberale Reformbewegung bemerkbar. Sie forderte mehr Mitbestimmung und eine Kürzung der großzügigen königlichen Ausgaben. König Fahd ignorierte sie zunächst, dann enthob er viele ihrer Vertreter ihrer Ämter, manche inhaftierte er. Immerhin führte er im August 1993 einen »Konsultativrat« ein. Alle 60 (später 90) Mitglieder und der Vorsitzende wurden vom König ernannt. Seine grundsätzliche Ablehnung demokratischer Formen äußerte Fahd freilich mit deutlichen Worten: »Ein auf Wahlen basierendes System steht nicht im Einklang mit unserem islamischen Glaubensbekenntnis, das die Regierung durch Konsultation unterstützt.«[69]

1992 setzte König Fahd ein »Grundgesetz der Herrschaft von Saudi-Arabien« in Kraft, das einen gewissen Ersatz für die fehlende geschriebene Verfassung darstellt (siehe S. 273 f.). Am 1. März 1992 erließ er ein Dekret, das die Kriterien für die Nachfolge des Königs erweiterte. Zur Seniorität und dem Familienkonsens kam nun die Eignung hinzu. Der König hatte das Recht, auf dieser Grundlage einen Nachfolger zu ernennen.

Irans faktische Einstellung des »Revolutionsexports« nach dem Tod von Ajatollah Chomeini (1989) und die gemeinsame Ablehnung der irakischen Annexion Kuwaits führten zur Annäherung zwischen Saudi-Arabien und der Islamischen Republik. König Fahd und Kronprinz Abdullah kamen mit dem pragmatischen iranischen Staatspräsidenten Ali-Akbar Haschemi Rafsandschani (1989–1997) und seinem reformorientierten Nachfolger Mohammad Chatami (1997–2005) gut zurecht. 1998 unterzeichneten beide Staaten ein Kooperationsabkommen. Gerade auf wirtschaftlichem Gebiet versprachen sie sich von einer Zusammenarbeit Vorteile. Der Iran drängte darauf, dass die US-Truppen die arabische Golfküste verließen, und bot militärische Zusammenarbeit an. 1997 besuchte der iranische Außenminister Ali Akbar Welajati Saudi-Arabien, im Gegenzug Kronprinz Abdullah den Iran. Zwei Jahre später fuhr der iranische Präsident Chatami nach Riad, und König Fahd rief alle arabischen Golfstaaten dazu auf, ihre Beziehungen zum Iran zu verbessern. 1999 unterzeichneten beide Staaten ein Energie- und Investitionsabkommen, 2001 sogar einen Pakt über Sicherheitskooperation.

Erschwert wurde die Normalisierung der bilateralen Beziehungen von dem Attentat auf den US-Wohnkomplex Khobar Towers bei Dhahran am 25. Juni 1996, bei dem ein Lastkraftwagen mit mindestens 10 000 Kilo Sprengstoff gezündet wurde. 19 US-Luftwaffensoldaten starben, weitere 498 Menschen erlitten Verwundungen. 2006 urteilte ein US-Gericht, dass die in Saudi-Arabien operierende Widerstandsorganisation Hisbollah al-Hedschas verantwortlich gewesen sei und von hohen Offizieren der iranischen Revolutionsgarden Unterstützung erhalten habe. Der Anschlag fiel aus dem Rahmen, denn die Welle von Attentaten und Entführungen westlicher Staatsangehöriger im Nahen und Mittleren Osten, die man der Islamischen Republik Iran und ihren Verbündeten zugeschrieben hatte, war 1992 ausgelaufen. Staatspräsident Rafsandschani war bemüht, den Iran als verlässlichen Partner zu präsentieren, der sich an internationale Regeln hielt. Möglicherweise wollten radikale Kräfte im Iran mit dem Anschlag die Außenpolitik Rafsandschanis unterminieren. Eine andere Theorie macht freilich al-Kaida für die Tat verantwortlich.

Saudi-Arabien war damals nicht daran interessiert, das Khobar-Attentat und seine Hintergründe allzu stark zu thematisieren. Man wollte erstens nicht den Anschein erwecken, dass einer schiitischen Widerstandsorganisation ein solch verheerender Anschlag gelungen sein konnte, zweitens die pragmatischen Beziehungen zum Iran nicht aufs Spiel setzen und drittens nicht über die Notwendigkeit einer Stationierung von Soldaten aus westlichen Ländern diskutieren.

Als erster saudischer Monarch ging König Fahd aktiv auf die schiitische Minderheit in seinem Land zu. 1985 ernannte er seinen Sohn Muhammad bin Fahd zum Gouverneur der mehrheitlich von Schiiten bewohnten Östlichen Provinz und sprach auch selbst mit Vertretern der Schiiten. Politische Gefangene wurden freigelassen und Infrastrukturprojekte in den vernachlässigten schiitischen Gebieten eingeleitet. 1993 wurde ein Abkommen zwischen dem saudischen Staat und der schiitischen Gemeinschaft abgeschlossen. Einer der stärksten Vertreter des Dialogs war ausgerechnet der einstige Rebell Hasan as-Saffar, der geläutert in seine Heimat zurückgekehrt war. Der Prediger wurde in den Konsultativrat berufen und warb nun für religiöse Toleranz und die Bildung von Selbsthilfeorganisationen. Die Mehrzahl der schiitischen Führer in Saudi-Arabien machte damals ihren Frieden mit der Regierung.

Osama bin Ladin hatte 1990 vehement gegen eine Stationierung »ungläubiger« Soldaten plädiert und dem saudischen König stattdessen die Rekrutierung einer 100 000 Mann zählenden arabischen Freiwilligenarmee angeboten. Auf dieses – nicht gerade realistische und erfolgversprechende – Angebot war die saudische Führung nicht eingegangen. Von seinem zwischenzeitlichen Aufenthaltsland Sudan aus unterstützte bin Ladin radikalislamistische Kämpfer in mehreren Ländern. Jahrelang hielt Saudi-Arabien Gesprächskanäle zu ihm offen, aber schließlich vollzog bin Ladin 1995 den offenen Bruch mit seinem Heimatland. Ein Jahr später kehrte er nach Afghanistan zurück und intensivierte von dort den Aufbau des al-Kaida-Terrornetzwerks.

Am 23. Februar 1998 war bin Ladin Mitunterzeichner einer *fatwa* zur Gründung einer »Internationalen Front für den *dschihad* gegen Juden und Kreuzfahrer«. Darin war zu lesen, die Ziele von al-Kaida seien die Vertreibung US-amerikanischer Truppen aus der Golfregion, der Sturz des saudischen Königshauses, die Befreiung der Heiligen Stätten der Muslime und die weltweite Unterstützung militanter islamistischer Gruppen seien.[70]

Nach dem Zweiten Golfkrieg fiel in Saudi-Arabien die Muslimbruderschaft in Ungnade, da sich internationale Vertreter zustimmend zur Invasion von Saddam Hussein in Kuwait geäußert und die Präsenz von US-Truppen in Saudi-Arabien verurteilt hatten. Befürchtet wurde außerdem eine schleichende Politisierung des Wahhabismus durch die Gedanken der Muslimbruderschaft.

Die im saudischen Exil lebenden oder dort beruflich tätigen Muslimbrüder mussten in den 1990er-Jahren das Königreich verlassen. 2002 bezichtigte der saudische Innenminister Prinz Naif bin Abd al-Asis die Bruderschaft in einem Interview der »Undankbarkeit« und fuhr fort: »Alle unsere Probleme resultieren aus der Muslimbruderschaft. Wir haben ihr zu viel Unterstützung gewährt [...] Die Muslimbruderschaft hat die arabische Welt zerstört.«[71]

Ersatzweise fanden viele Muslimbrüder Aufnahme im Emirat Katar, so auch der aus Saudi-Arabien ausgewiesene Dozent Muhammad Kutb. Das katarische Herrscherhaus umwarb die Bruderschaft und suchte sie als Instrument für seine Außenpolitik zu nutzen.

Auch die PLO hatte vorübergehend die Gunst der saudischen Regierung verloren, nachdem Jassir Arafat das propagandistische und wenig realistische »Linkage« Saddam Husseins zwischen einem Abzug des Irak aus Kuwait und einem Abzug Israels aus den besetzten Gebieten begrüßt hatte. Als sich der wendige Arafat im Februar 1991 wieder von Saddam Hussein lossagte, verbesserten sich die Beziehungen allmählich wieder.

Saudi-Arabien unterstützte die in den Jahren 1993 bzw. 1995 zwischen der PLO und Israel abgeschlossenen »Oslo-Abkommen«, die dem bereits im Fahd-Plan aufgestellten Grundsatz »Land gegen Frieden« folgten. Beide Parteien vereinbarten darin einen in Etappen erfolgenden Rückzug der israelischen Armee aus den besetzten Gebieten. Israel erkannte die PLO als Vertreterin des palästinensischen Volkes an und gestand ihr schrittweise das Recht zum Aufbau einer Autonomiebehörde zu; dafür erklärte die PLO einen Gewaltverzicht und erkannte den Staat Israel an. Innerhalb von zwei Jahren sollten Verhandlungen über den Endstatus der Gebiete beginnen, und nach Ablauf von fünf Jahren sollte eine dauerhafte Vereinbarung in Kraft treten. Besonders umstrittene Fragen wie der Status von Jerusalem, der Grenzverlauf, die Zukunft der jüdischen Siedlungen, die Flüchtlings- und Vertriebenenfrage sowie Sicherheitsregelungen sollten auf die Endstatusverhandlungen vertagt werden.[72]

Im Juli 1994 kehrte Arafat in die besetzten Gebiete zurück und wurde im Januar 1996 zum Präsidenten der Palästinensischen Autonomiebehörde gewählt, konnte zunächst aber nur in 3,5 Prozent des Westjordanlands (der sogenannten A-Zone) regieren. Saudi-Arabien unterstützte die Autonomiebehörde mit großzügigen Zuwendungen.

Problematisch waren jedoch diverse Punkte: So verpflichtete sich Israel nicht ausdrücklich auf die spätere Gründung eines palästinensischen Staats. Es wurde kein detaillierter Zeitplan für den Fortgang des Friedensprozesses aufgestellt, und ein Stopp des Baus jüdischer Siedlungen in den besetzten Gebieten wurde nicht vertraglich festgelegt. Auf palästinensischer Seite machte sich fehlende Einigkeit bemerkbar. Die außerhalb der PLO agierenden islamistischen Organisationen Hamas und Islamischer Dschihad lehnten die Oslo-Abkommen rundweg ab, erkannten Israel nicht an und strebten weiterhin mit gewaltsamen Mitteln einen Staat auf dem gesamten Territorium des einstigen britischen Mandats Palästina an. Arafat konnte oder wollte Anschläge radikaler palästinensischer Gruppen nicht hinreichend unterbinden, im Gegenzug verzögerte Israel die Umsetzung weiterer Schritte des Oslo-II-Abkommens und goss mit dem Bau neuer Siedlungen Öl ins Feuer.

Im Juli 2000 scheiterten im US-amerikanischen Camp David die Endstatusverhandlungen zwischen Ehud Barak von der vorübergehend regierenden Arbeiterpartei und Jassir Arafat. Nach dem provokativen Besuch des rechtsgerichteten Oppositionsführers Ariel Scharon auf dem Jerusalemer Altstadtplateau und an der al-Aksa-Moschee am 28. September 2000 tobte bis Februar 2005 die »Zweite Intifada«.

Auf der LAS-Gipfelkonferenz in Beirut im März 2002 erreichte der saudische Kronprinz Abdullah, dass eine »Arabische Friedensinitiative« beschlossen wurde. Sie baute auf dem Fahd-Plan von 1981 auf. Geboten wurde nicht weniger als die volle diplomatische Anerkennung Israels durch alle arabischen Staaten, falls sich Israel auf die Grenzen vom 4. Juni 1967 zurückziehen und entsprechend UN-Resolution 242 die Gründung eines souveränen Palästinenserstaats zulassen würde. Doch hatte die Initiative genauso wenig Erfolg wie die »Road Map for Peace« des Nahostquartetts (USA, Russland, EU, UNO) vom April 2003. Die Bereitschaft auf israelischer Seite, Kompromisse für eine Zwei-Staaten-Lösung einzugehen, war unter den zumeist rechtsgerichteten israelischen Regierungen nicht mehr vorhanden.[73]

In Konkurrenz zu Saudi-Arabien und Ägypten suchte die Islamische Republik Iran die Sache der Palästinenser zu vertreten und unterstützte den Islamischen Dschihad und die Hamas. Bereits Revolutionsführer Chomeini hatte einen jährlichen al-Kuds-Tag (Jerusalemtag) eingeführt und zum Kampf gegen den »amerikanischen Stützpunkt« Israel aufgefordert.

Niedrige Ölpreise im Zeitraum von 1981 bis 1998 aufgrund weltweit fallender Nachfrage und der Konkurrenz des auf den Markt gekommenen Nordseeöls sowie immense Kriegskosten in beiden Golfkriegen lösten in Saudi-Arabien einen wirtschaftlichen Engpass aus. 1982 hatte das Land über opulente Devisenreserven in Höhe von 106 Milliarden Britischen Pfund verfügt, 1999 lag die Verschuldung in etwa gleicher Höhe und belief sich damit auf 104 Prozent des Bruttoinlandsprodukts.

Am 29. November 1995 erlitt der starke Raucher König Fahd einen schweren Schlaganfall. Fortan war er auf einen Stock bzw. den Rollstuhl angewiesen. Faktisch führte nun Kronprinz Abdullah die Regierungsgeschäfte.

Die von al-Kaida verübten Terroranschläge vom 11. September 2001 töteten fast 3000 Menschen in New York und Washington. Die offizielle Verlautbarung der saudischen Regierung missbilligte die »bedauernswerten und unmenschlichen Anschläge und Angriffe«, die im Gegensatz zu allen religiösen Werten und Konzepten menschlicher Zivilisation stünden. Das Königreich werde weiter bemüht sein, bei der Bekämpfung jedweder Form von Terrorismus mit der internationalen Gemeinschaft zusammenzuarbeiten.[74] Osama bin Ladin wurde von der saudischen Regierung als irregeleiteter Sohn bezeichnet, dem man wegen seiner Verfehlungen bereits zuvor die saudische Staatsbürgerschaft aberkannt habe.

Die Anschläge führten freilich zur bislang schwersten Belastung des Verhältnisses zwischen Saudi-Arabien und den USA, denn 15 der 19 Entführer waren saudische Staatsbürger. Sie beriefen sich auf wahhabitische Glaubensvorstellungen, die den Kampf gegen »Ungläubige« gutheißen. In den USA wurde nach dem 11. September 2001 die enge sicherheitspolitische Kooperation mit Saudi-Arabien hinterfragt. Den saudischen Behörden warf man laxen Umgang mit Extremisten vor.

Auch wurde angeführt, dass die wahhabitische Weltmission zur Radikalisierung von Muslimen beitrage und die saudische Regierung extremistische Gruppen fahrlässig oder sogar vorsätzlich finanziell unterstütze. Eine Studie des Council of Foreign Relations (CFR) kam im Oktober 2002 zum Ergebnis: »Man muss klar und unzweideutig aussprechen, was offizielle US-Regierungssprecher nicht gesagt haben: Jahrelang waren Individuen und religiöse Stiftungen aus Saudi-Arabien die wichtigste Finanzquelle von al-Kaida, und jahrelang haben saudische Beamte die Augen vor diesem Problem verschlossen.«[75]

Rasch kamen Gerüchte über Kontakte zwischen saudischen Regierungsmitgliedern und Attentätern auf. Schließlich gab die US-Regierung im Juli 2016 die bis dahin geschwärzten Seiten eines Kongressberichts frei, die Kontakte saudischer Bürger mit Extremisten bestätigten bzw. nahelegten. Allerdings wurde keine Verwicklung der saudischen Regierung konstatiert.

Es ist auffällig, dass der saudische Geheimdienstchef Prinz Turki bin Faisal zehn Tage vor den Anschlägen zurückgetreten war, obwohl der König seine Amtszeit kurz zuvor noch bis

2004 verlängert hatte. Möglicherweise wurde ihm vor dem Hintergrund sich konkretisierender Anschlagspläne eine zu nachlässige Haltung gegenüber al-Kaida und den Taliban vorgeworfen. Auch geriet ihm zum Nachteil, dass er 1996 ein Angebot des Sudan, Osama bin Ladin auszuliefern, zur Verärgerung von US-Präsident Bill Clinton ausgeschlagen hatte. Das im März 2002 in Pakistan festgenommene hochrangige al-Kaida-Mitglied Abu Subaida behauptete sogar, Prinz Turki und Osama bin Ladin hätten in den 1990er-Jahren vereinbart, dass die Taliban von Saudi-Arabien finanziert werden und im Gegenzug die al-Kaida auf Anschläge im Königreich verzichtet.[76]

Das Königreich musste sich jetzt mit einer dezidiert saudikritischen Lobby in den USA auseinandersetzen. Sie stellte Waffenverkäufe infrage und thematisierte nun Menschenrechtsverletzungen in Saudi-Arabien. Riad wendet seither beträchtliche Mittel auf, um sein Image in Washington mit Hilfe von Werbefirmen zu verbessern.

Saudi-Arabien versuchte, der Kritik offensiv entgegenzutreten. Kronprinz Abdullah äußerte kurz nach den Terroranschlägen: »Die hinterhältige Kampagne, die die westlichen Medien gegen das Königreich gestartet haben, ist nichts anderes als die Manifestation eines tiefsitzenden Hasses, der gegen den Weg des Islam gerichtet ist.«[77]

Auch wollte man die Täterschaft Osama bin Ladins relativieren. So meinte Verteidigungsminister Prinz Sultan im Oktober 2001 in einem Interview: »Sind bin Ladin und seine Unterstützung die einzigen, die hinter den Geschehnissen stehen, oder gibt es eine andere Macht mit fortgeschrittener technischer Expertise, die mit ihnen kooperierte?«[78] In der arabischen Welt ist die Verschwörungstheorie verbreitet, wonach die CIA und/oder der israelische Geheimdienst Mossad die eigentlichen Urheber der Anschläge waren.

In Saudi-Arabien fanden nun ebenfalls dschihadistische Terroranschläge statt. Ab November 2000 erfolgte eine Serie von Attentaten unbekannter Täter gegen dort lebende westliche Staatsbürger. Schließlich wurde am 12. Mai 2003 der erste große al-Kaida-Anschlag gegen ein Wohnviertel westlicher Ausländer in Riad verübt. 39 Menschen verloren ihr Leben, über 160 wurden verwundet. Bei einem ähnlichen Suizidanschlag wurden am 8. November 2003 in Riad 17 Menschen getötet und 122 verwundet. Zwischen 2003 und 2006 tötete al-Kaida über 200 Menschen in Saudi-Arabien. Erst dann machte das Königreich ernst im Kampf gegen den Terrorismus.

Kronprinz Abdullah gelang es, die US-Regierung nach den Attentaten vom 11. September 2001 zu beschwichtigen. Reformen wurden eingeleitet, so wurden antichristliche und antijüdische Passagen in den Schulcurricula gestrichen.[79] Der stellvertretende Innenminister Prinz Muhammad bin Naif entwickelte eine Anti-Terror-Strategie und setzte sie in enger Verbindung mit den USA ab 2003 konsequent um. Die Säulen sind »men – money – minds«, d. h. Prävention und Überwachung, finanzielle Anreize für eine Abkehr sowie Umerziehungsprogramme.[80] Tausende Moscheevorsteher wurden entlassen, Predigten wurden fortan streng überwacht. Die Koordination zwischen den verschiedenen Geheimdiensten und Sicherheitsbehörden wurde verbessert, die Anti-Terror-Gesetze erfuhren eine Überarbeitung. Die Regierung ging hart gegen Untergrundorganisationen vor, und die Herstellung und die Beschaffung bzw. Weitergabe von Waffen und Munition wurden unter schwere Strafe gestellt. Polizisten erhielten Schulungen im In- und Ausland. Der Schutz kritischer Infrastruktur wurde verstärkt. Die Sicherheitskräfte führten Razzien durch, Verdächtige wurden nach einer Verurteilung öffentlich geköpft.

Flankierend gründete Prinz Muhammad bin Naif »Deradikalisierungszentren«, in denen kooperationswillige Ex-Terroristen auf eine überwachte Rückkehr in die Gesellschaft vorbereitet und mit gut dotierten Posten geködert wurden. Behauptet wird eine Erfolgsquote von 85 bis 90 Prozent – freilich entging Prinz Muhammad selbst im Jahr 2009 nur knapp dem Attentat eines »geläuterten« Terroristen, als er diesen zum Tee empfing.

Der al-Kaida nahestehende und einst von Saudi-Arabien finanziell unterstützte Wohltätigkeitseinrichtungen, wie die al-Haramain Islamic Foundation mit ihren weltweiten Niederlassungen, mussten schließen.

Für seine Anti-Terror-Programme wurde Prinz Muhammad bin Naif 2017 mit der George Tenet Medal der CIA ausgezeichnet und 2016 in die französische Ehrenlegion aufgenommen.[81]

Zur Deradikalisierung trug ebenso bei, dass der Einfluss radikaler Geistlicher begrenzt wurde. Außenpolitisch agierte Saudi-Arabien nun vorsichtiger bei der Finanzierung islamistischer Organisationen. Politiker betonten, man wolle einen »moderaten Islam« fördern. Doch bleibt die Tatsache bestehen, dass die wahhabitische Weltmission immer wieder Gläubige radikalisiert, selbst wenn sie dies nicht beabsichtigt. In diesem Zusammenhang ist anzumerken, dass die Weltmission nicht nur vom saudischen Staat getragen wird: Auch fromme Stiftungen und Einzelpersonen spenden eifrig.

Dass die saudischen Bemühungen ernst zu nehmen waren, zeigt der verhinderte al-Kaida-Paketbombenanschlag vom November 2010: Saudische Geheimdienstinformationen enttarnten in Dubai und Großbritannien Paketbomben, die auf dem Luftweg vom Jemen in die USA geschmuggelt werden sollten. Mutmaßlicher Drahtzieher war Ibrahim Hassan al-Asiri, der im Jemen untergetauchte Chef der al-Kaida auf der Arabischen Halbinsel, auch er ein gebürtiger saudischer Staatsbürger.

Aber es bleiben Zweifel. Für Michael Lüders sind die radikalisierten Gläubigen ein »strategisches Faustpfand« Saudi-Arabiens: »Sollte es zu einem Krieg gegen den verhassten Schiitenstaat [Iran, Vf.] kommen, stünden zehntausende Soldaten Gottes und potentielle Selbstmordattentäter an der Ostgrenze Irans bereit.«[82]

Das Verhältnis zwischen den USA und Saudi-Arabien wurde auch auf andere Weise belastet, da die hinter Präsident George W. Bush stehenden Neokonservativen im Verbund mit liberalen Interventionisten eine Neuausrichtung der US-Außenpolitik im Mittleren Osten betrieben. Um den sunnitischen Extremismus einzudämmen, hatten sie den Sturz Saddam Husseins und die Demokratisierung des Irak auf ihre Fahnen geschrieben. Damit ging eine tendenzielle Abwendung von den sunnitischen Golfmonarchien und eine Hinwendung zum Schiitentum einher, denn die Bevölkerung des Irak war zu zwei Dritteln schiitisch. Nach freien Wahlen war eine von Schiiten dominierte Regierung in Bagdad zu erwarten. Ein demokratischer Irak sollte sowohl als politisches Vorbild für arabische Staaten wie auch als Alternative zur Islamischen Republik Iran dienen – mit den Worten des US-Journalisten Paul Berman: »Der ganze Sinn des Sturzes von Saddam Hussein lag nach meiner Einschätzung darin, diese großen Möglichkeiten mitten im Zentrum der islamischen Welt wahrzunehmen, dort also, von wo die Wellen in sämtliche Richtungen auslaufen können.«[83]

Der Sturz Saddam Husseins hatte damit weitreichendere Ziele als lediglich die Beseitigung eines »Schurken«. Auch der oft vermutete Zugriff auf die irakischen Ölressourcen war nicht das primäre Motiv, denn aufgrund steigender heimischer Förderung stagnierten damals die Ölimporte der USA aus dem arabischen Raum, ab 2007 gingen sie kontinuierlich zurück.

Am 20. März 2003 griff eine von den USA geführte »Koalition der Willigen« den Irak an – diesmal ohne Mandat des UN-Sicherheitsrats. Am 1. Mai 2003 erklärte US-Präsident George W. Bush den Krieg für beendet. Der Koalition gehörten diesmal sogar 43 Staaten an, aus Nordafrika, dem Nahen und Mittleren Osten Jordanien, Katar, Kuwait, der Oman, Saudi-Arabien, die Türkei und die VAE. Sie unterstützten die Koalition politisch, aber keines dieser Länder entsandte diesmal Truppen.

Im November 2003 präsentierte George W. Bush das Programm »Greater Middle East« für die von den USA so verortete Problemregion »von Marrakesch bis Bangladesch«. Mittels Förderung von Demokratie und Guter Regierungsführung, dem Aufbau einer Zivilgesellschaft und marktwirtschaftlicher Liberalisierung sollte die Region grundlegend transformiert werden. Ökonomische Motive spielten eine wichtige Rolle, denn die autoritär geführten Staaten setzten auf Patronage und hatten die von Washington betriebene Öffnung ihrer Märkte abgelehnt.

Westlich-demokratisch orientierte zivilgesellschaftliche Akteure und Medien erhielten aus den USA unentgeltliche Beratung sowie finanzielle Unterstützung und Stipendien. Als wirtschaftliche Anreize setzten die USA Handelserleichterungen, Kredite und Zuschüsse ein und boten eine binnen zehn Jahren zu etablierende »US Middle East Free Trade Zone« an.[84]

Wenngleich aus dem arabischen Raum nur die US-kritischen Staaten Irak, Libyen und Syrien auf Bushs »Achse des Bösen« (Januar 2002) und John Boltons Erweiterungsliste (Mai 2002) zu finden waren, gerieten nun auch enge Verbün-

dete der Vereinigten Staaten wie Saudi-Arabien unter Demo-
kratisierungsdruck. In zwei Reden vor dem American Enter-
prise Institute und der National Endowment for Democracy
(2003) kündigte Präsident Bush Bemühungen zur nachhalti-
gen Demokratisierung an und bezog darin explizit auch die
Golfmonarchien ein.

Im Januar 2005 verkündete Bush die »Freedom Agenda« für
den Greater Middle East. Das Ziel war eine Großregion, in der
US-freundliche, demokratische Regierungen den Ton ange-
ben. Verbleibende antiwestliche und antiisraelische Staaten
sollten damit international isoliert und machtpolitisch geschwächt werden sowie innenpolitisch unter Reformdruck
geraten.[85]

Es war keine Überraschung, dass sich arabische Führer
wie der ägyptische Präsident Hosni Mubarak und der saudische König Fahd dezidiert gegen die Reformbestrebungen
aussprachen und sie zu konterkarieren suchten. Die sunnitischen Status-quo-Mächte, die keine politische Liberalisierung wünschten, bemühten sich, den Schwerpunkt der
US-Reformagenda auf eine von den Eliten kontrollierte (Teil-)
Liberalisierung der Wirtschaft anstatt auf eine politische
Liberalisierung zu legen.

Die saudische Führung war über die US-Politik gegenüber
dem Irak schockiert und sagte einen zunehmenden Einfluss
der Islamischen Republik Iran nach einem Sturz Saddam
Husseins voraus. Genauso kam es, denn der Iran verfügte
über enge Verbindungen zu schiitischen Parteien und Bewegungen im Nachbarland. Ende 2004 warnte Abdullah II.,
König des von Saudi-Arabien alimentierten Jordanien, in einer aufsehenerregenden Rede vor einem »schiitischen Halb-
mond«, der sich vom Persischen Golf bis in den Libanon und
nach Palästina erstrecke. Eine solche Entwicklung könne die
Golfmonarchien destabilisieren, selbst Saudi-Arabien sei da-

gegen nicht immun. Ein künftiger Zusammenstoß mit dem Iran sei unvermeidlich.[86] Das Bild vom »schiitischen Halbmond« wurde zum populären Kampfbegriff gegen den Iran.

Zunehmend war am Golf von einer möglichen Achse USA/Israel/Irak/Iran die Rede. Sunnitische Islamisten wetterten gegen die Verschwörung von Kreuzfahrern, Juden und Persern. Dies war freilich realitätsfern, denn in einer viel beachteten Rede hatte US-Präsident George W. Bush am 29. Januar 2002 den Iran zusammen mit dem Irak und Nordkorea als »Achse des Bösen« bezeichnet. Ein über die Botschaft der Schweiz vorgetragenes weitreichendes Verhandlungsangebot des iranischen Staatspräsidenten Chatami ließ er unbeantwortet.

Hinter der antiiranischen Haltung Riads stand nicht nur ein Bedrohungsgefühl, sondern auch die Angst, eine privilegierte Stellung zu verlieren. Seit 1979 war Saudi-Arabien nämlich der wichtigste Partner der USA am Persischen Golf.

Offiziell erlaubte Saudi-Arabien den USA nicht, von seinem Boden aus Angriffe gegen den Irak auszuführen, doch unterstützte es indirekt den Krieg der US-geführten Koalition. So wurden die US-Luftangriffe von der Prince Sultan Air Base aus koordiniert. Auch gestattete Saudi-Arabien Überflugrechte für US-Kampfflugzeuge und US-Raketen. US-Spezialkräften wurde erlaubt, von saudischem Territorium Einsätze gegen den Irak durchzuführen. Schließlich hielt Saudi-Arabien durch Nutzung seiner Reservekapazitäten den Ölpreis während des Krieges stabil.

Nach der Niederlage Saddam Husseins drängte Saudi-Arabien auf den Abzug der US-Truppen. Deren Stationierung auf »heiliger islamischer Erde« war immer mehr zur politischen Belastung geworden, 52 Prozent der saudischen Bürger lehnten sie ab, und Radikalislamisten konnten dieses Thema in ihrer Propaganda instrumentalisieren. 13 Jahre US-amerikanischer Truppenpräsenz in Saudi-Arabien wurden beendet. Die US-Kampfflugzeuge und US-Soldaten wurden im August 2003 in die sieben Jahre zuvor errichtete Al Udeid Air Base in Katar verlegt. Für das Emirat bedeutete die Aufstockung der US-Truppen nicht nur zusätzliche Einnahmen, sondern auch einen Schutz des kleinen Landes vor externer Einmischung, denn der große Nachbar Saudi-Arabien hatte sich seit den 1970er-Jahren immer wieder in innere Angelegenheiten der kleinen Golfmonarchien eingemischt, mitunter auch Thronwechsel unterstützt oder gar herbeigeführt.

Mit Hilfe seines Satellitensenders Al Arabija und anderer Medien startete Saudi-Arabien eine antischiitische und antiiranische Kampagne. Riad attackierte Teheran auch als Verbreiter von Terrorismus. Diese Bemühungen sind durchaus erfolgreich: So führen die USA den Iran neben Kuba, Nordkorea und Syrien auf ihrer Liste »staatlicher Sponsoren von Terrorismus«. Doch gibt es hieran auch massive Kritik. Der US-Publizist Fareed Zakaria etwa äußerte mit Bezug auf die saudische Unterstützung radikaler sunnitischer Gruppierungen, dass nach dem 11. September 2001 »fast jeder Terrorangriff im Westen auf die eine oder andere Weise mit Saudi-Arabien in Verbindung stand. Kaum einer war mit dem Iran verknüpft.«[87]

Nach dem Sturz Saddam Husseins förderte Saudi-Arabien das Scheitern des US-Experiments Irak. Weder sollte im Nachbarland eine »Musterdemokratie« entstehen noch der schiitische bzw. iranische Einfluss dort zunehmen. Die US-Amerikaner trugen durch eigene Fehler zu ihrem Scheitern bei. Martialisches Auftreten ihrer Sicherheitskräfte, kulturelle Ignoranz und die mit schockierenden Bildern dokumentierte Anwendung von Folter im Gefängnis Abu Ghraib ließen sie in den Augen der meisten Araber als Besatzer, nicht als Partner erscheinen. Die Auflösung der alten Armee von Saddam Hussein schuf zudem ein Sicherheitsvakuum. Entlassene Offiziere verloren Prestige und Einkommen und gingen daraufhin in den bewaffneten Widerstand. Auch förderten die USA in der Übergangszeit bis zur Bildung einer gewählten Regierung nicht das »nation building«, sondern wählten konfessionelle und tribale Führer als Ansprechpartner. Damit begünstigten sie die Entstehung von Parteien, die Gruppeninteressen vertraten.

Militante sunnitische Islamisten verbanden Antiamerikanismus mit aggressivem Antischiismus und zogen als Freiwillige in den Irak. Zur Wahrung ihrer Legitimität sahen sich arabische Regierungen genötigt, die Unterstützung des sunnitischen Widerstands im Irak zumindest zu tolerieren, wenn nicht gar zu fördern. Über Gelder staatlicher Einrichtungen, halbstaatlicher religiöser Stiftungen sowie von Privatpersonen aus den arabischen Golfstaaten wurden sunnitische Rebellen im Irak unterstützt. Davon profitierten auch terroristische Gruppen wie »al-Kaida im Irak«, aus der später der »Islamische Staat« hervorging.

Das Scheitern des Experiments Irak und der US-amerikanischen Demokratisierungsbemühungen im Libanon (2005) und in Palästina (2006) trug entscheidend dazu bei, dass die USA 2007 unter wesentlichem Einfluss von Vizepräsident Dick Cheney und dem Generalsekretär des saudischen Nationalen Sicherheitsrats, Prinz Bandar bin Sultan, ihre Politik im Nahen und Mittleren Osten neu ausrichteten.

Die Allianz zwischen den USA und den sunnitisch-arabischen Status-quo-Mächten wurde wieder gefestigt. Im Januar 2007 sprach US-Außenministerin Condoleezza Rice von einem »new strategic alignment in the Middle East«. Die sunnitischen Staaten seien Zentren der Mäßigung, während der Iran und die von ihm abhängigen Akteure Syrien und Hisbollah den Weg der Destabilisierung gewählt hätten.[88]

Auch Israel unterstützte diesen Kurs, sah es doch im Iran seinen Hauptfeind. US-amerikanische Demokratisierungsbemühungen in der Region wurden reduziert, gegen den Iran und das mit ihm verbündete Syrien verdeckte Operationen sowie elektronische Kriegführung eingesetzt. Damit verbesserte sich das Verhältnis Riad/Washington deutlich.

Eine vom US-Militär finanzierte Studie der RAND Corporation stützte 2008 dieses Vorgehen. Angesichts der zunehmenden Bedrohung der US-Energieinteressen im Nahen und Mittleren Osten sollten sich die USA an die Seite der sunnitischen Mächte Ägypten, Saudi-Arabien und Pakistan stellen. Im Interesse der USA sei es, die sunnitisch-schiitische Konfrontation anzufachen, um dadurch ein Gegengewicht zum Iran aufzubauen.[89]

## Reformen von oben unter König Abdullah (2005–2015)

Am 1. August 2005 erlag König Fahd einer Lungenentzündung. Nachfolger wurde sein Halbbruder Kronprinz Abdullah bin Abd al-Asis. Dieser hatte König Fahd nach dessen Schlaganfall schon zehn Jahre lang in den meisten Regierungsgeschäften vertreten. Zum neuen Kronprinzen wurde der langjährige Verteidigungsminister Sultan bin Abd al-Asis ausgerufen, ein Bruder des verstorbenen Königs Fahd. Damit wurde deutlich, dass die »Sieben Sudairi« weiterhin großen Einfluss behielten, zumal Abdullah mit 81 Jahren auf den Thron kam und keine allzu lange Regierungszeit erwartet wurde. Doch sollte der neue König nicht nur Kronprinz Sultan, sondern auch noch dessen Nachfolger Naif bin Abd al-Asis (2011/12) überleben. Zum dritten Kronprinzen in Folge wurde 2012 Prinz Salman bin Abd al-Asis ernannt, der heutige König. Alle gehörten zur Gruppe der »Sieben Sudairi«.

König Abdullah galt als fromm und trat volksnah und bescheiden auf. Jede Woche hielt er eine Sprechstunde für einfache Leute in seinem Palast und verbot den Besuchern, bei der Begrüßung seine Hand zu küssen. Großen Rückhalt genoss er bei den Stämmen, da er seit 1962 Oberbefehlshaber der Nationalgarde war und dieses Amt selbst als König noch bis 2010 bekleidete. Auch schmiedete er geschickt Allianzen mit weniger bekannten, aber einflussreichen Prinzen, darunter den Söhnen des früheren Königs Faisal.[90]

Bereits 1999 hatte Abdullah den »Roten Prinzen« Talal bin Abd al-Asis zu seinem Berater ernannt und auf Auslandsreisen mitgenommen. Manche Reformen, wie die erstmalige Vergabe von Ausweisen an Frauen (1999) und eine Lockerung der Pressezensur (2000), sollen auf dessen Anregung erfolgt sein. Die Beziehungen waren eng: 1958 hatte Abdullah Talals Bestrebungen zur Entmachtung von König Saud unterstützt.

Abdullah wurde als »König des Dialogs« bekannt, nach innen wie nach außen suchte er Gespräch und Verständigung. Noch als Kronprinz hatte er 2003 in Riad das King Abdulaziz Center for National Dialogue gegründet. Unter den 70 zur Gründungsversammlung eingeladenen Personen waren Frauen, Reformer und Schiiten. Aufgabe des Zentrums war es, Probleme zu diskutieren und Lösungen zu finden, um gewaltsam ausgetragene Konflikte zu verhindern. Auch sollte es den saudischen Patriotismus unter allen Bevölkerungsgruppen fördern. Es wurde freilich auch der Vorwurf erhoben, dass Dialog lediglich ein Vehikel für die Beruhigung und Kooptierung von Kritikern war.

Als ein Ergebnis beschloss der Ministerrat im Oktober 2003 die Wahl von 50 Prozent der Mitglieder von Gemeinderäten, dies wurde im Jahr 2005 erstmals umgesetzt. Damit konnten die Saudis zumindest in ihrem lokalen Umfeld mitbestimmen, ineffektive Amtsträger kritisieren und Entwicklungsprojekte vorschlagen. Die Befugnisse der Gemeinderäte sind allerdings begrenzt, da auch Gouverneure und Ministerien Kompetenzen in Lokalangelegenheiten haben. Bemerkenswert war, dass Vertreter der islamistischen Opposition bei den ersten Gemeindewahlen am besten abschnitten. In der Ostprovinz erhielten erstmals Schiiten ein Stück Mitsprache. Die Einführung »unislamischer« Wahlen stieß freilich auf massive Kritik bei konservativen Geistlichen wie auch beim autoritären Innenminister Naif bin Abd al-Asis.

Besonderes Aufsehen erregten Abdullahs Reformen in der Frauenpolitik, zu denen er auch von seiner Tochter Adila animiert wurde. 2013 wurden 30 Frauen zu Mitgliedern des königlichen Konsultativrats ernannt. Mit der an einer US-Universität ausgebildeten Nura al-Fidschis berief der König im Februar 2009 erstmals eine Frau in die Regierung. Als stellvertretende Erziehungsministerin war sie für die Mädchenbildung zuständig. 2012 erlaubte er weibliche Mitglieder im Nationalen Olympischen Team in ausgewählten Sportarten. Im August 2013 wurde ein Gesetz verabschiedet, das häusliche Gewalt in physischer, sexueller und psychologischer Form erstmals zur Straftat erhob, und 2015 wurde Frauen das kommunale Wahlrecht eingeräumt.

Vor diesem Hintergrund war es nicht verwunderlich, dass König Abdullah unter saudischen Frauen große Beliebtheit genoss. Viele erwarteten sich von ihm weitere Reformen, wie die Abschaffung der strikten männlichen Vormundschaftsregeln und die Erlaubnis für Frauen, Auto zu fahren. Doch war Abdullah ein vorsichtiger Reformer, der stets vorherigen Konsens anstrebte. In den letzten Jahren seiner Regierungszeit erlahmte sein Reformelan.

Bedeutsam war die Wiederbelebung eines Dialogs zwischen wahhabitischen und schiitischen Geistlichen. In den Jahren 2003 und 2004 unterzeichneten schiitische und sunnitische Kleriker gemeinsame Petitionen. Auch machte König Abdullah weitere Konzessionen, z. B. gestattete er die schiitischen Aschura-Prozessionen in bestimmten Regionen. Es verblieb aber noch ein gehöriges Maß an religiöser Diskriminierung, etwa abwertende Schulbücher. Manche schiitische Vertreter waren zum Dialog bereit, andere wie der Geistliche Nimr al-Nimr verweigerten ihn kategorisch. 2009 wurden während des Aschura-Festes Protestslogans gegen die saudische Monarchie skandiert, was zur Verhaftung schiitischer Wortführer führte.

König Abdullah ging nicht nur auf die Schiiten, sondern auch auf nichtislamische monotheistische Religionen zu. Als erster saudischer Monarch traf er sich am 6. November 2007 mit einem Papst. Das Gespräch mit Benedikt XVI. fand im Vatikan statt. Sie diskutierten die Möglichkeiten vertiefter Zusammenarbeit zwischen Christen, Juden und Muslimen. Religionsfreiheit für Christen in Saudi-Arabien bot Abdullah freilich nicht an. Im März 2008 sprach er sich zur Bekämpfung von Extremismus und Terrorismus für einen »brüderlichen und aufrichtigen Dialog zwischen Gläubigen aller Religionen« aus.[91] Im Juli 2008 initiierte er in Madrid eine Konferenz für interreligiösen Dialog. Im Oktober 2011 wurde als gemeinsame Einrichtung Österreichs, Spaniens und Saudi-Arabiens das »König-Abdullah-Zentrum für interreligiösen und interkulturellen Dialog« in Wien gegründet. Der Vatikan hat Beobachterstatus. Abdullahs Öffnung gegenüber anderen Glaubensbekenntnissen, sogar unter Einschluss fernöstlicher monotheistischer Religionen, war ein großer Schritt, gelten doch nach angestammter wahhabitischer Lehre Christen und Juden als »Ungläubige«. Konkrete Ergebnisse kamen allerdings kaum zustande, und die Treffen in Rom und Madrid hatten den Nebenzweck, den saudischen König protokollarisch als den globalen Führer der Muslime zu inszenieren.

Gegen den Widerstand von Geistlichen führte König Abdullah 2005 mit dem Gründungstag des Königreichs Saudi-Arabien, dem 23. September, erstmals einen weltlichen Feiertag ein. Er ersetzte den ultrakonservativen Leiter der Religionspolizei durch einen gemäßigteren Kleriker. Außerdem initiierte er ein Ausbildungsprogramm für Juristen, um Willkür bei der Scharia-Rechtsprechung einzudämmen.

Die Großzügigkeit des Königs hatte aber Grenzen. Reformen kamen von oben, gesellschaftlicher Aktivismus von unten wurde nicht geduldet. Dr. Abdullah al-Hamid und Mohammad al-Kahtani, 2009 Mitgründer der Saudi Civil and Political Rights Association, wurden 2013 unter anderem wegen »Verbreitung von Chaos«, »Untergrabung der öffentlichen Ordnung« und »Schwächung der Loyalität zum Herrscher« zu elf bzw. zehn Jahren Haft verurteilt. Der für die Verurteilung zuständige »Spezielle Strafgerichtshof« war 2008 gegründet worden und ging in gleichem Maß gegen Terroristen wie gegen Menschenrechtsaktivisten vor. Die Forderung nach einer konstitutionellen Monarchie mit gewähltem Parlament und unabhängiger Justiz überschritt die roten Linien des Landes. Der Universitätsdozent und Dichter Dr. al-Hamid und al-Kahtani wurden 2018 in absentia mit dem Alternativen Nobelpreis ausgezeichnet. Ende 2020 starb Dr. al-Hamid an Schlaganfall und Koma im Gefängnis. Die schwedische Right Livelihood Foundation, die den Preis vergibt, machte die saudischen Behörden für den Tod des 69-Jährigen verantwortlich, da der an Bluthochdruck leidende Gefangene keine angemessene medizinische Behandlung erhalten habe.

König Abdullah leitete budgetäre Einsparungsmaßnahmen ein, nachdem unter seinem Vorgänger die Ausgaben immer stärker angestiegen waren. Er erleichterte die Regeln für die Unternehmensgründung, förderte die Diversifizierung der Industrie und führte Saudi-Arabien 2005 in die Welthandelsorganisation (WTO). Im Januar 2011 setzte er sich für die Einführung eines Gemeinsamen Marktes im arabischen Raum ein.

Im Oktober 2006 rief König Abdullah einen *baia*-Rat (Treuerat) aus überlebenden Söhnen und ausgewählten Enkeln von König Abd al-Asis ins Leben. Er soll den Machtwechsel nach dem Tod eines Herrschers reibungslos gestalten. Zu den bestehenden Entscheidungskriterien gesellten sich weitere wie Regierungserfahrung, Unterstützung in der Herrscherfamilie, der Geistlichkeit und der Wirtschaft sowie Beliebtheit bei der Bevölkerung. Auch wurde die Möglichkeit eröffnet, dass die Generation der Enkel von Abd al-Asis die Königswürde erhält. Die Reform trat im Oktober 2007 in Kraft.

Weitreichende Folgen hatte das 2005 gestartete Stipendienprogramm für junge Männer und Frauen. Während der zehnjährigen Regierungszeit des Königs konnten über 100 000 Saudis im Ausland studieren. Damit kamen neue Ideen ins Land.

Der König initiierte die 2009 eröffnete und auf Natur- und Ingenieurswissenschaften spezialisierte King Abdullah University for Science and Technology (KAUST) in Thuwal bei Dschidda, die Universitätsgründung wurde von Saudi Aramco gemanagt. Für die hochkarätige Institution spendete er persönlich 10 Millionen US-Dollar. Sie erhielt einen Supercomputer, der zu den leistungsfähigsten weltweit zählte. Mit einer Ausnahmegenehmigung dürfen an dieser Universität Frauen und Männer gemeinsam unterrichtet werden und forschen. Dass ihr Gründungspräsident ein nichtmuslimischer Professor aus Singapur war, grenzte in Saudi-Arabien an eine Sensation. Damit nicht genug: Der ab 2008 amtierende KAUST-Vizepräsident für Verwaltung und Finanzen Nadhmi al-Nasr war ein Schiit aus Dhahran, er hatte bei Saudi Aramco Karriere gemacht.[92]

Ebenso legte König Abdullah 2005 den Grundstein für die neue »King Abdullah Economic City« (KAEC), die 125 Kilometer nördlich von Dschidda am Roten Meer liegt. Hier sollen einmal bis zu 2 Millionen Menschen wohnen, wovon man heute freilich noch weit entfernt ist: 2019 lebten dort erst 20 000. Der Energiesektor soll in der neuen Stadt keine Rolle spielen, jedoch Handel und Verarbeitende Industrie. Mit solchen Initiativen war der König bemüht, der rasch wachsenden saudischen Bevölkerung gute Bildung und attraktive Wohn- und Arbeitsmöglichkeiten zu verschaffen.

Saudi-Arabien profitierte nach 1990 von der zunehmenden Schwäche des Irak, aber auch Ägypten und Syrien verloren an Einfluss. Darüber hinaus bescherten stark steigende Ölpreise im Zeitraum 1998 bis 2008 dem Königreich hohe Exporteinnahmen, die es für außenpolitische Zwecke einsetzte. 2014 verfügte es über gigantische Devisenreserven in Höhe von an die 732 Milliarden US-Dollar. Saudi-Arabien wurde zur neuen Führungsmacht im arabischen Lager.

Wie sein Vorgänger Fahd war König Abdullah US-freundlich. Beginnend 1987 mit einem Besuch des damaligen Vizepräsidenten George H. W. Bush, hatte er als Kronprinz mehrfach offizielle Reisen in die USA unternommen. Im April 2002 war er in Washington mit Staatspräsident George W. Bush zusammengetroffen und auf dessen Pferderanch eingeladen worden, im Januar 2008 stattete ihm Präsident Bush einen Gegenbesuch in Saudi-Arabien ab.

Ein enger Vertrauter Abdullahs war Bandar bin Sultan bin Abd al-Asis, der von 1983 bis 2005 saudischer Botschafter in Washington war und enge persönliche Kontakte zur Familie Bush unterhielt, was ihm den Spitznamen »Bandar bin Bush« eingebracht hatte. 2005 machte ihn König Abdullah zum Generalsekretär des neu gegründeten Nationalen Sicherheitsrates. Das Rüstungsgeschäft mit den USA boomte weiter: Laut dem Stockholm International Peace Research Institute (SIPRI) entfielen fast 10 Prozent der US-Waffenexporte im Zeitraum 2011 bis 2015 auf Saudi-Arabien.[93]

Die Freundschaft des Königs mit den USA hatte jedoch auch ihre Grenzen. Wegen der US-amerikanischen Unterstützung Israels während der »Zweiten Intifada« hatte Abdullah als Kronprinz im Mai 2001 eine Einladung nach Washington ausgeschlagen.

Auch missfiel dem König die im Januar 2005 von US-Präsident Bush verkündete »Freedom Agenda« für den »Greater Middle East«. Bushs Irak-Politik missbilligte er schärfstens. 2008 äußerte er gemäß Wikileaks verbittert gegenüber US-Repräsentanten: »Manche sagen, dass der Irak mit der US-Invasion auf einem Silbertablett an den Iran übergeben worden sei.«[94]

Inwieweit die saudische Regierung den nationalistisch bzw. islamistisch inspirierten sunnitischen Widerstand im Irak förderte, ist schwer festzustellen. Jedoch ist unzweifelhaft, dass aus Saudi-Arabien freiwillige Kämpfer ungehindert dorthin reisen konnten. Auch wurden Spenden privater Gruppen oder Personen an irakische Widerstandsorganisationen toleriert. Eine Studie der Stiftung Wissenschaft und Politik kam 2006 zum Ergebnis, dass die Widerstandsgruppen Spenden aus Jordanien, Kuwait, Syrien und Saudi-Arabien erhielten. Von 154 getöteten Dschihadisten zwischen Oktober 2004 und März 2005 kamen 61 Prozent aus Saudi-Arabien.[95]

Saudi-Arabien ging auch nicht gegen *fatwas* wie diejenige von Abdullah ibn Dschibrin vor, einem Mitglied des Rats Hoher Geistlicher, der wiederholt Schiiten zu Ketzern erklärt, gemischtkonfessionelle Ehen untersagt und sogar die Tötung der Ehepartner für rechtens erklärt hatte.[96] Sein Schwiegersohn Isa Saad Muhammad ibn Aushen wurde Mitglied der al-Kaida, er starb 2004 bei einem Schusswechsel mit Sicherheitskräften in Saudi-Arabien. In seinem Haus wurden nicht nur zahlreiche Kriegswaffen, sondern auch gefrorene Leichenreste einer enthaupteten US-Geisel gefunden.[97] Der Vater blieb in hohem Ansehen, auf Kosten von König Abdullah erhielt er 2009 eine Herzoperation in der Berliner Charité.

König Abdullah suchte das Königreich als ehrlichen Makler bei der Lösung von Konflikten zu positionieren. Nach dem tödlichen Attentat auf den libanesischen Politiker Rafik al-Hariri brachte Saudi-Arabien 2005 eine Übereinkunft zwischen den USA und Syrien zustande, die den Abzug der dort stationierten syrischen Truppen beinhaltete. 2007 vermittelte das Königreich das (allerdings nicht dauerhafte) »Mekka-Abkommen« zwischen den zerstrittenen Palästinenserorganisationen Fatah und Hamas, und im selben Jahr lud es somalische Führer ein, um die Konflikte in dem afrikanischen Land beizulegen.

Der neue iranische Staatspräsident Mahmud Ahmadinedschad reiste im März 2007 nach Riad und redete dort acht Stunden lang mit König Abdullah. Im Dezember folgte er dessen Einladung zum *hadsch*. Nach der Pilgerfahrt wurde eine gemeinsame Erklärung über eine »friedliche Koexistenz« beider Staaten verabschiedet. Ahmadinedschad wurde im selben Monat sogar zum Gipfel des GKR in Doha (Katar) eingeladen – einer Organisation, die zur Eindämmung der Islamischen Republik Iran geschaffen worden war. Und 2007 unterzeichnete Ahmadinedschad in Bahrain ein Abkommen über iranische Gaslieferungen dorthin (das freilich nicht umgesetzt wurde).

Im August 2012 besuchte Präsident Ahmadinedschad anlässlich der OIZ-Gipfelkonferenz ein drittes Mal Saudi-Arabien. Während dieser Gelegenheit schlug der saudische König vor, ein Zentrum für interkonfessionellen Dialog zu

gründen. Von schiitischen Klerikern im Osten des Königreichs wurde dieser Vorschlag begrüßt. Das Projekt wurde
allerdings nicht realisiert.

Insgeheim aber misstraute König Abdullah dem Iran. Ein
rotes Tuch für Riad war im Mai 2006 die Bildung einer von
einer schiitischen Parteienallianz dominierten Regierung
im Irak mit Nouri al-Maliki als Premierminister. Der einstige Exilant in Teheran unternahm im September 2006 seine
erste offizielle Auslandsreise in den Iran und stimmte sich in
außenpolitischen Fragen mit Teheran ab. Im Irak suchte er
während seiner zehnjährigen Regierungszeit die irakischen
Sunniten zu marginalisieren. Gemäß einem von Wikileaks
veröffentlichten Drahtbericht der US-Botschaft äußerte König Abdullah im März 2009 gegenüber Obamas Anti-Terro-
rismus-Beauftragtem John Brennan, Maliki habe keine der
ihm persönlich gegebenen Zusagen eingehalten. »Ich ver-
traue diesem Mann nicht [...] Er ist ein iranischer Agent.«[98]
Im Jemen unterstützte Saudi-Arabien die Regierung von
Staatspräsident Abdullah Saleh in ihren diversen Feldzügen
gegen die schiitisch-islamistische Huthi-Bewegung im Zeitraum 2004 von 2010. Zunehmend unterstellte die saudische
Regierung auch in diesem Land den Iranern antisaudische
Machenschaften.

Die Ressentiments gegenüber dem Iran sind in Saudi-
Arabien tief verwurzelt. So meinte damals der nicht zu den
Scharfmachern zählende Prinz Turki bin Faisal: »Ich sehe
in Bezug auf den Iran kein günstiges Szenario. Die Frage ist
nur, wie aktiv bösartig es sein wird.«[99]

Das iranische Atomprogramm wurde als massive Bedrohung des Königreichs empfunden. Sollte Teheran in der
Zukunft über die Atombombe verfügen, besäße es eine un-
anfechtbare Vormachtstellung im Nahen und Mittleren
Osten. 2002 war bekannt geworden, dass der Iran Atomanla-

gen unterhielt, die der Internationalen Atomenergiebehörde (IAEO) verheimlicht worden waren. Unter Staatspräsident Ahmadinedschad eskalierte der internationale Streit um das Atomprogramm. Am 1. Dezember 2009 verkündete er, dass es keine weiteren Gespräche über das Programm geben und der Iran im eigenen Land Uran anreichern werde, nicht wie vorgeschlagen außerhalb. Daraufhin begann im Februar 2010 die Urananreicherung auf 20 Prozent, was ein Schritt auf dem möglichen Weg zu waffenfähigem Uran war (hierfür werden mindestens 85 Prozent benötigt). 2006 hatte der UN-Sicherheitsrat wegen des iranischen Atomprogramms gemäß Kapitel VII der UN-Charta erstmals Wirtschaftssanktionen gegen das Land verhängt, von 2007 bis 2010 wurden diese verschärft.

Die Enthüllungsplattform Wikileaks veröffentlichte 2012 einen Drahtbericht zwischen der US-Botschaft Riad und dem Außenministerium in Washington, der Aussagen eines Gesprächs von König Abdullah mit dem US-Botschafter im Irak Ryan Crocker und dem US-General David Petraeus aus dem Jahr 2008 zitiert: »Der König, der Außenminister, Prinz Mukrin und Prinz Naif waren sich alle einig, dass das Königreich mit den USA zusammenarbeiten müsse, um den iranischen Einfluss und die iranische Subversion im Irak zu bekämpfen und zurückzudrängen. Der König war in diesem Punkt besonders unerbittlich. [...] Al-Jubeir erinnerte an die häufigen Ermahnungen des Königs an die USA, den Iran anzugreifen und damit seinem Atomwaffenprogramm ein Ende zu setzen. ›Er hat Ihnen gesagt, Sie sollen der Schlange den Kopf abschneiden.‹ [...] Der König äußerte die Hoffnung, dass die USA ihre Iran-Politik überprüfen und die richtigen Schlussfolgerungen ziehen werden. [...] Er beschrieb den Iran als ›abenteuerlich im negativen Sinne‹ und erklärte: ›Möge Gott es verhindern, dass wir Opfer ihrer Bösartigkeit werden.‹«[100]

Die von Wikileaks veröffentlichten Drahtberichte enthüllen eine tiefsitzende Abneigung vieler Golfmonarchien gegenüber dem Iran. Aber auch Vertreter Ägyptens und Jordaniens äußerten sich gemäß den Drahtberichten dezidiert iranfeindlich. Da sie Kostgänger der Golfmonarchien sind, war es freilich wenig verwunderlich, dass sie deren Position übernahmen.

Den neuen US-Präsidenten Barack Obama beurteilte König Abdullah zunächst sehr positiv: Seine Wahl werde für die muslimische Welt große Hoffnungen mit sich bringen. Obama hatte sein erstes Interview als Staatspräsident dem saudischen Satellitensender Al Arabija gegeben, in Ankara hatte er bekräftigt, dass sich die USA nicht im Krieg mit dem Islam befänden, und seine Kairoer Rede vom 4. Juni 2009 zeigte die Vision einer neuen Partnerschaft mit der muslimischen Welt auf, basierend auf gegenseitigem Respekt und gemeinsamen Interessen. Jedoch sollte es aufgrund der im nächsten Kapitel beschriebenen Haltung Obamas im »Arabischen Frühling« schon bald zu einer Trübung der Beziehungen kommen.

Abdullah beabsichtigte, die saudischen Außenbeziehungen zu diversifizieren. Es war ein Signal, dass seine erste Auslandsreise als König im Januar 2006 nicht nach Westen, sondern nach Osten führte: Er besuchte Indien und China. In Beijing unterzeichnete er mehrere Abkommen im Energiebereich. Im April 2006 stattete Chinas Staatschef Hu Jintao in Riad einen Gegenbesuch ab. Im Februar 2009 besuchte Hu Jintao erneut Saudi-Arabien. In diesem Jahr überholte China die USA als führender Importeur saudischen Öls. König Abdullah bemühte sich auch um enge Beziehungen zu Indonesien, Pakistan, Bangladesch, Afghanistan und Malaysia.

Im islamisch-konservativen türkischen Staatspräsidenten Recep Tayyip Erdoğan sah Abdullah einen attraktiven

Partner. Als erster saudischer König seit 40 Jahren reiste er im August 2006 zu einem Staatsbesuch nach Ankara und äußerte:

»Die Bindungen, die unser Bruderland Türkei an uns knüpfen, sind keine gewöhnlichen, sondern spirituelle, die auf gemeinsamen Überzeugungen beruhen. Wechselseitige finanzielle Interessen im jeweils anderen Land reichen nicht aus, um unsere Beziehungen wertvoller zu machen.«[101]

Doch auch wirtschaftlich war die boomende Türkei interessant. Abdullahs 300 Personen starker Delegation gehörten zahlreiche Geschäftsleute an. Eine Gemeinsame Saudisch-Türkische Kommission und ein Saudisch-Türkischer Wirtschaftsrat wurden begründet. 2008 übersprang der bilaterale Handel die Marke von 5 Milliarden US-Dollar. Die Türkei exportierte vor allem Kleidung, Textilien, Nahrungsmittel, Baumaterial, Eisen, Stahl, Fahrzeuge und Rüstungsgüter nach Saudi-Arabien und importierte von dort insbesondere Öl. Saudis reisten zunehmend als Touristen in die Türkei und erwarben dort Häuser und Wohnungen, überdies wurde saudisches Kapital in türkische Banken, Firmen und Agrarbetriebe investiert. Türkische Baufirmen erhielten einen bedeutenden Anteil der in Saudi-Arabien erteilten Aufträge. Mit 200 000 Personen ist die dort tätige türkische Diaspora heute die zweitgrößte nach Deutschland. Kulturelle Produkte aus der Türkei, wie Fernsehserien, kommen in Saudi-Arabien gut an, vermitteln aber auch das Gegenbild einer moderat-islamischen marktwirtschaftlichen Demokratie.

Die bilaterale Annäherung manifestierte sich auch in der Wahl des türkischen Professors Ekmeleddin İhsanoğlu zum Generalsekretär der Organisation Islamischer Zusammenarbeit in Dschidda (er amtierte von 2004 bis 2014). 2007 wurde dem saudischen König Abdullah die Ehrenmedaille des türkischen Staats verliehen, 2010 erhielt der türkische Premierminister Erdoğan den Internationalen König-Faisal-Preis für Verdienste um den Islam.

Was die Beziehungen zu westlichen Staaten betrifft, suchte König Abdullah engere Kontakte zu Frankreich, um die Dominanz der USA und Großbritanniens zu reduzieren. Im Januar 2008 empfing er in Riad Staatspräsident Nicolas Sarkozy. Abkommen über den Ausbau der Öl- und Gasindustrie sowie Programme zur beruflichen Aus- und Weiterbildung wurden unterzeichnet. Auch fanden Verhandlungen über den Kauf von Hubschraubern, Schiffen und U-Booten statt. Sarkozy bot dem saudischen König zudem die französische Unterstützung bei der Nutzung der Kernenergie in Saudi-Arabien an.

Während der Regierungszeit Abdullahs war die Korruption immer noch verbreitet. Im Jahr 2011 gründete der König eine »Nationale Kommission zur Bekämpfung der Korruption«. Abdullah entzog den Prinzen manche Privilegien und wies sie darauf hin, dass er ohne die Last der Korruption vor das jüngste Gericht treten wolle, wie Wikileaks enthüllte.

Abdullahs Sohn Prinz Mutaib bin Abdullah wurde 2010 Oberbefehlshaber und 2013 Minister der Nationalgarde; am 4. November 2017 wurde er verhaftet und seines Amtes enthoben. Ihm wurde vorgeworfen, Geisterangestellte eingestellt und Rüstungsaufträge in Milliardenhöhe an eigene Unternehmen vergeben zu haben. Nach Zahlung einer Buße von mindestens 1 Milliarde US-Dollar wurde er freigelassen. Die Stichhaltigkeit der Vorwürfe ist freilich nicht nachprüfbar, Beobachter haben jedoch immer wieder darauf hingewiesen, dass insbesondere im saudischen Rüstungssektor hohe Bestechungszahlungen üblich sind. Der fachlich als durchaus kompetent geltende Prinz Mutaib besitzt ein Milliardenvermögen. 2010 kaufte er in Paris das prestigeträchtige Hotel de Crillon für 354 Millionen US-Dollar.

Der 2011 ausgebrochene »Arabische Frühling« hatte wesentlichen Einfluss sowohl auf die Innen- als auch auf die Außenpolitik Saudi-Arabiens. Innenpolitisch verhärtete sich die Haltung gegenüber Kritikern, Reformern und schiitischen Aktivisten. Außenpolitisch ging das Königreich nun von defensiver Scheckbuchdiplomatie zur offensiven Bekämpfung seiner Gegner über und setzte sich an die Spitze derjenigen Mächte, die mit allen Mitteln den Status quo zu erhalten suchten. Mit den Entwicklungen seit 2011 beschäftigen sich die Kapitel »Saudi-Arabien und der ›Arabische Frühling‹« und »Zäsur 2015: Der neue König Salman und sein mächtiger Kronprinz MbS« (siehe S. 377–454).

# Der *hadsch* in Mekka,
# der Wiege des Islam

## Mehr als 20 Millionen Pilger pro Jahr

Das Königreich Saudi-Arabien hat die Aufgabe, den alljährlichen *hadsch* (Pilgerfahrt) nach Mekka zu organisieren. Neben dem öffentlichen Glaubensbekenntnis, dem rituellen Gebet, dem Almosengeben und dem Ramadan-Fasten ist der *hadsch* eine der fünf Pflichten des Islam. Im Koran heißt es: »Der Menschen Pflicht gegenüber Allah ist der hadsch zum Hause [Gottes], wer immer dazu in der Lage ist« (Sure Al Imran, 3, Vers 97). Jeder Gläubige, der rüstig ist und sich die Reise mit selbstverdientem Geld leisten kann, soll mindestens einmal in seinem Leben den *hadsch* durchführen. Die Unterlassung gilt als Sünde, hingegen verspricht die Durchführung reichen Lohn. Muhammad soll gesagt haben: »Die Belohnung für die angenommene Pilgerfahrt ist nichts anderes als das Paradies.«[1]

Natürlich ist die große Zahl von Pilgern auch eine lohnende Einnahmequelle für den saudischen Staat und insbesondere für die Bewohner Mekkas. Nach Berechnung der Wirtschaftskammer von Mekka bringt das Pilgergeschäft dem Königreich jedes Jahr rund 11 Milliarden Euro ein.

Benannt ist der *hadsch* nach dem letzten Monat im islamischen Mondkalender Dhu l-Hidscha, in dem er stattfindet. In unserem gregorianischen Kalender beginnt er jedes Jahr an einem anderen Termin. Wichtig ist das Gemeinschaftserlebnis auf der fünftägigen Pilgerreise. Muslime aus der ganzen

Welt vollziehen zusammen die muslimischen Rituale. Unter den Nationen stehen die Indonesier mit 200 000 Pilgern an erster Stelle. Ergänzt wird der gemeinschaftliche *hadsch* durch die individuelle *umra* (»Besuch«). Sie soll laut Ausspruch des Propheten Muhammad die Sünden für ein Jahr tilgen, zählt aber nicht als Erfüllung der *hadsch*-Pflicht.

Der *hadsch* ist eine spirituelle Reise. Wie in einem Brennglas fasst er die lebenslange Entwicklung des Menschen zusammen. Er führt den Gläubigen einerseits zum Schöpfungsakt und der Vertreibung Adams und Hawwas (Evas) aus dem Paradies zurück, andererseits bringt er ihn zum Ende des Lebens, dem Jüngsten Gericht, dem Übergang ins Jenseits. Ziel ist es, innere Reinheit und Wahrheit zu finden. Hierfür muss sich jeder Pilger einem friedlichen *dschihad* (Opfer und Anstrengung) unterziehen. Die Pilgerfahrt soll den Glauben an die Einheit und Einzigartigkeit Gottes (*al-tauhid*) stärken und den Bund mit ihm erneuern. Wenn die aus aller Welt kommenden Gläubigen im einfachen Pilgergewand ihre Gebete und Rituale verrichten, sind soziale, kulturelle und nationale Unterschiede nivelliert. Die Bande zwischen den Gläubigen sollen gestärkt, der Austausch der Gedanken soll gefördert werden.

## Ursprung und Bezüge

Umstritten, aber unter Muslimen verbreitet ist der Glaube, dass nach der Vertreibung aus dem Paradies Adam auf Sri Lanka, Hawwa in Arabien landete. In der Ebene Arafat bei Mekka trafen sie wieder zusammen und fanden einen aus dem Paradies stammenden Stein. Sie stellten diesen Würfel (*kaaba*) auf einen Sockel und bauten um ihn herum ein erstes Gotteshaus. Der Stein soll ursprünglich weiß gewesen, aufgrund der Sünden der Menschen aber im Lauf der Zeit schwarz geworden sein. Wissenschaftler vermuten, dass es sich um einen aus dem Weltraum stammenden Meteoriten handelt.

Adam liegt in Mekka begraben, Hawwa in Dschidda. Diese Stadt wurde nach ihr benannt, denn Dschidda bedeutet »Urmutter«. Das Grab der Hawwa wurde jahrhundertelang verehrt, bis die Wahhabiten es 1928 zerstörten.

Nach der Vorstellung der Muslime ist der Islam die älteste Religion (*din al-hanif*), zu der letztlich alle Menschen streben. Spätere Religionen wie das Judentum und das Christentum hatten die Botschaft verfälscht, weswegen Gott Muhammad zum letzten Propheten erwählte und den Koran als abschließende Offenbarung herabsandte.

Gemäß nachkoranischer Überlieferung kamen auch der Prophet Ibrahim (Abraham), seine Nebenfrau Hadschar (Haggar) und sein Sohn Ismael (Ismail) nach Mekka. Die Familie stammte aus Ur; der Hirte Ibrahim wanderte auf göttlichen Befehl mit seinen Stammesangehörigen nach Ägypten. Da seine Frau Sarah (Sara) unfruchtbar schien, zeugte er mit seiner ägyptischen Magd Hadschar den Sohn Ismael. Doch später wurde Sarah mit 90 Jahren doch schwanger und gebar ihm den Sohn Ishak (Isaak). Hadschar und Ismael mussten daraufhin wegziehen. Nach dem Glauben vieler Muslime brachte Ibrahim sie auf die Arabische Halbinsel nach Mekka.

Ibrahim und Ismael gruben in Mekka die von der Sintflut verschüttete Kaaba aus und errichteten um sie herum erneut ein Gotteshaus. Auf einem Stein erkannten sie die Worte »*al-Rahman al-Rahim*« (»der Gnädige« und »der Barmherzige«). Als wichtigste Beinamen Gottes sind sie auch in der Anrufungsformel enthalten, die vor jeder Koransure steht (»*Bismillah al-Rahman, al-Rahim*«, d. h. »Im Namen Gottes, des Gnädigen und Barmherzigen«), und heute im Leben Saudi-Arabiens allgegenwärtig. Auf Geheiß Gottes musste Ibrahim Hadschar und Ismael zurücklassen. Hadschar rannte auf der Suche nach Wasser zwischen dem Safa- und dem Marwa-Felsen hin und her, bis ihr schließlich ein Engel die lebensspendende Sem-Sem-Quelle wies.

Ibrahim erhielt von Gott den Befehl, seinen Sohn Ismael zu opfern. Als er dazu bereit war, verzichtete Gott auf das Menschenopfer und ersetzte es durch ein mächtiges Opfertier. Ein Ort wird im Koran nicht genannt, aber viele Muslime glauben, dass sich der Vorgang auf dem Berg Thabir bei Mekka abspielte. Diese Erzählung unterscheidet sich von der jüdischen und christlichen Überlieferung: Laut Tora und Bibel sollte Abraham nicht Ismail, sondern Isaak opfern, und dies nicht bei Mekka, sondern auf dem Jerusalemer Tempelberg.

Ibrahim und Ismael restituierten die Gottesverehrung an der Kaaba und regten Pilgerfahrten an. Ismael heiratete in den Stamm der Jurhum ein und wurde zum Kustos der Kaaba ernannt. Doch nach seinem Tod begann der Aberglauben wieder Einzug zu halten: Die Bani Khusa'ah kontrollierten Mekka, errichteten dem Gott Hubal ein Götzenbild und zerstörten den heiligen Brunnen Sem-Sem.

Im 5. Jahrhundert heiratete ein Vorfahre des Propheten, der dem Stamm der Banu Nadir angehörende Kusai ibn Kilab, die Tochter des Bani-Khusa'ah-Führers, erhielt so die Herrschaft über Mekka und begründete den neuen Stamm der Kuraisch. Er holte den von einem anderen Stamm in den Bergen um Mekka vergrabenen Schwarzen Stein zurück, erbaute die Kaaba neu und versah sie erstmals mit einem hölzernen Dach. Auch war er der Gründer von Mekka als Stadt. Er errichtete Viertel mit festen Häusern und bestimmte die Grenzen des heiligen Bezirks um die Kaaba. Kusai war politischer und militärischer Führer, Hüter der Kaaba und für die

Bewirtung der Pilger verantwortlich. Sein Enkel Haschim ibn Abd Manaf heiratete Salma bint Amr vom Stamm der Banu Chasradsch in Jathrib (heute Medina). Auf Haschim führt sich die seit 1921 in Jordanien regierende Dynastie der Haschemiten zurück. Haschims Sohn Abd al-Muttalib entdeckte mit Hilfe eines Traumes und Zeichen von Vögeln den verschütteten Brunnen Sem-Sem wieder. Sein Sohn Abdallah ibn Abd al-Muttalib heiratete Amina bint Wahb, die Prophetenmutter (*Umm an-Nabi*). Um 570 wurde Muhammad ibn Abdallah geboren. Die Muslime glauben, dass er ab dem Alter von 40 Jahren in den Bergen um Mekka göttliche Offenbarungen erhielt. Über den Erzengel Gabriel teilte ihm Gott den Koran mit, den Muhammad auswendig memorierte.

Die große Mehrzahl der Kuraisch lehnte die monotheistische Botschaft ab, denn die Vielzahl der Kulte und rund 360 Götzenbilder brachten den Bewohnern reichhaltige Einnahmen aus Pilgerfahrten. 622 entschloss sich Muhammad zur Auswanderung nach Jathrib. Die dort ansässigen Banu Chasradsch konvertierten zum Islam und erkannten ihn als religiösen und politischen Führer an. Ihm zu Ehren wurde Jathrib in Medina an-Nabi (»Stadt des Propheten«, kurz Medina) umbenannt. Nach mehreren Kriegen mit den Mekkanern, in denen er auch als Feldherr Schlachten schlug, eroberte Muhammad 630 nahezu ohne Blutvergießen Mekka und begründete die islamischen Wallfahrtsrituale an der Kaaba, die von den Gläubigen bis heute nachgeahmt werden. Am 8. Juni 632 starb er in Medina und wurde dort begraben.

Makka al-Mukarrama (»Mekka, die Heilige«) ist die Stadt Gottes, von Adam und Hawwa bis zu Muhammad wirkte hier Gott mit Hilfe von Menschen. Hingegen ist Medina die Stadt des Propheten (Medina an-Nabi). Dort amtierte Muhammad als Führer, dort errichtete er nach seiner Ankunft 622 die

»Prophetenmoschee«, in der er auch begraben ist. Die nach der al-Haram-Moschee in Mekka zweitheiligste Moschee des Islam wurde zum Vorbild für alle muslimischen Moscheen.

Beide Städte bilden zwei zusammengehörige Seiten einer Medaille: Gott und Prophet, was auch im Glaubensbekenntnis »*La ilaha illa Allah wa Muhammad rasul Allah*« (»Es gibt keinen Gott außer Allah, und Muhammad ist sein Prophet«) zum Ausdruck kommt. Die Eigenschaften der beiden Städte sind gleichfalls komplementär: Mekka wird durch die Strenge Gottes, Medina durch die Muhammad zugeschriebene Milde charakterisiert.

Viele Pilger besuchen vor oder nach dem *hadsch* auch die Prophetenmoschee in Medina. Darüber hinaus ist es für Muslime verdienstvoll, zu weiteren heiligen Städten zu pilgern, z. B. nach Jerusalem zur al-Aksa-Moschee und zum Felsendom oder nach al-Chalil (Hebron, Palästina) zur Ibrahim-Moschee mit den Patriarchengräbern. Die Schiiten fahren zusätzlich zu den Gräbern ihrer Imame in al-Kasimija, Kerbala, Nadschaf und Samarra (Irak), Maschad (Iran) und Medina (Saudi-Arabien). Der iranische Wallfahrtsort Maschad zieht sogar mehr Besucher als Mekka an: Genannt werden Zahlen zwischen 25 und 37 Millionen schiitischer Pilger pro Jahr aus allen Teilen der Welt.

## Wie verläuft der *hadsch*?

Früher zogen jedes Jahr unzählige Karawanen mit Zehntausenden Pilgern und etwa 130 000 Kamelen gen Mekka. Die Reise war gefährlich, nicht wenige Pilger starben an Hunger, Durst, Pest, Cholera oder infolge von Überfällen räuberischer Beduinen. Vor dem Aufbruch war es üblich, sein Testament anzufertigen. 1883 brach die letzte große Landkarawane von

Kairo in Richtung Mekka auf. Danach kamen die meisten Pilger per Schiff; heute ist das Flugzeug das bevorzugte Reisemittel.

Die Länder erhalten Kontingente für den *hadsch* zugewiesen. Vielerorts gibt es Wartelisten, in manchen Ländern auch *hadsch*-Lotterien. Für angehende Pilger werden Vorbereitungskurse angeboten. Dabei lernt sich die Pilgergruppe kennen. Koordiniert wird der Besuch von der *hadsch*-Mission des jeweiligen Landes in Saudi-Arabien, die auch die Hotelzimmer oder Zeltquartiere zur Verfügung stellt. Vom Pilger wird Dankbarkeit erwartet: So sind die marokkanischen Pilger angehalten, in der Kaaba laut für ihren König zu beten. Obwohl nationale Unterschiede verschwinden sollen, ist es doch üblich, dass die Pilgergruppen der jeweiligen Länder unter sich bleiben.

Die Heimatgemeinde muss bestätigen, dass der Pilger Muslim ist und am religiösen Leben teilnimmt, da Nichtmuslimen der Besuch von Mekka streng verboten ist. Schilder an den Straßen weisen darauf hin, dass die Weiterfahrt für Nichtmuslime untersagt ist. An Kontrollstellen wird die Religionszugehörigkeit überprüft, in der Regel werden schriftliche Nachweise der Heimatgemeinde verlangt.

**Europäer in Mekka**

Immer wieder erlagen europäische Reisende der Versuchung, den heiligsten Ort der Muslime zu besuchen. Entweder konvertierten sie pro forma zum Islam oder gaben sich als Muslime aus, meist mit falscher Identität. Auch einen dritten Weg nach Mekka gab es: Europäer gelangten als Kriegsgefangene oder Sklaven muslimischer Herren unfreiwillig dorthin, so 1607 der von den Osmanen in Ungarn gefangen genommene und mehrfach weiterverkaufte deutsche Landsknecht Hans Wild.[2]

Der erste bekannte europäische Besucher war der italienische Reisende und Schriftsteller Ludovico de Varthema (1465–1517) aus Bologna. 1503 wurde er unter falschem Namen in Damaskus als Soldat in einer mameluckischen Kaserne aufgenommen und begleitete eine Pilgerkarawane. Arabien sah er noch vor der Ankunft der Osmanen (1517). In Mekka traf er Muslime aus so weit entfernten Ländern wie Äthiopien, Indien und Persien. Ein Kaufmann verdächtigte ihn, Christ zu sein. Als er in den Jemen weiterreiste, wurde er vorübergehend als angeblicher christlicher Spion inhaftiert, kam jedoch auf Betreiben der Sultansgattin frei. Danach bereiste de Varthema Persien, Indien und Südostasien. In seinen akkuraten Tagebüchern beschreibt er erstmals aus europäischer Sicht die Rituale des *hadsch*.

1809 reiste der Niedersachse Ulrich Jasper Seetzen (1767–1811), 1815 der Schweizer Johann Ludwig Burckhardt (1784–1817) nach Mekka. Sie gaben sich als Pilger aus, Seetzen konvertierte nach dem *hadsch* zum Islam. Burckhardt blieb drei Monate in Mekka, fertigte detaillierte Karten an und verfasste einen ausführlichen Bericht. Auf seine Erkenntnisse stützte sich der sprachbegabte britische Forschungsreisende, Offizier, Orientalist und Konsul Sir Richard Francis Burton (1821–1890). Verkleidet als afghanischer Derwisch besuchte er im September 1853 Mekka und vollzog den *hadsch*. Minutiös hatte er sich auf das Unternehmen vorbereitet, um keine Fehler zu machen, riskierte er damit doch sein Leben.

Den ersten Blick auf die Kaaba beschrieb Burton mit folgenden Worten: »Das Trugbild der Vorstellung versah den riesigen Katafalk und seine düstere Blässe mit besonderen Reizen. Es gab keine riesigen Fragmente der ehrwürdigen Antike wie in Ägypten, keine Überreste von anmutiger und harmonischer Schönheit wie in Griechenland und Italien, keine barbarische Pracht wie in den Gebäuden Indiens; dennoch war die Aussicht seltsam, einzigartig – und wie wenige haben den berühmten Schrein gesehen! Ich kann wirklich sagen, dass von allen Betern, die sich weinend an den Vorhang klammerten oder ihre schlagenden Herzen an den Stein drückten, für den Moment keiner eine tiefere Emotion empfand als der Pilger aus dem hohen Norden.«[3]

Burton veröffentlichte den viel gelesenen »Persönlichen Bericht einer Pilgerreise nach Mekka und Medina« (1853) und wurde in England zum gefeierten Helden. Der arabisch-islamischen Kultur war er sehr zugetan. So übersetzte er die aus Persien nach Arabien gekommene, freizügige Geschichtensammlung »Erzählungen aus 1001 Nacht« unzensiert ins Englische. In seinen späteren Lebensjahren war er britischer Konsul, unter anderem in Damaskus.

1860 unternahm der deutsche Forschungsreisende und Orientalist Heinrich von Maltzan (1826–1874) eine Reise nach Mekka und nutzte hierfür einen Pass, den er einem befreundeten algerischen Muslim abgekauft hatte. Nach dessen Tod publizierte er seinen zweibändigen Reisebericht »Meine Wallfahrt nach Mekka. Reise in der Küstengegend und im Inneren von Hedschas« (1865). Intensiv hatte er sich mit dem Leben der Bewohner und Pilger befasst und an der Küste archäologische Forschungen zu Orten aus dem Altertum unternommen.

Ein halbes Jahr in Mekka verbrachte 1884 der niederländische Arabist und Islamwissenschaftler Christiaan Snouck Hurgronje, der sich sehr überzeugend als muslimischer Rechtsgelehrter ausgab. Nach seiner Rückkehr verfasste er das zweibändige Grundlagenwerk »Mekka« (1888–1889, inklusive Atlas).

Der Pilger muss Allah im Herzen tragen. Er soll daher vor Reisebeginn seine Schulden begleichen, seine Mitmenschen um Vergebung bitten und sich von ihnen verabschieden. Böse Gedanken und Begierden hat er hinter sich zu lassen, Streit mit anderen Pilgern ist tabu.

Für manche Mekka-Pilger ist der *hadsch* der größte Lebenstraum. Sehnsüchtig erwarten sie die Ankunft in der heiligen Stadt. Andere kommen aus Neugier, wieder andere werden von ihrer Familie dazu gedrängt oder schließen sich Freunden an. Wenn ein Muslim den *hadsch* bereits selbst vollzogen hat, kann er ihn auch für jemand anderen durchführen, dem dies nicht möglich war oder ist, z. B. für den verstorbenen oder kranken Vater.

Bei der Einreise werden die Pässe abgenommen und am Flughafen deponiert, bei der Ausreise erhalten die Pilger sie zurück. Am internationalen Flughafen Dschidda werden die Pilger auf Busse verteilt. Das von dem US-amerikanisch-bengalischen Architekten Fazlur Khan entworfene, riesige *hadsch*-Terminal verfügt über überdimensionale Baldachine zum Schutz der Passagiere vor der Sonne. Die Zeltdachkonstruktion mit einer Fläche von 40,5 Hektar ist die weltweit größte polymerbeschichtete Glasfasergewebekonstruktion.

Besonders verdienstvoll ist es, schon bei Beginn der Pilgerfahrt in den *ihram* (»Weihezustand«) zu treten. Spätestens muss dies an bestimmten Sammelplätzen (*mikat*) außerhalb von Mekka erfolgen, das 80 Kilometer von Dschidda entfernt ist. Die männlichen Pilger hüllen sich in zwei weiße, ungesäumte Tücher, die ebenfalls als *ihram* bezeichnet werden und die Nacktheit des Menschen vor Gott symbolisieren. Die wenigen notwendigen persönlichen Sachen werden in einem Beutel mitgeführt. Manche Muslime bewahren den *ihram* als ihr späteres Leichentuch auf. Jeglicher Schmuck muss nun abgelegt werden, so dass es keine sozialen Unterschiede gibt. Die Pilger vollziehen die rituelle Waschung, entfernen die Achsel- und Schamhaare und schneiden sich die Finger- und Zehennägel. Frauen haben kein besonderes Gewand, müssen jedoch unverschleiert, schmucklos und unparfümiert sein. Üblich ist ein weißes Gewand, bei Iranerinnen ein schwarzes, bei Südasiatinnen ein grünes. Während des *hadsch* sind der Geschlechtsverkehr und das Töten von Lebewesen – bis hin zu kleinen Insekten – untersagt. Zu Beginn des Weihezustands wird Gott mit den Worten angerufen: »Ich folge Deinem Ruf, mein Gott!«

Eine bequemere Variante nennt sich *tamattu* (»Genuss«). Dabei wird der Weihezustand mit seinen Einschränkungen für einige Tage unterbrochen, z. B. zwischen dem Besuch der Kaaba in Mekka und den Ritualen außerhalb von Mekka.

Nach der Ankunft im Heiligen Bezirk von Mekka (*haram*) betreten die Pilger die al-Haram-Moschee durch das »Tor von König Fahd« und sprechen das Begrüßungsgebet. Sieben Mal führen sie den Umlauf (*tawaf*) um die Kaaba durch. Dies erfolgt entgegen dem Uhrzeigersinn, da der Gläubige symbolisch ins Paradies zurückkehrt und die zwischenzeitlichen Sünden hinter sich lässt. Beim Umlauf rufen die Gläubigen: »*labbajka alahumma labbajka*« (»Dir zum Dienst, Herr!«). Die al-Haram-Moschee ist die einzige Moschee in der gesamten islamischen Welt, in der Männer und Frauen gemeinsam beten. Doch achten Wächter auf Abstand. Helfer tragen Alte und Kranke auf Bahren.

Lediglich das saudische Religionsfernsehen darf in der al-Haram-Moschee filmen; es überträgt 24 Stunden lang live den Pilgerstrom in die ganze Welt.

An der Kaaba herrscht ein großes Gedränge, denn viele Pilger versuchen, sie zu küssen, was die Erneuerung des Bundes mit Gott (*al-mithaq*) symbolisiert. Allah wird um Hilfe in Not oder Krankheit gebeten. Manche Pilger wollen gar den schwarzen Seiden- und Baumwollevorhang (*kiswa*) mit seinem goldenen Fries koranischer Verse anheben, um den Schwarzen Stein zu sehen, doch werden sie daran von den Wächtern gehindert. Bis 1927 war es das Vorrecht der ägyptischen Muslime, jedes Jahr einen neuen Vorhang zu stiften, denn die feierliche Übergabe der *kiswa* symbolisierte auch die politische Unterstellung des Hedschas unter ägyptische Oberhoheit. Heute wird die *kiswa* in Saudi-Arabien gewebt. Der Vorhang des Vorjahrs wird zerschnitten und an islamische Würdenträger in aller Welt verschenkt.

Nach dem Umlauf wird der Raum zwischen einer halbkreisförmigen weißen Marmormauer (*hatim*) und der Kaaba besucht. Hier sollen Ismael und seine Mutter Hadschar begraben sein. Anschließend trinken die Pilger wohltätiges Wasser aus dem Sem-Sem-Brunnen, das heutzutage von einer modernen Pumpmaschine gefördert wird.

Danach laufen die Pilger im Gedenken an Hadschars Wassersuche sieben Mal auf einem mit Säulen gesäumten und überdachten Weg zwischen dem Safa- und Marwa-Hügel hin und her. Die Frauen dürfen die Strecke auch gehend absolvieren. Das Ritual ist ein Symbol für die Suche nach dem Leben.

Der Besuch der al-Haram-Moschee wird mit dem Abschneiden einer Locke (einem symbolischen Opfer) und einem Abschiedsgebet abgeschlossen.

In Mekka mischen sich Ehrfurcht und Überwältigung mit Gedränge, Schweiß, dichtem Verkehr, Lärm, Müll, Luftverschmutzung und Kommerz. Die Unterkünfte sind von unterschiedlicher Qualität, viele Pilger klagen über zu kleine Zimmer und zu wenige Toiletten. Händler sind aggressiv und scheuen nicht vor Wucher zurück. Bettler haben während des *hadsch* Hochkonjunktur; viele reisen sogar eigens an, denn die Pilger müssen ja Gelegenheit haben, der religiösen Pflicht des Almosengebens nachzukommen. Mekka ist heute eine moderne Stadt mit Hochhäusern, aber die al-Haram-Moschee, die Kaaba und die Wallfahrt verleihen ihr eine besondere Atmosphäre. Viele Besucher sagen: »Vor der Kaaba, dem Haus Gottes zugewandt, vergisst man alles.«

Saudische Prediger wenden sich an die Pilger und fordern eine strenge Befolgung der koranischen Gebote. Manche Pilger lassen sich davon anstecken und werden zu überzeugten Wahhabiten; andere können damit wenig anfangen und mokieren sich über »die bärtigen Eiferer«.

Von Mekka werden die Pilger nach Mina gebracht. Männer und Frauen werden nun voneinander getrennt. Man übernachtet in Zelten oder Containern, doch gibt es faktisch soziale Unterschiede: Arme Gläubige, vor allem aus Afrika oder Südostasien, schlafen am Straßenrand in notdürftigen Behausungen aus Karton und Wellblech oder in selbst gebauten Zelten aus Stöcken und Tüchern. Am nächsten Morgen brechen alle zur 20 Kilometer östlich von Mekka gelegenen Ebene Arafat auf und übernachten dort in der größten Zeltstadt der Welt mit 160 000 Zelten. Künstlicher Nebel soll die Hitze lindern. Schon in vorislamischer Zeit wurden hier Rituale verrichtet. Die gemeinsamen Gebete um Vergebung am Mittag und Nachmittag sind an diesem heiligen Ort für viele Pilger eine tiefe spirituelle Erfahrung. Wer jung bzw. rüstig ist, besteigt den Berg der Gnade (*dschebel ar-Rahma*). Nach der islamischen Tradition wurde Muhammad an dieser Stelle die Koransure 5, Vers 3, offenbart: »Heute habe ich Euch Eure Religion vervollständigt (so dass nichts mehr daran fehlt) und ich bin damit zufrieden, dass Ihr den Islam als Religion habt.«

Nach Sonnenuntergang begeben sich die Pilger zur Übernachtung in das Musdalifa-Tal. Kurz vor Sonnenaufgang am nächsten Tag kehren sie nach Mina zurück, rufen »Gott ist der Größte!« und steinigen auf der Dschamarat-Brücke sieben Mal mit mitgebrachten, bohnengroßen Steinen symbolisch den Teufel. Gott wird um Beistand gegen den Satan angerufen, den allen Menschen innewohnenden Dämon. Früher warf man die Steine auf eine Säule, heute steht für diesen Zweck eine breite Mauer zur Verfügung.

Anschließend kürzen oder rasieren die männlichen Pilger ihr Haupthaar, die Frauen schneiden sich eine Haarsträhne ab. Dieses Ritual symbolisiert den Beginn eines neuen, sündenfreien Lebensabschnitts. Nun werden in Erinnerung an Ibrahims Opfer Tiere geschächtet und zum größten Teil an die Armen gegeben. Millionen Schafe und Lämmer stehen in abgeteilten Pferchen zum Kauf bereit, die Luft ist von Blutgeruch erfüllt. Das Opfer bedeutet auch die Hingabe der eigenen Seele an Gott. Die Erzählung von Ibrahims Prüfung verweist auf seine Gottesfurcht, die Barmherzigkeit Gottes und den glücklichen Ausgang eines gottgläubigen Lebens. Dieser Tag des *hadsch* wird weltweit im Islam als *Id ul-Adha* (»Opferfest«) gefeiert – es ist der höchste muslimische Feiertag.

Die Pilger kehren nun nach Mekka zurück, vollziehen noch einmal die Umrundung der Kaaba und den Lauf zwischen Safa und Marwa. Sie verbringen die nächsten Tage erneut in Mina und steinigen noch einmal den Teufel. Den Abschluss des fünftägigen *hadsch* bildet der Abschiedsumlauf um die Kaaba. Danach ist der Weihezustand aufgehoben, verbotene Dinge sind wieder erlaubt. Viele Pilger behalten ihr Weihegewand bis zur Ankunft in der Heimat an.

Die Pilger lassen sich in großen Kanistern das segenbringende Wasser des Sem-Sem-Brunnens abfüllen und kaufen Erinnerungen und Geschenke ein. Am Flughafen von Dschidda herrscht ein unglaubliches Durcheinander, denn viele Pilger sind nun schwer beladen. Bei der Ankunft in der Heimat werden der *hadschi* oder die *hadscha* begeistert von Freunden und Verwandten empfangen, denn der Segen (*baraka*) der *hadsch* wird auch auf diese übergehen. Geschenke aus Mekka, wie Datteln oder Stoffe, tragen ebenfalls Segen in sich. Viele Pilger hängen sich stolz ein Bild der Kaaba über die Eingangstür, um auf ihre *hadsch* hinzuweisen.

## Der *hadsch* – eine logistische Herausforderung

Die Masse der Pilger auf engstem Raum in einer kurzen Zeitspanne erfordert eine ausgeklügelte Logistik. Ein großer Teil der Pilger wohnt während der Wallfahrt in Mina in einer riesigen Zeltstadt mit 45 000 Zelten. An die 100 000 Einsatzkräfte sorgen für Sicherheit und Ordnung.

Immer wieder gab es Unglücksfälle und Katastrophen. Am 11. Juli 1991 stürzte ein für den *hadsch* gechartertes nigerianisches Verkehrsflugzeug kurz nach dem Start bei Dschidda ab. Alle 261 Insassen wurden getötet. Am 15. April 1997 kamen bei einem Brand 343 Pilger ums Leben, 1500 weitere wurden verletzt. Inzwischen werden nur noch feuerfeste Zelte verwendet. Auch kam es wiederholt zu Massenpaniken. So wurden am 2. Juli 1990 in einem Fußgängertunnel 1427 Pilger totgetrampelt.

Mit Hilfe des Dresdener TU-Professors Dirk Helbing und seinem Team sowie Kölner Verkehrsplanern wurde 2007 ein computergestütztes »Crowd Control System« entwickelt und umgesetzt, das ein Einbahnsystem beinhaltet. Hubschrauberlandeplätze ermöglichen eine schnelle Evakuierung von Kranken und Verletzten. Dennoch ereignete sich am 24. September 2015 in Mina eine erneute Massenpanik, bei der nach offiziellen Angaben 769, vielleicht sogar über 2000 Pilger ums Leben kamen.

Auseinandersetzungen zwischen Pilgern und Sicherheitskräften sind ein weiteres Problem. So kam es am 31. Juli 1987 zu einem Zusammenstoß mit schiitischen Pilgern, bei dem 402 Menschen getötet wurden. Schließlich fanden auch Anschläge statt, kulminierend in der Geiselnahme von unzähligen Gläubigen durch 500 sunnitische Extremisten am 20. November 1979 (siehe S. 177–179). Jedes Jahr sind die saudischen Behörden froh, wenn der *hadsch* ohne größere Zwischenfälle beendet ist.

Ursprünglich wurden die Pilger mit über 50 000 Bussen von Mekka zu den Wallfahrtsstationen gebracht. Immense Staus und massive Luftverpestung waren an der Tagesordnung. Seit dem 15. November 2010 verkehrt die von einer chinesischen Firma errichtete automatische »Al Mashaaer Al Mugaddassah Metro«. In Zwölf-Wagen-Triebzügen werden alle 90 Sekunden 3000 Menschen auf den 18 Kilometern zwischen Mekka, Arafat, Musdalifa und Mina befördert. Es ist die Metro mit der höchsten Beförderungskapazität weltweit, die allerdings jährlich nur für die Dauer von zwei Wochen betrieben wird.

Am 11. Oktober 2017 wurde außerdem eine 450 Kilometer lange, elektrisch betriebene Hochgeschwindigkeitseisenbahnlinie zwischen Mekka, Dschidda und Medina eröffnet. Die maximale Beförderungskapazität liegt bei 160 000 Reisenden pro Tag im 10-Minuten-Takt. Chinesische Firmen bauten die Strecke, spanische Talgo-Gliederzüge kommen zum Einsatz.

Eine völlig andere Pilgerfahrt fand im Juli/August 2020 statt. Wegen Covid-19 waren nur 10 000 saudische Pilger zugelassen, die alle jünger sein mussten als 65 Jahre. Sie mussten sich vor dem *hadsch* testen lassen und sich danach in Quarantäne begeben. Im Juli 2021 durften 60 000 im Land lebende Muslime den *hadsch* unternehmen; eine vollständige Impfung und ein Test waren Vorschrift. Im Juli 2022 gab es wieder einen normalen *hadsch*.

Immer wieder wurde die al-Haram-Moschee erweitert, um mehr Menschen beherbergen zu können. Dadurch fielen ganze Stadtviertel den Planierraupen zum Opfer. Derzeit nimmt sie 40 000 Pilger pro Stunde auf, in der nächsten Ausbaustufe sind 130 000 pro Stunde geplant. Die Behörden weisen darauf hin, dass man die Verpflichtung hat, mehr Gläubigen die Wallfahrt zu ermöglichen. Kritiker sehen darin auch den Wunsch, mehr Einnahmen zu generieren, denn um die al-Haram-Moschee haben sich Luxushotels, Residenzen, Geschäfte und Einkaufszentren etabliert. In den Luxushoteltürmen kostet eine Luxussuite mit Blick auf die Kaaba während des *hadsch* bis zu 25 000 US-Dollar pro Tag. Die Quadratmeterpreise sollen die höchsten der Welt sein.

Die Kehrseite des Ausbaus ist der Abriss fast aller historischen Bausubstanz. Schon 1951 wurde Muhammads Geburtshaus in Mekka abgerissen und an seiner Stelle eine Bibliothek errichtet. Nach der wahhabitischen Lesart des Islam dürfen Denkmäler menschlichen Lebens oder menschlicher Leistungen nicht verehrt werden. 2002 musste zum Ärger der türkischen Regierung die von den Osmanen 1780 errichtete Adschjad-Festung mitsamt dem Hügel, auf dem sie stand, dem Bau der »Abraj Al Bait Towers« weichen. Dominiert werden diese vom 601 Meter hohen »Royal Mocca Clock Tower«, einer überdimensionalen Nachahmung des Londoner Big Ben.

Auch die Prophetenmoschee in Medina wird sukzessive erweitert. In ihrem Umfeld haben sich Hotels, Restaurants und Luxuseinkaufszentren angesiedelt, das Beten der Gläubigen geht nahtlos in das Feilschen der Händler über. Die Grabstelle Muhammads in der Moschee markiert eine grüne Kuppel. Die Gläubigen trachten danach, ihr so nahe wie möglich zu kommen. Bewegliche Dächer ermöglichen es zu jeder Zeit, unter freiem Himmel zu beten. Derzeit hat sie eine

Kapazität für 600 000 Menschen (!) und soll auf 1,6 Millionen ausgeweitet werden. Hierfür müssen im Umkreis von einem Kilometer alle Häuser abgerissen werden.

Berichte sprechen von widersprüchlichen Erfahrungen: Hitze und Kälte, Schweiß und Gedränge, minimale Privatsphäre und Kampf um Toiletten, doch gleichzeitig anrührende zwischenmenschliche Begegnungen, beeindruckende Glaubenserlebnisse und spirituelle Erfahrungen. Der marokkanische Professor für Anthropologie Abdellah Hammoudi, ein säkularer Muslim, konstatierte nach Absolvierung der Pilgerfahrt eine »gebieterische friedliche Kraft«. Der *hadsch* mit seinen vielen Mühen sei eine Prüfung, deren gutes Ende den Pilger glücklich und zufrieden mache.

# Puristische Frömmigkeit
## und dogmatischer Wahrheitsanspruch:
## Der wahhabitische Islam

### Der Wahhabismus – Urislam oder Sekte?

Im April 2018 fragten Reporter des US-Magazins TIME den saudischen Kronprinzen Muhammad bin Salman: »Sehen Sie in irgendeiner Weise für sich ein Risiko, wenn Sie versuchen, sich von den Wahhabiten abzugrenzen?« Mit Erstaunen hörten sie folgende Antwort des Kronprinzen:

»Was ist ein Wahhabit? Sie müssen mir erklären, was ein Wahhabit ist. Denn es gibt nichts, was man mit dem Begriff Wahhabit benennen könnte. Es war eine der Ideen, die Extremisten nach dem Jahr 1979 formulierten: der Wahhabismus, zu dem sich angeblich die Saudis bekennen, obwohl sie damit nichts zu tun haben. Jemand muss mir erst einmal erklären, was der Wahhabismus überhaupt lehrt. Es gibt nichts, was man mit dem Begriff Wahhabit benennen könnte. In Saudi-Arabien besteht die sunnitische und schiitische Richtung des Islam. Wir haben unter den Sunniten vier religiöse Schulen, wir haben viele religiöse Schulen unter den Schiiten, und alle existieren ganz normal in Saudi-Arabien. Die Anhänger leben als Saudis in Saudi-Arabien. Und unsere Gesetze leiten sich aus dem Koran und dem Vorbild des Propheten ab. Diese Gesetze repräsentieren keine bestimmte Sekte oder religiöse Schule.«[1]

In der Tat: Die Anhänger von Abd el-Wahhab verstehen sich als reguläre Muslime und lehnen es ab, als »Wahhabiten« bezeichnet zu werden, wie es erstmals die Osmanen in abwertender Weise getan hatten. Erstens wollen sie keine Sekte sein, zweitens widerstrebt es gerade ihrem Denken, eine religiöse Richtung nach einer Person zu benennen, denn Menschen dürfen gemäß Abd el-Wahhab nicht erhöht werden. Wenn sie überhaupt eine Eigenbezeichnung verwenden, lautet sie *muwahhidun* (Monotheisten).

Doch ist die Antwort des Kronprinzen nicht korrekt: Erstens werden die Lehren von Abd el-Wahhab von Islamwissenschaftlern durchaus als eigenständige islamische Richtung oder gar als Sekte bezeichnet.[2] Zweitens bilden sie die Norm für den saudischen Islam, der gemäß Grundgesetz Staatsreligion ist. In dem vom Großmufti geleiteten Rat der Obersten Gelehrten (*Hayat kubital al-Ulema*), der den Islam für das Königreich verbindlich auslegt, dominieren klar die Anhänger Abd el-Wahhabs.

## Abd el-Wahhab und seine Lehren

Die wahhabitische Schule baut selektiv auf einzelnen rigorosen Punkten der hanbalitischen Rechtsschule auf, die sie unter anderen Vorzeichen übernahm. Deren Gründer war der Rechtsgelehrte Ahmed ibn Hanbal (780–855), der in Basra und Bagdad wirkte. In seinem sechsbändigen Werk *al-Musnad* sammelte er über 29 000 Hadithen (Aussprüche) des Propheten Muhammad, die möglichst buchstabengetreu ausgelegt werden sollen. Er forderte die strenge Befolgung der aus dem Koran, der Sunna und dem Konsens (*idschma*) der ersten Muslime hergeleiteten Gesetze und lehnte die Nachahmung einer Lehrmeinung (*taqlid*) ab. Was der wahhabitischen Schule bei den Hanbaliten nicht zusagte, überging sie, z. B. die sufistischen (mystischen) Elemente.[3]

Muhammad ibn Abd el-Wahhab (um 1703–1792) wurde in der Oase al-Ujaina im Nedschd geboren. Sein Vater war Richter und Lehrer. Bei seinen Studien in Mekka und Medina lernte Abd el-Wahhab die Schriften des Ibn Taimija (1263–1328) kennen. Von dem in Damaskus wirkenden Rechtsgelehrten übernahm er folgende Lehren: Vorbild sind die »rechtschaffenen Vorväter« (*as-salaf as-salih*) der ersten drei muslimischen Generationen. Schiiten sind Abtrünnige (*rafida*), die getötet werden dürfen. Ein rechtschaffener Muslim muss sich von den »Leuten der Hölle«, d. h. Juden, Christen und sonstigen Nichtmuslimen, fernhalten. Gräber- und Heiligenverehrung sind abzulehnen. Oberste Pflicht des Staats ist es, die Scharia durchzusetzen. Der *dschihad* umfasst unterschiedliche Arten des Gottesdienstes, doch hat der kriegerische *dschihad* einschließlich des Märtyrertums eine besondere Bedeutung. So argumentierte Ibn Taimija freilich auch vor dem Hintergrund der existenziellen Bedrohung des Islam durch die mongolischen Eroberungen im 13. Jahrhundert.

Abd el-Wahhabs Hauptwerk trägt den Titel *kitab at-tauhid* (»Buch des Ein-Gott-Glaubens«). Seine zentrale These ist die Einheit und Einzigkeit Gottes in dreifacher Hinsicht: als allmächtiger Herr der gesamten Schöpfung, als Objekt der Anbetung und Verehrung sowie in Bezug auf alle seine Namen, Qualitäten und Attribute, d. h., außerhalb des einen Gottes existiert keine Wirklichkeit.

Jegliche »Beigesellung« (*schirk*) ist streng untersagt. Insbesondere spricht sich Abd el-Wahhab gegen Mittler zwischen Gott und den Menschen aus, wie z. B. Blutsverwandte Muhammads (wie bei den Schiiten) oder »heilige Männer« (wie bei den Sufis). Untersagt sind damit auch Feste und Wallfahrten im Gedenken an Menschen. Ebenso wird die Verehrung von Gegenständen, z. B. Amuletten, Wohnstätten oder Gräbern, strikt abgelehnt.

Abd el-Wahhab forderte eine Pflicht der rechtgläubigen Muslime zur Mission (*da'wa*): Heiden sind zu bekehren, fehlgeleitete Muslime zum *tauhid* zurückzuführen. Im Mehrheitsislam ist die Mission nicht verbreitet, wenngleich im Lauf seiner Geschichte immer wieder Missionsbewegungen entstanden. Erst als Reaktion auf die christliche Mission in Subsahara-Afrika gab sich z. B. die al-Ashar-Universität in Kairo 1961 einen Bekehrungsauftrag und begann ihrerseits, islamische Missionare nach Subsahara-Afrika zu entsenden.

Der im Lauf der Jahrhunderte fortentwickelten Lehrtradition der Rechtsschulen und dem Konsens der Gelehrten stand Abd el-Wahhab kritisch gegenüber und suchte zu den Wurzeln des Islam zurückzukehren. Seiner Ansicht nach war die unabhängige Auslegung von Koran und Sunna (*idschtihad*) durch Rechtsgelehrte nicht abgeschlossen. Der Gelehrte kann freilich keine neuen Auslegungen treffen, sondern muss aus den bestehenden diejenige auswählen, die seiner Ansicht nach am ehesten mit Koran und Sunna übereinstimmt. Die Wahhabiten rechnen sich keiner der vier Rechtsschulen zu.

Religiöse Neuerungen (*bida*) lehnte Abd el-Wahhab ab. Darunter rechnete er die Mystik (*tasawwuf*), die spekulative Theologie (*kalam*) und die Philosophie (*falsafa*).

Abd el-Wahhab vertrat die Ansicht, es genüge nicht, an den Islam und dessen Grundsätze zu glauben. Der Muslim müsse aktiv und sichtbar die religiösen Gebote befolgen. Damit fordert er nicht nur Orthodoxie, sondern auch Orthopraxie. Zudem solle der islamische Herrscher die Scharia-Gesetze nicht nur verkünden, sondern sie durchsetzen und Verstöße sanktionieren. Wenn er so handelt, muss der Muslim dem Herrscher gehorchen, auch wenn dieser ein Unterdrücker ist.

Der Reformer erweckte die zu seiner Zeit bewusst nicht mehr verhängten koranischen Scharia-Strafen zu neuem

Leben. Hierzu zählten die *hadd*-Strafen, d.h. Körperstrafen zum Schutz des Eigentums, der öffentlichen Sicherheit und der öffentlichen Moral. Sie werden für außereheliche Geschlechtsverkehr, Unzucht, Alkoholkonsum, Diebstahl und Raub verhängt und bestehen unter anderem aus Steinigung, Auspeitschung, dem Abhacken von Händen oder Füßen und der Hinrichtung mit dem Schwert. Hingegen werden vorsätzliche Körperverletzung, Tötung oder Mord nach dem Vergeltungsprinzip bestraft, d.h., dem Täter wird derselbe Schaden wie dem Opfer zugefügt.

Über das hanbalitische Scharia-Verständnis ging Abd el-Wahhab hinaus. So erklärte er neben dem Alkohol auch Tabak und Kaffee zu verbotenen Rauschmitteln. Luxuriöse Kleider aus Seidenstoffen mit Silber- und Goldschmuck, wie sie gerne von den Osmanen getragen wurden, verurteilte der Reformator und setzte ihnen das einfache Männergewand (*thaub*) der Beduinen entgegen. Auch das Bartscheren und die Verwendung von Rosenkränzen untersagte er.

Laut Abd el-Wahhab ist nicht nur verboten, was gemäß Koran und Sunna untersagt ist, sondern ebenso jede Handlung oder Situation, die zu einer solchen verbotenen Tat führen kann. Dieses Vorgehen ist auch in den Rechtsschulen als »sadd al-dhara'i« bekannt, wird aber von den Wahhabiten besonders rigoros praktiziert. Abd el-Wahhab weitete den Katalog strafbarer Verhaltensweisen z. B. auf Tanzen, Singen und Musikhören aus. Außerdem war er der Ansicht, dass jemand, der die Pflicht zum Gebet (*salat*) und zur Zahlung der Almosensteuer (*sakat*) verletzt, nicht nur eine Sünde begehe, sondern auch »ungläubig« sei und getötet werden dürfe.

Frauen sind gemäß Abd el-Wahhab der Vormundschaft eines Mannes unterstellt. Von ihnen verlangte er die Verhüllung der Körperformen und die Bedeckung des Haupts, auch sprach er sich für den Gesichtsschleier aus. Er setzte eine strike Geschlechtertrennung durch. Frauen lebten in nicht einsehbaren Bereichen der Häuser und kauften auf dem separaten Frauenmarkt ein.

Abweichende muslimische Richtungen wie den mystischen Sufismus oder die Schia klassifizierte er nicht als irregeleitet, sondern als ketzerisch. Die Wahhabiten gingen daher immer wieder gewaltsam gegen Sufis oder Schiiten vor. Sein Ansatz, falsche Muslime von richtigen zu trennen, aus der Gemeinschaft der Gläubigen auszuschließen (*takfir*) und mit einem bewaffneten *dschihad* zu bekämpfen, hatte starken Einfluss auf den im 20. Jahrhundert entstandenen Dschihadismus.

Abd el-Wahhab forderte mit Bezug auf diverse Koransuren, dass sich der rechtgläubige Muslim mit seinen Glaubensgenossen zusammengesellt und die Ungläubigen systematisch meidet. Diese Doktrin wird mit dem Begriff *al-wala wa-l-bara* (»Loyalität und Lossagung«) bezeichnet.

In seinem *kitab at-tauhid* schrieb er, dass die Christen auch bei frommer Lebensweise »trotz alledem ungläubig und Feinde Allahs sind und auf ewig in die Hölle kommen, weil sie an Jesus oder einen anderen Heiligen glauben, den sie anrufen oder dem sie opfern oder für den sie ein Gelübde ablegen [...]«.[4] Als »Ungläubige« (*kuffar*) hätten Christen und Juden kein Anrecht auf Duldung und müssten von den Muslimen bekämpft werden. Damit widerspricht er den vier Rechtsschulen. Zwar finden sich in der Tat Koranstellen, in denen Christen und Juden als »Ungläubige« bezeichnet werden. Sie bezogen sich aber auf bestimmte örtliche Gruppen von Christen und Juden, die sich häufig von dem »Mainstream« der Juden und Christen unterschieden. Unstrittig ist, dass der Koran Juden und Christen positiv als »Leute des Buches« (*ahl al-kitab*) erwähnt, d. h. als Besitzer von auch im Islam anerkannten Offenbarungsschriften. Die arabischen und osmanischen Kalifen gewährten ihnen daher im Einklang mit den Rechtsschulen Duldung als »Schutzbefohlene« (*dhimmi*).

Wahhabitische Moscheen sind einfach gestaltet, suchen einer großen Menge von Gläubigen Raum zu bieten und verzichten häufig auf ein Minarett, da es als zu protzig erachtet wird und die Gläubigen im Fall des Einsturzes gefährden kann. Allerdings wurden in Saudi-Arabien in den letzten Jahrzehnten ältere Moscheen durch opulente Neubauten mit Minaretten ersetzt. Wichtig ist auch der *id*, ein großer Betplatz, auf dem sich große Scharen von Gläubigen zu Feiertagen einfinden.

Als Vorbild der rechtgeleiteten *umma* erachtete Abd el-Wahhab die frühislamische Gemeinschaft um den Propheten und dessen erste Nachfolger. Die *umma* wird von einem »Imam« geleitet, der mit Unterstützung der Gelehrten den Ein-Gott-Glauben und die Scharia durchsetzt. Erster Imam der Wahhabiten wurde 1744 Muhammad ibn Saud, der mit Abd el-Wahhab einen wechselseitigen Treueeid schloss. Politische Titel wie »Emir« oder »König« (seit 1932) sind demgegenüber zweitrangig.

Der Schweizer Johann Ludwig Burckhardt (1784–1817) vollzog 1815, als »Scheich Ibrahim ibn Abdallah« getarnt, den *hadsch* in Mekka und besuchte auch Medina. Vielleicht beeinflusst von seiner calvinistischen Prägung schrieb der Forschungsreisende über die Wahhabiten mit offenkundiger Sympathie:

»[…] Abd el Wahhab, der Stifter der Secte, [kannte; Vf.] kein anderes Streben, als seine Anhänger in denjenigen Zustand der Religion, der Sitten und der Gebräuche zurückzuführen, welcher, wie er aus den besten historischen und theologischen Werken seiner Nation erfahren hatte, zu jener Zeit herrschte, als der Jslám in Arabien verkündet wurde. Da dieses Gesetzbuch offenbar für die Beduinen gegeben worden war, so fanden die Reformatoren, dass es diesem Volke um so leichter wieder angepasst werden könnte, und bewiesen dadurch, wie wenig die Fremden, oder die Türken ihre eigenen nördlichen Gewohnheiten dem wahren Geiste des Isláms zum Opfer gebracht hatten. Nicht eine einzige neue Vorschrift war im Gesetzbuch der Wahhabi zu finden. [...] Eine Beschreibung der Wahhabi-Religion würde deshalb bloss eine Recapitulation des Muselmännischen Glaubens seyn; und darzuthun, in welchen Punkten diese Secte von den Türken abweicht, würde auf ein Verzeichniß aller Missbräuche hinauskommen, deren letztere sich schuldig gemacht haben.«[5]

Auch das Gleichheitspostulat Abd el-Wahhabs beeindruckte Burckhardt: »Die Wahhabi erklärten, dass alle Menschen in den Augen Gottes gleich seien und dass selbst die Tugendhaftesten bei ihm keine Vorbitte thun könnten; dass es folglich sündhaft sey, gestorbene Heilige anzurufen und ihre sterblichen Ueberreste mehr, als diejenigen anderer Personen zu ehren.«[6] Freilich verschwieg er die Brutalität ihres Vorgehens nicht: »Wohin die Wahhabi ihre Waffen trugen, da zerstörten sie alle Kuppeln und mit Zierrathen umgebene Gräber«, und sie würden dabei ausrufen: »Gott sey gnädig denen, die diese Kuppeln zerstörten, nicht aber denen, welche sie errichteten.«[7] Leider würde »der fanatische Pöbel«[8] der neuen Sekte Äußerlichkeiten mehr Beachtung schenken als der eigentlichen Botschaft und dadurch manchen Schaden anrichten.

## Muslimisches Leben im Königreich Saudi-Arabien

Saudi-Arabiens Verfassung ist der Koran und die Sunna, sein Zivil- und Strafgesetzbuch ist die unkodifizierte Scharia, ergänzt durch das Gewohnheitsrecht und die Dekrete des Königs.⁹ Das Land ist keine Theokratie, sondern eine Monarchie, die sich zu einem wesentlichen Teil religiös legitimiert: als Führerin des wahhabitischen Islam sowie als Hüterin der Heiligen Stätten in Mekka und Medina.

Die den Koran einleitende Formel »*Bismillah ar-Rahman ar-Rahim*« (»Im Namen des gnädigen und barmherzigen Gottes«) ist in Saudi-Arabien allgegenwärtig – in Hauseingängen, Geschäften und Büros, in Zeitungen und auf Speisekarten, im Fernsehen oder am Beginn eines Vortrags. Überall finden sich Gebetsräume, in Einkaufszentren, Büros, Schulen, Universitäten. »Der Islam [...] durchdringt hier alles auf eine Art und Weise, die kaum fassbar ist für jemand, der im Westen aufgewachsen ist«,¹⁰ äußerte Prinz Muhammad bin Faisal gegenüber einem deutschen Journalisten in den 1980er-Jahren. Die Religion bildet den Rahmen für gesellschaftliche Stabilität und Harmonie.

Die Scharia-Gesetze werden vom »Komitee für die Förderung der Tugend und die Verhinderung des Übels«, d. h. der Scharia-Behörde, durchgesetzt. Ausführendes Organ sind die 5000 *mutaw'in* (islamische Freiwillige), die auch als »Religionspolizisten« bekannt sind. Früher verprügelten sie Menschen, die sie bei »unislamischem Verhalten« ertappten, oder verordneten ihnen Religionsunterricht. Seit 2016 dürfen sie Verstöße nicht mehr selbst ahnden, sondern können sie nur an Justiz bzw. Polizei weitermelden. Bürger werden ebenfalls ermuntert, Verfehlungen an die Behörden zu melden. Laut dem britischen Islamwissenschaftler Michael Cook fördert der Wahhabismus ein repressives Überwachungssystem: »Wahhabismus war die klassische Ermutigung dafür, den Menschen nachzuspüren, was sie tun, und ihnen dann zu sagen, dass sie damit aufhören sollten.«¹¹

Die Scharia-Behörde unterhält auch eine Einheit zur Aufspürung schwarzer Magie. Darunter fallen die Delikte

Wahrsagerei und Glaubensheilung, die ebenfalls mit Körperstrafen geahndet werden. 2011/12 wurden ein Mann und eine Frau wegen Zauberei hingerichtet.

Etwa drei Viertel der Bevölkerung orientieren sich überwiegend an den Lehren von Abd el-Wahhab bzw. der *hanbalija*. Gut 10 Prozent, die vorwiegend in den Küstenprovinzen am Roten Meer und Persischen Golf beheimatet sind, sind Anhänger anderer sunnitischer Rechtsschulen, wie z. B. der Malikiten. Ihr Gründer Malik ibn Anas lebte im 8. Jahrhundert im Hedschas. Die *malikija* wird auch als »Rechtsschule von Medina« bezeichnet, eine ihrer wichtigen Rechtsquellen ist die Lebensweise der damaligen Bewohner von Medina (*'amal*). Die Rechtsschulen unterscheiden sich durch den Weg der Rechtsfindung, d. h. der Entscheidung, welche Rechtsquellen in welcher Reihenfolge ergänzend zu Koran und Sunna anerkannt werden. Etwa 15 Prozent der Saudis folgen schiitischen Rechtsschulen.

Der Islam regelt alle Bereiche des Lebens und strukturiert das Jahr, die Woche und den Tag durch religiöse Feiertage, die Freitagspredigt und das fünfmalige tägliche Ritualgebet. Die islamischen Regeln werden in Saudi-Arabien vom Staat unter Androhung von Strafen durchgesetzt. Das Ritualgebet etwa besitzt in Saudi-Arabien offiziellen Charakter, da gemäß wahhabitischer Auslegung die Teilnahme jedes Muslims Pflicht ist. So müssen in Einkaufszentren während des Gebets alle Läden schließen. Im Fastenmonat Ramadan dürfen zwischen Sonnenaufgang und Sonnenuntergang in der Öffentlichkeit oder am Arbeitsplatz keine Speisen oder Getränke konsumiert werden. Dies gilt auch für Ausländer; bei Zuwiderhandeln werden sie zwar nicht nach Scharia-Recht bestraft, aber in ihr Heimatland abgeschoben.

Arbeitsfreie Tage sind laut Koran Freitag und Samstag. Es gibt lediglich drei staatliche Feiertage: *Id al-Fitr* (Fest des

Fastenbrechens am Ende des Ramadan), *Id ul-Adha* (Opferfest zum Höhepunkt des *hadsch*) sowie seit 2005 einen National-feiertag, der an die Vereinigung von Nedschd und Hedschas (23. September 1932) erinnert. Da der Wahhabismus die Über-höhung von Menschen verbietet, wird der Geburtstag des Propheten (*Maulid an-Nabi*) am 12. Tag des Monats Rabi al-auwal nicht gefeiert, da auch Muhammad nur ein Mensch war. In vielen islamischen Ländern ist er ein staatlicher Feiertag.

Juden und Christen sind in Saudi-Arabien sowohl die Re-ligionsausübung als auch die Mission streng verboten. Schi-iten, die im Osten Saudi-Arabiens die Bevölkerungsmehrheit stellen, leben sozusagen in einem rechtsfreien Raum. Im Obersten Rat der Gelehrten sind Vertreter der ismaelitischen bzw. dschafaritischen Rechtsschule (Siebener- bzw. Zwölfer-schiiten) nicht repräsentiert. Schiiten gelten als *rafida* (Sek-tierer außerhalb des Islam). In Predigten, Schulbüchern etc. werden sie immer wieder als Ketzer diffamiert, ihre religiö-sen Praktiken wie Aschura-Prozessionen und Wallfahrten untersagt. Perioden der Diskriminierung und Verfolgung wechseln sich mit Perioden der Duldung ab.

Christenfeindliche Anschauungen sind bei wahhabiti-schen Gelehrten bis heute verbreitet. So forderte Großmufti Abd al-Asis ibn Abdullah asch-Sheikh, ein Nachkomme Abd el-Wahhabs, im März 2012 die Zerstörung aller Überreste christlicher Kirchen, denn Muhammad habe verkündet, es dürfe auf der Arabischen Halbinsel keine zwei Religionen ge-ben.[12] Im Fall einer 1986 in Dschubail am Persischen Golf ent-deckten Kirche aus dem 4. Jahrhundert wurden die Mauern zwar erhalten, aber so eingezäunt, dass Besucher sie nicht sehen können. Immer wieder kommen Einheimische, um sie mutwillig zu beschädigen.[13] Dies steht in deutlichem Ge-gensatz zu den VAE, wo christliche Kirchengemeinden (freilich sorgfältig überwacht) bestehen und Papst Franziskus im Februar 2019 zu einem offiziellen Besuch empfangen wurde.

Fußend auf der wahhabitischen Lehre, sind Gottesverehrung, Loyalität gegenüber dem Herrscher, Arbeit und Familienfürsorge Pflicht. Alles, was darüber hinausgeht, wird nicht empfohlen oder sogar untersagt. So verbot 2016 der Großmufti das Schachspiel, da es Zeit- und Geldverschwendung sei und zu Streit und Rivalität zwischen den Menschen führe.[14] Das Thema Schach illustriert freilich auch den schwindenden Einfluss wahhabitischer Gelehrter: Ein Jahr später fand in Riad die Schnellschach-Weltmeisterschaft statt.

Religiöse Parolen und religiöse Literatur sind allerorts zu finden. Im staatlichen Fernsehen haben Predigten und religiöse Sendungen großen Anteil. 2002 wurde der bekannte private Satellitensender Al Madschd etabliert, seine fünf freien und acht verschlüsselten Kanäle sehen viele Millionen Zuschauer im arabischen Raum. Der frauen- und musikfreie Sender verbreitet wahhabitische Glaubensauffassungen.

Im öffentlichen Leben existiert eine strikte Trennung der Geschlechter, für Frauen gilt das Gebot züchtiger Bekleidung. Die Durchsetzung dieser Prämissen führte mitunter zu grotesken Situationen. So starben am 11. März 2002 bei einem Brand in einer Mädchenschule 15 Schülerinnen. Zunächst stellte sich heraus, dass die Türen verschlossen waren, um die Geschlechtertrennung durchzusetzen. Dann wurden die Mädchen von Religionspolizisten mit Prügeln am Verlassen der brennenden Schule gehindert, da sie nicht die vorschriftsmäßige *abaja* (den Ganzkörperumhang) trugen. Nach jahrelangen Diskussionen erlaubte das Erziehungsministerium im Mai 2010, dass Feuerwehrmänner nicht korrekt gekleidete Frauen retten dürfen.[15]

Die wahhabitisch ausgelegten Gebote der Scharia inklusive der *hadd*-Strafen für »Verbrechen gegen Gott« werden strikt durchgesetzt. Im Gespräch befürworten viele Saudis das drakonische Strafrecht als gottgegeben, angemessen und abschreckend.

Jede Verehrung von Menschen wird auf drakonische Weise unterbunden, was für die ganz große Mehrheit der Muslime kaum nachvollziehbar ist. So befindet sich an der Stelle des Geburtshauses des Propheten in Mekka heute eine Bibliothek, an der Stelle des Hauses seiner Ehefrau Chaditscha ein öffentliches Bad, an der Stelle des Hauses seines Onkels Abu Bakr das Hilton Hotel. Grabsteine dürfen keinen Namen tragen. Männer dürfen auf Friedhöfen nicht beten, Frauen werden gar nicht erst eingelassen. 2014 schlugen hohe wahhabitische Geistliche sogar vor, das Grab Muhammads (das einzige namentlich bezeichnete Grab im Königreich) in der Prophetenmoschee von Medina aufzulösen und seine Gebeine in einem anonymen Grab auf dem al-Baki-Friedhof beizusetzen. Wegen des zu erwartenden Aufruhrs unter muslimischen Gläubigen weltweit stellte man dieses Vorhaben aber zurück.[16]

Die Wissenschaft hat eine herausragende Bedeutung. Der Internationale König-Faisal-Preis zeichnet weltweit Verdienste um den Islam, die Islamwissenschaft, die arabische Sprache und Literatur, die Medizin und Wissenschaft aus, der Prinz-Sultan-bin-Abd-al-Asis-Wasserpreis wissenschaftliche Leistungen auf dem Gebiet des Wasserwesens. Das beeindruckende Museum für Naturwissenschaften und Technik im Islam an der King Abdullah University of Science and Technology würdigt herausragende Leistungen muslimischer Wissenschaftler. Stolz ist man auf saudische Kapazitäten wie den in Genf lehrenden Neurowissenschaftler und Philosophen Professor Naif R. F. Al Rodhan, den Kinderchirurgen und zeitweiligen Gesundheitsminister Dr. Abdullah bin Abdul-asis Al Rabiah (Riad), einen internationalen

Spezialisten für die Trennung zusammengewachsener Zwillinge, oder die Professorin Khawla Al Khujraja (Riad), die das krebsverursachende Gen FOSM1 im menschlichen Körper nachwies. Zu nennen ist auch Prinz Sultan bin Salman, der 1985 als erster arabischer Astronaut im Rahmen einer NASA-Mission daran mitwirkte, einen Satelliten der Arabischen Satellitenkommunikationsorganisation zu installieren. Zuvor hatte er sich von dem Geistlichen Abd al-Asis bin Bas beraten lassen, wie er im Weltraum zu beten und fasten hatte. Bin Bas kam dabei nicht auf seine früher geäußerte Meinung zurück, dass die Erde eine Scheibe sei.[17] 2018 wurde Prinz Sultan mit der Leitung der neu errichteten Saudischen Weltraumagentur beauftragt.

Doch wird in Museen, an Schulen und Universitäten die Evolutionstheorie als ketzerisch abgelehnt. In der Nähe von al-Hofuf erklärt ein Lehrpfad die Entstehung der Welt nach kreationistischem Verständnis, er erinnert an ähnlich gestaltete Ausstellungen im »Bibelgürtel« der USA. Regelmäßig veranstaltet die saudische Regierung Konferenzen, die beweisen sollen, dass spätere wissenschaftliche Entdeckungen bereits im Koran angelegt sind. Zu den Konferenzen werden auch nordamerikanische und europäische Wissenschaftler eingeladen. Man hofft, sie zu bestätigenden Aussagen bewegen zu können.

Reformorientierte Saudis begrüßen einen Islam mit freundlicherem Gesicht, doch stellen sie die wahhabitische Lehre in der Regel nicht grundsätzlich infrage. Konservative Saudis sind auf der Grundlage ihrer strengen Prinzipien sozialisiert worden und verteidigen sie. Gegenüber Nichtmuslimen verhalten sie sich in der Regel freundlich, solange diese die geltenden Regeln respektieren. Manche streben danach, christliche Besucher zum Islam zu bekehren, um ihnen die Hölle zu ersparen. Das Königshaus versucht heute, den

wahhabitischen Islam zurückzudrängen bzw. abzuschwä-
chen. Abschaffen kann es ihn freilich nicht, denn der König
herrscht nicht absolutistisch, sondern auf der Grundlage des
göttlichen Gesetzes und ist auf die religiöse Legitimation angewiesen. Ohne die Wahhabija wären die Al Saud nur eine
von vielen Sippen.

Die Gelehrten (*ulema*) prüfen die Dekrete des Königs auf
ihre Scharia-Konformität. Nachkommen von Abd el-Wahhab, d. h. Angehörige der Familie asch-Sheikh, stellen meist
den Großmufti, so von 1953 bis 1969 Muhammad bin Ibrahim
Al asch-Sheikh und Abd al-Asis bin Abdullah Al asch-Sheikh
von 1999 bis heute. Auch bekleiden sie bis heute einflussreiche Positionen im Komitee für die Verbreitung der Tugend
und der Verhinderung des Lasters, im Ministerium für Islamische Angelegenheiten und im Ministerium für Erziehung.

1961 gründete König Saud die Islamische Universität Medina, in der Studenten aus der ganzen islamischen Welt den
Islam gemäß der wahhabitischen Auslegung studieren. Die
1962 ins Leben gerufene Islamische Weltliga wird vor allem
von Saudi-Arabien finanziert. Präsident ihrer Versammlung
ist regelmäßig der saudische Großmufti, auch ihr Generalsekretär kommt zumeist aus Saudi-Arabien. Über die Islamische Weltliga werden wahhabitische Auffassungen weltweit
verbreitet. Neuerdings bemüht sie sich um ein moderates
Auftreten, so bekennt sie sich auf ihrer Webseite zu Frieden,
Gerechtigkeit und Koexistenz und verurteilt Extremismus,
Gewalt und Ausgrenzung. Den Juden wird zum Hanukkah-
fest gratuliert, was wahhabistischen Auffassungen eindeu-
tig widerspricht.[18]

Bereits im 19. Jahrhundert breitete sich die wahhabitische Lehre nach Westafrika, Süd- und Südostasien aus: Aus-
gewanderte Prediger und Anhänger bekämpften dort den

traditionellen Islam und gründeten Lehranstalten. Nach dem Zweiten Weltkrieg sorgte die mit Milliarden US-Dollar unterstützte saudische Weltmission für die organisierte Verbreitung der wahhabitischen Lehre. Durch großzügige Moschee- und Schulgründungen, Wohlfahrtseinrichtungen und Entsendung von Predigern und Lehrern wurde sie in andersartigen islamischen Milieus verankert. Seit 1994 koordiniert ein neu geschaffener »Höchster Rat für islamische Angelegenheiten« die humanitären und missionarischen Auslandsaktivitäten des Königreichs.

Die Motive für die Weltmission sind unterschiedlich. Erstens dient sie der religiösen Legitimation des saudischen Königs. Zweitens soll sie die Ideen des Sozialismus, des Kommunismus und der Muslimbrüder bekämpfen. Drittens strebt man über weltweite religiöse Netzwerke eine Ausweitung des außenpolitischen Einflusses Saudi-Arabiens an. Im weltweiten Maßstab ist der Wahhabismus freilich weiterhin eine sehr kleine islamische Strömung, die aber aufgrund ihres demonstrativen Auftretens überproportionale Beachtung findet.

### Wahhabismus auf dem Balkan

Ein Beispiel für die saudische Weltmission ist die für über 4000 Gläubige ausgelegte, im Jahr 2000 eröffnete König-Fahd-Moschee in der bosnischen Hauptstadt Sarajevo, die größte Moschee des Balkans. Angeschlossen sind eine Religionsschule, eine Bibliothek und eine Sporthalle. Es predigen und lehren Geistliche der wahhabitischen Richtung. Bosnische Kinder erhalten Stipendien, müssen sich aber streng islamisch kleiden und verhalten. Reiche Saudis investieren in Bosnien und reisen dorthin als Urlaubsgäste. Sie schätzen das muslimische Milieu, die Berge, Wälder und Flüsse, das vergleichsweise kühle Klima und sehen

Bosnien als Eintrittstor nach Europa. Über Sarajevo entstand die Luxussiedlung Poljine Hills für Golfaraber. Zunehmend stellen Saudis politische Forderungen wie das Verbot von Alkohol in Geschäften und Restaurants. Vor Ort werden die Aktivitäten kritisch bewertet. So meinte Adnan Silajdžić, der Vergleichende Religionswissenschaft an der Universität Sarajevo lehrt: »Der Wahhabismus hat einen Keil zwischen Kinder und Eltern, spirituelle Führer und Geistliche, Professoren und Studierende getrieben.«[19]

Nach der Gründung des Königreichs Saudi-Arabien (1932) wurde der Wahhabismus zunehmend institutionalisiert. So wurde 1953 ein *fatwa*-Amt gegründet, das 1972 in den Rat der Obersten Gelehrten und die Ständige Kommission für Wissenschaftliche Forschung und *fatwa*-Wesen untergliedert wurde. Beide Gremien leitet der Großmufti. Eine Unterabteilung des Rats der Obersten Gelehrten, der Rat des Islamischen Rufs, fertigt seit 1994 Musterentwürfe für die landesweiten Freitagspredigten an, die an die Moscheen übermittelt werden.

Der Schwerpunkt der Machtverteilung hat sich im Lauf des 20. Jahrhunderts zum König hin verschoben: Die Geistlichkeit legitimiert die Herrschaft der Dynastie Saud, ist ihr aber faktisch unterstellt. Als Kompensation genießt sie Privilegien, wie sie in ähnlicher Weise nur noch in der Islamischen Republik Iran bestehen.

Der König ernennt den Großmufti und die 21 Mitglieder des Rats der Obersten Gelehrten. Der Rat berät den König in religiösen Angelegenheiten. Seine Zusammensetzung wurde 2009 diversifiziert: Seither gehören dem 21-köpfigen Gremium hanbalitische bzw. wahhabitische Gelehrte, ein malikitischer, ein hanafitischer und ein schafitischer Würdenträger an, jedoch kein Schiit.

Im Unterschied zu anderen islamischen Ländern leben der saudische Großmufti und die Ratsmitglieder ausschließlich von ihren staatlichen Gehältern. Sie erhalten keine Zuwendungen von religiösen Stiftungen oder aus anderen Quellen und sind damit vom Staat abhängig. Geistliche werden vom Ministerium für Islamische Angelegenheiten bezahlt, nicht von ihrer Gemeinde. Nur von diesem Ministerium anerkannte Geistliche dürfen predigen.

Seit vielen Jahren hat der Rat der Obersten Gelehrten keiner königlichen Entscheidung widersprochen. Häufig sucht die Regierung erst nachträglich eine Bestätigung. Zögerliche Ratsmitglieder werden zum Ausscheiden gedrängt. Immer wieder zeigte sich der Rat loyal, so befürwortete er 2011 im »Arabischen Frühling« das Verbot von Demonstrationen, da Proteste die Einheit der islamischen Gemeinschaft (*umma*) gefährden würden.

Seit 2010 dürfen nur Mitglieder des Rats sowie einige weitere autorisierte Gelehrte *fatwas* (Rechtsgutachten) erlassen. Faktisch wurde damit die ganz große Mehrheit der rund 7000 bis 10 000 wahhabitischen Gelehrten entmachtet. Im Dezember 2016 berief König Salman eine Gruppe moderater Gelehrter in den Obersten Rat. Kronprinz Muhammad bin Salman hat den Druck auf kritische Geistliche massiv erhöht. Sie werden überwacht, versetzt oder sogar zu Gefängnisstrafen verurteilt. Im August 2018 wurde sogar der Leiter der Großen Moschee von Mekka, Saleh al-Talib, abgesetzt und inhaftiert, nachdem er die Lockerung der Geschlechtertrennung im öffentlichen Raum und andere Maßnahmen kritisiert hatte.[20] Manche Beobachter sind der Ansicht, dass das Königshaus die wahhabitische Lehre in erster Linie instrumentalisiere, um die verschiedenen Stämme zu einer Nation auf religiöser Grundlage zu vereinen und die eigene Vormachtstellung zu legitimieren. Damit ließen sich auch die häufigen Widersprüche zwischen Anspruch und Realität erklären. Der Tunesier Abdelwahab Meddeb geht sogar so weit, Saudi-Arabien zum Familienbesitz kühl kalkulierender Rentiers zu erklären, die ihre gewinnorientierten Praktiken hinter einer islamischen Fassade verstecken würden.[21]

Nun ist die Instrumentalisierung der Religion für politische Zwecke ein häufiges Phänomen in der Geschichte islamischer Länder. Immer wieder wurde versucht, einen von oben kontrollierten »Staatsislam« zu etablieren und religiöse Freiheit zu unterbinden. Die bei König Abd al-Asis und seinen Nachfolgern zu beobachtende erstaunliche Flexibilität in der Auslegung der wahhabitischen Lehre stützt in der Tat die These einer Instrumentalisierung von Religion. Unter veränderten politischen und ökonomischen Rahmenbedingungen ist das Königshaus derzeit sogar bestrebt, den Wahhabismus in einen staatlich definierten »moderaten Islam« umzuformen. Denn die wahhabitische Lehre fördert Passivität (»individuelle Initiative und Unternehmertum sind praktisch nicht vorhanden«, so Karen House[22]) – die strikten Gebote und Verbote sind Hindernisse für marktwirtschaftliche Entwicklung und Auslandsinvestitionen.

Kronprinz Muhammad bin Salman beansprucht eigene religiöse Auslegungskompetenz, da er im Gegensatz zu früheren Herrschaftsträgern einen Bachelor in islamischer Rechtswissenschaft an der King Saud University in Riad erworben hat. Selbstbewusst äußerte er gegenüber einem US-Journalisten: »Im islamischen Recht ist der Leiter der islamischen Körperschaft der *wali al-amr*, der Herrscher«, ohne die beratende und überwachende Aufgabe der Geistlichkeit zu erwähnen. In Abweichung von den Lehren Abd el-Wahhabs hält er die Aussage der meisten Hadithen (Prophetenaussprüche) für offen und beansprucht damit für sich das Recht der Interpretation. Dabei kommt er zu überraschenden Ergebnissen, so meinte er in dem Interview: »Wenn Sie eine ausländische Person sind, die in Saudi-Arabien lebt oder reist, haben Sie das Recht, auf der Grundlage Ihrer Überzeugungen zu tun, was Sie wollen.«[23] Loyale Geistliche unterstützen ihn dabei, zum Teil haben sie eigene Ansichten in kurzer Zeit fundamental verändert.

Menno Preuschaft nennt das Bündnis von Monarchie und Wahhabismus ein »zweischneidiges Schwert«: Einerseits verleihe das religiöse Fundament Legitimität und Stabilität und diene als Narrativ für eine kollektive Identität. Andererseits setze der religiöse Bezug den Monarchen unter Erfolgsdruck. Immer wieder hätten interne und externe Kritiker dem saudischen König unzureichendes Streben nach einem »reinen Islam« vorgehalten. Bei der Modernisierung von Staat und Gesellschaft könne das religiöse Fundament zum Hindernis werden.[24]

## Enge Verwandte: Wahhabismus und Salafismus

Häufig wird der Salafismus mit dem Wahhabismus gleichgesetzt. Es ist eine verwandte Strömung, die auf der Lehre Abd al-Wahhabs aufbaut. Die *salafija* entstand 150 Jahre nach dem Wahhabismus am Ende des 19. Jahrhunderts und war eine Reaktion auf die Rückständigkeit der islamischen Welt und ihre Bedrohung durch die westliche Moderne und den Säkularismus. Im Namen enthalten ist die bereits von Ibn Taimija und Abd el-Wahhab propagierte Rückbesinnung auf die »rechtschaffenen Vorväter« (*as-salaf as-salih*). Deren Vorbild ist höher zu werten als die Glaubenspraxis späterer Jahrhunderte. Die idealisierte islamische Urgemeinschaft wird zum ethischen Vorbild erhoben. Dem Konzept der doktrinären Reinheit wird besondere Bedeutung zuerkannt. Die Salafisten gehen davon aus, dass sie infolge der Praktizierung eines puristischen Islams schließlich gerettet werden und ins Paradies kommen, während abweichende islamische Strömungen in Häresie verfallen sind.[25]

Die *salafija* lehnt Aberglauben, das unreflektierte Befolgen der Lehrtraditionen und die starke Stellung der *ulema* ab. Die eigenständige Auslegung von Koran und Sunna sei noch nicht abgeschlossen. Durch Rückgriff auf seine Grundlagen (Koran und Sunna) soll der Islam neu belebt werden.

Bekannte Vertreter der *salafija* waren die Rechtsgelehrten und Publizisten Dschamal ad-Din al-Afghani (1838–1897), Muhammad Abduh (1849–1905) und Raschid Rida (1865–1935). Gemeinsam war ihnen der Kampf gegen den Imperialismus und der Wunsch nach Reform des Islam als mächtige geistig-politische Gegenkraft. Dschamal ad-Din al-Afghani propagierte einen politisch-religiösen Panislamismus. Alle drei Gelehrten sahen im Islam eine rationale Religion, die zu westlicher Wissenschaft und Technik nicht im Widerstand stehen müsse. Im geistig-religiösen Bereich jedoch lehnten sie die Übernahme westlicher Vorstellungen ab.

Raschid Rida gab in Ägypten die einflussreiche reformorientierte Zeitschrift al-Manar (»Der Leuchtturm«) heraus. Er wurde zu einem glühenden Anhänger des Wahhabismus und von König Abd al-Asis Al Saud. Seit den 1920er-Jahren bestehen enge Kontakte zwischen beiden Strömungen. Salafistische Gelehrte aus aller Welt wurden nach Saudi-Arabien eingeladen und lehrten dort an theologischen Fakultäten.

Der Salafismus ist freilich weder institutionalisiert noch hierarchisch strukturiert und wird durch eine Vielzahl von Strömungen und Schulen charakterisiert. Ebenso wenig gibt es ein weltweites salafistisches Zentrum, wie es Medina für den Wahhabismus darstellt. Salafisten gehen aber häufig nach Medina zum Studium.

In Bezug auf den *idschtihad* gehen Salafisten weiter als Wahhabiten: Sie beschränken sich nicht auf die Auswahl aus bestehenden Lehrmeinungen, sondern erlauben die eigenständige vernunftgestützte Auslegung von Koran und Sunna. Ihre Gelehrten betreiben Hadithen-Kritik und suchen authentische von weniger authentischen oder nicht authentischen Prophetenworten abzugrenzen.

Dabei kommen sie zu abweichenden Folgerungen. So verärgerte der in Skodhra (Albanien) geborene, lange Zeit in Syrien wirkende und ab 1961 an der Universität Medina lehrende Salafist Nasir ad-Din al-Albani die wahhabitische Geistlichkeit mit seinen nichttraditionalistischen Auffassungen. Als er verkündete, dass der Gesichtsschleier (*nikab*) keine religiöse Pflicht für Frauen sei, musste der einflussreiche Salafist das Königreich 1963 verlassen und verlegte seine Lehrtätigkeit nach Jordanien.

Wie der Wahhabismus betont der Salafismus die Pflicht zur Mission (*da'wa*). 1911 gründete Raschid Rida bei Kairo das »Haus für *da'wa* und geistige Anleitung«, das vor allem Schüler aus Südostasien und Ostafrika aufnahm. Es beeinflusste die 1928 von Hassan al-Banna in Ägypten gegründete, übernationale Bewegung der Muslimbruderschaft. In einer Schrift forderte al-Banna 1935, den Islam als umfassendes Gesellschafts- und Lebenskonzept zu propagieren. Die »Brüder« sollen den Marsch durch die Institutionen antreten und zum geeigneten Zeitpunkt einen auf Grundlage der Scharia organisierten islamischen Staat errichten, dessen Führer von den Muslimen gewählt werden. Eine Monarchie lehnen die Muslimbrüder ab. Ihr Islamverständnis ist grundsätzlich nicht salafistisch, doch rezipierten sie teilweise salafistsiche Einflüsse, so z. B. ihr radikaler Vordenker Sajid Kutb. Von den Muslimbrüdern spalteten sich wiederholt salafistische Strömungen ab.

In den letzten Jahrzehnten haben im Salafismus reaktionäre Tendenzen zugenommen. Häufig erschöpft er sich in einer vorwiegend äußerlichen Nachahmung der »rechtschaffenen Vorväter«, d. h., deren Aussehen und Kleider werden imitiert, und die gesellschaftliche Ordnung des 7. Jahrhunderts wird auf die Gegenwart übertragen. So tragen männliche Anhänger Turban, lange Vollbärte mit rasierter Oberlippe, ein über die Hose reichendes Hemd, über dem Knöchel endende Hosen und Sandalen, die Frauen kleiden sich in schwarze Gewänder mit *hidschab* und *nikab* und bedecken zusätzlich ihre Hände mit schwarzen Handschuhen.

Quintan Wiktorowicz teilt die modernen Salafisten in drei Untergruppen ein: quietistisch-regierungsloyale Salafisten, politisch-regierungskritische Salafisten sowie revolutionär-gewaltbejahende »Salafi-Dschihadisten«.[26]

Eine wesentliche Rolle im modernen Salafismus spielt das Konzept der *al-wala wa-l-bara* (»Loyalität und Lossagung«), das nun als Pflicht zum gesellschaftlichen Rückzug (*hidschra*, entsprechend Muhammads Auswanderung aus Mekka) interpretiert wird. Quietistische Salafisten begründen Nischenmilieus, in denen sie »rechtgeleitetes« muslimisches Leben unter strikter Befolgung der Scharia praktizieren. Durch *da'wa* versuchen sie, Mitmenschen von ihrem Weg zu überzeugen. Gegenüber einem muslimischen Staat und seinem Herrscher verhalten sich die quietistischen Salafisten loyal, allenfalls bieten sie der Regierung Ratschläge (*nasiha*) an. Opposition oder gar Revolution lehnen sie strikt ab und befürworten gesellschaftliche Stabilität unter einem starken islamischen Herrscher. Anders stellt es sich dar, wenn sie im *dar al-harb,* dem Land der Finsternis, unter einer nichtmuslimischen Regierung leben. Dem »ungläubigen« Staat stehen sie grundsätzlich ablehnend gegenüber.

Kritisch-politische Salafisten wollen das System nicht verändern, aber Alternativen aufzeigen. So forderten einige salafistische Scheichs 2011 in Ägypten ihre Anhänger auf, an den Protesten im Rahmen des »Arabischen Frühlings« teilzunehmen. Später wurde die salafistische *hisb al-nur* (»Partei des Lichts«) gegründet, um die Scharia in Ägypten zur Hauptquelle der Gesetzgebung zu machen. Als Alternative zur Partei der Muslimbrüder erhielt sie vor der Parlamentswahl 2011 über 100 Millionen US-Dollar Wahlkampfhilfe aus Saudi-Arabien und vereinigte knapp 28 Prozent der Stimmen auf sich. Dabei lehnen Salafisten die parlamentarische Demokratie eigentlich grundsätzlich ab. Die Partei *hisb al-nur* unterstützte den Staatsstreich des ägyptischen Militärs vom 3. Juli 2013.

In Saudi-Arabien begründete in den 1990er-Jahren eine Gruppe wahhabitischer Geistlicher um Salman al-Auda und Safar al-Hawali die politische Oppositionsbewegung *as-sahwa al-islamija* (»Islamisches Erwachen«), die das Herrscherhaus herausforderte. Dazu beigetragen hatten unzensierte Predigten im Satellitenfernsehen und Internet. Einerseits war die Bewegung vom politischen Salafismus, andererseits vom Konzept einer »islamischen Demokratie« der Muslimbrüder beeinflusst. Sie lehnte die politisch-militärische Allianz Saudi-Arabiens mit den USA und das liberal-kapitalistische Finanzsystem ab. Zwar befürwortete die *as-sahwa al-islamija* »Gottesherrschaft« (*hakkimija*) unter Führung des Königs, forderte aber eine Verfassung, eine transparente Regierung, individuelle Rechte, die Unabhängigkeit der Richter sowie gute Kliniken und Schulen – sie seien wichtiger als der Bau immer weiterer Moscheen. Eine häufig geäußerte Kritik lautete: »Wir lernen den Koran auswendig, praktizieren ihn aber nicht.«[27]

Äußerlich sind die konservativen Wahhabiten an ihrem unbeschnittenen Vollbart, dem Verzicht auf einen schmückenden Kopfring (*igal*) über dem Kopftuch sowie an ihrem nur knöchellangen Gewand (*thaub*) zu erkennen.

Zu quietistischen und gemäßigt-politischen Salafisten traten ab den 1960er-Jahren militante Salafisten, die Gewalteinsatz befürworten, um die Etablierung eines islamischen Staatswesens zu beschleunigen. Wichtige Vordenker des militanten Salafismus waren der Ägypter Sajid Kutb (1906–1966), der palästinensische Jordanier Abdullah Assam (1941–1989) und der Syrer Mustafa Setmariam Nasar alias Abu Musab al-Suri (geb. 1958). Alle drei Denker waren in der Muslimbruderschaft zu Islamisten geworden und hatten sich später radikalisiert.

Gemäß dem Politikwissenschaftler Shiraz Maher interpretiert der »Salafi-Dschihadismus« insbesondere die Prinzipien *takfir, al-wala wa-l-bara, hidschra* und *dschihad* auf neue und radikale Weise.[28] Auch betont er die bereits von Abd el-Wahhab verkündete Pflicht zum aktivistischen Gottesdienst im Gegensatz zum passiven Glauben. Charakteristika der »Salafi-Dschihadisten« sind die weltrevolutionäre Ausrichtung und die internationale Vernetzung. Sie sehen sich in einem jahrhundertelang andauernden Verteidigungskrieg gegen Christen und Juden, streben ein weltweites Kalifat an, grenzen alle andersdenkenden Muslime als »Feinde des Islam« aus und befürworten exzessiven Gewalteinsatz zur Herbeiführung eines islamischen Staats.

Die Salafi-Dschihadisten fordern das saudische Herrschaftssystem auch ideologisch heraus. So erklärte der oberste religiöse Gelehrte des Islamischen Staats (IS) Turki al-Binali den ersten saudischen Staat als vorbildhaft. Der zweite saudische Staat sei schon weniger wert gewesen, der gegenwärtige dritte besitze den geringsten Wert.[29] Der Dynastie Al Saud wird mehrfacher Verrat vorgeworfen: Sie habe den weltweiten *dschihad* aufgegeben, toleriere die häretischen Schiiten, paktiere mit Ungläubigen und führe ein Leben in Gier und Dekadenz. Der IS beruft sich explizit auf Abd el-Wahhab und propagiert faktisch das Gegenmodell eines unverfälschten, von einem Kalifen geführten wahhabitischen Staats.

Wahhabitische Geistliche haben den »Salafi-Dschihadismus« verurteilt, doch dauerte es bis 2010, bis die erste *fatwa* gegen Terrorismus erlassen wurde. Im September 2014 bezeichnete der saudische Rat der Obersten Gelehrten Terrorismus als »abscheuliches Verbrechen«, das mit der höchsten Strafe geahndet werden müsse. Wer *fatwas* oder andere Erklärungen verbreite, die Terrorismus rechtfertigten, handele rechtswidrig. Auch dessen Finanzierung sei untersagt. Großmufti Abd al-Asis ibn Abdullah asch-Sheikh erklärte al-Kaida und den IS zu den größten Feinden des Islam. Wegen der identischen Glaubensgrundlagen ist die Abgrenzung jedoch schwierig. In den 2000er-Jahren befürworteten manche wahhabitische Gelehrte den *dschihad*, später sollen einige von ihnen dem IS-Anführer al-Baghdadi den Treueeid (*baia*) geschworen haben. Die saudische Regierung nahm 4000 Gelehrte in »Sicherheitsgewahrsam«, es kam auch zu Hinrichtungen.

Saudi-Arabien unterstützt in der islamischen Welt vor allem quietistische Salafisten, doch sind die Übergänge zu dschihadistischen Salafisten fließend, die Denkkategorien ähnlich.

Nicht nur Salafisten, sondern auch Wahhabiten sind anfällig für eine Radikalisierung. So waren 15 der 19 al-Kaida-Attentäter vom 11. September 2001 saudische Staatsbürger. Bei einer Umfrage unter 15 000 Saudis im Jahr 2003 äußerte fast die Hälfte der Befragten, sie könne sich mit den Predigten Osama bin Ladins identifizieren.[30]

Trotz aller Deradikalisierungsbemühungen der saudischen Regierung kommt es immer wieder zu Gewaltakten.

Beispielsweise erschoss der saudische Leutnant Mohammed Saeed Alshamrani am 6. Dezember 2019 in der Naval Air Station Pensacola in Florida drei US-Soldaten und verwundete 13 weitere. Leutnant Alshamrani, der an einem Lehrgang für Kampfpiloten teilnahm, soll sich im Internet radikalisiert und mit al-Kaida-Vertretern kommuniziert haben. Drei saudische Kameraden hatten von Anschlagsplänen gewusst, ihn aber nicht den US-Militärs gemeldet. 21 saudische Lehrgangsteilnehmer wurden daraufhin repatriiert.[31]

Professor Hatim al-Awni von der Universität Mekka bezeichnete in einem 2014 erschienenen Aufsatz seine Kollegen als »Ignoranten«, »Opportunisten« oder »Kryptodschihadisten« und forderte eine tiefgreifende Reform der wahhabitischen Lehre, darunter die Aufgabe der Exkommunikation (*takfir*) von Vertretern anderer Meinungen. Das kostete ihn seinen Lehrstuhl. Ähnlich hatte zuvor der Journalist Dschamal Kaschoggi argumentiert und wurde deshalb als Herausgeber der reformorientierten Zeitung al-Watan abgelöst.[32] Die Geistlichen zögern, weitreichende Reformen einzuleiten, da diese das Gerüst des Wahhabismus fundamental erschüttern könnten.

# Wie funktioniert eine
# absolute Monarchie?

## Die Machtbefugnisse des Königs
## und die Organe des Staats

Saudi-Arabien ist weder eine konstitutionelle noch eine parlamentarische, sondern eine absolute Monarchie. Der König
allein trifft politische Entscheidungen. Bei der Festlegung
der nationalen Politik wird er von den Prinzen der Familie
Saud, dem Rat der Obersten Gelehrten sowie seit 1953 von
einem Ministerrat unterstützt. Fachminister leiten auch
die Verwaltung. Da der König alle Exekutivgewalt besitzt,
ernennt er in der Regel lediglich einen stellvertretenden
Ministerpräsidenten. Dekrete werden vom Ministerrat beschlossen, müssen von den Obersten Gelehrten hinsichtlich
ihrer Konformität mit der Scharia beurteilt werden und werden vom König in Kraft gesetzt.[1]

Bis 2006 bestimmte der König den Kronprinzen. Seit 2007
wird dieser von einem »Gefolgschaftsrat« ernannt, in dem
die Söhne von König Abd al-Asis bzw. im Fall ihres Todes
ein männlicher Nachkomme vertreten sind. Aus einer drei
Namen umfassenden Vorschlagsliste des Königs wählt der
Rat einen geeigneten Kronprinzen aus. Nach Zustimmung
der islamischen Gelehrten erfolgt die Ernennung. Wenn der
Gefolgschaftsrat alle königlichen Vorschläge verwirft, kann
er auch selbst einen Kandidaten benennen. Er kann gleichfalls einen König absetzen, wenn dieser z. B. aus gesundheitlichen Gründen unfähig ist, sein Amt auszuüben. Sollte der

Kronprinz für die Nachfolge nicht zur Verfügung stehen, ernennt der Gefolgschaftsrat einen fünfköpfigen Übergangsrat, der das Königreich regiert, sowie binnen sieben Tagen einen neuen König. Die Mitglieder des Gefolgschaftsrates leisten dem neuen König den Treueeid (*baia*).

Politische Parteien sind in Saudi-Arabien verboten, und auf nationaler oder regionaler Ebene finden keine Wahlen statt. Entsprechend der Scharia gab es ab 1928 eine Beratende Versammlung (*madschlis asch-schura*). Zwischenzeitlich kam ihre Tätigkeit faktisch zum Erliegen, doch unter König Fahd wurde sie 1993 wiederbelebt. Ihre derzeit 150 Mitglieder werden vom König ernannt, unter ihnen sind seit 2013 30 Frauen. Die Beratende Versammlung kann Entwürfe von Dekreten vorschlagen. Aktuelle Themen werden diskutiert, und Regierungsbeamte können befragt werden. Auch in den Provinzen bestehen Beratende Versammlungen, auf Gemeindeebene gibt es Räte, deren Mitglieder seit 2003 teilweise gewählt werden.

Das Königreich besteht aus 13 Provinzen. Der König ernennt die Gouverneure, die in der Regel Prinzen sind. Die meisten hohen Posten gehen an Angehörige der Al Saud – manche Beobachter bezeichnen Saudi-Arabien daher als »Familienfirma«. Folgerichtig gäbe es keine systematische Trennung zwischen Staat und Herrscherfamilie, z. B. im Bereich der Finanzen.[2] Prinzen genießen ungeschriebene Privilegien, so berichtet der ausländische Dozent Sami Alrabaa, dass sich in den 1990er-Jahren ein Kollege von ihm weigerte, einen Prinzen ohne Prüfung das Examen bestehen zu lassen. Darauf wurde er beschuldigt, das Königshaus beleidigt zu haben, und ausgewiesen, sein Vermögen wurde beschlagnahmt.[3]

Verfassung des Staats sind der Koran und die Sunna (d. h. die gesammelten Worte und Taten des Propheten). Die 1932 eingeführte Nationalflagge zeigt die grüne Farbe des Islam (abgeleitet vom grünen Mantel des Propheten), das Glaubensbekenntnis (»Es gibt keine Gottheit außer Gott, und Muhammad ist sein Gesandter«) sowie ein Schwert, das die Siege des Islam, der Dynastie Saud und der Wahhabiten symbolisiert und außerdem für Gerechtigkeit und Rechtschaffenheit steht. Der sunnitische Islam – faktisch in seiner wahhabitischen Auslegung – ist Staatsreligion.

Der König darf nicht aus eigener Machtwillkür regieren, sondern ist in allen Entscheidungen an das islamische Recht (die Scharia) gebunden. Darüber hinaus muss er die Traditionen des Landes respektieren. Die Obersten Gelehrten (*ulema*) beraten den König und überprüfen seine Entscheidungen. Entweder legitimieren sie sein Regierungshandeln mittels nachträglicher *fatwas*, oder sie erlassen ihrerseits *fatwas*, die dann durch ein königliches Dekret bestätigt werden. Ein Dissens kommt nur sehr selten vor. Der Herrscher erlässt Dekrete (*nisam*), da nur Gott Gesetze erlassen kann.

Während in vielen arabischen Ländern das islamische Recht zumeist nur als eine von mehreren Rechtsquellen genannt wird, bildet es in Saudi-Arabien die Basis der gesamten Rechtsprechung. Ergänzend gilt in einigen Bereichen das Gewohnheitsrecht (*urf*). Für nicht mit der Scharia lösbare Rechtsfragen existieren ergänzende Regelungen, z.B. ein nach europäischem Vorbild konzipiertes Handelsrecht.

Grundsätzlich ist das islamische Rechtssystem nicht kodifiziert. Geurteilt wird auf der Grundlage des Korans, der Sunna und des Konsenses (*idschma*) der frühen Gelehrten. Die saudischen Richter folgen, anders als ihre Kollegen in anderen islamischen Ländern, keiner bestimmten Rechtsschule. Sie können sich auf Sammlungen von *fatwas* stützen, aber auch zu einer eigenständigen Rechtsauslegung (*idschtihad*) auf der Grundlage früherer Auslegungen kommen. In den schiitischen Regionen al-Hasa und al-Katif gilt im Bereich des Familien- und Zivilrechts das zwölferschiitische Recht. Appellationsgerichte befinden sich in Mekka und Riad. 2009 wurde ein Oberster Gerichtshof zur Überprüfung und eventuellen Kassation von Urteilen der Bezirksgerichte geschaffen. Urteile mit Körperstrafen sind grundsätzlich vom Obersten Gerichtshof zu bestätigen. Oberster Richter ist der König, der Gerichtsurteile aufheben, ändern und Urteile sprechen kann.

Das Strafrecht ist besonders streng, fallen doch hier zusätzlich zu Mord, Vergewaltigung und Raub auch Glaubensabfall, Korruption, Diebstahl, Rebellion und Verrat unter die Kategorie der Verbrechen. 300 Scharia-Gerichte verfolgen landesweit Straftaten und dienen zudem der sozialen Kontrolle. 2008 wurde ein dem Innenministerium unterstehendes Sonderstrafgericht außerhalb der Scharia-Justiz in Riad errichtet, das sich mit Vergehen gegen die Staatssicherheit befasst.

*Hadd*-Strafen sind Körperstrafen zum Schutz des Eigentums, der öffentlichen Sicherheit und der öffentlichen Moral; sie werden bei Delikten gegen die »Rechtsansprüche Gottes« verhängt. Die Todesstrafe wird auf einem öffentlichen Platz durch Enthauptung mit dem Schwert vollstreckt. Eine Verschärfung ist die Kreuzigung, d. h., man schlägt den Torso nach dem Köpfen an ein Kreuz und stellt ihn öffentlich aus. Mit der Todesstrafe werden vor allem Mord, Drogenhandel, Vergewaltigung, schwerer Raub und Rebellion geahndet. Zwischen 2015 und 2019 wurden im Durchschnitt ca. 160 Personen pro Jahr hingerichtet. Saudi-Arabien steht damit hinter der Volksrepublik China und der Islamischen Republik Iran weltweit an dritter Stelle.

Blasphemie, die Konversion eines Muslims zu einer anderen Religion und Atheismus sind schwere Verbrechen und können mit Gefängnis, Auspeitschung und sogar der Todesstrafe geahndet werden. So wurde im April 2017 ein junger Mann aus einer Kleinstadt im Osten des Landes zum Tod verurteilt, weil er in einer Videobotschaft dem Islam abgeschworen und sich abschätzig über den Propheten Muhammad geäußert hatte. Die Todesstrafe wird bei diesen Delikten heute in der Praxis aber kaum mehr vollstreckt, ersatzweise erfolgt Inhaftierung. So wurde Ende 2021 ein Jemenite wegen »Leugnung der Existenz Gottes« zu 15 Jahren Gefängnis verurteilt.[4]

Bei Mord, Totschlag und Körperverletzung verfährt man nach dem Vergeltungsprinzip: Der Täter erhält eine Strafe, die weitestmöglich dem Vergehen entspricht. 2013 stach ein Saudi mit dem Messer so stark auf einen Freund ein, dass dieser fortan querschnittsgelähmt war, woraufhin ein Gericht den Täter zur Lähmung verurteilte. Das Opfer bzw. seine Verwandten können entweder der Strafe zustimmen oder den Täter begnadigen und ein Blutgeld als Sühne annehmen. Mitunter erfolgt der Gnadenerweis auch kurz vor Vollstreckung der Strafe. In manchen Fällen wird ersatzweise eine Haftstrafe verhängt.

In den Fernsehnachrichten wird in regelmäßigen Abständen bekannt gegeben, wie viele und welche Körperstrafen vollzogen wurden. Auf Kritik aus dem Westen an unmenschlichen Sanktionen wie der Todesstrafe antwortete der saudische Staatsminister im Außenministerium Adel al-Dschubeir der BBC: »Unsere Justiz ist unabhängig. [...] Wir erlauben es niemandem, uns zu belehren oder uns vorzuschreiben, was wir tun oder lassen sollten. So, wie auch wir den Menschen in Großbritannien oder in Amerika oder andernorts nicht sagen, was sie tun oder lassen sollten.«[5]

Internationales Aufsehen erregte 2006 der Fall einer Teenagerin aus der Ostprovinz, die von sieben Männern hintereinander vergewaltigt worden war. Die Täter erhielten Gefängnisstrafen von bis zu zehn Jahren und 80 bis 1000 Peitschenhiebe, doch wurden auch das Opfer und ihr männlicher Begleiter zu jeweils sechs Monaten Gefängnis und 90 Peitschenhieben verurteilt, weil sie unverheiratet zusammen in einem Auto gefahren waren. Wegen der negativen internationalen Berichterstattung, die ihr Fall ausgelöst hatte, wurden ihre Strafen Ende 2007 sogar verdoppelt, kurz darauf wurden sie aber von König Abdullah begnadigt.

Im August 2020 kündigte der Oberste Gerichtshof an, die im Westen stark kritisierte Strafe der Auspeitschung werde künftig durch Haft, Geldstrafe oder Verpflichtung zur gemeinnützigen Arbeit ersetzt. Andere Körperstrafen sollen aber weiterhin verhängt werden.[6]

Da es kein Strafgesetzbuch mit exakt definierten Delikten und Sanktionen gibt, ist das saudische Strafrecht für einen Europäer schwer nachvollziehbar. Auch fehlen Berufungs- oder Revisionsmöglichkeiten.

Der Anthropologie- und Soziologieprofessor Sami Alrabaa, der fünf Jahre lang an der King Saud University in Riad lehrte, spricht vom »Leben in der Rechtlosigkeit« und führt hierfür drastische Beispiele von Willkür und Justizirrtümern an. So seien saudische Schäfer erschossen bzw. ausgepeitscht worden, nur weil sie mit einer Petition gegen das Grundstücksgeschäft eines Königsneffen protestierten hätten, das ihre Existenz ruiniert hätte.[7] Frauen und Gastarbeiter seien in besonderem Maß Willkür ausgesetzt und hätten mit übermäßig hohen Strafen zu rechnen. Die Grenzen zwischen Polizisten, Anklägern und Richtern seien fließend.

Eine Abschreckungswirkung wird man dem drakonischen Scharia-Strafrecht freilich nicht absprechen können. Die Kriminalität gilt als sehr gering, viele Saudis schließen ihre Häuser und Fahrzeuge nicht ab.

Das im März 1992 erlassene »Grundgesetz der Herrschaft« mit 83 Artikeln verankert die Machtbefugnisse der absoluten Monarchie.[8] Die Bürger müssen dem König gemäß Koran und Sunna Treue leisten (Art. 6), davon leitet sich Herrschaft ab (Art. 7). Der König ist in letzter Instanz der Judikative, Exekutive und Regulative übergeordnet (Art. 44), eine Gewaltenteilung besteht damit nicht. Er muss gemäß den Traditionen des Islam regieren und die Anwendung der Scharia umsetzen (Art. 55), ist Oberkommandeur der Streitkräfte, ernennt und entlässt Offiziere, ruft bei Gefährdung der nationalen Integrität oder Sicherheit den Notstand oder die Generalmobilmachung aus und erklärt den Krieg (Art. 60–62). Nationale Einheit ist Pflicht, die Regierung muss »Uneinigkeit, Unordnung und Spaltung« bekämpfen (Art. 12). Im Gegenzug verpflichtet sich der Staat, das Privateigentum zu achten (Art. 18), soziale und ökonomische Entwicklung planvoll zu betreiben (Art. 22), den islamischen Glauben zu schützen, zu verbreiten und die Scharia anzuwenden (Art. 23) sowie Einrichtungen sozialer Sicherheit zu garantieren (Art. 27).

Bemerkenswert ist, dass das Grundgesetz Frauen an keiner Stelle erwähnt. Auch Stämme, ein Eckpfeiler der Monarchie, kommen nicht vor.

Menschenrechte werden im Rahmen der Scharia geschützt (Art. 26), damit also eingeschränkt. Die 1948 von den Vereinten Nationen verabschiedete Allgemeine Erklärung der Menschenrechte hat Saudi-Arabien nicht unterzeichnet. Ungeachtet dessen wurde das Königreich 2016 für drei Jahre in den UNO-Menschenrechtsrat gewählt. Im Unterschied zu anderen Golfmonarchien ist die Meinungsfreiheit nicht garantiert. In Zusammenhang mit Medien erwähnt das Grundgesetz lediglich Pflichten, wie das Verbot entzweiender, spalterischer oder sicherheitsgefährdender Inhalte (Art. 39). 2003 wurde das vom Informationsministerium durchzusetzende »Gesetz für Druck und Veröffentlichung« erlassen. Alle gedruckten, mündlichen oder elektronischen Medien müssen eine Lizenz vorweisen. Ergänzend wurde 2007 ein »Gesetz gegen Cyberkriminalität« erlassen, das bei Störung der öffentlichen Ordnung, Verletzung der religiösen Werte, der öffentlichen Moral und der Privatsphäre Geldbußen oder Haftstrafen vorsieht. Lizenzen können entzogen werden, häufig werden auch bestimmte Journalisten und Redakteure entlassen. Das Anti-Terrorismus-Gesetz von 2013 ermöglicht weitere Eingriffe in die Medien.

Seit 1994 ist das Königreich an das weltweite Internet angeschlossen, ab 1999 wurden Internetanschlüsse eingerichtet. Der gesamte Datenverkehr läuft über die King Abdulaziz City for Science & Technology. Dort arbeitet die Communications and Information Technology Commission (CITC) mit modernster Filtersoftware unter anderem aus den USA, die nach »unmoralischen«, oppositionellen oder radikalen Inhalten sucht und diese blockiert. Das Pressekonsortium »Forbidden Stories« enthüllte 2021, dass Saudi-Arabien (wie auch Bahrain und die VAE) in großem Umfang die israelische Spionagesoftware »Pegasus« einsetzt. Auch die Verlobte, der Sohn und Freunde des ermordeten Journalisten Dschamal Kaschoggi (siehe S. 414–418) seien abgehört worden.[9] Im Dezember 2020 hatte das Citizen Lab der University Toronto bekannt gegeben, Saudi-Arabien und die VAE seien mit »Pegasus« in die Computer von 36 Al-Dschasira-Journalisten eingedrungen. Die Regierungen dieser Länder dementierten den Einsatz dieser Software.[10]

Human Rights Watch kritisiert, dass auch im 2017 verabschiedeten, neuen Gesetz gegen Terrorismus dieser Straftatbestand weiterhin breit definiert ist. Nicht nur gewaltsame Akte, sondern auch Störung der öffentlichen Ordnung, Erschütterung der öffentlichen Sicherheit und staatlichen Stabilität oder Gefährdung der nationalen Einheit fallen darunter. Die Verfolgung wurde dem Innenministerium entzogen und Behörden unterstellt, die direkt dem König unterstehen. Die Strafen reichen von drei bis acht Jahren Gefängnis (für Unterstützer oder Sympathisanten) bis zur Todesstrafe.[11]

## Die Legitimationsgrundlage der Monarchie

Gemäß Karen House sind die Herrschaftsinstrumente der Dynastie Al Saud der religiös begründete Gehorsam gegenüber dem König und die vom Wahhabismus geförderte Konformität und Passivität der Untertanen, die Schaffung bzw. das Versprechen von Wohlstand und Stabilität sowie die geschickte Manipulation gesellschaftlicher Differenzen und die Erzeugung von Mißtrauen und Neid (»teile und herrsche« hinter der Fassade einer vorgeblich homogenen »*umma*« der Gläubigen und einer äußerlich uniform auftretenden Gesellschaft).[12]

Mit folgenden Argumenten rechtfertigt das Königshaus selbst seine absolute Macht:

- Der König schützt den Islam, ist »Hüter der zwei Heiligen Moscheen« und ermöglicht allen Muslimen weltweit den *hadsch*.
- Der König gewährleistet Frieden, Stabilität und nationale Einheit (»Ohne uns würde das Land in Chaos versinken«[13]).
- Der König ist Schutzherr der tribalen Ordnung.
- Der König schafft Wohlstand unter seinen Untertanen.

Diese Legitimationsgrundlagen beinhalten freilich Widersprüche. So beansprucht der König als »Hüter der zwei Heiligen Moscheen« eine Führerschaft in der gesamten muslimischen Welt, muss in dieser Rolle aber die wahhabitische Auslegung des Islam hintanstellen. Dies stößt auf Kritik wahhabitischer Geistlicher, die vom König Prinzipientreue und Mission fordern.

Ein weiterer Widerspruch besteht zwischen dem religiösen und dem nationalen Prinzip. Je stärker Saudi-Arabien zum »normalen« Staat wird, desto mehr wird der übernational ausgelegte Wahhabismus in den Hintergrund gedrängt. Die von Kronprinz Muhammad bin Salman eingeleitete Öffnung des Landes und die Einhegung der wahhabitischen Geistlichkeit könnte Gegenreaktionen von deren Seite provozieren.

König Abd al-Asis stellte zwar Frieden und Einheit her, indem er z. B. die blutigen Fehden zwischen Stämmen und die Raubüberfälle auf Karawanen und Pilger beendete. Doch sind die schiitischen Saudis bis heute keine gleichberechtigten Bürger. Der König steht vor dem Dilemma, die Schiiten zugunsten der nationalen Einheit gleichzustellen und damit die wahhabitischen Gelehrten zu verärgern oder Letzteren zu folgen und damit inneren Zwist im Königreich anzuheizen.

Der König agiert als Schutzherr der Stämme und ihrer Traditionen, er nimmt regelmäßig ihre Treueerklärungen entgegen. Gleichzeitig sind Stämme mögliche Rivalen, weswegen die Regierung auch immer wieder Maßnahmen ergriffen hat, um die Macht der Stämme zu schwächen.

Die Schaffung von Wohlstand führte zu einem intensiven Austausch mit der westlichen Welt und begründete eine Konsumgesellschaft, die den asketischen Vorstellungen des Wahhabismus entgegensteht. Nimmt der Wohlstand zu, birgt dies die Gefahr religiös motivierter Opposition, doch kann der Rückgang von Wohlstand ebenso die Legitimation der Monarchie infrage stellen. Wenn die Neuausrichtung der Wirtschaft im Hinblick auf das Nach-Öl-Zeitalter nicht gelingen sollte, droht eine politisch bedrohliche, signifikante Verschlechterung der Lebensverhältnisse vieler Bürger.

## Machtzentren in Saudi-Arabien

Zwar verfügt der König über absolute Macht, doch ist er bei ihrer Ausübung auch auf Zustimmung der Untertanen angewiesen. Einflussreiche Gruppen sind die Prinzen des Hauses Saud, wohlhabende Familien, Geistliche, Stammesführer sowie die im Aufwuchs befindliche mittelständisch-technokratische Elite. Auf einem Konsens zwischen diesen Gruppen ist die Stabilität des Königreiches gegründet.

Insgesamt soll es derzeit an die 7000 Prinzen geben, von denen viele über wenig Einfluss verfügen und eine vergleichsweise bescheidene Apanage erhalten (in der 3. Generation hatten sie um 2012 Anspruch auf 19 000 US-Dollar pro Monat).[14] Macht, Einfluss und Ressourcen besitzen rund 2000 Prinzen; bedeutend infolge verwandtschaftlicher Nähe zum König sowie politischer und ökonomischer Verbindungen sind einige Hundert. Über von ihnen verwaltete Stiftungen verfügen sie über Einfluss und Ressourcen. »Saudologen« versuchen, Trends zu erkennen, doch wahren König und Prinzen in der Regel Stillschweigen über Familienangelegenheiten, so dass die Ergebnisse meist spekulativ sind.

Als einflussreichster Prinzenklan gelten die »Sudairi«, die sich auf Hasa bint Ahmad as-Sudairi, eine Lieblingsfrau von Abd al-Asis Al Saud aus dem Stamm der Sudairi, zurückführen. Sie hatte von allen Ehefrauen mit sieben die meisten Söhne hinterlassen: Fahd, Sultan, Abdul Rahman, Naif, Turki, Salman und Ahmed. Fahd war von 1982 bis 2005 König, und zahlreiche Mitglieder des Sudairi-Klans besetzten einflussreiche Minister- und Gouverneursposten. Mit der Ernennung von Salman zum König (2015) kam wieder ein Sudairi an die Macht. Zu diesem Zeitpunkt lebte von den »sieben Sudairis« neben Salman nur noch der 1940 geborene

Ahmed bin Abd al-Asis.[15] Langjähriger Rivale ist der »Abdullah-Klan«. Gegen den Willen der Sudairi ernannte König Chalid Prinz Abdullah statt deren Kandidaten Prinz Sultan zum stellvertretenden Kronprinzen und ebnete ihm damit den Aufstieg zum Königsamt (2005–2015). Abdullahs Mutter Fahda bint Asi Al Shuraim gehörte dem einflussreichen Stamm der Schammar an. Sein Verhältnis zu den Stämmen war eng, Abdullah bzw. sein Sohn Miteb kommandierten jahrzehntelang die aus Stämmen rekrutierte Nationalgarde.

Der Abdullah-Klan pflegte gute Beziehungen zum »Faisal-Klan«, d. h. den drei Söhnen Saud, Chalid und Turki von König Faisal (reg. 1964-1975), sowie zu Prinz Mukrin, dem jüngsten Sohn von König Abd al-Asis. Mukrin wurde 2014 zum Vizekronprinzen ernannt. Als König Abdullah Anfang 2015 im Sterben lag, soll der Abdullah-Klan noch vergeblich versucht haben, Salman als Kronprinz zu entlassen, Mukrin auf den Thron zu bringen und Abdullahs Sohn Miteb zum Kronprinzen zu erheben. Der Plan sei jedoch aufgrund des schnellen Todes des Königs misslungen.[16] Der neue König Salman entließ umgehend die Söhne des verstorbenen Königs von ihren Gouverneursposten. Vizekronprinz Mukrin beförderte er zwar noch zum Kronprinzen, entzog ihm aber bereits drei Monate später diesen Rang mit der Begründung, er müsse der Jugend Platz machen. Acht von damals noch 13 lebenden Söhnen von Abd al-Asis Al Saud sollen im Gefolgschaftsrat der Entlassung von Kronprinz Mukrin nicht zugestimmt haben. Dies zeigt, dass die neue Machtkonstellation ihre Kritiker hat.

Die Ernennung von König Salmans Sohn Muhammad bin Salman zum Kronprinzen im Jahr 2017 war ein tiefer Einschnitt. Damit wurde nicht nur die Übergabe der Macht an die junge Generation eingeleitet, sondern auch das Ende des bewährten Pluralismus in der Familie Al Saud: Die Macht ist nun faktisch auf die Linie Salman konzentriert. Die Konstellation für den tiefgreifenden Umbau der Machtstruktur ist günstig: König Salman genießt als Sohn von König Abd al-Asis Legitimität; unter diesem Schutzschirm geht der Kronprinz hart gegen potenzielle Gegner in der Königsfamilie vor. So wurden Turki, Mishaal und Miteb, die drei Söhne des verstorbenen Königs Abdullah, 2017 vorübergehend inhaftiert, Miteb verlor auch das Amt eines Ministers für die Nationalgarde. Auch im eigenen Sudairi-Klan werden potenzielle Rivalen zum Schweigen gebracht: Im März 2020 wurden Muhammad bin Naif bin Abd al-Asis und Prinz Ahmed bin Abd al-Asis auf Befehl des neuen Kronprinzen wegen angeblicher Vorbereitung eines Putsches inhaftiert. Damit sind die beiden gefährlichsten Konkurrenten ausgeschaltet.

Mit dem »Faisal-Klan« arrangierten sich die neuen Machthaber: Zwar wurden 2015 sowohl Saud bin Faisal als Außenminister wie auch Chalid bin Faisal als Erziehungsminister abgelöst. Letzterer wurde aber mit dem Gouverneursamt von Mekka abgefunden, und Turki bin Faisal blieb Vorsitzender des King Faisal Foundation's Center for Research and Islamic Studies.

Ob sich die anderen Prinzen mit der Konzentration der Macht auf die Linie Salman abfinden werden, wird die Zukunft zeigen. Zweifelsohne herrscht auch Unzufriedenheit, und die Rivalen des Kronprinzen warten darauf, dass sich Fehler summieren und er an Rückhalt verliert.

Zu den einflussreichen Familien zählen neben den Al asch-Scheikh (den Nachkommen Abd el-Wahhabs) auch die Adschlan, Al Radschhi, Al Hokair, Al Dschuffali, Ali Redha, Al Sahid Esadschi, Khereidschi, Muhaidib, Mutlak, Raschid, Samel und Sudairi aus dem Landesinnern. Teilweise sind sie aus alten Stammesklans hervorgegangen. Sie engagieren sich in Finanzdienstleistungen und Versicherungen, dem

Groß- und Einzelhandel, der Verarbeitenden Industrie und im Dienstleistungssektor. Prinzen aus der Familie Al Saud sind in der Regel nur stille Teilhaber und treten im Wirtschaftsleben nicht an die Öffentlichkeit. Einzelne Mitglieder der einflussreichen Familien dienen dem König als Minister, Berater oder Gouverneure. Strategische Eheverbindungen verstärken die Bindungen zwischen dem Königshaus und den »Großen Familien«.

In Dschidda sind die Kaufmannsdynastien der Aliresa, Amom, Sharbatly, Shobokhsi und Batterjee von Gewicht. Nach anfänglichem Zögern in den 1920er-Jahren schlossen sie mit der Dynastie Saud Frieden. Daneben gibt es auch Aufsteigerfamilien wie die Dschamil (englische Schreibweise: Jameel) – Scheich Abdul Latif Dschamil begann 1945 in Dschidda als kleiner Autohändler und ergatterte den Toyota-Vertrieb im Königreich. Heute umfasst der weltweit tätige Konzern ALJ die Bereiche Transport, Verarbeitende Industrie, Finanzdienstleistungen, Energie und Umwelt, Grundbesitz und Immobilien, Werbung und Medien sowie Konsumgüter.

Einflussreiche Familien, die aus der Region Hadramaut im Jemen stammen, sind die Bin Ladin (siehe S. 350–353), Bin Mahfus und Bugschan. Die Al Amudi stammen aus Äthiopien. Der von Mohammed Hussein Al Amudi geführte Großkonzern ist in den Sektoren Energie, Bergbauprodukte und Hotellerie engagiert.

Die vornehmsten Stämme sind im Hochland des Nedschd beheimatet. In der traditionellen Rangordnung an erster Stelle stehen die Anesa und Schammar, dann kommen die Dawasir, Harb, Kahtan, Mutair, Murra, Subai, Suhul, Utaiba und andere. Manche sind vor langer Zeit aus dem Hedschas zugewandert. Größter Stamm mit drei Millionen Mitgliedern sind die Utaiba. Stämme im Hedschas sind die Chasradsch,

Dschuhaina, Harb, Howeitat, Hudhail, Kuraisch (der Stamm des Propheten) und Sulaim. Zu etwa 95 Prozent sind die Stämme heute in Saudi-Arabien sesshaft. Bestimmte Stammesführer genießen hohes Prestige, weil sie sich schon früh den Al Saud angeschlossen bzw. ihnen als Feldherren treue Dienste geleistet haben. Mitglieder des Hauses Saud pflegen Töchter von loyalen Stammesführern zur Frau zu nehmen, was den Einfluss des Stammes am Hof vergrößert. Gouverneure bitten Stammesführer regelmäßig zur Konsultation, es wurden beratende lokale Räte mit Stammesvertretern eingerichtet, und Söhne von tribalen Würdenträgern werden in Riad zur Ausbildung aufgenommen. Loyalität gegenüber dem Herrscher wird mit staatlichen Dienstleistungen und Entwicklungsvorhaben belohnt. Bei Illoyalität droht nicht nur der Verlust dieser Privilegien, sondern auch der Entzug des zugeteilten Landes, das Staatseigentum ist.

Wahhabitische Geistliche kritisieren das gerade unter Jugendlichen wiederentdeckte tribale Bewusstsein. Auch die neue technokratische Bildungs- und Unternehmerelite kann damit wenig anfangen.

Die anwachsende mittelständisch-technokratische Elite Saudi-Arabiens besteht aus Akademikern, Geschäftsleuten, Unternehmern und Beamten. Sie produziert Aufsteiger wie Abd al-Asis Aljouf, der einen Bachelor in Islamischer Wirtschaft in Riad, einen Bachelor in Informationstechnologie in Nebraska (USA) und einen Master in E-Business am New York Institute of Technology erwarb. Mit großem Erfolg gründete er 2013 das Unternehmen für Bezahlsysteme PayTabs.[17] Beispiel für eine Aufsteigerin ist Dr. Huda Al-Mansour. Sie studierte Klinische Chemie in Ägypten und Großbritannien, ist Direktorin eines Zentrums für vererbte Blutkrankheiten und hat zehn medizintechnische Patente zuerkannt bekommen.[18]

Eine Opposition ist nicht vorgesehen, doch treten immer wieder Kritiker hervor. Sie lassen sich in folgende Gruppen unterteilen: sunnitische Islamisten (Muslimbrüder, puristische Wahhabiten, Dschihadisten), am Westen orientierte »Liberale«, unzufriedene Stammesführer sowie Vertreter der schiitischen Minderheit. Gemäß Karen House fordern viele Saudis in erster Linie Effizienz, Transparenz, größere persönliche Freiräume und einen geringeren Einfluss des wahhabitischen Klerus. Ein demokratisches System nach westlichem Vorbild steht bei vielen nicht an der Spitze der Prioritätenliste.[19]

Zivilgesellschaftliche Organisationen sind in den Städten verbreitet, kümmern sich z. B. um Arme und Flüchtlinge, um die Förderung von Frauen, um Naturschutz oder die Schaffung von Parkanlagen. Solange sie die Regierung nicht kritisieren, dürfen sie arbeiten.

Laut dem redegewandten Kronprinzen Muhammad bin Salman ist Saudi-Arabien ein tolerantes und pluralistisches Land: »Wir haben unsere Werte: Es ist uns wichtig, dass man an der Entscheidungsfindung teilnehmen kann; es ist uns wichtig, dass wir freie Meinungsäußerung haben; es ist uns wichtig, dass wir Menschenrechte haben. Wir haben als saudische Gesellschaft unsere eigenen Rahmenbedingungen, Werte und Prinzipien und versuchen, Fortschritte gemäß unseren eigenen Bedürfnissen zu erzielen.«[20]

Ganz anders sah es Ben Emmerson, Jurist und UN-Sonderberichterstatter über Terrorismusbekämpfung und Menschenrechte, nach seinem Besuch im Königreich 2018 in einem Interview mit dem britischen Independent: »Niemand sollte sich täuschen lassen, dass Saudi-Arabien eine offenere und pluralistischere Regierungsform anstrebt. [...] Das Gegenteil ist der Fall. Wir erleben ein Regime, das das soziale Gefüge der Gesellschaft fester in den Griff nimmt, alle Formen offener Debatten erstickt, die Zivilgesellschaft abwürgt, die Stimme der Reformen zum Schweigen bringt und diejenigen inhaftiert, die sich bemühen, den Weg in die Moderne zu gehen.«[21]

Amnesty International kritisiert, dass auf Betreiben von Kronprinz Muhammad bin Salman die Repression erheblich zugenommen habe. Die Behörden würden mit Hilfe von Anti-Terror-Gesetzen und Gesetzen zur Internetkriminalität gegen Menschenrechtsaktivisten vorgehen. Auch die Kontaktaufnahme mit ausländischen Menschenrechtsorganisationen und Diplomaten werde sanktioniert und in Kampagnen als Verrat gebrandmarkt. Gerichtsverfahren seien häufig unfair, in den Gefängnissen seien Folter und Misshandlung Routine.[22]

Wie Muhammad bin Salman z. B. bei der Aufhebung des Fahrverbots für Frauen vorgeführt hat, sind Reformen in Saudi-Arabien möglich, ja sogar angestrebt, doch dürfen sie ausschließlich vom Königshaus selbst angestoßen werden. Ziviler Protest ist eine rote Linie, auch wenn er mit friedlichen Mitteln vorgetragen wird.

Die strikte Durchsetzung von Normen ist in den vergangenen beiden Jahrzehnten von einer gewissen Flexibilität abgelöst worden, die zwischen Zwang und Duldung oszilliert. Dieses Vorgehen hat Konflikte entschärft. Die um sich greifende Regellosigkeit unterminiert aber auch den traditionellen Gehorsam gegenüber dem König.

## Nationalismus als neue Legitimitätsgrundlage

Besucht man heute Saudi-Arabien, fällt auf, dass in erster Linie die Verdienste der Dynastie Al Saud herausgestellt werden; von Abd el-Wahhab und seinen Nachkommen hört man eher wenig, ihr Einfluss wird als gering abgetan.

Der Staat fördert einen saudischen Nationalismus als neue Legitimitätsgrundlage. Der 2005 eingeführte Nationalfeiertag wird mit Feuerwerken, Paraden sowie traditionellen Tänzen und Trachten gefeiert. An Straßen und Häusern sind dann unzählige saudische Flaggen angebracht. Viele Saudis tragen am 23. September grüne und weiße Kleidung in den Nationalfarben.

Früher war es undenkbar, die Zeit der *dschahilija* (»Unwissenheit«) vor der Verkündung des Korans herauszustellen. Heute wird auch die vorislamische Periode als Teil der saudischen Nationalkultur angesehen. Es finden Ausgrabungen statt, und an mehreren Universitäten sind Institute für Archäologie etabliert. 2010 wurde die zusammen mit dem Louvre konzipierte Ausstellung »Roads of Arabia« in Paris gezeigt, dann in Rom, St. Petersburg, Berlin, Washington, D. C., Houston, Chicago und San Francisco. Die spektakuläre Schau präsentierte das Bild eines jahrtausendealten, multikulturellen Arabien, das eine Brücke der Zivilisationen darstellte. Gezeigt wurde z. B. eine Statue aus dem 4. Jahrtausend v. Chr. Solche Artefakte fehlen freilich noch in saudischen Museen, ebenso wie christliche oder jüdische Fundstücke.

Mit der großzügigen Förderung des Sports, der von wahhabitischen Gelehrten als nebensächlich angesehen wurde, will Kronprinz Muhammad bin Salman den Nationalstolz der Bürger stärken, das weltweite Image des Landes verbessern und Einnahmen generieren. Als nationales Identifika-

tionssymbol dienen die »Grünen Falken«: Nach dem zweima-
ligen Gewinn der Asienmeisterschaft 1984 und 1988 konnte
sich die saudische Fußballnationalmannschaft bisher fünf-
mal für WM-Endrunden qualifizieren und nahm dreimal
(1984, 1996, 2021) an Olympischen Spielen teil. 2021 wurde
sogar eine saudische Frauen-Fußballnationalmannschaft
gegründet, trainiert von der Deutschen Monika Staab.

Weltmeisterschaftsboxkämpfe, eine neue »Super Golf
League« und die Dakar-Rallye wurden nach Saudi-Arabien
geholt, und im Herbst 2021 fand dort zum ersten Mal ein For-
mel-1-Rennen statt. In diesem Jahr wurde auch der briti-
sche Fußballclub Newcastle United gekauft, und 2022 erhielt
Saudi-Arabien gar den Zuschlag für die Asien-Winter(!)-
Spiele 2029 in Trojena, einem Gebirgsort im NEOM-Gebiet.
Das Königreich will sich zudem um die Austragung der Fuß-
ballweltmeisterschaft 2030 bewerben. Manche Beobachter
sehen im Sport bereits die »Ersatzreligion« Saudi-Arabiens.[23]
Ein weiteres nationales Großprojekt ist die Ausrichtung der
Weltausstellung »EXPO 2030« in Riad, worum sich Saudi-
Arabien ebenfalls bewirbt.

# Saudische Frauen erobern sich Freiräume

Im Juni 2018 trat ein königliches Dekret in Kraft, das Frauen erlaubt, Auto zu fahren. Reformorientierte saudische Frauen hatten seit den 1990er-Jahren für diese Maßnahme gekämpft, manche von ihnen mit illegalen Fahrten Peitschenhiebe oder gar Gefängnis riskiert. Das Verbot wirkte besonders obsolet, da es bereits saudische Flugzeugpilotinnen gab. Auch besaßen manche saudische Frauen einen ausländischen Führerschein, durften sich in ihrer Heimat aber nicht ans Steuer setzen.

Warum rang sich die saudische Regierung zu dieser Lockerung durch? Erstens betrieb Kronprinz Muhammad bin Salman damit Imagepflege. Frauenrechte sind in westlichen Staaten ein wichtiges Thema, und diese publikumswirksame Reform kostete ihn wenig. Zweitens waren die zur Verteidigung angeführten Begründungen nicht stichhaltig. Beispielsweise hatte ein ultrakonservativer Kleriker angeführt, dass die nur halb so großen Gehirne der Frauen es ihnen nicht erlauben würden, Kraftfahrzeuge zu steuern. Ein anderer Kleriker hatte gar Schäden für die Gebärfähigkeit befürchtet, ein weiterer sah Frauen im Fall einer Panne oder eines Unfalls der Gewalt vorbeikommender Männer ausgeliefert. Drittens war das Frauenfahrverbot hinderlich für den vom Kronprinzen beabsichtigten Wirtschaftsumbau, denn für die geplante Industrialisierung und Digitalisierung ist es notwendig, Frauen verstärkt in die Arbeitswelt zu integrieren. 2009 stellten Frauen erst 14 Prozent der arbeitenden Saudis. Gerade Frauen aus der Mittelschicht arbeiteten häufig nicht, denn die Anstellung eines Fahrers war kostspielig. 2021 waren bereits 33 Prozent der saudischen Frauen erwerbstätig. Bloomberg errechnete, dass die Aufhebung des Frauenfahrverbots 90 Milliarden Dollar mehr Wirtschaftsleistung bringen wird.[1]

Ein Schönheitsfehler war, dass zeitgleich zahlreiche Frauen, die öffentlich gegen das Fahrverbot protestiert hatten, festgenommen, angeklagt und zum Teil auch verurteilt wurden. Vorgeworfen wurden ihnen Störung der öffentlichen Ordnung, die illegale Zusammenarbeit mit ausländischen Mächten und Landesverrat.

Das Fahrverbot für Frauen hatte auch dazu beigetragen, sie auf ihre häusliche Rolle als Gattin, Mutter und Hausfrau zu beschränken. Mit Bezug auf Koran und Sunna weist der wahhabitische Islam dem Mann die öffentliche, der Frau die private Sphäre zu. Letztere ist Leiterin des Haushalts und zuständig für die Kindererziehung. Ihre Aufgabe ist es, über die moralische Reinheit und Frömmigkeit der Familie zu wachen. In traditionellen Familien verlässt die Frau das Haus nur zu notwendigen Terminen, wie z. B. zum Einkauf oder Arztbesuch, und dies in Begleitung ihres Ehemannes oder anderer Familienangehöriger. Bis heute wundern sich Besucher, wie wenige Frauen im öffentlichen Raum zu sehen sind, insbesondere in Provinzstädten.[2]

## Die Stellung der Frau in der nomadischen und städtischen Kultur

In der nomadischen Kultur war und ist die Stellung der Frau freier als in den Städten. Wenngleich in geringerem Umfang als bisher angenommen, gab es in der vorislamischen Zeit auf der Arabischen Halbinsel neben patrilinearen auch matrilineare Stämme, die sich auf eine Gründerin zurückführten. Manche waren sogar matriarchalisch organisiert und wurden von einer Scheichin geführt, auch wenn ein Bruder oder Sohn Aufgaben wie die Weide der Tiere und die Verteidigung übernahm. Frauen waren in vollem Umfang erbberechtigt. Wenn ein Ehemann einem anderen Stamm angehörte, besuchte er lediglich seine Ehefrau oder wurde in deren Stamm aufgenommen (nicht die Frau in den Stamm des Mannes). Wenn sie einem Ehemann den Laufpass geben wollte, drehte die Frau den Eingang ihres Zeltes vom Zelt des Mannes weg. Selbstbewusste Frauen unterhielten mehrere »Besuchsbeziehungen«. Die Frau entschied nach dem Kriterium der Ähnlichkeit, wer der Vater eines Kindes war.[3]

Ab dem 5. Jahrhundert n. Chr. begannen reich gewordene Stämme, sich in städtischen Siedlungen niederzulassen. Von dort aus setzte sich allmählich das patrilineare Prinzip durch, ebenso die Kontrolle des Mannes über die Frau. Kaufleute fingen an, ihr Vermögen ausschließlich ihren Söhnen zu vererben. Frauen wurden in den Haushalt des Ehemanns eingegliedert, und es bürgerte sich ein, den Eltern der Ehefrau einen Brautpreis zu zahlen. Töchter wurden damit zu einem kostbaren Gut. Nur wenn sie gebärfähig und jungfräulich waren, konnten sie gewinnbringend an den Ehemann gebracht werden. Mit Zahlung des Brautpreises glaubte der Mann, über seine Frau verfügen zu können. In städtischen Haushalten wurde die Trennung der Geschlechter perfektioniert. In der nomadischen Kultur hatten Männer und Frauen zwar unterschiedliche Aufgaben, doch verrichteten beide Geschlechter diese in der Öffentlichkeit.

Männer nahmen sich nun viele Ehefrauen und unterhielten sexuelle Beziehungen zu beliebig vielen Sklavinnen. Hingegen durfte die Ehefrau nur mit ihrem Mann verkehren, und ihre Sexualität wurde strikt kontrolliert, um nichterbberechtigte uneheliche Kinder auszuschließen.

Der Islam griff korrigierend in die Geschlechterbeziehungen ein, beschränkte beispielsweise die Zahl der Ehefrauen auf vier, definierte hierfür Bedingungen, stellte Witwen und Waisen unter Rechtsschutz, erklärte Frauen für erbberechtigt (sie bekommen allerdings nur die Hälfte des einem Mann zufallenden Erbteils), verbesserte das Los von Sklaven und führte eine Almosensteuer ein. Doch bestätigten die islamischen Bestimmungen die patrilineare Ordnung und die Rolle des Mannes als Familienoberhaupt. Auch erlaubten sie ihm mehrere Ehefrauen sowie Konkubinen, während die Frau dem Ehemann zu sexueller Treue verpflichtet war.

Wohlhabende Städter begründeten nun Harems, benannt nach dem arabischen Wort *haram* (»verboten«, »geschützt«). Die Frauen der Familie wohnten in abgeschlossenen Gemächern, wurden von Sklavinnen bedient und durften von fremden Männern nicht gesehen werden. Anstelle von Fenstern waren dekorative Holzgitter (*maschrabija*) angebracht, die es den Frauen erlaubten, nach außen zu blicken, ohne selbst gesehen zu werden. Mussten Frauen das Haus verlassen, trugen sie einen schwarzen Umhang (*abaja*) mit kapuzenartigem Kopftuch (*hidschab*), oft ergänzt durch einen nur die Augen frei lassenden Gesichtsschleier (*nikab*), eine aus Persien importierte Sitte.

Bei den Nomaden hatte es ebenfalls Gesichtsbedeckungen bei Frauen gegeben, die Schutz vor Wind, Sonne und Sand boten und die Trägerinnen vor den Blicken fremder Männer schützen sollten, da Frauenraub durch Angehörige anderer Stämme an der Tagesordnung war. Diese Gesichtsbedeckungen wurden aber nicht ständig getragen. Auch heutzutage sind unter Nomaden in der Regel bei Frauen allenfalls die traditionellen Masken (*battulah*) üblich, die einen Teil des Gesichts verdecken.

Einen organisierten Großharem wie zu Zeiten von König Abd al-Asis und König Saud mit Ehefrauen, Konkubinen, unverheirateten Prinzessinnen, Sklaven, Sklavinnen und Eunuchen gibt es mittlerweile nicht mehr, doch sind abgeschlossene Frauengemächer in Saudi-Arabien bis heute üblich. So beschreibt die Schweizerin Denise Zintgraf mit Sympathie ihre Anstellung im Gemach einer Prinzessin Ende der 1990er-Jahre. Ihre einzige Aufgabe bestand darin, dem sechsjährigen Sohn eine halbe Stunde täglich in französischer Sprache Märchen vorzulesen oder mit ihm zu spielen. Obwohl sie von allen Männern isoliert war und ihre einzige Abwechslung in begleiteten Shoppingtouren in Vollverschleierung bestand, genoss sie die Begegnung mit einer ihr unbekannten Kultur und Religion.[4]

## Rechtliche Bestimmungen für das Verhalten von Frauen

Die Juristin Sifa Mtango von der Murdoch University in Perth (Australien) schreibt: »Der Status von Frauen in Saudi-Arabien wird durch traditionelle und religiöse Praktiken bestimmt, die häufig gesetzlich sanktioniert werden. Frauen in Saudi-Arabien erscheinen den Männern untergeordnet, da strikte Beschränkungen gelten, die ihre Lebensweise einschränken. Diese Beschränkungen werden oft unter Bezugnahme auf islamische Anforderungen erklärt, aber der Koran und andere Quellen des islamischen Rechts unterstützen nicht unbedingt die Auslegungen des Gesetzes, das die saudischen Behörden anwenden.«[5]

Saudische wie auch sonstige islamische Rechtsgelehrte sind überzeugt, der Islam praktiziere die Gleichheit von Mann und Frau, schließlich seien ja beide aus gemeinsamem

Ursprung geschaffen worden. Jedoch weise er ihnen die von der Natur vorgesehenen unterschiedlichen Aufgaben zu.

Die Frau wird in Saudi-Arabien lebenslang männlicher Vormundschaft unterstellt. Aus dem Koran sowie aus Hadithen (Aussprüchen Muhammads) werden hierfür Argumente hergeleitet: Erstens seien Männer physisch stärker. Zweitens entschieden Männer rationaler, während Frauen von Emotionen beeinflusst seien. Drittens finanzierten die Männer die Familie allein oder zum überwiegenden Teil.

Zunächst ist der Vater für seine Töchter verantwortlich, nach deren Heirat der Ehemann. Bei Tod des Vormunds (*mahram*) oder bei einer Scheidung geht die Vormundschaft auf den ältesten Bruder des Ehemannes über. In diesem Fall ist das Verhältnis zwischen Vormund und Mündel häufig nicht gut. Es können sich auch Konstellationen ergeben, in denen der 18-jährige Sohn zum Vormund seiner Jahrzehnte älteren Mutter ernannt wird. Sind keine männlichen Verwandten vorhanden, übernimmt häufig der örtliche Gouverneur – meist ein hochrangiger Prinz – die Vormundschaft. Bei geschiedenen Frauen kommt es vor, dass sie keinen *mahram* finden und damit vom öffentlichen Leben faktisch ausgeschlossen werden.

Bis 2001 besaßen die saudischen Frauen keine eigenen Ausweise, sondern waren wie Kinder im Dokument ihres Vormunds eingetragen. Auch konnten sie bis zu diesem Zeitpunkt kein eigenes Bankkonto eröffnen.

Bis vor Kurzem traf der Vormund für seine Mündel alle Entscheidungen über Aufenthaltsort, Beantragung behördlicher Dokumente, Schul- und Universitätsbesuch, Heirat, Verheiratung der Kinder, Annahme einer Arbeitsstelle, Eröffnung einer Firma, medizinische Behandlung oder Antritt einer Reise. Ein Studium im Ausland wird häufig nur in Begleitung eines männlichen Verwandten gestattet. Selbst bei

Ablauf einer Haftstrafe wird die Verurteilte nur entlassen, wenn der Vormund zustimmt; ansonsten bleibt sie im Gefängnis.

Beim Arztbesuch kommt die Frau in der Regel verhüllt und verschleiert zur Untersuchung. Der begleitende Ehemann, Vater oder Bruder bestimmt, welche Untersuchungen und welche Therapien stattfinden dürfen. Ausländische Ärzte und Sanitäter berichten, dass nicht selten lebensnotwendige Behandlungen bei Frauen abgelehnt werden. Im Todesfall akzeptiert der Mann dies als Gottes Wille.[6]

Frauen können vor Gericht beantragen, einen anderen Vormund aus ihrer Verwandtschaft zugeteilt zu bekommen, wenn der vorhandene unfähig ist, sein Amt auszuüben, sie misshandelt, vergewaltigt oder zu unislamischen Verhaltensweisen zwingt. Doch ist es schwer, einen Wechsel des Vormunds zu erreichen, und bis zu einer gerichtlichen Entscheidung bleibt er im Amt.

Vor dem Hintergrund zunehmender weiblicher Berufstätigkeit kommt es nicht selten zu skurrilen Situationen. Im Film »Die perfekte Kandidatin« (2019) wird gezeigt, wie einer Ärztin am Flughafen die Reise zu einem Kongress in Dubai untersagt wird, weil die schriftliche Erlaubnis ihres Vaters formale Fehler hat. Verzweifelt versucht sie, ihn zu erreichen bzw. eine Ausnahmegenehmigung zu ergattern, bis schließlich ihr Flugticket verfällt. Daraufhin entscheidet sie sich, bei der Kommunalwahl als Kandidatin anzutreten, um einen kleinen Beitrag zu Veränderungen zu leisten.[7]

Bei der Heirat achten viele saudische Frauen in erster Linie darauf, einen Ehemann zu bekommen, der ihnen Freiräume gewährt. Persönliche Sympathie ist zweitrangig. Natürlich waren saudische Frauen auch immer wieder bei der Umgehung von Vormundschaftsbestimmungen erfinderisch, so hackten sie sich beispielsweise in den Computer ihres Vormunds und verschafften sich Reiseerlaubnisse entsprechend ihren Wünschen.

Viele traditionell lebende saudische Frauen haben kein Problem mit der Vormundschaftsregelung. Insbesondere die wohlhabenden unter ihnen führen zu Hause ein verantwortungs-, aber auch müheloses Leben, assistiert von vielen Hausgehilfinnen. Aber zunehmend stellen junge und gut ausgebildete saudische Frauen die Gängelung infrage. »Das Vormundschaftssystem macht mir das Leben zum Spießrutenlauf«,[8] meinte 2011 eine Lehrerin gegenüber einem ausländischen Journalisten. Eine vor allem in den Sozialen Medien betriebene Kampagne »Ich bin mein eigener Vormund!« fordert eine Reform.

Unter Kronprinz Muhammad bin Salman (MbS) wurde das Vormundschaftssystem gelockert. Seit August 2019 erlaubt ein Dekret Frauen über 21 Jahren, ohne die Erlaubnis des Vormunds einen Reisepass zu beantragen und ins Ausland zu reisen. Auch dürfen Frauen nun studieren und eine Arbeitsstelle annehmen, ohne den Vormund zu fragen. In vielen weiteren Fragen bleibt das tief in der saudischen Kultur verankerte Vormundschaftssystem aber bestehen. Internationale Menschenrechtsorganisationen sehen in dieser Praxis einen Verstoß gegen die UNO-Konvention über die Abschaffung jedweder Diskriminierung von Frauen (CEDAW), die das Königreich 2001 ratifiziert hat.

Unter saudischen Frauen ist der in gesellschaftlichen Fragen reformorientierte Kronprinz sehr beliebt. So meinte z. B. eine Universitätsprofessorin: »Es ist, als wäre ein Traum wahr geworden. Die Entwicklung geht viel schneller, als wir dachten. MbS hat jeden einzelnen Teil meines Lebens verändert.«[9]

Ein Aspekt des Vormundschaftssystems ist der Schutz der Frauen und ihrer Ehre. Konservative Frauen sind von der Notwendigkeit männlicher Beschützer überzeugt. So behauptete eine Diplomatengattin und Englischlehrerin, Frauen seien zugleich verführerisch und verführbar und daher »immer gefährdet«: »Wir müssen die Schönheit beschützen vor den Männern.«[10] Bei einer Umfrage äußerten saudische Frauen häufig Sätze wie: »Ich fühle mich wie ein Edelstein, ein Diamant, meine Familie beschützt mich und sorgt für mich.«[11]

Ehre ist kein individuelles, sondern ein kollektives Gut, deshalb ist die Verletzung der Ehre eines Familienmitglieds gleichzeitig eine Verletzung der Familienehre. Die stärkste Ehrverletzung ist die Verletzung der weiblichen Ehre. Es ist daher Aufgabe aller männlichen Familienmitglieder, die Ehre der Frauen zu verteidigen. »Ehrenverbrechen« kommen in Saudi-Arabien immer wieder vor – entweder wird der Täter von Familien- bzw. Stammesmitgliedern zur Rechenschaft gezogen oder das »schuldige« weibliche Familienmitglied, mitunter auch beide. Ein in Saudi-Arabien tätiger deutscher Rettungssanitäter schilderte, wie er gedrängt wurde, bei einer Leiche eine »natürliche Todesursache« anzugeben – dabei habe es sich offenkundig um einen »Ehrenmord« in einer hochgestellten Familie gehandelt.[12]

Polizei und Justiz gehen nicht selten drakonisch gegen Frauen vor. So berichtete der Universitätsdozent Sami Alrabaa, der mehrere Jahre in Saudi-Arabien lehrte, 1998 in einem Buch vom Fall einer 20-jährigen Taubstummen. Als sie alleine an einer Straße auf ihren Bruder wartete, wurde sie von den Religionspolizisten (*mutaw'in*) verhaftet. Sie hielten die Frau, die weder verstand, was ihr vorgeworfen wurde, noch sich verteidigen konnte, für eine Prostituierte. Wenige Tage darauf wurde sie zu Tode gesteinigt. Ihre Familie war nicht benachrichtigt worden. Der Vater rächte sich, indem er den verantwortlichen Religionspolizisten mit brennbarem DDT besprühte und anzündete. Daraufhin wurde er enthauptet.[13] Zweifellos sind dies besonders gravierende Einzelfälle, doch kommen sie im saudischen Rechtssystem vor.

## Kleidervorschriften

Im Koran gibt es eine Stelle, die als Verschleierungsgebot ausgelegt wird. In Sure 33, Vers 59, heißt es: »O Prophet, sprich zu Deinen Gattinnen und Töchtern und den Weibern der Gläubigen, dass sie sich in ihrem Überwurf verhüllen. So werden sie eher erkannt und nicht verletzt.« Muhammad soll diese Sure geoffenbart worden sein, nachdem seine Ehefrauen auf der Straße belästigt worden waren. Saudische Religionsgelehrte fordern eine staatlich durchzusetzende Pflicht zur Verhüllung; unter Islamwissenschaftlern ist eine solche Interpretation allerdings umstritten.

Mädchen tragen traditionell *abaja* und *hidschab* ab der Pubertät, doch besonders fromme saudische Eltern stecken schon Dreijährige in einen *hidschab*. Nicht selten ist dies auch der Wunsch des Mädchens, denn dann kommt es sich wie eine Erwachsene vor.

Wenn saudische Frauen *abaja* und *hidschab* tragen, dann spielen Accessoires eine zentrale Rolle: die Sonnenbrille, die Handtasche, Schmuckstücke, die Armbanduhr und die Schuhe. Kenner merken sofort, welcher sozialen Schicht die Trägerin zuzuordnen ist, auch wenn sie die übliche schwarze *abaja* trägt.

Ausländerinnen sind gleichfalls verpflichtet, sich züchtig zu kleiden. Als die deutsche Verteidigungsministerin Ursula von der Leyen 2016 Saudi-Arabien besuchte, wurden ihr und ihren Begleiterinnen *abajas* und *hidschabs* ausgehändigt. Doch lehnte die Ministerin den Kleiderzwang für sich und die Delegationsteilnehmerinnen ab. Das saudische Protokoll erklärte sich schließlich damit einverstanden, dass die Ministerin einen schwarzen Hosenanzug trug.[14]

Religionsgelehrte erachten das Anfertigen und Vorzeigen von Gesichtsfotos als Sünde. Wenn Männer Fotos von unverschleierten Frauen zeigen, drohen bei Anzeigen durch die Abgebildeten empfindliche Strafen wie Auspeitschung und Gefängnis.

Heutzutage fotografieren sich Frauen gerne gegenseitig mit dem Smartphone. Sicherheitshalber speichern sie diese Bilder auf einer externen Festplatte. Mitunter drängen Männer Frauen, ihnen Bilder mit unbedecktem Haar oder auch mit leichter Bekleidung als Liebesbeweis zu senden. Immer wieder drohen Erpresser damit, solche Fotografien an männliche Familienmitglieder zu senden. So zahlte eine saudische Frau 14 Jahre lang insgesamt 150 000 Euro, um nicht als unzüchtig zu gelten.

Wie gering manche saudische Frauen die Kleiderordnung achten, zeigt sich im Flugzeug: Erst kurz vor der Landung im Königreich erfolgt in der Toilette eine regelrechte Verwandlung. Andere tragen überall auf der Welt ihre traditionelle Kleidung – ob aus eigenem Antrieb oder auf Veranlassung ihres Ehemannes, ist schwer festzustellen.

Im März 2018 überraschte Kronprinz Muhammad bin Salman mit der Aussage, Frauen seien nicht zum Tragen einer *abaja* in der Öffentlichkeit verpflichtet, sie müssten sich nur dezent und respektvoll kleiden. Gesetzliche Pflicht sei aber weiterhin die Bedeckung des Kopfhaares. Der ihm ergebene Rat der Obersten Gelehrten pflichtete ihm bei.

Früher konnte die Religionspolizei bei Nichtbeachtung von Kleidervorschriften an Ort und Stelle Strafen verhängen. Eine saudische Frau erinnerte sich an diese Zeit: »Früher haben sie uns ständig belästigt. Auf der Straße fuhren sie mich an, ich solle mein Gesicht bedecken. Wenn ich mit meinem Mann in einem Café saß, kamen sie und fragten, ob wir verheiratet seien.«[15] Kronprinz Muhammad bin Salman setzte durch, dass die Religionspolizei nur noch ermahnen und Verstöße an die Polizei weitermelden darf.

Doch auch ohne Tragevorschrift ist die schwarze *abaja* im Lande heute weiterhin üblich. Frauen, die mit ihr aufgewachsen sind, finden es merkwürdig, ohne dieses Kleidungsstück das Haus zu verlassen. Häufiger sind nun hellere *abajas* mit Verzierungen oder Schlitzen zu sehen, auch wenn Kleriker dies als Eitelkeit und Buhlen um Aufmerksamkeit kritisieren. In liberalen Städten wie Dschidda und Dhahran wird auf Kleidervorschriften wenig geachtet. In manchen Cafés sieht man sogar junge saudische Frauen in westlicher Kleidung mit offenem Haar. Hingegen werden Frauen, die sich nicht an Konventionen halten, in konservativen Regionen wie Asir oder Kasim rasch zurechtgewiesen, von traditionell orientierten saudischen Männern wie Frauen. Ausländische Besucherinnen ziehen es daher oft vor, traditionelle Kleidung zu tragen, um nicht aufzufallen.

Die Mehrheit der saudischen Frauen ist weder ultrakonservativ noch dezidiert progressiv. So meinte eine Frau zu den jüngsten Reformen: »Das Kopftuch ist gottgegebene Pflicht. Aber die Abaya ist Tradition. Unsere jungen Frauen haben deren schwarze Farbe durch andere ersetzt. Sie tragen jetzt beige, blau, braun, grau. Wichtig ist, dass sie das Gebot der Verhüllung einhalten und ihren Kopf bedecken. Und manche tun auch das nicht. 16- oder 17-jährige Jugendliche mögen ihr Haar nicht bedecken. Aber nach und nach verstehen sie und mögen auch sie der Tradition folgen.«[16]

Viele Frauen haben auch deshalb kein Problem mit *abaja* und *hidschab*, weil ihnen diese Kleidungsstücke ermöglichen, unbeobachtet zu bleiben. Nicht selten werden sie wie eine Arbeitskleidung angelegt. Bei schnellen Besorgungen entfällt die Pflicht, sich zu schminken und zu frisieren.

Unter sich, im geschützten Raum, verhalten sich saudische Frauen ungezwungen. Sie bedecken ihr Haar nicht, tragen kurze Röcke und enge Blusen. Man führt einander zu Hause die neuesten Dessous vor und unterhält sich freizügig über sexuelle Themen, ähnlich wie die Männer untereinander. Der Islam ist nämlich nicht prüde, und die eheliche Sexualität gilt als »Geschenk Gottes«.

## Systematische Geschlechtertrennung

Die Mischung von Frauen und Männern (*ikhtilat*) ist in Saudi-Arabien untersagt. Jungen und Mädchen werden ab einem Alter von zehn bis elf Jahren getrennt. Fortan besuchen sie getrennte Schulen und Universitäten. Lehrerinnen und Professorinnen unterrichten weibliche, Lehrer und Professoren männliche Schüler bzw. Studierende. Vorlesungen männlicher Dozenten werden an der Universität per Video an die Studentinnen übertragen. In Büros arbeiten Männer und Frauen in getrennten Räumen, Konferenzen finden über Telefon oder Video statt. Behörden und Banken besitzen getrennte Eingänge und Schalter. In Restaurants oder Cafés gibt es einerseits Männer-, andererseits Familienbereiche. Kleine Lokale, die keinen Platz für Familienbereiche haben, lassen nur männliche Gäste zu. Im Taxi oder Omnibus müssen Frauen hinten sitzen. Hotelschwimmbäder sind meist ausschließlich für Männer zugelassen. An Stränden gibt es strikt getrennte Bereiche für Männer und Frauen.

Die Geschlechtertrennung benachteiligt Frauen im Arbeitsleben. So entstehen einem Arbeitgeber Zusatzkosten bei der Beschäftigung von Frauen, weswegen er häufig auf deren Einstellung verzichtet.

Das System der strikten Geschlechtertrennung ist freilich im Fluss. Seit der Gründung 2009 werden Männer und Frauen auf dem Campus der König-Abdullah-Universität für Wissenschaft und Technologie in Thuwal gemeinsam unterrichtet, und das Tragen von *abaja* und *hidschab* ist hier keine Pflicht. In vielen Firmen sind heute gemeinsame Konferenzen und gemischte Arbeitsteams üblich. Schließlich wurde im Dezember 2019 die verpflichtende Geschlechtertrennung in Cafés und Restaurants aufgehoben. Aber in vielen Bereichen besteht sie weiter.

In Fragen der Geschlechtertrennung sind junge, gebildete saudische Männer in der Regel liberaler als ihre Väter oder Großväter. Allerdings ist es nicht einfach, sich zu einer solchen Haltung zu bekennen, denn ein Mann, der Frauen Freiräume lässt, gilt als schwach.

Mitunter eröffnet die Geschlechtertrennung Frauen Karrierevorteile. So meinte eine saudische Frau: »Ich glaube, in unserer Kultur ist es bislang gut für die Studierenden, getrennt zu sein. Sie sind konzentrierter und ihre Noten besser. Männer und Frauen zusammen zu unterrichten, wäre ein Schock für unser System.«[17] Die 2011 eröffnete, von einer Rektorin geführte und hochmodern ausgestattete Princess Nora bint Abdul Rahman University in Riad mit 39 000 Studentinnen gilt als Kaderschmiede für Frauen.

Lange standen Frauen nur bestimmte Berufe offen, die ihrer »Natur« entsprachen: sozial orientierte Berufe wie Kindergärtnerin, Lehrerin, Krankenschwester oder Ärztin. Noch in den 1980er-Jahren waren ihnen Arbeitsstellen in Büros oder Läden verwehrt. Die Regelungen führten zu so kuriosen Situationen, dass Männer Damenbekleidung inklusive Dessous verkauften. Die Ware wurde zu Hause anprobiert und gegebenenfalls an den Laden zurückgegeben. Heute bedienen Frauen in Damenbekleidungsgeschäften, und die Kundinnen können dort Umkleidekabinen nutzen. Nach mehreren Anläufen wurde es Frauen auch gestattet, »Frauentaxis« zu betreiben und zu steuern. Sie sind beliebt, schützen sie doch vor sexueller Belästigung.

In den Jahren 2005 und 2017 wurden zahlreiche weitere Berufe für Frauen geöffnet. An den Universitäten können sie heute Betriebswirtschaftslehre und Ingenieurstudiengänge belegen. Doch manche Berufe, wie z. B. Richter, sind ihnen weiterhin verschlossen.

Im Haus oder in der Wohnung sind traditionell getrennte Bereiche für Männer und Frauen vorgesehen. Bei Besuchen ist es häufig üblich, dass sich Männer und Frauen in separaten Räumen unterhalten. Kommen nur Männer zu Besuch, sehen sie oft keine Frauen. Die Ehefrau stellt Essen und Getränke vor die Tür, klopft, und das Tablett wird dann vom Ehemann oder einem Bediensteten abgeholt. Es gilt auch als unhöflich, sich nach der Ehefrau eines Mannes zu erkundigen oder ihr Komplimente zu machen. Ausländerinnen empfinden es oft als Geringschätzung, wenn sich saudische Männer nur mit ihrem Ehemann unterhalten und ihr keine Beachtung schenken, doch ist dies als Zeichen von Respekt sowohl gegenüber dem Mann als auch der Frau gemeint.

## Partnerwahl, Heirat und Scheidung

Ehen werden traditionell von den Eltern arrangiert. Üblich sind Cousin- oder Cousinenheiraten, denn das stärkt die Familienbande und sorgt dafür, dass das Erbe in der Familie bleibt. Damit steigt das Risiko von Erbkrankheiten, beispielsweise ist Diabetes überproportional stark verbreitet.

Gemäß der Scharia sind Ehen ab neun Jahren erlaubt, der Geschlechtsverkehr soll aber erst nach Eintreten der Menstruation vollzogen werden.

Lange war es in Saudi-Arabien üblich, Mädchen im Alter von zwölf bis 15 Jahren zu verheiraten. Einige krasse Fälle führten 2011 zu einer Reform: So hatte eine Mutter versucht, ihre zwölfjährige Tochter mit einem 80-jährigen Cousin des Vaters zu verheiraten. Ein Gericht stoppte schließlich dieses Vorhaben.[18] Zwangsehen wurden schon 2005 für illegal erklärt. 2020 schrieb man ein Mindestheiratsalter von 18 Jahren vor.

Üblich ist es heute, im Alter von 20 bis 25 Jahren zu heiraten. Für die unverheiratete Tochter wird es dann unangenehm, der Familie zur Last zu fallen, was sie auch von Verwandten zu spüren bekommt. Als Frau allein zu wohnen, ist gesellschaftlich nicht akzeptabel und würde neben dem eigenen Ruf auch den Ruf der Familie gefährden.

Mit dem Rückgang der strikten Geschlechtertrennung finden viele Saudis heute selbst einen Partner. Dating-Plattformen führen Männer und Frauen zusammen. Zettel mit Mobiltelefonnummern werden diskret ausgetauscht, und in Einkaufszentren schicken junge Frauen mit ihrem Bluetooth-Smartphone Textnachrichten an Männer, die sie kennenlernen lernen wollen. Freilich ist es weiterhin nicht vorstellbar, ohne die Zustimmung der Familie zu heiraten.

Der Islam erlaubt es Männern, eine Nichtmuslimin zu ehelichen, untersagt jedoch muslimischen Frauen die Heirat mit einem Nichtmuslim. Zusätzlich dürfen saudische Männer keine Ausländerinnen ehelichen.

Auf dem Land ist es Brauch, dass der Bräutigam einen Brautpreis an die Familie der Braut entrichtet, der durchaus 15 000 bis 20 000 Euro betragen kann. Der Ehevertrag wird in Anwesenheit von Zeugen unterzeichnet und legt eine gewisse Geldsumme (*mahr*) fest. Im Vertrag kann zusätzlich eine bestimmte Summe definiert werden, die im Falle einer Scheidung an die Frau zu entrichten ist.

In ländlichen Gegenden war früher eine Verheiratung der Frau in Abwesenheit üblich – der Ehevertrag wurde zwischen dem Vater der Braut, dem Bräutigam und Zeugen geschlossen.

Bei der Hochzeit feiern Männer und Frauen getrennt, das Brautpaar wird jedoch beiden Gruppen vorgestellt. In konservativen Familien darf der Bräutigam das Gesicht seiner Frau erstmals in der Hochzeitsnacht sehen. Bisweilen auch nicht danach: Die saudische Zeitung Alhayat schrieb, dass nicht wenige Ehefrauen ihr Gesicht auch zu Hause verbergen würden und berichtete von dem Fall eines Ehemanns, der seine bei einem Unfall ums Leben gekommene Frau nicht identifizieren konnte, da sie auch während der Ehe ihr Gesicht nie gezeigt hatte.[19]

Von einer Braut wird Jungfräulichkeit verlangt. In ländlichen Gegenden stellt man die blutbefleckten Laken nach der Hochzeitsnacht öffentlich aus, um die Reinheit der Braut zu demonstrieren. Sexuelle Handlungen zwischen Unverheirateten (*sina*) gelten gemäß Scharia-Recht als schweres Verbrechen und werden mit einer sogenannten *hadd*-Strafe belegt, die von Verbannung bis zur Todesstrafe reicht. Ein saudischer Mann, der im libanesischen Fernsehen damit protzte, bereits als 14-Jähriger die Nachbarin zum Geschlechtsverkehr verführt zu haben, wurde zu fünf Jahren Haft und 1000 Peitschenhieben verurteilt. Auch nichtverheiratete ausländische Paare dürfen offiziell in Saudi-Arabien nicht zusammen übernachten.

Homosexualität ist gesellschaftlich geächtet und streng verboten. Homosexuelle Paare haben allerdings den Vorteil, dass sie weniger auffallen als heterosexuelle, denn in der familienzentrierten arabischen Kultur ist es nicht ungewöhnlich, dass Brüder und Cousins bzw. Schwestern und Cousinen Hand in Hand spazieren gehen. Die deutsche Hofärztin Liselotte Rautenbach beobachtete in den 1950er-Jahren, dass die Insassinnen des königlichen Harems nachts verschwiegene hetero- und homosexuelle Liebschaften pflegten.[20]

Nicht alle saudischen Männer befolgen das Verbot vorehelichen Geschlechtsverkehrs. Manche gehen so weit, ihrer Freundin die Eheschließung mit der Begründung zu verweigern, dass sie nun ja keine Jungfrau mehr sei. Stellt sich in der Hochzeitsnacht heraus, dass eine Frau nicht mehr unberührt ist, ist dies ein Scheidungsgrund. Heiraten Männer eine solche Frau dennoch und wahren sie Stillschweigen, nützen sie diese Information mitunter, um ihre Gattin damit lebenslang unter Druck zu setzen.

Eine nicht mehr unberührte Frau hat nur noch geringe Aussichten, einen Ehemann zu finden, und schadet der Reputation ihrer Familie. Noch größer ist die Schande für die Familie, wenn eine Unverheiratete schwanger wird. Mitunter greift man auch zu medizinischer Hilfe: Ein Arzt modelliert ein künstliches Hymen. Das kleine Plastikteil sorgt bei der Penetration für Widerstand, und eine Blutung wird vorgetäuscht. In Saudi-Arabien ist dieser Eingriff streng verboten. Wohlhabende saudische Frauen reisen mitunter deshalb in den Libanon, wo Kliniken auf diesen Eingriff spezialisiert sind.

Natürlich kann man auch in Saudi-Arabien Doppelmoral beobachten. Reiche saudische Männer gönnen sich im Ausland Vergnügungen, die sie zu Hause entrüstet von sich weisen. Das von Riad nur fünfeinhalb Stunden Autofahrt entfernte Bahrain verfügt über zahlreiche Clubs und Diskos. Hier kann man legal Alkohol kaufen und Bekanntschaften mit Frauen anbahnen.

Reiche Golfaraber nehmen sich in Ägypten oder im Libanon »Sommerbräute«. Sie entrichten ein Brautgeld in Form einer drei- oder vierstelligen Dollarsumme, die Ehe dauert einige Wochen oder mehrere Monate und wird dann geschieden. Die Opfer sind sozialschwache Ägypterinnen, deren Notlage ausgenutzt wird. Mustereheverträge sind in Buchläden erhältlich, und ein eingespieltes Netzwerk von Vermittlern und Anwälten steht zur Verfügung. Diese Praxis verstößt gegen das islamische sunnitische Recht, denn dieses kennt im Gegensatz zur Schia keine Zeitehe (*mut'a*).[21]

Wikileaks enthüllte 2010 den Drahtbericht des US-Konsuls Martin Quinn aus Dschidda, der über eine Party in der Residenz eines Prinzen berichtete: »Hinter der Fassade des Wahhabi-Konservatismus in den Straßen pflegt die jugendliche Elite von Dschidda ein vibrierendes Nachtleben. Die volle Bandbreite weltlicher Verführungen und Laster ist verfügbar: Alkohol, Drogen, Sex – aber alles hinter verschlossenen Türen.«[22] Wenn Prinzen an solchen Partys teilnähmen, würde sich die Religionspolizei fernhalten.

Der Koran erlaubt es dem Mann, bis zu vier Frauen zu heiraten. Sie wohnen in getrennten Haushalten; das Verhältnis der Ehefrauen untereinander ist häufig von Eifersucht geprägt. Gemäß der Scharia muss der Mann alle Frauen gleich behandeln. Es wurden schon gerichtliche Entscheidungen darüber getroffen, an welchen Wochentagen der Mann bei welcher Ehefrau übernachten muss.

2012 berichtete eine saudische Zeitung über einen Mittfünfziger, der bei einem Besuch einer Schule all seine vier Ehefrauen auf einmal treffen könne: Er hatte die Direktorin, eine Lehrerin, eine Schülerin und die regelmäßig vorbeikommende Schulinspektorin geheiratet. Die vier Ehefrauen ließen sich an der Schule nicht anmerken, dass sie denselben Ehemann hatten.[23]

Für die Heirat mehrerer Frauen gibt es unterschiedliche Motive. So kann die Kinderlosigkeit der Erstfrau zu einer weiteren Heirat führen. Manche Männer haben mehrere Frauen, weil sie zu keiner Zeit auf Geschlechtsverkehr verzichten wollen, denn während der Menstruation sowie während und nach der Schwangerschaft ist er nicht gestattet. Wieder andere Männer demonstrieren ihren Wohlstand durch mehrere Ehefrauen, weil nur Reiche sich diesen Luxus leisten können. Schließlich ist es auch üblich, dass Schwäger verwitwete Frauen heiraten, damit diese versorgt sind bzw. damit der Besitz in der Familie bleibt.

Die Erstfrau und die mit ihr gezeugten Kinder genießen tendenziell ein höheres Ansehen. Zweitfrauen entstammen häufig niedrigeren Gesellschaftsklassen, für sie bedeutet die Heirat einen sozialen Aufstieg. Allerdings erhalten Ehefrauen nicht den Namen ihres Ehemannes. Sie heißen weiterhin Tochter (*bint*) von XY oder werden Mutter (*umm*) des Sohnes XY genannt.

Auf dem Land sind mehrere Ehefrauen unter Wohlhabenden üblich, in den Städten ist die Polygynie heutzutage selten. Moderne saudische Frauen betrachten eine Zweitehe als Zumutung und schließen sie im Ehevertrag häufig explizit aus.

In Saudi-Arabien gibt es außerdem eine Ehe ohne gegenseitige Verpflichtungen und ohne gemeinsame Wohnung (*misjar*). Sie muss auch nicht bekannt gegeben werden. Einer geschiedenen Frau verhilft sie immerhin zu einem Vormund und zu freiwilligen Versorgungsleistungen.

Früher gab es auch »Nebenfrauen« (*sarari*), d. h. Sklavinnen im Haushalt, mit denen der Mann sexuell verkehrte. Nach dem Tod des Ehemanns erhielt die Nebenfrau die Freiheit. Eine im Koran und Alten Testament erwähnte berühmte Nebenfrau war die ägyptische Magd Hadschar (Haggar), die

Nebenfrau Ibrahims (Abrahams) – seine Hauptfrau war Sara (Sarah).

Physische oder sexualisierte Gewalt gegen Ehepartner wurde lange nicht strafrechtlich verfolgt, doch wurden inzwischen entsprechende Strafgesetze erlassen. So bestraft ein 2018 beschlossenes Dekret sexuelle Belästigung mit fünf Jahren Haft und einer Geldstrafe von bis zu 70 000 Euro.

Die Scharia ermöglicht die rasche Scheidung einer Ehe, denn diese ist ein Vertrag, kein Sakrament wie im katholischen Christentum. An die zwei Drittel der saudischen Ehen werden getrennt, und 2015 lebten in Saudi-Arabien vier Millionen unverheiratete geschiedene Frauen über 35 Jahren. Unter Frauen ist es durchaus üblich, am Tag der Scheidung mit den Freundinnen eine Party zu feiern.

Der Ehemann muss nur dreimal die Verstoßungsformel (*talak*) ohne Angabe von Gründen mündlich oder schriftlich aussprechen. Seit Januar 2019 ist es Vorschrift, Frauen über eine vom Mann erklärte Scheidung zu informieren: Sie erhalten dann vom Gericht eine SMS. Für Frauen ist das Scheidungsverfahren aufwendiger.

Geht die Scheidung vom Mann aus, darf die Frau sowohl ihren vorehelichen Besitz als auch ihre Morgengabe behalten und erhält ggf. die ehevertraglich zugesicherte Scheidungsentschädigung. Beantragt sie die Scheidung ohne Angabe von Gründen, bleibt ihr nur der voreheliche Besitz. Als zulässige Gründe werden vom Gericht Misshandlung durch den Ehemann, Impotenz des Gemahls oder Nichtvollzug der Ehe anerkannt. Problematisch ist, dass der Ehemann so lange Vormund bleibt, bis die Ehe geschieden ist.

Geschiedene Frauen kommen unter die Vormundschaft eines männlichen Verwandten. Im Normalfall erhält der Mann nach der Scheidung das Sorgerecht für die Kinder. Bei der Mutter verbleiben sie, wenn der Vater nicht in der Lage ist, sie zu sich zu nehmen, bzw. wenn es im Ehevertrag so geregelt ist.

In der Familie genießt die Mutter des männlichen Familienoberhaupts besonders hohes Ansehen, heißt es doch »Das Paradies liegt zu Füßen der Mütter«. Sie gilt als »Quelle des Segens« (*baraka*) in einem Haus. Schwiegertöchter reiben sich nicht selten an der großen Macht der Mutter.

Söhne werden verwöhnt, sind der Stolz des Vaters und die Freude der Mutter. Entsprechend früh entwickeln sie ein starkes Selbstbewusstsein. Im Gegensatz zu ihren Schwestern dürfen sie sich ihre Sportarten und Hobbies aussuchen, selbständig Freunde besuchen und ausgehen.

Gemäß dem in Saudi-Arabien geltenden Scharia-Recht erben Frauen nur die Hälfte dessen, was Männer erben. Mittlerweile stößt diese Rechtsvorschrift, die sich auf die Rolle des Mannes als Ernährer stützt, bei progressiven Frauen auf Kritik.

## Die Freiräume werden größer

Schon während der Regierungszeit König Abdullahs wurde damit begonnen, die Freiräume für Frauen zu erweitern. So wurden 2008 zwei Frauen in die Handelskammer Dschidda aufgenommen. Ein Jahr später ernannte der König Nura bint Abdullah al-Fidschis zur stellvertretenden Ministerin für Bildung und Erziehung in Saudi-Arabien, zuständig für die Mädchenbildung. Sie war das erste weibliche Regierungsmitglied in der Geschichte des Landes. 2013 wurde erstmals eine Frau als Anwältin zugelassen – die Richter sind freilich bis heute ausschließlich männlich. In diesem Jahr berief der König auch erstmals 30 Frauen in seinen 150-köpfigen Konsultativrat.[24]

An den Universitäten sind heute an die 60 Prozent der Studierenden weiblich. Durch Schule, Studium und Internetkonsum sind Frauen heute viel gebildeter als ihre Mütter und treten entsprechend selbstbewusst auf. Wenn sie Veränderungen fordern, argumentieren sie häufig religiös, so rekurrieren sie auf Muhammads erste Ehefrau Chaditscha, die eine erfolgreiche Kauffrau war. Nach ihr wurde das 2004 gegründete Fortbildungszentrum für Frauen an der Industrie- und Handelskammer Dschidda benannt.

Das Königreich zählt inzwischen viele erfolgreiche Unternehmerinnen. Manche werden von Vätern unterstützt, die keine Söhne haben und an der Fortführung der Familienfirma interessiert sind. Es gibt heutzutage Karrierenetzwerke, Jobbörsen und Gründerzentren nur für Frauen; sie betreiben Firmen insbesondere in den Sparten Kosmetik, Mode, Schmuck, Kultur und Internetdienstleistungen. Über 50 Prozent der Start-ups werden von Frauen gegründet oder mitgegründet. Ein Vorbild ist Lubny Olayan, die über viele Jahre die Olayan Financing Company mit 12 000 Mitarbeitern leitete. 2004 war sie die erste Frau, die auf dem Jeddah Economic Forum einen Grundsatzvortrag hielt.

Der progressive Prinz und Multimilliardär Walid bin Talal setzt auf die Beschäftigung von Frauen, deren Fleiß und Kenntnisse er schätzt. Zwei Drittel seiner Angestellten sind Frauen.

Auch in der Freizeit haben sich saudische Frauen Freiräume erkämpft. Sie dürfen inzwischen ohne männliche Begleitung in Sportstadien, Kinos und Konzerthallen gehen. Einige Mädchen erhalten klassischen Ballettunterricht – vorerst nur über Videoschulungen. In Städten joggen Frauen und fahren Rad, zunehmend auch zusammen mit Männern, manche betreiben sogar Kraftsport und Kickboxen. Seit 2012 nehmen saudische Frauen an Olympischen Spielen teil – eine

Leichtathletin und eine Judoka machten den Anfang. Zu dieser Reform hatte steter Druck des Internationalen Olympischen Komitees beigetragen.

Über Soziale Netzwerke und Blogs vernetzen sich Frauen miteinander und haben an Selbstbewusstsein gewonnen. Freilich nutzen auch konservative saudische Frauen diese Medien, um zur strikten Beibehaltung sozialer Normen aufzufordern.

Saudische Frauen betätigen sich auch literarisch. 2007 erregte die Studentin der Zahnmedizin Rajaa Alsanea mit ihrem im Libanon erschienenen, bitteren Roman *Girls of Riyadh* (dt. *Die Girls von Riad*) Aufsehen. In der Form eines Internettagebuchs beschrieb sie darin offen, humorvoll und selbstironisch die Hoffnungen, Enttäuschungen, Sehnsüchte und Kümmernisse von vier Freundinnen. Die freizügigen Schilderungen fanden viele Saudis anstößig. Die Autorin erhielt anonyme Mails wie: »Wir beten dafür, dass du stirbst. Wir beten dafür, dass du die Menschen verlierst, die du liebst. Wir beten dafür, dass Gott dich der gerechten Strafe zuführt.«[25] Doch schrieb ihr auch ein Vater: »Ich habe mit meiner Tochter nie über ihre Ehe gesprochen. Ich habe mit meiner Tochter nie darüber gesprochen, wie sie sich fühlt, welche Träume sie hat vom Leben. Nachdem ich Dein Buch gelesen habe, haben wir zum ersten Mal wirklich geredet. Ich werde dafür sorgen, dass sie nicht Kamras Schicksal teilt.«[26]

**Auszug aus Rajaa Alsanea: *Girls of Riyadh***

»Ich werde über meine Freundinnen schreiben, denn in jeder Geschichte von ihnen finde ich mich selbst, sehe ich eine Tragödie, die meiner gleicht. Ich will über meine Freundinnen schreiben, über das Gefängnis, das das Leben aus den Gefangenen saugt, über die Zeit, die die Zeitungsspalten verschlingen, über Türen, die nicht geöffnet werden, über Wünsche, die, kaum geboren, erstickt werden, über die große Gefängniszelle, über ihre schwarzen Mauern, über tausende und abertausende Märtyrerinnen, die namenlos begraben werden, im Grab der Traditionen. Meine Freundinnen, in Baumwolle eingewickelte Puppen, aufbewahrt in einem verschlossenen Museum, Geld, das die Geschichte als Scheck bewahrt, das nicht verschenkt, nicht ausgegeben wird, Schwärme von Fischen, die in ihren Becken ersticken, oder in Kristallgläsern, deren Kobaltblau dahin ist. Ohne Furcht werde ich über meine Freundinnen schreiben, über die blutigen Ketten an den Füßen der Schönen, über das Irrereden, den Brechreiz, die Nächte flehentlichen Bittens, über die Sehnsüchte, die in Kissen begraben werden, über das Kreisen im Nichts, über den Tod in Raten.«[27]

Angestoßen durch Kronprinz Muhammad bin Salman, haben die Freiräume für Frauen in den letzten Jahren stark zugenommen. Besucher, die einige Jahre lang nicht mehr vor Ort waren, reiben sich überrascht die Augen. So wird sogar in den großen Städten eine gewisse Partyszene geduldet. Andererseits wurden im August 2022 auch jahrzehntelange Haftstrafen gegen kritische Bloggerinnen verhängt.

Wie stark Frauen auf den Arbeitsmarkt drängen, zeigte im Februar 2022 die Ausschreibung von Lokführerinnenstellen der spanischen Betreiberin der Hochgeschwindigkeitsbahnlinie Medina – Mekka: Auf 30 Stellen meldeten sich mehr als 28 000 saudische Frauen.[28]

Eine selbstbewusste Marketing-Studentin äußerte 2019 gegenüber einer deutschen Reporterin: »Meine Vision ist: Ich werde Chefin des staatlichen Ölunternehmens Aramco. Und glauben Sie mir, das kann ich.«[29] Auf Webblogs wie »Saudi Women Revolution« und »Saudi Woman's Webblog« fordern sie mehr Rechte ein. Dabei wollen sie nicht das monarchische System attackieren, sondern sich in diesem System mehr Freiräume schaffen und allmählich von unten die gesellschaftliche Wirklichkeit verändern.

Bei allem Drang nach Reformen wollen sie aber auch nicht ausländische Vorbilder kopieren. Häufig hört man, dass der Zusammenhalt der Großfamilie als positiver Wert empfunden wird, im Gegensatz zum westlichen Individualismus. Nicht jede saudische Frau will sich verändern, doch viele Frauen wollen künftig die freie Wahl zwischen verschiedenen Lebensentwürfen haben.

# Saudi-Arabien –
# eine künstlerische Wüste?

Verbreitet ist die Vorstellung von Saudi-Arabien als jungem Beduinenstaat, der etwa im Vergleich mit der jahrtausendealten städtischen Hochkultur im Jemen in puncto Kunst wenig zu bieten hat. Ein Hindernis für künstlerisches Leben ist die wahhabitische Islamauffassung, lehnt sie doch Musik, Tanz und das Zeichnen von Lebewesen ab. Der saudische Soziologe Abdulsalam al-Wajel meinte gar, wenn es eine saudische Kultur gebe, dann liege im Zentrum ihrer Werte »die Verachtung der Kunst«.[1]

Diese Einschätzung stimmt aber nur teilweise. Die traditionelle Volkskultur hat vielfältige Ausdrucksformen, und in der modernen Kunst fanden saudische Künstlerinnen und Künstler internationale Beachtung.

Zudem wird Kunst inzwischen von Politikern gefördert. Laut der in Berlin tätigen Kulturwissenschaftlerin Najat Abdulhaq hat die Führung erkannt, »dass die Jugend eigentlich durch die Smartphones schon außerhalb Saudi-Arabiens lebt. Die Zahl der Saudis, die an normalen oder längeren Wochenenden oder Feiertagen das Land verlassen, nach Dubai, Abu Dhabi, Doha, Bahrain, Istanbul, Kairo, Beirut, Amman, ist so hoch, weil die Menschen durstig nach eben Ausgehen, Kino, Theater und Musik sind.«[2] Kunst und Kultur besitzen damit auch ein enormes kommerzielles Potenzial.

Schon 2011 wurde die Prince Muhammad bin Salman bin Abdulaziz Foundation (MSK) gegründet, um junge Saudis an Kunst, digitale Medien und Technologie heranzuführen. Seit

2013 veranstaltet die MSK ein regelmäßiges Digital Visual Media Forum in Riad. Dort errichtet sie eine Kunstakademie und ein Museum für Moderne Kunst.

Im Juni 2018 wurde im Zuge des Entwicklungsprogramms »Saudi Vision 2030« ein Kulturministerium gegründet, das Stipendien, Kunstpreise, Festivals, Denkmalschutzprojekte und Aufenthaltsgenehmigungen für ausländische Künstler initiiert. Erstmals seit 35 Jahren durfte 2018 wieder ein Kino einen Spielfilm zeigen, und mehrere Konzerte mit ausländischen Pop- und Rockmusikern fanden statt. Laut Muhammad bin Salman ist eine »Schocktherapie«[3] notwendig, um das Tempo der Veränderung zu beschleunigen.

Die Regierung gibt den Künstlern das Gefühl weitgehender Freiheit. Allerdings ist diese bei von der Regierung finanzierten oder gar beauftragten Projekten begrenzt. Vor einer Ausstellung muss beispielsweise jedes einzelne Objekt von der staatlichen Behörde genehmigt werden. Viele Künstler kooperieren mit den Behörden und setzen auf einen Wandel von innen. Der Bildhauer und Maler Abdulnasser Gharem meinte: »Du musst Dich entscheiden in diesen Tagen, ob Du ein Held sein willst oder langfristigen Einfluss haben willst.«[4] Zensur kann Kunst aber auch befruchten. So meint der Galerist Mohammed Hafis aus Dschidda: »Für einen klugen Künstler kann es ein Anreiz sein, im Bewusstsein der roten Linien zu arbeiten.«[5]

## Beduinenpoesie und Männertänze

Die seit dem 16. Jahrhundert bekannte Beduinenpoesie (*nabati*) ist nur auf der Arabischen Halbinsel heimisch. Die Dichter schreiben in ihrem jeweiligen Dialekt, nicht auf Hocharabisch. Typisch sind die einfache Ausdrucksweise und die Spontaneität. Struktur, Metrik und Reime knüpfen an die vorislamische Dichtung an. Die thematische Bandbreite ist groß: Stolz, Ruhm, Ritterlichkeit und Ehre, die Liebe und die Frauen, die Natur, Kamele und Pferde, historische Ereignisse, die Taten großer Männer, Gesellschaftskritik bis hin zu Lebensweisheiten und Rätseln. *Nabati*-Poesie war stets auch eine Form der Kommunikation, selbst Kriegserklärungen und Friedensbekundungen wurden gedichtet.

Früher wurden die Werke meist mündlich weitergegeben – manche Araber waren stolz, 20 000 Gedichte auswendig zu können –, doch wurden sie ebenso auf Leder oder Holz aufgezeichnet. Zu den hochverehrten Dichtervätern zählt Ibn Libun (1790–1831). Viele seiner Gedichte sind heutzutage im kollektiven Gedächtnis. Im Fernsehen werden hochdotierte Dichterwettbewerbe veranstaltet. Zu den bekannten Dichtern zählt Prinz Badr bin Abdul Mohsen bin Abd al-Asis Al Saud, der gerne gesellschaftliche Themen aufgreift. Einige seiner Gedichte wurden von arabischen Sängern vertont.

Auch Frauen widmen sich der *nabati*-Poesie, wie z. B. die aus einer Beduinenfamilie stammende Hissa Hilal. Engagiert setzt sie sich für die Gleichberechtigung der Frau und gegen religiöse Intoleranz ein. So heißt es in einem ihrer Gedichte:

»Ich habe das Böse in den Augen der Fatwas gesehen. In einer Zeit, in der das Gute als rechtswidrig gilt. Ich habe das Böse in den Augen der Fatwas gesehen. Wenn ich die Wahrheit enthülle, kommt ein wildes Tier aus seinem Versteck hervor. Barbarisch im Denken und Handeln. Wütend und blind. Es trägt das Todeskleid gehalten von einem Gürtel. Es predigt als mächtige und offizielle Instanz und terrorisiert die, die Frieden suchen.«[6]

2010 gewann sie in den VAE die Talentshow »Poet der Millionen«. Arabische Dichtung ist für sie »Freude und Weisheit,

Musik und Philosophie, ist Kunst und Magie, Literatur und die Sprache der Menschlichkeit. Sprache ist für Araber viel mehr als nur Worte und ihre Bedeutung.«[7]

Traditionelle Musik ist an die *nabati*-Poesie angelehnt. Als Musikinstrumente dienen Trommel (*abl*), Tamburin (*ar*) und die mit einem Bogen gestrichene einsaitige Laute (*rebab*).

Der Tanz ist in Saudi-Arabien in der Regel Männersache, für erwachsene Frauen gilt er als unschicklich. Im Nedschd und im Osten ist der *samri* beheimatet. Begleitet von zwei Reihen kniender Männer werden Gedichte getanzt und gesungen, dazu wird eine Rahmentrommel geschlagen. Typisch für die Regionen Hedschas und Asir ist der *mismar*, ein Gruppentanz von 15 bis 100 Männern mit langen Bambusstangen und Trommeln. Auf Hochzeiten und Wettkämpfen preisen sie die Taten von Personen.

Der saudische Nationaltanz ist *al-ardha*. Trommler geben den Rhythmus vor, ein Dichter singt Verse, und Schwert- oder Gewehrträger tanzen Schulter an Schulter in zwei gegenüberliegenden Reihen, wobei sie im Chor die Verse des Dichters wiederholen. Früher diente der Schwerttanz als Vorbereitung zum Krieg, heute wird er anlässlich von Feiertagen, Kulturfestivals oder Hochzeiten aufgeführt. Zu Ehren von Donald J. Trumps Besuch wurde 2017 ein *al-ardha* getanzt, und der Gast wurde in die Mitte der Tänzer genommen.

Erwachsene Frauen tanzen allenfalls unter sich, dazu spielen weibliche Kapellen. Ein traditioneller Frauentanz ist der *raqs na'shaar* (»Tanz der Haare«). Zum Rhythmus der Musik und den Figuren des Tanzes fliegt das bis zum Bauch reichende Haar in der Luft.

Zu den ältesten Zeugnissen bildender Kunst zählen die von Nomaden in Felsen eingravierten Stammessymbole (*wusum*) oder Darstellungen von Menschen und Tieren.

Die südliche Region Asir ist für ihr Innendekor bekannt. Frauen verzieren den weißen Gips mit farbigen geometrischen Formen und Symbolen. Töpferei ist eine weitere Kunstform. In dieser saudisch-jemenitischen Grenzregion leben auch die »Blumenmänner« in den Halaba-Bergen. Die Männer tragen die im Jemen üblichen Wickelröcke (*futa*) und Dolche (*jambja*) sowie auf dem Kopf farbenprächtige und duftende Kränze aus Grün, Kräutern und Blumen. Je nach Zusammenstellung ist damit eine Botschaft verbunden.

Arabische Kalligraphie ist auf Glas, Keramik, Metall, Textilien, Gemälden und Skulpturen zu sehen und will einen Gesamteindruck von Harmonie und Ausgeglichenheit hervorrufen. Zusätzliche Rankenornamente symbolisieren das Werden und Vergehen des Lebens.

Von den letzten überlebenden Lehmsiedlungen wurden einige zu »traditional villages« erklärt, wie z. B. Dirija bei Riad und Uschaiger 200 Kilometer nördlich der Hauptstadt. Einer der prächtigsten Lehmbauten des Landes ist der mehrstöckige al-Aan-Palast in Nadschran aus dem Jahr 1688 mit seiner weißen Ornamentik.

Die städtische Kaufmannskultur von Dschidda brachte einzigartige Wohnhäuser, Stadtvillen und Paläste aus Korallenstein mit bis zu sechs Stockwerken, schweren Teakholztüren und geschnitzten Fensterbalkonen (*maschrabija*) aus indischem Redwood hervor. Ein großer Teil der Altstadt al-Balad war bereits abgerissen, als Bürgermeister Mohammed Said Farsi Ende der 1970er-Jahre eine Kampagne für den Erhalt startete und eine Denkmalschutzabteilung initiierte, um die noch ca. 1000 Häuser zu retten. Die Altstadt von Dschidda ist heute UNESCO-Weltkulturerbe.

## Kunst im Auf- und Abwind

Im Oktober 2012 erregten saudische Künstler in der Londoner Ausstellung zeitgenössischer arabischer Kunst »#Cometogether« Aufsehen. Gelobt wurden die Multiperspektivität sowie die Synthese eigener und fremder Traditionen. Eines der viel diskutierten Ausstellungsobjekte war die Installation »Cowboy Code (Hadith)« – die zehn Gebote des Cowboys. Der freiheitsliebende Cowboy wird zur Gegenfigur des freiheitsliebenden Beduinen, dessen Leben von den Hadithen des Propheten und den koranischen Geboten geregelt wird. Der Künstler Ahmed Mater zeigte mit seiner Installation auf, dass West und Ost mehr verbindet als trennt und dass sich das Gemeinsame nicht in Konsumprodukten erschöpft, sondern auch auf Werte erstrecken kann.

In den 1960er-Jahren begann sich eine moderne saudische Kunst zu bilden. Damals herrschte eine kurze Blüte an Literatur, Musik und Kinos, doch nach der Erstürmung der Großen Moschee in Mekka 1979 hatten erneut wahhabitische Gelehrte das Sagen, die Kunst ablehnten. In der Provinz konnten sich jedoch Kunstinseln halten. Ab Ende der 1990er-Jahre trat die moderne Kunst wieder an die Öffentlichkeit. Rückenwind erhielt sie ab 2005 unter König Abdullah, der auch den Austausch mit Nordamerika intensivierte.

Saudische Künstler sehen sich als Avantgarde der Gesellschaft und als deren Antennen. Entweder setzen sie selbst Trends, oder sie verarbeiten kollektive Erfahrungen, Sehnsüchte und Wünsche. Da der öffentliche Raum in Saudi-Arabien eng begrenzt ist, ist Kunst ein wichtiges Medium, um Diskussionen anzustoßen. Sie eröffnet informelle Räume und Kanäle. Damit ist sie gesellschaftliche und politische Kommunikation, wie es die traditionelle *nabati*-Dichtung war.

Viele Künstler haben im Ausland studiert oder reisen zu Ausstellungen oder Workshops dorthin. Sie sprechen Arabisch und Englisch, wechseln zwischen unterschiedlichen Gesellschaftsformen und Normensystemen. In ihren Werken greifen sie die im Ausland gewonnenen Eindrücke auf, legen aber als »kosmopolitische Patrioten« auch Wert auf ihre saudische Identität. Einheimische Traditionen interpretieren sie neu. Die saudische Sozialanthropologin Madawi al-Raschid bezeichnet dieses Vorgehen als »postmodernen Pastiche«.[8] Einen prinzipiellen Gegensatz zwischen künstlerisch/säkular und kunstfeindlich/islamisch gibt es nicht. Viele Saudis sind gläubig, konservativ und zugleich Neuem gegenüber aufgeschlossen.

Die meisten Künstler sehen sich nicht als Oppositionelle. Viele sind in staatlichen Institutionen tätig und pflegen enge Beziehungen zu Prinzen. Auch vor Staatskunst scheuen sie nicht zurück, so malte die Künstlerin Nabila Abuljadajel mit patriotischem Pflichtbewusstsein das Ölgemälde »Saudi Vision 2030«.

## Bildende Kunst

Zum Ende der 1950er-Jahre wurde die Bildende Kunst in das Schulcurriculum aufgenommen. Die Kunsterzieher trieben ihre Entwicklung maßgeblich voran. Anfang der 1960er vergab das Erziehungsministerium Kunststipendien und schickte eine Gruppe nach Kairo, eine andere nach Rom. 1965 fand in einem Jugendklub die erste Kunstausstellung in Saudi-Arabien statt. Sie präsentierte Werke des aus Mekka stammenden und an der Akademie der Schönen Künste in Rom ausgebildeten Abdulhalim Radwi. Seine farbenfrohen, zwischen Abstraktion und Realismus changierenden Ölbilder zeigten Aspekte des Lebens in Saudi-Arabien. Er arbeitete auch als Bildhauer und leitete von 1968 bis 1974 das Centre for Fine Arts in Dschidda.

Im Frühjahr 1968 stellte die erste Malerin des Landes ihre Werke in Dschidda aus. Safeja Said Binzagr stammt aus einer reichen örtlichen Kaufmannsfamilie und ließ sich in Ägypten und Großbritannien ausbilden. Mit Öl- und Wasserfarben malt sie naturalistische Ansichten traditionell lebender Menschen, Wüstenlandschaften, Suks und Moscheen. In Saudi-Arabien wird sie als »Königin der Leinwand« gefeiert.

Die Saudis sind stolz auf ihre lange zurückreichende Kunsttradition – in den 1960er-Jahren gab es nichts Vergleichbares in Bahrain, Dubai, Katar und Schardscha, die sich heute mit viel Geldeinsatz als internationale Zentren moderner Kunst inszenieren.

1972 wurde Mohammed Said Farsi Bürgermeister von Dschidda. Sein Ehrgeiz war es, die Stadt zur künstlerischen Freiluftgalerie zu machen. Parks und Promenaden wurden mit Skulpturen von Abdulhalim Radwi verziert. Die Initiative gefiel König Fahd, der Skulpturen von Henry Moore, Pablo Picasso, Joan Miró und anderen weltbekannten Künstlern für Dschidda kaufte.

Den Bildhauer Mohammed Al Salim führte die Kalligraphie zur Bildenden Kunst. Er kam aus einer konservativ-religiösen Familie und musste manche Widerstände überwinden, so stürmte einmal sein Bruder, ein Imam an der örtlichen Moschee, in sein Haus, schrie: »Du fertigst Statuen an!« und zerbrach diese. Mit einem Stipendium des Ministeriums für Kommunikation studierte er an der Akademie der schönen Künste in Florenz. Überwältigt vom Vorbild der italienischen Kunst kehrte er in seine Heimat zurück, gab seine Arbeitsstelle als Kulissenzeichner beim Fernsehen auf und gründete das Dar Al Funoon Al Saudiyyah (»Das Saudische

Haus der Kunst«) in Riad, das 1980 von Prinz Faisal bin Fahd eröffnet wurde. Es veranstaltete Ausstellungen, förderte junge Künstler und betrieb eine Gießerei. Leider ging das Haus später bankrott.

Ebenfalls mit einem Staatsstipendium studierte Dia Asis Dia aus Dschidda in Rom. 1974 gründete er das Mas Institute of Art in Dschidda und leitete es bis 1979. Dia Asis Dia war Mitglied wichtiger künstlerischer Gremien und als Bildhauer und Fotograf tätig. Sein bekanntestes Werk ist das »Tor von Mekka« über der Schnellstraße Dschidda – Mekka.

Nach 1979 erhielt die Bildende Kunst Gegenwind; so erneuerte Großmufti Abd al-Asis bin Bas in den 1990er-Jahren das Verbot der bildlichen Darstellung von Lebewesen. Künstlerische Werke unterlagen einer strikten Zensur. Die Künstler wichen in die Provinz aus, wo ihnen wohlwollende Amtsträger und Privatpersonen Rückzugsräume boten.

In Abha (Provinz Asir) unterstützte der in Großbritannien und den USA ausgebildete Gouverneur Prinz Chalid bin Faisal Al Saud künstlerische Festivals, Vereinigungen und Wettbewerbe. Unter seinem Patronat wurde 1989 das im Stil eines traditionellen Asiri-Dorfes erbaute Al-Meftaha Visual Arts Village eröffnet, mit Studios, Galerien, einer Theaterbühne, Läden und einer Moschee. Sein Internetforum »madschlis« (»Versammlung«) stieß viele Debatten zu Themen von Kunst und Gesellschaft an.

Namhafte saudische Künstler arbeiteten zeitweise in al-Meftaha, so Abdulnasser Gharem, dessen Gemälde, Installationen, Skulpturen und Performances traditionelle arabische Muster und Motive einbinden. Sein Rang als Oberstleutnant a. D. verschaffte ihm Respektabilität und Bewegungsfreiheit. Aufsehen erregte seine Installation »Capitol Dome« (2012): Die New Yorker Freiheitsstatue trägt die Kuppel des Kapitols. Bei näherem Hinsehen jedoch entdeckt der Betrachter einen

Strick um den Hals der Freiheitsstatue, und die Kapitolkuppel entpuppt sich von innen als Kuppel einer Moschee. Das Kunstwerk thematisiert Freiheit und Unfreiheit in beiden Kulturen sowie die Frage, ob eine Kunstsynthese möglich ist. Sowohl das Britische Museum als auch das Victoria & Albert Museum kauften Werke von Gharem.

Auch der oben erwähnte Ahmed Mater stammt aus Asir. Mit viel Humor greift er gesellschaftliche Themen auf. Sein »Yellow Cow Project« (2006–2010), eine Serie von Installationen, Fotografien und Videos, beschäftigt sich mit den sozialen, politischen und ökonomischen Folgen von Verstädterung, Umweltverschmutzung und Ressourcenverschwendung. Der Titel spielt auf die Koransure »Die Kuh« an, die die Geschichte einer besonders schönen gelben Kuh erzählt. Mater entwickelte auch eine Produktlinie »Yellow Cow« mit Milch, Butter, Jogurt und Käse. Das Werbeplakat trug den Zusatz »Ideologiefreies Produkt«. Seine Installation »Grenze« besteht aus einem an eine Gebetskanzel angelehnten, kunstvoll verzierten Eingang. Geht man hindurch, ertönt ein Piepen wie bei einem Metalldetektor an einem Flughafen. Mater verbildlichte damit den Zusammenhang von Religion, Ästhetik, Kontrolle und Gewalt. Zur Fotografie kam er über das Röntgen, denn sein eigentlicher Beruf ist Arzt. Er integriert gerne Röntgenbilder in seine Werke.

In seiner fotografischen Arbeit wird Mater vom künstlerischen Realismus des US-Fotografen Walker Evans beeinflusst. Seine Fotografie »sirat« (»Weg«), die eine zerborstene Brücke zeigt, thematisiert das staatliche Versagen nach der Flutkatastrophe von 2009 in Dschidda. Werke von Mater wurden vom British Museum und dem Los Angeles County Museum of Art angekauft. Er gründete 2002 zusammen mit Abdulnasser Gharem und anderen Künstlern in al-Meftaha das Kollektiv Shatta mit dem Ziel der radikalen Dekonstruktion der bestehenden saudischen Kunst. Von 2017 bis 2018 war er Gründungsdirektor des Kunstinstituts MSK des Kronprinzen.

Maters Ehefrau Arwa al-Neami greift in ihren Arbeiten mit Humor, Parodie und Satire Engstirnigkeit und Zensur auf. Ihr Foto- und Videoprojekt »Never Never Land« (2014) zeigt Frauen, wie sie in einem weiblichen Vergnügungspark unbeobachtet Träume ausleben, z. B. singen, lachen, lärmen und Autoscooter fahren.

Gouverneur Prinz Chalid al-Faisal sponserte auch die reformorientierte Zeitung al-Watan, die kontroverse Themen wie Frauenrechte aufgriff und sich die Gegnerschaft der Konservativen zuzog. Einige Jahre lang fungierte als ihr Herausgeber der 2018 in Istanbul von einem saudischen Kommando ermordete Journalist Dschamal Kaschoggi. Ihm gelang es, internationale Künstler und Intellektuelle in das Künstlerdorf al-Meftaha zu bringen, beispielsweise malte dort der britische Thronfolger Prinz Charles.

2004 veranstalteten verschiedene Künstler eine erste Ausstellung in Dschidda; keines der Gemälde wurde verkauft. Heute erzielen saudische Kunstwerke im Land wie international hohe Preise.

Gharem und Mater trafen im März 2003 in al-Meftaha den britischen Künstler und Kunstunternehmer Stephen Stapleton. Begeistert von der Kunstszene Saudi-Arabiens half er, einen nationalen und internationalen Markt für die unbekannte saudische Kunst zu etablieren. Stapleton war Mitinitiator der Künstlerinitiative »Edge of Arabia« (»Der Rand Arabiens«) und eröffnete in London eine Galerie. Zwischen 2008 und 2012 wurden Ausstellungen in Berlin, Dschidda, Dubai, Istanbul, London und Venedig veranstaltet. Viele der Künstler waren Autodidakten, die sich zunächst nur neben ihrem Hauptberuf der Kunst widmen konnten. 2008 wurde in Amsterdam das wegweisende Greenbox Museum of Contemporary Art from Saudi Arabia eröffnet.[9]

Gemeinnützige Organisationen förderten nun zeitgenössische heimische Kunst. Für Unternehmen wie Saudi Aramco bot dies eine Möglichkeit, international auf sich aufmerksam zu machen. Bei den Eliten gehörte es nun zum guten Ton, Kunst zu fördern und zu besitzen. Mentoren gründeten 2013 unter dem Patronat von Prinzessin Dschawahar bint Masched in Dschidda den Saudi Art Council. Saudische Künstlerinnen wurden nun bekannt. Die in Dschidda und Paris lebenden Schwestern Radscha und Schadia Alam vertraten ihr Land beim Debütauftritt 2011 auf der Biennale von Venedig. Schadia ist Malerin und Bildhauerin, Radscha schreibt Essays, Kurzgeschichten, Romane und Dramen. In Venedig zeigten die Schwestern die Lichtskulptur »Der Schwarze Bogen«. Zunächst sah der Besucher nur eine flache, schwarze Ellipse, doch aus der Skulptur schimmerten Lichter und Farben auf den Boden, und in der Ferne weckte das Murmeln von Stimmen die Neugier des Betrachters. Schließlich eröffnete sich ein Oval, gebildet aus bogenförmig angeordneten glänzenden Kugeln, einem Kubus aus Edelstahl sowie einem rückwärtig mit einem schwarzen Schleier verkleideten Spiegel, der die Lichtprojektionen (venezianische Renaissancemosaiken und betende Pilger in Mekka), die Umgebung und die betrachtenden Besucher reflektierte. Das Schwarz soll für die Farbe des Tuches der Kaaba, die Kleider der Pilgerinnen sowie das kollektive Gedächtnis stehen, die verchromten Kugeln für den Austausch zwischen den Kulturen, der Kubus für die Kaaba, die Klangkomposition für die Gegenwart.

Manal Al Dowajan stellte unter der Überschrift »I Am« (2005) Schwarz-Weiß-Fotografien hochqualifizierter saudischer Frauen aus. Ihre Installation »Suspended Together«

(2011) zeigt 200 Tauben in einem Raum und scheint auf den ersten Blick Bewegung und Freiheit zu symbolisieren. Doch bei näherer Betrachtung erkennt man, dass die Tauben gefroren sind, und schließlich sieht man, dass jede einen Erlaubnisschein für Reisen mit sich führt, wie ihn sich eine saudische Frau bei ihrem Vormund besorgen muss.

Nun traten auch Karikaturisten hervor. Der populäre Abdullah Dschaber wird – in Anspielung auf die ägyptische Sängerin Umm Khaltum – »Oum Cartoon« genannt. In einer Karikatur zeichnete er einen Regierungsbeamten, der verkündet: »Wir haben einen Budgetüberschuss«, und die am Boden sitzenden Zuhörer klatschen. Das nächste Mal verkündet er: »Wir haben ein Defizit«, und die Zuhörer klatschen noch begeisterter. Immer wieder musste er in den Zeitungen und sogar in den Sozialen Medien eine Zeit lang pausieren.

Kunstgalerien schaffen soziale Räume und dienen als Begegnungsstätten. Zunächst wurden sie z. B. in Bürogebäuden versteckt, später präsentierten sie sich im Erdgeschoss mit Schaufenster zur Straße. In Dschidda organisierte die lokale Kunstinitiative 21/39 erstmals 2014 das »Dschidda Kunstfestival 21/39«, das jedes Jahr große Beachtung findet. In den Anfangsjahren kam es immer wieder vor, dass Religionspolizisten die Galerien stürmten und Kunstwerke beschlagnahmten.

Vertreter des Staats bevorzugten früher traditionelle Werke mit realistischen Darstellungen von Wüstenlandschaften, Falken und Kamelen. Inzwischen schätzen aber auch sie die modernen Künstler. 2021 fand in Dirija bei Riad die erste »Saudische Biennale für zeitgenössische Kunst« statt.

Prinzen sammeln heute auch Kunst aus dem Westen als Statussymbol und Geldanlage. 2017 wurde in New York Leonardo da Vincis Jesus-Gemälde »Salvator Mundi« von einem unbekannten Käufer für 450 Millionen US-Dollar ersteigert, angeblich für den Louvre von Abu Dhabi. Doch als mögliche Käufer wurden auch Prinz Badr bin Abdullah bin Muhammad bin Farhan Al Saud und Kronprinz Muhammad bin Salman genannt. Seit der Versteigerung wurde das Bild nicht mehr gesehen.

Für die ehrgeizigen Bauprojekte der »Saudi Vision 2030« wurden Stararchitekten verpflichtet. So bauen der Brite Norman Foster und seine Mitarbeiter futuristische Flughäfen, Wüstenhotels und Ferienanlagen auf aufgeschütteten Inseln im Roten Meer. Fosters französischer Kollege Jean Nouvel entwarf ein unterirdisches Felsenhotel in al-Ula.

Von der »Saudi Vision 2030« profitieren auch heimische Architekten. Die Architektin und Möbeldesignerin Schahad Al Azzaz eröffnete 2017 das Büro Azaz Architects in Madrid und Riad. Einer ihrer ersten Aufträge war der saudische Pavillon Sa'af auf der Dubai Design Week. Sowohl innen als auch außen wird er von verschiedenen Arten gewebter Textilien mit unterschiedlichen Farben, Größen und Texturen bedeckt. Von Frauen gewebte Textilien aus Palmblättern sind typisch für die Ostprovinz, die der Pavillon repräsentiert. Bei ihren Hausentwürfen in minimalistischem Stil mischt die Architektin Materialien wie Beton, Stein, Ziegel, Holz und Glas.

## Theater und Comedy

Außerhalb des wahhabitischen Einflussraums wurden die ersten Theater in den osmanischen Küstenprovinzen eröffnet, gefolgt von einem Volkstheater in Medina für Musik-, Tanz- und Rezitationsvorstellungen. König Abd al-Asis soll in den 1920er- und 1930er-Jahren Theateraufführungen besucht haben. Das Theater war etwas völlig Neues, da die nomadische Kultur dazu keinen Anknüpfungspunkt bot.

Wahhabitische Geistliche erließen immer wieder *fatwas* gegen das von den griechischen »Götzenanbetern« erfundene Theater. Für den Widerstand fanden sie viele Gründe: Wenn Menschen eine Rolle spielen, verstellen sie sich, doch die Lüge ist vom Islam untersagt. Wenn sie das eigene Aussehen verfälschen, verändern sie die göttliche Schöpfung. Wenn sie Menschen zum Lachen bringen, wecken sie unkontrollierte Leidenschaften. Wenn Schauspieler sündhaftes Verhalten darstellen, ermuntern sie möglicherweise die Zuschauer dazu. Wenn sie in Stücken ausländischer Verfasser Nichtmuslime darstellen, werben sie für die Ungläubigen. Wenn Männer und Frauen gemeinsam auftreten, wird das Verbot der Geschlechtermischung verletzt; Männern ist es aber auch untersagt, Frauenkleider zu tragen und Frauen zu imitieren. Selbst wenn Theateraufführungen die islamische Frömmigkeit fördern sollen, ist dieses Vorgehen eine »unzulässige Neuerung« (*bida*) im Islam.[10]

Es gab aber auch relativierende Gegenstimmen. So wurde angeführt, auch das Schlachten von Opfertieren sei ein heidnischer Brauch, der aber im Islam mit anderer Bedeutung fortgeführt werde. Außerdem wolle der Islam, dass Menschen lernten, wozu das Theater beitrage.

Der erste saudische Dramatiker Husain Abdullah Sirag aus Mekka führte seine Stücke in den 1930er-Jahren in Jordanien auf, da in Saudi-Arabien an eine Besetzung von Frauenrollen nicht zu denken war.

In den 1960er-Jahren gründete der Lehrer und Verleger Ahmad as-Sibai in Mekka eine Theaterschule mit halböffentlichen Aufführungen und engagierte einen ausländischen Regisseur. Sein Vorhaben, dort ein »Islamisches Schauspielhaus« zu errichten, konnte er aber nicht umsetzen.

Der in den USA ausgebildete Dramatiker Ibrahim Al Hamdan führte 1973 in Riad die Bearbeitung des Molière-Stücks »Arzt wider Willen« auf. Auf weibliche Rollen verzichtete er – die Schauspieler berichteten über das, was Frauen gesagt oder getan hatten. Im selben Jahr wurde die bürgerschaftliche Saudi Arabian Society for Culture and Arts (SASCA) in Riad gegründet. Sie förderte Autoren, Regisseure, Schauspieler und Techniker; Theaterkurse wurden angeboten und Stipendien an talentierte Jugendliche vergeben. Das Theater förderten auch die Ministerien für höhere Bildung und Kultur sowie das Jugendamt.

In den 1980er- und 1990er-Jahren konnten kaum Aufführungen stattfinden; danach blieben Ressentiments zurück. Als im November 2006 das vom Yamama College in Riad aufgeführte Stück »Ein Gemäßigter ohne Mittelweg« den Kampf zwischen gemäßigten Strömungen und Extremen thematisierte, stürmte bereits vor Beginn ein Teil des Publikums die Bühne, beschimpfte die Schauspieler und zerstörte das Bühnenbild. Das College zog es danach vor, das Stück nur noch als Bildschirmpräsentation vorzuführen. Die Angreifer erhielten lediglich eine milde Strafe.

Heute unterstützen das King Fahd Cultural Center und das King Abdulaziz Center for World Culture Aufführungen. Es findet auch Experimentiertheater statt, z. B. in öffentlichen Parks. In den letzten Jahren gründeten Amateurschauspielerinnen in saudischen Großstädten Theatergruppen und führen ausschließlich vor weiblichem Publikum Stücke auf. Sie beschäftigen sich mit Alltagsproblemen von Frauen, darunter auch häuslicher Gewalt.

Die Regierung verkündete 2018, sie werde in den nächsten zehn Jahren 64 Milliarden US-Dollar in die Unterhaltungsindustrie investieren. Im März 2021 startete das Kulturministerium unter dem Patronat von Kronprinz Muhammad bin Salman eine »Nationale Theaterinitiative«. Bei der Er-öffnungsveranstaltung auf der Großen Bühne des King Fahd Cultural Center in Riad wurde das von Saleh Zamanan verfasste Musical »Daraish Al-Nour« (»Fenster des Lichts«) mit zahlreichen lokalen Schauspielern aufgeführt. Das Stück erklärt die traditionelle und moderne Kultur des Landes und beinhaltet auch selbstkritische Szenen wie die Erstürmung einer Hochzeitsgesellschaft durch die Religionspolizei.

Ein wichtiges Datum war 2001: In diesem Jahr erhielt Saudi-Arabien ein Highspeed-Internet. Dieses Medium trug erheblich zur Öffnung des Landes bei. 2007 wurde der Videokanal YouTube gegründet, seit 2009 gibt es ein arabisches Facebook, seit 2012 ein arabisches Twitter, ebenso ein arabisches WhatsApp. 2013 wurde festgestellt, dass ein Saudi durchschnittlich sieben YouTube-Videos pro Tag konsumiert. Auch gibt es rund 2000 elektronische Zeitungen, von denen nur etwa ein Drittel gültige Genehmigungen besitzt. Reiche Saudis haben in die Sozialen Medien investiert, so beteiligte sich der progressive Prinz Walid bin Talal 2011 mit 300 Millionen US-Dollar an Twitter.

Da Saudis gerne über sich lachen, erfreute sich Comedy im Königreich bald großer Beliebtheit. Manche Saudis lernten diese Kunstform als Stipendiaten in Nordamerika und Großbritannien kennen. Auf YouTube kamen die Saudis bald zum Ergebnis, dass sie gute Videoclips produzieren konnten. Frauen wagen in den Sozialen Medien mehr als vor Präsenzpublikum.

Die saudische Comedy knüpfte auch an heimische Traditionen an: den Geschichtenerzähler und den Dichter-Hofnarren. Zur raschen Verbreitung trug bei, dass nur eine Person notwendig ist und man über Frauen reden kann, sie aber nicht darstellen muss.

Schon bald fand Comedy Eingang ins Fernsehen. Die Sendereihe »Tasch ma Tasch« mit Abdullah al-Sudhan, Nasser al-Kasabi und anderen war von 1993 bis 2011 ein Dauerbrenner. Sie nahm selbstgerechte Puritaner, faule Bürokraten, korrupte Geschäftsleute, reaktionäre Traditionalisten, Provinzler und lügnerische Ehemänner aufs Korn. Grenzen wurden bewusst überschritten, indem man z. B. mitunter unverschleierte Frauen zeigte, einmal sogar eine Frau am Steuer eines Autos. Selbstgesteckte rote Linien waren persönliche Angriffe sowie Kritik am Islam und am Königshaus. Kronprinz Abdullah erklärte öffentlich seine Wertschätzung für das Programm. Als wahhabitische Rechtsgelehrte 2000 mit *fatwas* dazu aufforderten, die Serie nicht anzuschauen, feierten al-Sudhan und al-Kasabi diese Einstufung als Qualitätsbeweis.

Comedians hinterfragen überlieferte Normen und Werte. Mit Andeutungen und Doppeldeutigkeiten testen sie die Grenzen des Sagbaren aus. Überschreitungen können mit dem entwaffnenden Satz »Keine Sorge – es war nur ein Witz!« zurückgenommen werden. Ibrahim al-Chairallah meinte 2011 während des »Arabischen Frühlings«, dass der ägyptische Staatspräsident Hosni Mubarak nun nach Saudi-Arabien kommen und in Dschidda Wasserski fahren könne. Unterschwellig kritisierte er damit zwei Sachverhalte: erstens das Versagen der saudischen Behörden bei der Bekämpfung der verheerenden Überschwemmungen 2009 und 2011 in Dschidda mit 122 bzw. zehn Todesopfern, zweitens die rückhaltlose Unterstützung des Königreichs für arabische Diktatoren.

Comedians wagen sich auch an heikle Themen, wie z. B. den Alltagsrassismus hellhäutiger Saudis. Chalid Moss, ein dunkelhäutiger Saudi, verglich einmal die beiden großen Städte des Landes: Im multikulturellen Dschidda würde ein Schwarzer am Steuer eines teuren Autos als dessen Eigentümer bewundert, im konservativen Riad als dessen Chauffeur angesprochen.

Der Schauspieler Hischam Fagih, der Improvisations-Comedy an der Columbia University in New York studiert hatte, brachte es mit seinem satirischen YouTube-Film »No Woman, No Drive« (2013) in Anspielung auf Bob Marleys »No Woman, No Cry« auf 14 Millionen Klicks. Das Autofahrverbot für Frauen stellte er aus unterschiedlichsten Blickwinkeln dar. Humorvoll ist eine Szene, in der ein Ehemann generös seine Frau zum Mitessen einlädt; das Gericht hatte sie zuvor gekocht.

Die Gründung professioneller Internetproduktionsfirmen und Studios, wie z. B. des YouTube-Netzwerks Telfaz11 (2012), regte das Wachstum von Comedy und anderen Kunstformen an. Starke Impulse setzte der mit einer saudischen Frau verheiratete britische »Expat« Peter Howarth-Lees. Im Mai 2008 gründete er die Smile Productions und lud drei Stand-up-Comedians aus London nach Riad ein.

2012 gründete Jaser Bakr in Dschidda den ersten saudischen Comedy-Club – der Al Comedy Club ist inzwischen legendär. In interaktiven Formaten wird das Publikum einbezogen. Hier trat mit Hatoon Kadi auch eine der ersten »Comediennes« auf, nachdem sie zuvor auf YouTube eine Show hatte. Nach der Aufhebung des Fahrverbots für Frauen meinte sie, dass nun der Chauffeur entbehrlich werde und der Ehemann die Chance habe, wieder zum wichtigsten Mann im Leben einer Frau zu werden.

Die Stiftung MSK sponsert Comedy-Events, und Prinzessin Amira al-Tawil fördert die Time Talent Agency, um neue Talente zu entdecken. Comedians haben freilich keine Narrenfreiheit: Fahad Albutari wurde im März 2018 in Jordanien festgenommen und mit Handschellen und Kapuze in einem Flugzeug nach Saudi-Arabien entführt. Der in den USA ausgebildete Geologe aus al-Chobar hatte in der YouTube-Sketch-Show »La Yekthar« (»Halt das Maul«) aktuelle gesellschaftspolitische Entwicklungen im Königreich hinterfragt. Was ihm genau vorgeworfen wird, ist nicht bekannt.

## Dichtung und Prosa

Der Arabist Noman Kidwah schreibt in seiner Diplomarbeit: »Gedichte waren und sind heilig und Träger der Begeisterung. Einen großen Dichter aus seinem Clan hervorzubringen, gilt als höchste Ehre und der Dichter fungiert oftmals als eine Art medialer Anführer in Friedens- oder Kriegszeiten. Dichtung wurde auch oft als Folterinstrument verwendet, da die meisten Leute Angst davor hatten, durch ein satirisches Gedicht lächerlich gemacht zu werden.«[11]

Schon in der vorislamischen Zeit entstanden bildhafte und melodische Gedichte. Liebespoesie (*gasal*) war besonders beliebt. Häufige Themen waren die Abwesenheit der Geliebten, ihr Erscheinen im Traum, die Lobpreisung ihrer Vorzüge, die finsteren Machenschaften von Rivalen und die häufig im Tod endende unerfüllte Liebe, wie z. B. zwischen Laila und Madschnun, deren Geschichte unzählige Hörer fand. Hochverehrte Dichter im Medina des 7. Jahrhunderts waren Umar ibn Abi Rabia aus dem Prophetenstamm der Kuraisch und der aus einfachen Verhältnissen stammende, dunkelhäutige Nusaib al-Akbar.

Im Gegensatz zu anderen Kunstformen war die Poesie in Saudi-Arabien nie umstritten. Der Prophet Muhammad hatte die Weisheit der Dichtung gepriesen, und der weitgereiste Historiker Ibn Chaldun berichtete in seinem Werk *al-mukadima* (1377), wie die stolze Geschichte der Araber in Gedichten weitergegeben wird.

Seit den 1930er-Jahren förderten Schulen, Universitäten, kulturelle Stiftungen und Medien die Dichtung. Ab den

1950er-Jahren traten auch moderne Dichter hervor, die mit freien Versen experimentierten. Themen waren die Lobpreisung von Religion und Königtum, Liebe, Trauer oder Kampf; als Stilmittel dienten Ironie und Sarkasmus.

Beginnend 1974 in Dschidda, wurden literarische Clubs begründet. Sie stellen Werke vor, diskutieren Aussage und Stil, fördern Nachwuchsautoren. 2011 wurde verfügt, dass sie eine Lizenz des Ministeriums für Kultur und Information benötigen und inhaltliche Regeln beachten müssen. Im Gegenzug erhöhte König Abdullah die staatliche Förderung.

Ein über Saudi-Arabien hinaus bekannter Dichter war der in Mekka geborene Ibrahim Chafadschi (1928–2016), der im Landwirtschaftsministerium arbeitete. Dem von der andalusischen Richtung beeinflussten Poeten wurde 1984 die Dichtung der saudischen Nationalhymne anvertraut, die bis zu diesem Zeitpunkt nur aus einer Melodie eines ägyptischen Komponisten bestanden hatte:

»Eilt zu Ruhm und Vorherrschaft,
Verherrlicht den Schöpfer der Himmel!
Und hisst die grüne Flagge,
das Zeichen des Lichtes!
Wiederhole: Gott ist der Größte! O mein Land!
Mein Land, lebe ewig als der Stolz der Muslime!
Lang lebe der König, für die Flagge und die Heimat!«[12]

Chafadschis über 600 Gedichte haben Emotionen wie Liebe und Trauer, Patriotismus und die wahre Religion zum Thema. Er schrieb auch Preisgedichte, z. B. auf den Fußballclub al-Hilal Riad, und sogar eine Art saudische Operette für das Kulturfestival Dschanadrijah: »Ara'is Al-Mamlika« (»Bräute des Königreichs«) feiert die Diversität der Kulturen in Saudi-Arabien.

Ghasi al-Gosaibi (1940–2010) ist ein in der ganzen arabischen Welt bekannter Autor. Viele seiner Gedichte beschäftigen sich mit der Schönheit der Wüste und der Lebensweise ihrer Bewohner. In seinen Romanen findet sich Kritik über Fehlentwicklungen in arabischen Staaten, daher sind manche von ihnen in Saudi-Arabien verboten. Einer seiner bekanntesten Romane, »An Apartment Called Freedom« (»Eine Wohnung namens Freiheit«, 1994), schildert das Leben von vier arabischen Studenten vom Persischen Golf in Kairo. Nach dem König Fahd gewidmeten Gedicht »A Pen Bought and Sold« (»Ein gekaufter und verkaufter Stift«) wurde er 1984 als Gesundheitsminister entlassen, hatte er darin doch die Korruption in Ministerien angegriffen und auch Prinzen kritisiert. Die Veröffentlichung seines Gedichts »You are the Martyrs« (»Ihr seid die Märtyrer«), in dem er den Suizidanschlag einer Palästinenserin in Israel pries, führte dazu, dass er 2002 seinen Posten als saudischer Botschafter in London räumen musste.

Für die in Bahrain geborene Saudi-Aramco-Mitarbeiterin und Unternehmerin Dr. Thuraja al-Arrajed ist Dichten Zeichnen mit Worten. Das von Empörung und Kummer bestimmte Gedicht *The Stillborn* (»Der/die Totgeborene«, 1965) gibt den Marginalisierten eine Stimme: Frauen, Armen, Angehörigen ethnischer oder religiöser Minderheiten. Darin heißt es:

Ich möchte platzen, schreien
Spreche mit meiner ganzen Kraft
Mit all meiner Macht
Öffne mein geschwollenes Herz
Schreie heraus
Bis das Wort gehört wird
Bis das Wort den Himmel durchdringt

Ich ersticke
Ich bin schwer mit dem Wort
Ich bin schwanger mit dem Wort
In meiner Seele eingeschlossen
Unbekannt ... ungehört[13]

Eines der zentralen Themen al-Arrajeds ist die Rolle der Neuen Saudischen Frau in einer Zeit rasanten gesellschaftlichen und ökonomischen Wandels (ähnlich wie sich viktorianische Dichterinnen zum Ende des 19. Jahrhunderts mit der Rolle der Neuen Frau beschäftigten). In den 1980er-Jahren warnte sie in subtilen Anspielungen vor zunehmendem Autoritarismus. Doch gibt es für sie keine grenzenlose Freiheit, so müsse Meinungsfreiheit von Respekt gegenüber dem anderen getragen sein. Den gesellschaftlichen Wandel sucht sie mitzugestalten, von 2013 bis 2017 war sie Mitglied des Konsultativrats.

International sehr bekannt ist der fünfbändige, auch ins Deutsche übersetzte Roman »Mudun al-milh« (»Salzstädte«, 1984–1989) des in Jordanien als Sohn eines Saudis geborenen Autors Abd ar-Rahman Munif (1933–2004). Darin schildert der panarabische Nationalist und Sozialist den von den US-Ölfirmen ausgelösten Wirtschaftsboom und die damit einhergehende Veränderung des Lebens der Beduinen. Für ihn handelt es sich um einen Abstieg in Luxus und Werteverfall: »Es entstanden aufgeblähte Städte, die wie Ballons jeden Augenblick platzen können, sobald man in sie hinein sticht. [...] Es sind keine natürlichen Orte für Zivilisationen, die die Menschen aufnehmen und das Leben verbessern können.«[14] Die saudische Regierung entzog ihm nach der Veröffentlichung die Staatsbürgerschaft, im Königreich ist das Werk verboten.

Religion ist ein heikles Sujet. Der in Saudi-Arabien lebende, palästinensische Lyriker Aschraf Fajadh wurde 2015 von einem saudischen Religionsgericht zum Tod verurteilt, weil er angeblich vom Islam abgefallen ist und den Propheten verhöhnt hat. Über 70 Autorenverbände und Menschenrechtsorganisationen setzten sich für Fajadh ein. Das Todesurteil wurde schließlich in eine achtjährige Haftstrafe umgewandelt.

## Musik und Tanz

Viele Rechtsgelehrte lehnen Gesang und Tanz strikt ab und zitierten Koranstellen und Hadithen, in denen beides in Verbindung mit Alkohol, Unzucht und teuflischer Verführung gebracht wird. Die *ichwan* betrachteten Musik als Hexerei und zerstörten in den 1920er-Jahren Grammophone. Großmufti Abd al-Asis bin Bas bezeichnete in den 1990er-Jahren Gesang und Tanz als Verzauberung durch den Satan. Erlaubt waren nur *naschids* (religiöse Gesänge). Positiver wurde die Instrumentalmusik gesehen, doch rangierte ihr Wert weit unterhalb desjenigen der Poesie.

Verteidiger der Musik führten an, dass der Prophet Muhammad Instrumentalmusik und Gesang hörte, ohne sie zu tadeln. Auch sei die saudische Nationalhymne ein Musikstück – diese Kunstform könne damit nicht grundsätzlich schlecht sein.

Dank Transistorradios wurde Musik in den 1950er- und 1960er-Jahren populär. Zu ihrer Akzeptanz trugen auch Militärorchester bei. Tariq Abdul-Hakim (1922–2012) wurde zum Musikstudium nach Ägypten geschickt und leitete nach seiner Rückkehr in Taïf die Musikakademie der Armee.

Ein bekannter saudischer Sänger und Komponist war Talal Maddah (1940–2000), die »Goldene Kehle« des Landes. Sein Lied »Muqadir« wurde 1976 zu einem internationalen Hit.

Maddah ließ sich von traditionellen Hedschas-Liedern inspirieren und begleitete sich häufig selbst mit der *oud* (Kurzhalslaute). Er agierte außerdem als Mentor der ersten bedeutenden saudischen Sängerin Etab (1947–2007; eigentlich Tarouf Abdel-Kheir Adam) mit ihrer charakteristischen, heiseren Stimme. Auf Anweisung von König Chalid musste die afro-arabische Künstlerin Ende der 1970er-Jahre Saudi-Arabien verlassen, da eine Sängerin nun als inakzeptabel erachtet wurde. Sie lebte und arbeitete fortan in Ägypten.

Viel für die Wiederbelebung der Musik trug das 1985 begründete jährliche Kulturfestival al-Dschanadrijah in al-Thamama nördlich von Riad bei. Heute gibt es wieder Hunderte traditionelle Musik- und Tanzgruppen, die bei privaten und offiziellen Veranstaltungen auftreten und vom Kulturministerium gefördert werden.

Eine moderne Weiterentwicklung traditioneller Musik ist *chalidschi* (»Musik vom Golf«). Der Folk-Pop verwendet die vier- bis sechssaitige *oud*, die einsaitige Laute *rabab*, die Trapezzither *kanun* und Trommeln (*tabl*), mitunter auch einen Dudelsack. Elemente afrikanischer, indischer und persischer Musik fließen ein. Als Vater des *chalidschi* gilt der 1963 geborene saudische Sänger Abdulmadschid Abdullah. Außerhalb Saudi-Arabiens treten auch *chalidschi*-Sängerinnen auf.

Am 18. Juli 2019 öffnete sich Saudi-Arabien für die Popmusik: 40 000 Fans erlebten das erste »Jeddah World Fest«, bei dem unter anderem Janet Jackson, Liam Payne, Tyga, Future und Steve Aoki auftraten. Selbst die westliche klassische Musik soll nun Einzug im Königreich halten: Kronprinz Muhammad bin Salman initiierte 2019 die erste Musikakademie des Landes in Riad. Der ägyptische Geiger Mahmoud Sorour bildet 50 Instrumentalmusiker für das künftige Opernhaus in Dschidda aus. Der Kooperationsvertrag mit der Mailänder Scala platzte allerdings – die Italiener kündigten ihn aufgrund der zunehmenden Kritik an Menschenrechtsverletzungen in Saudi-Arabien.

## Kino und Fernsehen

Die US-Ölgesellschaft Aramco richtete in den 1930er-Jahren Lichtspieltheater für ihre Mitarbeiter ein, und allmählich eröffneten auch in Städten Kinos. In den liberalen 1970er-Jahren wurden nordamerikanische, ägyptische und indische Filme vorgeführt.

Infolge des Sturms auf die Große Moschee in Mekka mussten die Kinos 1983 schließen. Nur noch auf Privatgelände, wie z. B. bei Saudi Aramco, konnten sie weiterbestehen. Wahhabitische Rechtsgelehrte lehnten Filmvorführungen ab, da diese zu Atheismus und Pornographie anregen könnten.

Einen Ersatz bot das 1965 gegen große Widerstände konservativer Kleriker eingeführte Fernsehen. Gesendet wurden Bildungsprogramme, religiöse Sendungen und Unterhaltungsfilme. Zu den fünf Gebetszeiten wurden alle Sendungen unterbrochen und Koransuren eingeblendet. Noch um das Jahr 2000 wurden die beliebten US-amerikanischen Serien oft drastisch gekürzt, denn man schnitt selbst Szenen heraus, in denen sich ein Mann und eine Frau, die nicht miteinander verheiratet waren, allein in einem Raum aufhielten.

In den 1990er-Jahren verbreitete sich das Satellitenfernsehen. Der Zugang zu arabischen, europäischen und nordamerikanischen Programmen gab neue Impulse. Auch verbreiteten sich zunächst Videokassetten, später DVDs. Als nach der Jahrtausendwende YouTube populär wurde, erkannte man, dass jeder Saudi recht einfach Filme drehen konnte.

Noch vor der Wiedereröffnung der Kinos 2018 begannen Regisseure, heimlich Filme zu drehen. Schon 2006 finan-

zierte Prinz Walid bin Talal »Keif al-Hal« (»Wie geht es ihnen?«). Der zwischen Komödie und Drama oszillierende Film
zeigt eine Familie zwischen Tradition und Moderne. Erstmals trat mit Hind Mohammed eine saudische Schauspielerin auf. Der in Dubai gedrehte Film wurde auf 17 Festivals
vorgeführt, Saudis konnten ihn auf einem kostenpflichtigen
Satellitensender empfangen.

Malik Nejers, dessen zeichnerische Begabung bereits in
der Schule entdeckt wurde, gründete 2009 in Riad die Lumin
Productions (heute Myrkott Productions, Dubai) und wurde
mit seinen teils humorvollen, teils sarkastischen Zeichen-
trickfilmen sehr bekannt. Seine erste Serie »Masameer«
(2011) zeigte in kurzen Geschichten typische Charaktere aus
der saudischen Gesellschaft.

Auch zwei saudische Frauen drehten nun erste Filme, die
im Ausland vermarktet wurden. Haifa Al Mansour studierte
in Kairo und Sydney Filmwissenschaften. Finanziert von
Prinz Walid bin Talals Rotana-Gesellschaft und unterstützt
von deutschen Produktionsfirmen drehte sie in Riad »Wadjda« (dt. »Das Mädchen Wadjda«; 2012).

Im Fokus steht eine elfjährige Schülerin, die unbedingt
wie ihre männlichen Klassenkameraden Fahrradfahren
will, obwohl dies als unschicklich gilt. Mit großem Fleiß
nimmt sie an einem Koranwettbewerb teil, gewinnt und
erklärt, sie wolle die Gewinnsumme nicht für einen guten
Zweck spenden, sondern für den Kauf eines Fahrrads verwenden. Schließlich wird sie jedoch dazu gebracht, den Gewinn palästinensischen Kindern zukommen zu lassen. Ihre
Mutter, eine verheiratete Krankenschwester, kämpft gegen
den Plan ihres Mannes, sich eine zweite Ehefrau zu nehmen.
Am Ende erfüllt sich der Traum des Mädchens vom Fahr-
rad – ihre Mutter kauft es ihr als Symbol dafür, dass sie die
Emanzipation der Tochter fördern will. Außenaufnahmen

konnte die Regisseurin nur indirekt leiten, indem sie ihrem Assistenten Anweisungen gab. Manche Stadtviertel von Riad erteilten Drehgenehmigungen, andere wiesen die Anfrage schroff zurück. Der Film hatte 2012 bei den Internationalen Filmfestspielen von Venedig Premiere und gewann zahlreiche Preise.

Ihr zweiter – bereits oben erwähnter – Film »The Perfect Candidate« (»Die perfekte Kandidatin«, 2019) zeigt eine Ärztin, die mit den Tücken der männlichen Vormundschaftsbestimmungen kämpfen muss und sich daraufhin entschließt, als Kandidatin für die Kommunalwahl anzutreten, um die Teerung einer Straße durchzusetzen.

Ahd Kamel aus Dschidda hat indische, kurdische, sizilianische und türkische Vorfahren. Sie heiratete einen US-Amerikaner, besuchte in New York Kurse bei dem Regisseur William Esper und kehrte nach der Scheidung in die Heimat zurück. Ihr Film »Hurma« (»Heiligkeit«, 2012) erzählt von einer Arbeiterfrau und Waise, die ein Verhältnis mit einem jemenitischen Straßenjungen hat. Sie wird schwanger und muss versuchen, das Kind durchzubringen. Man erkennt, dass sowohl die Familie als auch die Gesellschaft bei ihrer Schutzpflicht versagen; zudem herrscht wenig Solidarität unter Frauen. Der Film wurde in einem der ärmsten Stadtviertel Dschiddas gedreht. Auf der Berliner Biennale war er als erster saudischer Film im Programm. Ahd Kamel begründete auch die Produktionsfirma Odd Camel und arbeitet als Schauspielerin, spielte z. B. in »Das Mädchen Wadjda« mit.

2016 drehte Mahmoud Sabbagh in Dschidda den humoristischen Film »Baraka Yuqabil Baraka« (»Segen trifft Segen«) über die Beziehung zwischen einem konservativen Mittelklassebeamten und einer progressiven Oberschichtsfrau. Der in den VAE produzierte Film wurde auf der Berlinale gezeigt und für den Oscar nominiert.

2018 wurden endlich wieder Kinos in Saudi-Arabien zugelassen. Die erste Vorstellung fand am 18. April in Riad statt. Manche Saudis bedauerten, dass der Premierenfilm »Black Panther« war, ein US-Science-Fiction-Film. Die US-Kette AMC Theatres plant, in den nächsten Jahren bis zu 40 Kinos in 15 saudischen Städten zu eröffnen. Männer und Frauen sitzen darin vor unterschiedlichen Leinwänden. In Dhahran findet bereits seit einiger Zeit ein jährliches Filmfestival statt, und die Frauenuniversität Dschidda bietet als erste Universität des Landes einen Studiengang »Film, Filmregie und Filmproduktion« an.

Bereits 2016 wurde eine General Entertainment Authority (GEA) gegründet. Ein gigantischer Freizeitpark im Umland von Riad soll ab 2022 mit Kinos, Kulturzentren, Themenparks und Sporteinrichtungen jährlich 17 Millionen Besucher anlocken. Kronprinz Muhammad bin Salman verspricht sich von der saudischen Kinoindustrie bis 2030 Einnahmen von 950 Millionen US-Dollar.

Natürlich will die Regierung das Medium Film auch für ihre politischen Ziele nutzen. 2018 produzierte das King Abdulaziz Center for World Culture den meditativen Film »Joud« (»Generös«), der ohne Handlung die Landschaften und Menschen, die Flora und Fauna Saudi-Arabiens sowie die Gegensätze zwischen Vergangenheit und Moderne mit zahlreichen künstlerischen Effekten und musikalischer Untermalung zeigt. Das Kulturinstitut MSK des Kronprinzen produzierte einen nationalistischen Dokumentarfilm über verwundete saudische Soldaten im Jemenkrieg.

# Nach dem Öl:
# Saudische Wirtschaft im Umbruch

Wenn man bedenkt, dass das Königreich Saudi-Arabien bei seiner Gründung 1932 lediglich Subsistenzwirtschaft betrieb und zu den ärmsten Staaten der Welt gehörte, muss man für die letzten 90 Jahre ein ökonomisches Wunder konstatieren. Der Lebensstandard der Saudis hat sich deutlich verbessert, auch wenn es unter ihnen starke Unterschiede gibt.

2003 stand Saudi-Arabien noch auf Platz 27 der größten Volkswirtschaften weltweit, 2014 schon auf Platz 19. Das G20-Mitglied rangierte 2019 mit einem Bruttoinlandsprodukt von 793 Milliarden US-Dollar hinter der Türkei (761 Milliarden) und vor dem doppelt so einwohnerstarken Iran (454 Milliarden in 2018).[1]

Pro Kopf erwirtschaftete Saudi-Arabien 2019 ein kaufkraftbereinigtes Bruttoinlandsprodukt von 49 040 US-Dollar. Dieser Wert entsprach in etwa dem italienischen, maltesischen und französischen. Doch sticht ins Auge, dass die kleinen Golfmonarchien Katar (94 029; Rang 1 weltweit), die VAE (70 089), Kuwait (52 060) auf deutlich höhere Werte kamen. Arabische Staaten wie Ägypten (12 284), Algerien (12 020), der Irak (11 363) und Marokko (7826) rangierten hingegen weit hinter Saudi-Arabien. Diese Daten verdeutlichen auch, wie sehr sich die wirtschaftlichen Gewichte in der arabischen Welt seit 1990 zum Persischen Golf hin verschoben haben.[2]

Seit ihrer Gründung 1960 ist Saudi-Arabien Mitglied der Organisation Ölexportierender Länder (OPEC) und kann als größter Exporteur weltweit beträchtlichen Einfluss auf ihre

Angebots- und Preispolitik nehmen. So bot das Königreich während des Zweiten Golfkriegs 1991 seine gesamte Reservekapazität an, um den Verlust irakischer und kuwaitischer Produktion auszugleichen, und stabilisierte so die Märkte.

Infolge des Ölembargos (1973) vervierfachte sich der Ölpreis von 3 auf 12 US-Dollar pro Fass. Das saudische Bruttoinlandsprodukt schnellte von ca. 15 (1973) auf rund 184 Milliarden US-Dollar (1981) hoch. Das Land erhielt dadurch immense Devisen, die es in großangelegte Entwicklungsprojekte steckte. Zunächst wurden Transport und Kommunikation ausgebaut, dann Erziehung, Gesundheit und landwirtschaftliche Produktion, schließlich Industrien (siehe S. 170 f.). Problematisch ist, dass in Saudi-Arabien bis heute die Fluktuation der Ölpreise den wichtigsten Faktor für das Wachstum bzw. den Rückgang des Bruttoinlandsprodukts darstellt, nicht wie in Industriestaaten Veränderungen in der Produktivität oder Kapazitätsauslastung.

Die in den 1970er-Jahren begonnene Diversifizierung der Wirtschaft kam bisher nur ungenügend voran. An die 90 Prozent der Staatseinkünfte stammen aus Ölexporten; den Rest machen Zölle, Abgaben, Verbrauchssteuern (z. B. für Tabak und Süßgetränke), Unternehmenssteuern und Einkünfte aus staatlichen Investitionen aus.

Phasen niedriger Ölpreise (1985–1998, 2015–2017) ließen das Bruttoinlandsprodukt deutlich absinken. Die Folgen wurden durch das vergleichsweise hohe Bevölkerungswachstum verstärkt. Der Staat hält sich aus der Bevölkerungspolitik heraus und überlässt den Menschen die Entscheidung.

In Zeiten anziehender Ölpreise (1999–2008, 2010–2013) boomte die saudische Wirtschaft. Zwischen 2003 und 2013 verdoppelte sich das Bruttoinlandsprodukt. Das Haushaltseinkommen saudischer Staatsangehöriger stieg in dieser Periode um ca. 75 Prozent, es wurden 1,7 Millionen Arbeitsplätze für Saudis geschaffen und 450 Milliarden US-Dollar in Gesundheit, Bildung und Infrastruktur investiert.

Saudi-Arabien benötigt ein Ölpreisniveau von 70 bis 85 US-Dollar pro Fass, um seinen Haushalt decken zu können. Zwischen 2005 und 2014 lagen die Preise meist deutlich darüber, so dass das Land seine Devisenreserven in diesem Zeitraum auf unglaubliche 732 Milliarden US-Dollar steigern konnte.

Saudi-Arabien wird als feudales Patronage- und Rentiersystem beschrieben. Subsidien, Privilegien, Verbindungen und Verpflichtungen spielen eine wichtige Rolle in allen Lebensbereichen. Die staatliche Bürokratie ist immens, und sie konkurriert mit alternativen Machtzentren von Prinzen und einflussreichen Persönlichkeiten. Mangelnde Transparenz stellt ein Hindernis für die marktwirtschaftliche Öffnung und die Gewinnung von Auslandsinvestitionen dar.[3]

1952 wurde die Nationalbank und Regulierungsbehörde Saudi Arabian Monetary Agency (SAMA) errichtet. Als islamische Bank hält sie sich an das Zinsverbot, verlangt bei Krediten und Depots jedoch Gebühren. Außerdem wurden Geschäftsbanken ins Leben gerufen, zum Teil als Joint Ventures mit ausländischen Partnern. Sie interpretieren die islamischen Vorschriften teilweise kreativ.

Erst seit Mitte der 1980er-Jahre sind Auslandsinvestitionen erlaubt, und erst seit 2000 können Unternehmen vollständig im Eigentum von Ausländern sein. Vor allem in den Bereichen Industrie, Landwirtschaft, Banken und Bauwesen wurden ausländische Investitionen in Saudi-Arabien getätigt und durch staatliche Anreize unterstützt.

Im Dezember 2005 wurde das Königreich nach langwierigen Verhandlungen 149. Mitglied der Welthandelsorganisation (WTO) und entwickelte eine international konforme Handelspolitik. Aufgrund seiner stabilen Wirtschaft, des hohen staatlichen Ausgabenvolumens, der guten Infrastruktur und des entwickelten Finanz- und Bankensystems ist es als Partner attraktiv.

Rund 40 Prozent des Bruttoinlandsprodukts werden heute vom Privatsektor erbracht, den die Regierung fördert, um die Abhängigkeit vom Öl zu reduzieren und Arbeitsplätze zu schaffen. So wurden die Bereiche Energieerzeugung und Telekommunikation für private Investoren geöffnet. Das Land verfügt über zwei Börsen, die Tadawul und den Saudischen Parallelmarkt Nomu, die von der Capital Market Authority reguliert werden.

## Rohstoff- und Energieindustrie

Nach dem Zweiten Weltkrieg profitierte das Königreich von der weltweit starken Nachfrage nach Treibstoff. 1945 wurde die Raffinerie Ras Tanura in Betrieb genommen. Immer neue profitable Ölfelder wurden entdeckt, so 1948 das Ghawar-Feld nahe der Stadt al-Hofuf, das bis heute größte bekannte Ölfeld weltweit. 1951 wurde das erste Offshore-Vorkommen im Mittleren Osten erschlossen.

Saudi-Arabien exportiert nicht nur Rohöl, sondern auch Heizöl, Benzin, Diesel und Kerosin. Seit 1980 befindet sich Aramco in saudischem Eigentum, seit 1988 heißt das Unternehmen Saudi Aramco. 1993 übernahm die Firma auch die Staatliche Marketing- und Raffineriegesellschaft SAMAREC und wurde damit zum größten voll integrierten Energiekonzern weltweit. Mit einem Marktwert von 2,42 Billionen US-Dollar wurde Saudi Aramco im Mai 2022 zum wertvollsten Unternehmen weltweit.[4]

Die 1982 eröffnete »Petroline« von al-Dschubail am Persischen Golf nach Dschanbu am Roten Meer verkürzte die Distanz zu den europäischen Absatzmärkten und verringert die

Nutzung des maritimen Nadelöhrs Straße von Hormus. Zu deren Umgehung plant Saudi-Arabien eine weitere Ölpipeline nach al-Mahra im südöstlichen Jemen inklusive Anlage eines Verschiffungshafens.

Der saudische Energiebedarf steigt aufgrund der wachsenden Bevölkerung und der energieintensiven Meerwasserentsalzung um 6 bis 8 Prozent pro Jahr. Derzeit werden 60 Gigawatt (GW) produziert, für 2040 wird ein Bedarf von mehr als 110 GW prognostiziert.

Laut Energieminister Prinz Abd al-Asis bin Salman will Saudi-Arabien »ein weiteres Deutschland«[5] werden und strebt mittelfristig eine $CO_2$-freie Energieversorgung an. Gemäß der »Saudi Vision 2030« sollen 2030 ca. 58,7 GW mit Erneuerbaren Energien bestritten werden. Der Energiemix soll zu diesem Zeitpunkt 40 GW Photovoltaikstrom, 16 GW Windenergie und 2,7 GW Konzentrierte Solarthermie umfassen, ergänzt durch 17 GW Atomstrom.[6] Neuerdings spricht man von einem realistischeren Zieldatum 2040. Mittels Fracking will Saudi-Arabien künftig auch in großem Umfang Schiefergas fördern.

Im März 2018 beschloss die Regierung, in den nächsten 20 bis 25 Jahren 16 Atomkraftwerke zu errichten. Partner sind China, Frankreich, Russland, Südkorea und die USA. Im Nordwesten soll bei al-Ula, wo sich Uranerzvorkommen befinden, in Kooperation mit China eine Anlage zur Herstellung von Uran entstehen. Ein Versuchsreaktor bei Riad stand 2021 vor der Inbetriebnahme.

Zehn Photovoltaikkraftwerke sind ausgeschrieben. Das Königreich will auch in die Solarindustrie einsteigen und zusammen mit einem japanischen Hersteller Solarkollektoren produzieren. Das erste Sonnenkraftwerk des Landes, das Layla Solar Power Plant in al-Afladsch (300 Kilometer südlich von Riad), wird im Endzustand eine Fläche von

720 000 Quadratmetern einnehmen und zunächst 10, später 40 Megawatt (MW) Strom produzieren. Eine erste Ausbaustufe wurde 2019 abgeschlossen.

Auch in der Windkraft besitzt Saudi-Arabien hohes Potenzial. In der nördlichen al-Dschouf-Region wird bis 2022 der 400-MW-Windpark Dumat-al-Dschandal entstehen.

Saudi-Arabien produziert bereits »blauen« Wasserstoff durch Einsatz von Erdgas und plant, künftig zu einem weltweit führenden Exporteur von umweltfreundlichem »grünem« Wasserstoff zu werden. Die International Energy Agency (IEA) geht davon aus, dass dessen Produktionskosten bis 2030 um 30 Prozent sinken werden. Aufgrund der für die Solarstromerzeugung sehr günstigen klimatischen Bedingungen eignet sich Saudi-Arabien für eine wettbewerbsfähige Produktion. Das hierfür notwendige Süßwasser muss durch Meerwasserentsalzung gewonnen werden. Im Entwicklungsgroßprojekt NEOM (siehe S. 357 f.) soll die weltweit größte Anlage für grünen Wasserstoff entstehen.

Auf der Arabischen Halbinsel kann der Wasserstoff mit Hilfe von Pipelines, Lastkraftwagen oder Güterzügen verteilt werden. Mittels Tankern lässt er sich auch exportieren, Wege und Kosten sind aber noch kaum erprobt. Möglich sind die Verflüssigung des Wasserstoffs, die Zwischenumwandlung in Stoffe wie Ammoniak und Methanol oder der Einsatz von Transportmedien wie Liquid Organic Hydrogen Carriers (LOHC).

Saudi-Arabien ist reich an Mineralien. Insbesondere im Westen des Landes sind Gold, Silber, Kupfer, Zink, Blei, Eisenerz, Uranerz, Titan, Pyrit, Magnesit, Platin und Kadmium nachgewiesen. Außerdem sind Vorkommen der nichtmineralischen Rohstoffe Gips, Kalkstein, Kieselsäure, Salz, Ton und Phosphorit vorhanden.

# Landwirtschaft

Die traditionelle Landwirtschaft, bestehend aus nomadischer Subsistenzweidewirtschaft mit Schafen, Ziegen und Kamelen, hat heute nur noch geringe Bedeutung und wird vom Staat mit Subsidien unterstützt. Der Agrarsektor trägt zu einem geringen Teil zum Bruttoinlandsprodukt bei. Weniger als 2 Prozent der Landesfläche können zum Anbau verwendet werden. Die Hälfte des kultivierten Landes umfasst Regenfeldbau, zwei Fünftel sind der Produktion von Baumfrüchten gewidmet, und der Rest wird mit unterirdischen Wasservorkommen bewässert, vor allem in den Distrikten Riad und Kasim sowie in der Oase al-Hasa.

Saudi-Arabien exportiert als weltweit zweitgrößter Produzent Datteln, außerdem Milchprodukte, Eier, Fisch, Geflügel, Früchte, Gemüse, Honig und Blumen. Weitere Anbaufrüchte sind Melonen, Tomaten, Kartoffeln, Gurken, Kürbisse und Gartenkürbisse. Importiert werden vor allem Weizen, Roggen, Reis und Schafe aus Australien, Brasilien, Indien, Kanada und der Ukraine.

Die größten Hindernisse sind mangelndes Wasser und schlechte Böden. Dämme und Rückhaltebetten wurden errichtet, um plötzlich auftretende Fluten zu stoppen und künstliche Bewässerung zu ermöglichen. Seit 2008 tätigt Saudi-Arabien große agrarische Investitionen im Ausland, so in Indonesien, Äthiopien, Mali, dem Senegal und dem Sudan. Dort werden Großfarmen und Plantagen gegründet, um die heimische Nahrungsmittelversorgung zu sichern und den Wasserverbrauch auszulagern.

Die 1977 mit irischer Beteiligung gegründete Firma Almarai ist heute das weltweit größte vertikal integrierte Unternehmen für Milchprodukte. Zur Produktpalette gehören auch Fruchtsäfte, Backwaren, Geflügel und Kindernahrung. In den USA hat das Unternehmen große Mengen Agrarland erworben. Weltweit ist es für 200 000 Milchkühe verantwortlich.

## Industrie

1976 gründete die Regierung zur Diversifizierung der Wirtschaft die Aramco-Tochter Saudi Basic Industries Corporation (SABIC), zunächst mit energienahen Industrien wie Düngemittelherstellung und Petrochemie. Später wurden Fabriken für Walzstahl, Rohre, Kupferprodukte, Lastwagenzusammenbau, Kühlschränke, Möbel, Aluminium- und Metallprodukte sowie Zement errichtet. In al-Dschubail am Persischen Golf und Dschanbu am Roten Meer entstanden neue Industriezentren. In den beiden Städten modernisierte man auch die Fischerei und errichtete fischverarbeitende Betriebe. Doch blieben die Auswirkungen in Bezug auf die Gesamtwirtschaft gering. 2007 trug das Verarbeitende Gewerbe (ohne petrochemische Industrie) erst 10 Prozent zum Bruttoinlandsprodukt bei und bot weniger als 6 Prozent aller Arbeitsplätze.

## Handel und Dienstleistungen

2019 wurden zu über 80 Prozent mineralische Brennstoffe, Mineralöle und verarbeitete Ölprodukte, bituminöse Stoffe und Mineralwachse exportiert, außerdem Plastik (7,5 Prozent) und organische Chemikalien (5,0). Ausgewiesene Hauptabnehmer waren die VAE, Indien, Singapur und die Türkei. Ein großer Teil der Exporte wurde allerdings nicht

nach Ländern aufgegliedert; darunter dürften Treibstofflie-
ferungen nach China, Südkorea, Japan etc. fallen.

Die wichtigsten Importgüter waren Atomreaktoren und
Atomtechnik (11,7 Prozent), Fahrzeuge und Fahrzeugteile
(10,3; ohne Schienenfahrzeuge), elektrische Maschinen, Anlagen und Unterhaltungsgeräte (9,9), Boote und Schiffe (3,8)
sowie pharmazeutische Produkte (3,7). Sie kamen vor allem
aus China (18,7 Prozent), USA (11,8), den VAE (7,2), Deutschland (4,9) sowie Japan und Indien (jeweils 4,5).[7]

Der Dienstleistungssektor hat seit den 1970er-Jahren massiv zugenommen. Drei Viertel der Beschäftigten sind heute
in diesem Bereich tätig: in der staatlichen Verwaltung, in
Militär und Polizei, im Einzel- und Großhandel, im Banken-
und Finanzwesen sowie in der Pilgerbeherbergung und im
sonstigen Tourismus, der lange Zeit nur eine nachgeordnete
Rolle spielte.

*Hadsch* und *umra* sind bedeutende Wirtschaftsfaktoren
und geben mehr Menschen Arbeit als die Ölindustrie. So
schafft der *hadsch* 40 000 temporäre Arbeitsplätze für Metz-
ger, Friseure, Kellner, Busfahrer usw. sowie tägliche Einnahmen von 2 bis 3 Milliarden US-Dollar.

Im September 2020 verkündete die Regierung, dass sie
810 Milliarden US-Dollar in den Tourismussektor investieren
werde. Im Vorjahr hatte das Land ein elektronisches Visum
eingeführt. Nach dem Abklingen der Covid-19-Pandemie
können Besucher das ganze Land bereisen. Der internationale Fußballstar Lionel Messi wurde als Tourismusbotschaf-
ter für Saudi-Arabien gewonnen.

Grundeigentum ist im Allgemeinen auf saudische Bürger
beschränkt, doch können Staatsangehörige und Unternehmen aus GKR-Staaten unter bestimmten Bedingungen Land
erwerben. Bei sonstigen Ausländern ist Immobilieneigen-
tum nur in gewissen Ausnahmefällen möglich. Ziel der Re-

gierung ist es, den Beitrag des Immobiliensektors zum Bruttoinlandsprodukt um 5 bis 10 Prozent pro Jahr zu steigern. Auch soll der Bau von Wohnraum stärker staatlich gefördert werden.

Ein Problem besteht darin, dass insbesondere im städtischen Raum Mitglieder der königlichen Familie und ihnen nahestehende Eliten über einen großen Teil des Landeigentums verfügen. Der staatseigene Real Estate Development Fund (REDF), der vier Fünftel der Baukredite für Bürger vergibt, hat lange Wartezeiten.

Im Immobiliensektor und im Baugewerbe dominieren wenige große Unternehmen. Sie sind stark von Staatsausgaben abhängig, die wiederum von den Öleinnahmen beeinflusst sind. Größter Baukonzern des Landes ist die Saudi Binladin Group.

Schlüsselinfrastruktur wie Wasser- und Elektrizitätsversorgung, Telekommunikation sowie Teilbereiche des Erziehungs- und Gesundheitswesens wurden im Zeitraum 2003 bis 2013 privatisiert. Ein Motiv war auch der schlechte Ruf staatlicher Dienstleistungen. Aufgrund der Versorgungslücken waren viele Saudis zu Bittstellern degradiert worden.

**Allgegenwärtig in Saudi-Arabien: die Saudi Binladin Group**

Als Gepäckträger arbeitete der Einwanderer Muhammad bin Awad bin Ladin einst in Dschidda, fünf Jahrzehnte später starb er als einer der reichsten Männer des Königreichs. 1908 wurde er in einem Dorf im Hadramaut (Jemen) geboren und konnte keine Schule besuchen. Wegen einer katastrophalen Dürre ließ er sich in Dschidda nieder. Aus seiner 1930 gegründeten Baufirma entstand die Saudi Binladin Group, ein Konglomerat aus Ingenieur-, Immobilien-, Vertriebs-, Kommunikations- und Verlagsunternehmen mit heute 217 000 Mitarbeitern sowie Niederlassungen in Ägypten, Jordanien, Libanon und den VAE.

Zunächst hatte das Ölunternehmen Aramco Bauaufträge an US-Firmen vergeben, doch Ende der 1940er-Jahre setzte die saudische Regierung durch, dass einheimische Firmen beteiligt wurden. Aramco förderte den Aufbau lokaler Unternehmen, wovon auch Muhammad bin Awad bin Ladin profitierte. Die Tochterunternehmen wurden 1950 in der Saudi Binladin Group (SBG) zusammengefasst.

Bin Ladins Erfolgsrezept waren Treue zum saudischen Königshaus, Verlässlichkeit und Risikobereitschaft. So brachte er sich mit Dumpingpreisen ins Geschäft. Entscheidend war, dass er das Vertrauen von König Abd al-Asis gewinnen konnte.

Nach dessen Tod konnte Muhammad bin Awad bin Ladin die Gunst des Kronprinzen bzw. Königs Faisal gewinnen und diente ihm ehrenamtlich als Minister für öffentliche Bauten. Dem Staat stellte er Finanzmittel für Ausbauprojekte zur Verfügung und erhielt im Gegenzug lukrative Aufträge für königliche Paläste, Infrastrukturprojekte und den Ausbau der Hauptstadt Riad.

Viele Jahre lang war die Saudi Binladin Group das einzige Unternehmen, das Bauaufträge für die Heiligen Stätten in Mekka und Medina erhielt. Sie restaurierte auch die al-Aksa-Moschee in Jerusalem. Solche Aufträge erachtete Muhammad bin Awad bin Ladin als Privileg und verzichtete teilweise auf Honorar.

Von 22 Ehefrauen hatte der gewiefte Großunternehmer 56 Kinder. Sein Vermögen wuchs auf 5 Milliarden US-Dollar, aber er lebte bescheiden und fromm. Muhammad bin Awad bin Ladin starb am 3. September 1967 beim Absturz seines Privatflugzeuges in der Provinz Asir. Seine großen Leistungen waren unbestritten, doch hatte er als jemenitischer Einwanderer nie volle Anerkennung in der saudischen Oberschicht gefunden.

Unter Führung seiner Söhne Salim und Bakr erweiterte der Konzern seine Geschäftsfelder auf die Automobilbranche, den Telekommunikationsbereich und den Agrarsektor. Er legte sich auch einen ausgedehnten Immobilienbesitz zu und erwarb Anteile an Banken und Investmentfirmen.

»Schwarzes Schaf« der Familie war der 1957 geborene Sohn Osama bin Ladin. Er studierte Betriebswirtschaftslehre und Bauingenieurwesen in Dschidda und wurde im Konzern tätig. In den 1980er-Jahren unterstützte er die *mudschahedin* in Afghanistan. Von 1989 bis 1992 arbeitete er wieder im Familienkonzern. Als der saudische König sein Angebot ablehnte, eine arabische Freiwilligenarmee gegen Saddam Hussein aufzustellen, ging Osama bin Ladin 1992 verbittert in den Sudan und gründete dort Firmen im Bau-, Chemie-, Handels- und Agrarsektor. Seine Einnahmen flossen in ein internationales Finanzgeflecht, mit dem er die Terrororganisation al-Kaida aufbaute. 1996 verlegte er seinen Aufenthaltsort nach Afghanistan, 2011 wurde er in seinem pakistanischen Versteck von einer US-Spezialeinheit getötet.

Nach den Attentaten des 11. September 2001 erhielt die Saudi Binladin Group vom saudischen Staat weiterhin lukrative Aufträge. Die Verwandten distanzierten sich vom Terrorismus und erklärten, schon lange keinen Kontakt mehr zu Osama zu haben.

2015 drängte Muhammad bin Salman darauf, einen Teil des Konzerns an die Börse zu bringen, doch die Familie zögerte. Drei Brüder wurden im November 2017 Opfer der Anti-Korruptions-Kampagne und im Hotel Ritz-Carlton arretiert. Ein Jahr danach transferierten sie ihre Anteile von zusammen 36,2 Prozent an den Staat. Erst Jahre später wurden sie freigelassen. Staatliche Manager haben nun das Sagen im Konzern.[8]

## Herausforderungen

Die Bevölkerung nimmt jedes Jahr um etwa 2 Prozent zu. Rund 60 Prozent der Einheimischen sind unter 30 Jahre alt. Schätzungen zufolge liegt die Arbeitslosigkeit in dieser Altersgruppe bei bis zu 30 Prozent; Ende 2020 betrug die allgemeine Quote unter saudischen Bürgern 12,6 Prozent. Armut unter Saudis sticht dem Ausländer nicht ins Auge, doch dürften zwischen 13 und 25 Prozent unter der nationalen Armutsgrenze, d. h. von weniger als 17 US-Dollar pro Tag, leben.

Zu den größten Herausforderungen zählen die Schaffung von Arbeitsplätzen, die Eindämmung bzw. Umkehrung des Rückgangs des Pro-Kopf-Einkommens, die Verringerung sozialer Ungleichheit, die bedarfsorientierte Verbesserung der Bildung, die Eingliederung von Frauen in den Arbeitsprozess, die weitere Diversifizierung der Wirtschaft, die Stimulierung des Privatsektors sowie der Kampf gegen übermäßige Bürokratie, Korruption und Geldwäsche.

Viele Saudis aus der Mittel- und Oberschicht sind daran gewöhnt, lukrative, aber wenig verantwortungsvolle Posten in der aufgeblähten Verwaltung oder in Staatsunternehmen zu haben. Sie müssen dazu gebracht werden, sich um Stellen in der Privatwirtschaft zu bewerben oder unternehmerisch tätig zu werden.

Essenziell ist auch die Verbesserung technologischer Innovation. In den USA wurden zwischen 1977 und 2010 lediglich 382 saudische Patente registriert, verglichen mit 84 840 Patenten für Südkorea und 20 620 für Israel. Doch konnte Saudi-Arabien 2017 immerhin 664 Patente in den USA anmelden, doppelt so viele wie alle anderen arabischen Länder im selben Jahr.[9] Verantwortlich hierfür ist auch die Bildungsoffensive des vergangenen Jahrzehnts. Die Bildungsausgaben liegen bei knapp 10 Prozent des Bruttoinlandsproduktes, doppelt so hoch wie im Weltdurchschnitt. Bildung ist kostenlos, die Zahl staatlicher Hochschulen wurde auf rund 30 erweitert. Allerdings ist im Schulbereich noch manches verbesserungswürdig. Das Schulwesen wird traditionell von Auswendiglernen und Erziehung zu unkritischer Loyalität dominiert, und insbesondere auf dem Land ist es unzureichend ausgebaut. Sogar das Arbeitsministerium räumte um 2012 ein, dass viele Bürger »nicht qualifiziert sind für die Arbeitsplätze, die sie wünschen, und die Arbeitsplätze ablehnen, für die sie qualifiziert sind«.[10]

## »Saudi Vision 2030«

Die Entwicklungsstrategie »Saudi Vision 2030« (bezeichnet in abendländischer, nicht in islamischer Zeitrechnung!) wurde vom Rat für Wirtschaft und Entwicklung unter dem Vorsitz von Muhammad bin Salman entwickelt. Wesentliche Beiträge leistete die US-Beratungsfirma McKinsey, die warnte, ohne eine grundlegende Neuausrichtung der Wirtschaft werde es zu schweren Verwerfungen kommen. Selbst wenn die Regierung die öffentlichen Ausgaben einfriere, würde das Haushaltseinkommen wahrscheinlich sinken, die Arbeitslosigkeit steigen und die fiskalische Belastung zunehmen. Hingegen könnten eine marktorientierte und produktivitätsgesteuerte Transformation und Diversifizierung der Wirtschaft einen neuen Prosperitätszyklus auslösen.[11]

Vor dem Hintergrund der globalen Energiewende und des anhaltend hohen Bevölkerungswachstums soll binnen

15 Jahren eine diversifizierte Wirtschaft geschaffen werden, die nicht mehr von Ölexporten abhängt. Die saudischen Bürger müssen daran gewöhnt werden, neuen Wohlstand zu produzieren, statt gegebenen Wohlstand zu konsumieren.

Im April 2016 wurde die neue Entwicklungsstrategie von Kronprinz Muhammad bin Salman vorgestellt. Acht Schlüsselsektoren sollen Wachstum generieren und Arbeitsplätze schaffen: Petrochemie, Verarbeitende Industrie, Bergbau und Metalle, Groß- und Einzelhandel, Tourismus und Beherbergung, Finanzdienstleistungen, Bauwesen sowie das Gesundheitswesen.

Die drei Säulen sind:

- eine produktivere Belegschaft mit erhöhter Beschäftigung saudischer Männer und Frauen, deren Qualifikationen besser den Bedürfnissen des Arbeitsmarkts angepasst sind,
- Wirtschaftsreformen mit dem Ziel von mehr Wettbewerb und größerer Offenheit für ausländische Investitionen sowie gegenüber einfacheren, schnelleren Prozessen,
- nachhaltiges Finanzmanagement zugunsten effizienterer öffentlicher Ausgaben mit dem Fokus auf dem Preis-Leistungs-Verhältnis.

Das Schlagwort der McKinsey-Berater lautet »2-4-6«: Verdopplung des Bruttoinlandsprodukts bis 2030, Generierung vor allem privater Investitionen in Höhe von 4 Billionen US-Dollar für die Nicht-Öl-Ökonomie und Schaffung von 6 Millionen zusätzlichen Arbeitsplätzen für saudische Staatsbürger. Der Anteil von Öl und Gas am Bruttoinlandsprodukt soll bis 2030 von 47 Prozent auf 11 Prozent gesenkt werden.

Zur Erreichung dieser Ziele sollen Subventionen reduziert, der Anteil der Frauen an der Erwerbsbevölkerung erheblich erhöht, die junge Bevölkerung besser ausgebildet, die Infrastruktur durch großzügige staatliche Investitionen verbessert und Saudi Aramco durch einen partiellen Börsengang für private Investoren geöffnet werden. Die Erlöse sollen in den Öffentlichen Investitionsfonds fließen, der etwa die Hälfte der neuen Einnahmen im Ausland anlegen würde, um Dividenden zu erwirtschaften. Die andere Hälfte soll für den industriellen Umbau und die Förderung der Privatwirtschaft bereitgestellt werden. Ein Vorbild ist Abu Dhabi, das seit Mitte der 2000er-Jahre die Diversifizierung der Wirtschaft betrieben hat und hierfür mehrere Staatsfonds nutzt.

Leitlinien der künftigen Entwicklung sind Bildung, Unternehmertum und Innovation. Unterentwickelte Industrien wie Produktion, Erneuerbare Energien und Tourismus sollen angekurbelt werden. Ein Fokus liegt auf der Modernisierung der Lehrpläne und Standards von Bildungseinrichtungen. Bis 2030 soll Saudi-Arabien mindestens fünf Universitäten unter den 200 besten Universitäten der Welt haben. Namhafte ausländische Professoren werden umworben, zumindest zeitweise in Saudi-Arabien zu lehren. Damit will das Land auch ausländische Studierende anlocken und im internationalen Bildungsmarkt mitmischen. Kleine und mittlere Unternehmen (KMU) sollen finanziell vom Staat gefördert werden, um bis 2030 ihren Beitrag zum Bruttoinlandsprodukt von 20 auf 35 Prozent zu steigern.

Wissenschaftliche Exzellenz genießt hohen Stellenwert. Die 2009 eröffnete King Abdullah University for Science and Technology (KAUST) hat gemäß dem QS World University Ranking seit 2015 mehr Zitationen pro Professor als jede andere Universität weltweit. Spitzenforscher werden berufen, so 2021 einer der weltweit führenden Forscher im Bereich Künstliche Intelligenz, der in der Schweiz lehrende und forschende Deutsche Jürgen Schmidhuber, als Direktor der KI-Initiative des KAUST.[12] Im Februar 2022 kündigte Saudi Aramco an, 5 Milliarden US-Dollar in die Blockchain-Technologie zu investieren, um seine Rohstoffexporte zu digitalisieren und auszuweiten.[13]

Das Regierungshandeln soll von Rechenschaftspflicht, Transparenz und Effektivität geprägt sein. Wege hierzu sind der Ausbau der Online-Dienste und die Verbesserung der Governance-Standards. Ein neues Programm für die Entwicklung des Humankapitals bezweckt die Ausbildung von 500 000 Beamten in Best Practices. Korruption soll mit einer »Null-Toleranz-Politik« bekämpft werden.

Die Kultur- und Unterhaltungsmöglichkeiten im Königreich sollen ausgebaut werden. Auch wird eine gesunde Lebensweise gefördert werden, damit die Zahl der Bürger, die einmal pro Woche Sport treibt, von 13 auf 40 Prozent steigt.

Der islamische Glauben und das nationale Erbe werden als wichtige Bezugspunkte bezeichnet, die zu einer verantwortungsvollen Gesellschaft beitragen. Die Pilgerzahl soll auf mindestens 30 Millionen gesteigert werden. In Saudi-Arabien wird das größte islamische Museum weltweit errichtet werden. Die Anzahl der UNESCO-Weltkulturerbestätten (derzeit sechs) soll erhöht werden.

Das Flaggschiff von »Saudi Vision 2030« ist die neue Retortenstadt NEOM (Neo-Mustakbal, von altgriechisch $\nu\acute{\epsilon}o\varsigma$, »neu«, und arabisch *mustakbal*, »Zukunft«) am Golf von Akaba bzw. am Roten Meer, vis-à-vis von Ägypten und Jordanien und unweit von Israel. Die Stadt mit einer Mecklenburg-Vorpommern vergleichbaren Fläche soll ihren Energiebedarf ausschließlich aus Sonnen- und Windenergie beziehen, Dienstleistungen von Robotern anbieten und in einem Technologiepark die wirtschaftliche Diversifizierung vorantreiben. Die Entwickler schwärmen von Zukunftstechnologien wie Regen aus künstlichen Wolken für die Landwirtschaft. Zu den Einzelprojekten gehört »The Line«, eine 170 Kilometer lange Bandstadt für zunächst 1, dann bis zu 9 Millionen Einwohner. Oberhalb eines schnurgeraden Tunnels, der von einer Hochgeschwindigkeits-U-Bahn sowie autonom verkehrenden Fahrzeugen befahren wird, sollen autofreie »city modules« mit Fuß- und Radwegen entstehen. Flugtaxis sollen das Mobilitätsangebot in der Luft ergänzen. Kronprinz Muhammad bin Salman setzt darauf, dass das 500-Milliarden-US-Dollar-Projekt NEOM zum Kraftzentrum in den Sparten Biotechnologie, Informations- und Kommunikationstechnologie, Industrielle Hightech-Fertigung und Luxustourismus wird. Es wird als Sonderwirtschaftszone mit eigenem Rechts- und Steuersystem klassifiziert werden.

40 Kilometer von der Hauptstadt entfernt entsteht auf 334 Quadratkilometern der Sport- und Vergnügungspark QIDDIYA. Künftige Besucher erwarten Unterhaltungsmöglichkeiten, Themenparks, Erholungsanlagen, Sportstätten, Rennstrecken für Automobile und Fahrräder, künstliche Seen sowie landschaftliche und kulturelle Attraktionen. QIDDIYA soll auch ein Austragungsort für internationale Sportwettbewerbe werden und 2030 der größte Tourismus-Cluster weltweit sein.

Nach dem Vorbild von Katar kauft Saudi-Arabien internationale Sportgroßveranstaltungen ein. 2019 fand erstmals ein Weltmeisterschaftskampf im Profiboxen in Dirija statt, 2020 startete in Riad das höchstdotierte Pferdegalopprennen der Geschichte, und im selben Jahr wurde die »Rallye Dakar« dauerhaft ins Königreich geholt. 2021 fand in Dschidda auf einem neu erbauten Rundkurs am Meer das erste Formel-1-Rennen statt.

Externe Beobachter geben zu bedenken, dass die Entwicklungsstrategie möglicherweise zu spät kommt. Die Phase hoher Ölpreise sei nicht hinreichend genutzt worden. So wurde von sechs im Jahr 2005 geplanten neuen Städten, die Investoren anlocken und 1,3 Millionen Arbeitsplätze schaffen sollten, nur die King Abdullah City errichtet. Die Saudis sind gewohnt, dass der Staat für sie sorgt. Lohnarbeit außerhalb des Beamtenapparats ist unbeliebt, Individualismus und Unternehmergeist sind unterentwickelt. Im Unterschied zu China, dessen autoritäre Modernisierung ein Vorbild für Muhammad bin Salman ist, fehlt es in Saudi-Arabien an Kompetenz, Kreativität und individueller Initiative.[14]

Eine Studie zur bisherigen Umsetzung von »Saudi Vision 2030« kommt zum Ergebnis, dass bis 2020 in bestimmten Bereichen wie fiskalischer Stabilität und makroökonomischem Management, Entwicklung der Kapitalmärkte und des Bankensystems, Digitalisierung von staatlichen Dienstleistungen und Umsetzung von Sozialreformen Fortschritte erzielt worden seien. Bei der Stimulierung der Privatwirtschaft als Wachstumsmotor, der Einwerbung von ausländischen Investitionen und der Schaffung von Arbeitsplätzen bleibe man aber hinter den Zielen zurück. Die Regierung sei zu stark auf den Öffentlichen Investmentfonds und ihre Megaprojekte konzentriert, die marktwirtschaftliche Öffnung genieße nicht dieselbe Unterstützung.[15]

Stephan Roll von der Stiftung Wissenschaft und Politik hält die Ziele der Entwicklungsstrategie grundsätzlich für überambitioniert. Die Investitionstätigkeit im Land sei bisher kaum ausreichend gewesen, die kostspielige Außenpolitik nicht hinreichend eingeschränkt worden. Der Öffentliche Investitionsfonds behindere durch sein Verhalten eher eine nachhaltige Entwicklung des Privatsektors, als sie zu fördern, und diene vor allem der Konsolidierung der politischen und ökonomischen Macht des Kronprinzen.[16]

Problematisch ist gleichfalls, dass das Image von Saudi-Arabien durch den Kaschoggi-Mord und Menschenrechtsverletzungen gelitten hat. Unternehmen werden von Aktionären und Fonds dazu gedrängt, Investitionen in diesem Land zu meiden.

## Jüngste Entwicklungen

Die Wiederkehr der USA als Öl- und Gasexporteur dank der Fracking-Technologie hat die Energiemärkte nachhaltig erschüttert. Saudi-Arabien versuchte ab 2014 zusammen mit dem Irak und dem Iran, mittels einer vorübergehenden Angebotsausweitung und damit verbundenem Preisdumping das US-amerikanische Fracking unwirtschaftlich zu machen. Die Kosten des Fracking nehmen allerdings allmählich ab, so dass Kostennachteile dieser Fördermethode sukzessive schwinden.

Andere OPEC-Mitglieder mit kleineren Vorkommen konnten sich diese Strategie nicht leisten und forderten höhere Preise. Auch Saudi-Arabien benötigt grundsätzlich einen Ölpreis von 70 bis 85 US-Dollar pro Fass, um seine Ausgaben zu finanzieren. In der OPEC rang man sich schließlich zu einer Beschränkung der Fördermengen durch, doch hatte das Kartell sein weitgehendes Monopol für die Preisbildung verloren und musste Nichtmitglieder einbinden.

Ungeachtet der gegensätzlichen Haltung beider Staaten im Syrien-Konflikt reiste König Salman 2017 zu Staatspräsident Putin nach Moskau; die Länder vereinbarten eine Kooperation bei der Ölpreisstabilisierung. In einem historischen »OPEC+«-Abkommen einigte sich das Kartell schließlich 2020 nach einem Preiskrieg mit Russland auf beträchtliche Einschnitte bei der Förderung. Ob der Ölpreis damit langfristig auf einer befriedigenden Höhe gehalten werden kann, wird von Analysten freilich unterschiedlich beurteilt.

Als der Preis für das Fass Rohöl im Jahresmittel 2015 auf ca. 50 US-Dollar fiel, stieg das saudi-arabische Haushaltsdefizit 2015 auf fast 100 Milliarden US-Dollar.[17] Ausgeglichen wurde es aus den hohen Devisenreserven, die 2017 noch knapp 500 Milliarden US-Dollar betrugen. Jedoch konnten Sparmaßnahmen und die von der Regierung betriebene Diversifizierung der Wirtschaft das Haushaltsdefizit nicht ausgleichen. 2020 weitete es sich auf 49,9 Milliarden US-Dollar oder 6,5 Prozent des Bruttoinlandsprodukts aus. Zum Ausgleich gab Saudi-Arabien zunehmend Staatsanleihen aus und wurde damit einer der größten Kreditnehmer weltweit.

Um die Wirtschaft anzukurbeln und die Abhängigkeit vom Öl zu verringern, leitete Kronprinz Muhammad bin Salman seit 2017 zahlreiche Maßnahmen ein, darunter die Einführung einer Mehrwertsteuer (zunächst 5, heute 15 Prozent) und die Streichung von Subventionen in den Bereichen Benzin, Strom und Wasser. 2020 wurden die Bonuszahlungen für Staatsbeamte beendet und die finanziellen Vorteile für Auftragnehmer gekürzt.

Auch wurden weitere Regelungen erlassen, die die Anstellung von saudischen statt ausländischen Arbeitnehmern befördern. Es besteht aber immer noch ein Missverhältnis zwischen den beruflichen Kenntnissen saudischer Absolventen und den Bedürfnissen des privaten Arbeitsmarktes.

Mit insgesamt 236 Milliarden US-Dollar (2019) verfügt Saudi-Arabien über die höchsten ausländischen Direktinvestitionen im arabischen Raum. Sie diversifizieren die Wirtschaft, schaffen Arbeitsplätze für die junge Generation, ermöglichen Weiterbildung und Technologietransfer und veredeln lokale Rohstoffe. Die Hauptinvestoren kommen aus den VAE, den USA, Frankreich, Singapur, Japan, Kuwait und Malaysia. Wichtigste Investitionsfelder sind die chemische Industrie, Immobilien, Treibstoffe, Kraftfahrzeuge, Maschinen und Anlagen sowie der Tourismus. Die Bedingungen für Investoren haben sich dank Reformen der Regierung verbessert. Im World Bank Group's Doing Business 2019 stand Saudi-Arabien noch auf dem 92. von 190 Plätzen, im Folgebericht von 2020 schon auf Rang 62. Gemäß Kronprinz Muhammad bin Salman bietet das Königreich Investoren im Zeitraum 2020 bis 2030 Investmentgelegenheiten in einem Gesamtwert von 6 Billionen US-Dollar. Saudische Bürger sind allerdings zurückhaltend, im eigenen Land zu investieren, da sie ungünstigere staatliche Konditionen und eine verstärkte Überwachung fürchten.

Vorteile des Landes sind die kontrollierte Inflationsrate (durchschnittlich 2,3 Prozent Zuwachs im Verbraucherpreisindex von 2010 bis 2019), der relative stabile Wechselkurs des Rials mit fester Anbindung an den US-Dollar, umfangreiche Privatisierungsprogramme, ein dynamischer Bankensektor, sehr geringe Energiekosten und der hohe Lebensstandard.

Der Börsengang von Saudi Aramco im Dezember 2019 verlief bescheidener als erwartet. Ausländische Investoren hielten sich zurück, der Konzern wurde in Riad und nicht in New York notiert. 1,5 Prozent der Aktien wurden ausgegeben und erzielten »nur« 23 statt der erwarteten mehr als 100 Milliarden Euro. Der Öffentliche Investitionsfonds (Saudi Public Investment Fund, PIF) investiert seine Einnahmen vor allem in den Bereichen Unterhaltung, Tourismus und Energie.

2020 musste Saudi-Arabien die Folgen der Covid-19-Pandemie und des (damit zusammenhängenden) Verfalls des Erdölpreises auf vorübergehend 30 US-Dollar pro Fass verkraften. Auch die zweitgrößte Einnahmequelle des Staats wurde hart getroffen: Der *hadsch* konnte 2020 nur mit einer kleinen Zahl saudischer Pilger stattfinden. In diesem Jahr ging das Bruttoinlandsprodukt um 4,2 Prozent zurück. Erst ab 2022 wird dank der wieder anziehenden Ölpreise nachhaltiges Wachstum erwartet.

Auf Covid-19 reagierte die Regierung im März 2020 recht schnell mit Abriegelung einzelner Städte, Sperrung aller Landgrenzen, Einstellung des nationalen und internationalen Flugverkehrs, Anordnung von Homeoffice, Stilllegung von Betrieben, Schulen, Universitäten, Einkaufszentren, Restaurants und Moscheen sowie Reiseverboten und Ausgangssperren. Dennoch waren im Juli 2020 bereits über 200 000 Menschen infiziert und mehr als 2000 Menschen an oder mit dem Virus verstorben. Das Gesundheitssystem näherte sich seiner Kapazitätsgrenze. Erste Lockerungen hatten sich negativ ausgewirkt, und das intensive Familienleben der Saudis mit zahlreichen Verwandtenbesuchen forderte seinen Tribut. Auch waren die Gastarbeiter überproportional getroffen, da sie in engen Wohnheimen leben.

Wirtschaftsreformen kamen zum Erliegen, und der Privatsektor litt besonders an den Folgewirkungen der Pandemie. Trotz staatlicher Hilfsmaßnahmen für Unternehmen und Angestellte mussten viele Betriebe Insolvenz oder Konkurs anmelden, und eine hohe Zahl von Arbeitskräften wurde freigesetzt. Für ihre umfangreichen Unterstützungsmaßnahmen musste die Regierung 20 bis 25 Milliarden US-Dollar pro Monat den Devisenreserven entnehmen und das selbst gesetzte Schuldenlimit von 30 Prozent des Bruttoinlandsprodukts auf 50 Prozent erhöhen.

Einzelne Projekte im Rahmen der »Saudi Vision 2030« wurden gestrichen oder gestreckt, Leuchtturmvorhaben wie NEOM und QIDDIYA sowie vordringliche Infrastrukturprojekte sind davon aber nicht betroffen.

Aufgrund der wirtschaftlichen Folgen der Covid-19-Pandemie und der volatilen Ölpreise dürfte Saudi-Arabien den Umbau seiner Wirtschaft nicht im beabsichtigten Tempo durchführen können. Zwar hat der russische Krieg gegen die Ukraine den Ölpreis (Brent) von 73,20 US-Dollar pro Fass im

Juni 2021 auf 122,71 US-Dollar pro Fass im Juni 2022 emporschnellen lassen, doch dürfte es sich nur um einen zeitlich
begrenzten Effekt handeln.

Der Kronprinz ist fest entschlossen, sein wirtschaftliches
Reformprogramm und seine kostspielige Außenpolitik fortzusetzen: Er führte lange Zeit den Jemenkrieg weiter, der
jährlich 60 Milliarden US-Dollar kostete, und kauft weiterhin in großem Umfang Rüstungsgüter in den USA und andernorts – der Anteil der Rüstung am Bruttoinlandsprodukt
von 8,4 Prozent (2020) ist der weltweit höchste. Demonstrativ
investierte der Öffentliche Investitionsfonds während der
Covid-19-Krise, beispielsweise in Facebook, in Boeing und
in Touristikunternehmen. Damit brachte er das Königreich
rasch an die Grenzen seiner finanziellen Belastbarkeit. Die
Devisenreserven schrumpften Anfang 2020 auf 400 Milliarden US-Dollar; auf 79 Milliarden US-Dollar (12 Prozent des
Bruttoinlandsprodukts) belief sich das Haushaltsdefizit im
Jahr 2020.[18]

Kronprinz Muhammad bin Salman könnte weitere Steuern erhöhen und Dienstleistungen kürzen. Geht dies mit
einer Erweiterung gesellschaftlicher Freiheiten einher, wird
es gerade bei jungen Saudis bis zu einem gewissen Punkt
hingenommen werden. Doch darf der gewohnte Lebensstandard eines großen Teils der saudischen Bevölkerung nicht
signifikant abnehmen, denn die Gewährleistung von Wohlstand ist eine wichtige Legitimationssäule der Herrschaft
der Familie Saud.

## Gastarbeiter, Expatriats und Flüchtlinge: Wie die Ausländer leben

2020 arbeiteten rund 10,5 Millionen Ausländer in Saudi-Arabien, das entsprach rund 30 Prozent der Bevölkerung. Der Anteil fremder Staatsbürger im Königreich ist hoch, wird aber von Nachbarstaaten wie Katar und den VAE mit jeweils um die 85 Prozent weit übertroffen.

In der ersten Hälfte des 20. Jahrhunderts lebten nur wenige Fremde aus Europa, anderen arabischen Regionen, der Türkei und Indien im Hedschas und im Nedschd, vor allem Diplomaten, Lehrer, Ärzte und Kaufleute. Hinzu kamen Sklaven – vorwiegend aus Afrika, da Muslime nicht versklavt werden durften. Sie wurden als Feldarbeiter, Köche, Wächter, Soldaten, Diener und Dienerinnen, Lustknaben oder Konkubinen genutzt. Das von Omanis regierte Sansibar fungierte im 19. Jahrhundert als Drehscheibe des Sklavenhandels nach Arabien. Die Osmanen importierten auch hellhäutige Sklaven aus dem Mittelmeerraum und dem Kaukasus.

König Abd al-Asis sagte den Briten zwar 1936 zu, die Einfuhr von Sklaven über See zu beenden, der Ölboom aber fachte die Nachfrage und die Preise an. So meinte der britische Reisende Wilfrid Thesiger im Jahr 1947, dass saudische Käufer zwischen 75 und 112 Pfund für einen Sklaven zahlen würden: »Wenn es eine Nachfrage gibt, die durch Wohlstand gestützt wird, dann ist auch weiterhin für die Lieferung gesorgt.«[1] Überwiegend kamen die Sklaven aus Afrika. Gemäß koranischem Recht durften nur Nichtmuslime versklavt werden, doch wurden auch z. B. arabische, belutschische und persische Mädchen gehandelt, die besonders begehrt waren. Sklaven waren Krieger, Arbeiter, Hausangestellte oder Konkubinen. Nach dem sozialen Status ihres Herrn richtete sich auch ihr eigener sozialer Status. Sklaven konnten sich mittels Zuerwerb freikaufen, andere wurden nach langjährigem Dienst in die Freiheit entlassen, zumal dies gemäß dem Koran eine verdienstvolle Tat ist. Mancherorts gründeten freigelassene Sklaven Ansiedlungen.

Saudi-Arabien schaffte die Sklaverei im Jahr 1962 auf Bitte von US-Präsident John F. Kennedy ab. Von den 100 000 bis 200 000 Sklaven wurden aber nur einige Tausend sogleich freigelassen. Viele hätten freilich ansonsten auch kein Auskommen gefunden. Der Oman folgte erst 1970.

Die Erschließung der Ölquellen brachte ab den 1930er-Jahren nordamerikanische Geologen, Ingenieure, Techniker und Vorarbeiter nach Saudi-Arabien. Doch erst der Ölboom nach 1973 ließ die Zahl der Ausländer in die Höhe schnellen. Nun wurden in großem Umfang ungelernte oder halbgelernte Niedriglohnarbeitskräfte für manuelle Tätigkeiten und Dienstleistungen angeworben, vorzugsweise Muslime aus Süd- und Südostasien. Inzwischen erledigen sie auch viele Aufgaben in der Landwirtschaft. Im Vergleich zu ihren Heimatländern erhalten sie bessere Löhne, allerdings verdienen sie weniger, als ein Araber für die gleiche Arbeit erhalten würde.[2]

An der Spitze der sozialen Hierarchie stehen »Expatriats« aus Nordamerika und Westeuropa, auf der mittleren Ebene Ägypter, Iraker, Palästinenser, Syrer, auf unterer Ebene Inder, Pakistanis und Indonesier, außerdem Jemeniten, Bangladeschis, Srilankesen, Nepalesen, Philippinos, Thailänder, Äthiopier und Eritreer. Ab den 1980er-Jahren wurden zunehmend Frauen aus Südostasien und Afrika als Kindergärtnerinnen, Haushaltshilfen, Putzfrauen und Hotelangestelle angeworben.

Für die Anwerbung der manuellen Arbeitskräfte wurde das *kafala*-System eingeführt. Der Bürge (*kafil*) arbeitet mit Vermittlern in den Rekrutierungsländern zusammen. Dort finden Anwerbungsgespräche sowie Tauglichkeitsuntersuchungen statt. Nach der Verpflichtung kommen die Arbeiter zum *kafil*, der ihnen Arbeits- und Wohnheimplatz zuweist. Er besorgt eine Aufenthaltserlaubnis und ist gegenüber dem saudischen Staat für das Wohlverhalten der Arbeiter verantwortlich. Der Pass wird ihnen abgenommen, weswegen sie weitgehend rechtlos sind. Auch müssen sie dem *kafil* die ersten Monatslöhne für seine Dienste überlassen. Sie dürfen sich weder von ihrem Arbeitsort entfernen noch die Arbeit unerlaubt wechseln, und der *kafil* bestimmt, ob sie z. B. zum Urlaub in ihr Heimatland reisen dürfen. In Zeiten niedrigen Ölpreises droht ihnen die Repatriierung. Die 1990 von der UNO etablierte »Internationale Konvention über den Schutz der Rechte aller im Ausland tätigen Arbeitskräfte und ihrer Familienmitglieder« hat Saudi-Arabien nicht unterzeichnet. Es existieren keine Arbeitsschutzgesetze für ausländische Arbeitskräfte, und wenn sie nicht einem Mitgliedsstaat des Golfkooperationsrats (GKR) angehören, sind sie nicht Teil des saudischen Sozialsystems. Bei Unfällen oder Tod gibt es eine gewisse finanzielle Entschädigung für die Familie. Gewerkschaftliche oder politische Betätigung ist untersagt, ganz zu schweigen von Streiks oder Demonstrationen. Bei kriminellen Verfehlungen unterliegen die Arbeiter dem strengen Scharia-Strafrecht, auch wenn es sich um Nichtmuslime handelt. Alleinstehende sehen ihre Familien häufig nur alle ein, zwei oder gar drei Jahre.

Etwa die Hälfte der Bewohner von Dschidda und Riad sind ausländische Arbeiter. Sie sind angewiesen, unauffällig zu arbeiten und sich in ihrer Freizeit abseits zu halten. Kontakte mit Einheimischen außerhalb ihrer Arbeitstätigkeit sind nicht erwünscht.

Den ausländischen Arbeitern ist es nicht erlaubt, die saudische Landestracht zu tragen; auch bei »Expats« ist dies unerwünscht. Das weiße Männergewand (*thaub*) mit der traditionellen Kopfbedeckung (*kofia*) und dem schwarzen Kopfring (*igal*) wird damit zum Erkennungszeichen des saudischen Bürgers, gemäß Christopher M. Davidson zum äußerlich signifikanten Symbol für Status und Macht. Die »traditionelle Tracht« sei zu einem Gutteil erfunden, denn alte Fotografien zeigten, dass noch vor 100 Jahren eine Vielfalt männlicher Kleidungsstücke getragen worden sei.[3]

Sicherlich ist die Situation der ausländischen Niedriglohnkräfte individuell sehr verschieden, weswegen sich Pauschalurteile verbieten. Sie ist vom Wohlverhalten des *kafil*, des Arbeitgebers und der direkten Vorgesetzten abhängig. So kann man durchaus in einem Staat wie Pakistan ehemalige Kontraktarbeiter treffen, die sich positiv an ihre Zeit in Saudi-Arabien erinnern. Dort haben sie einen im Vergleich zu ihrer Heimat gut funktionierenden Staat kennengelernt, konnten sich an ihrem Arbeitsplatz zusätzliche Fertigkeiten aneignen, bekamen regelmäßig zu essen und wurden möglicherweise besser behandelt als von feudalen Arbeitgebern in ihrem Heimatland.

Doch gibt es auch die Kehrseite: unbezahlte Überstunden, Wohnen in heißen Containern oder winzigen Kammern, mangelhafter Arbeitsschutz, Einschließen am Arbeitsplatz, Zurückbehalten von Lohn, erzwungene Zahlung von Schmiergeldern, Beleidigungen, körperliche Übergriffe und sexuelle Belästigung.

2014 prangerte die Menschenrechtsorganisation Human Rights Watch »sklavenähnliche Bedingungen« an und forderte ein Ende des *kafala*-Systems sowie das Recht auf freien Wechsel der Arbeitsstelle bzw. Rückkehr in das Heimatland. Die ausländischen Arbeitskräfte würden nicht selten zu Unrecht beschuldigt und seien von »willkürlichen Verhaftungen, unfairen Gerichtsverfahren und äußerst harten Strafen«[4] betroffen. Besonders schutzlos seien die in Privathaushalten arbeitenden ausländischen Frauen, da sie außerhalb der Öffentlichkeit tätig sind und kaum Gelegenheit haben, sich Dritten anzuvertrauen. Im Juni 2011 wurde die indonesische Haushaltsgehilfin Ruyati binti Satubi enthauptet, weil sie die Ehefrau ihres Arbeitgebers getötet hatte. Zuvor soll sie jahrelang Missbrauch erduldet haben. Im Januar 2013 saßen über 45 ausländische Haushaltshilfen in der Todeszelle. Wegen zahlreicher Vorfälle verhängten 2011/12 die Philippinen, Indonesien, Nepal und Kenia vorübergehend Einschränkungen beim Abschluss von Arbeitskontrakten für saudische Haushalte. Mit bestimmten Entsendestaaten wurden daraufhin bilaterale Abkommen über Minimalstandards abgeschlossen.

2020 überwiesen die ausländischen Arbeitskräfte rund 35 Milliarden US-Dollar in ihre Heimatländer.[5] Dort leisten die Devisen einen erheblichen Beitrag zum Wirtschaftswachstum und der Landesentwicklung. Auch reduzieren Kontraktarbeiter im Ausland die Zahl der inländischen Arbeitslosen und minimieren damit das Risiko sozialer Unruhen. Es verwundert daher nicht, dass sich die Diplomaten der Entsendeländer recht zurückhaltend bei auftretenden Problemen verhalten.

Schließlich nahm sich der saudische Staat des Problems an. Der Großmufti wies darauf hin, dass der Islam von Arbeitgebern fordere, Verträge einzuhalten und Arbeiter weder zu erpressen noch zu bedrohen. Im November 2019 kündigte das zuständige Ministerium eine Lockerung des *kafala*-Systems an. Ausländische Arbeiter brauchen nicht länger die Erlaubnis ihres *kafils*, um die Arbeitsstelle zu wechseln, zu verreisen oder das Land zu verlassen. Allerdings ist weiterhin eine behördliche Genehmigung erforderlich, die z. B. im Fall von Schulden versagt werden kann. Zudem wurden die 3,7 Millionen ausländischen Hausangestellten von der Lockerung ausgenommen.

Bei regelmäßigen Razzien werden illegale Arbeiter festgenommen. Periodisch werden Amnestien angeboten – Illegale können dann ohne strafrechtliche Folgen freiwillig in ihre Heimat ausreisen. Entweder sind sie heimlich eingereist und schwarz beschäftigt worden, oder sie sind einem betrügerischen *kafil* aufgesessen, der ihnen nur vorgaukelte, sie besäßen eine Arbeitserlaubnis.

## Das Leben der »Expats«

Für »Expats« aus westlichen Ländern gilt das rigide *kafala*-System nicht, doch benötigen auch sie einen saudischen »Sponsor«. Wie früher in kommunistischen Staaten üblich, können sie im Regelfall das Land nur mit einem Ausreisevisum verlassen. Es gibt aber auch sechsmonatige Exit-Reentry-Visa, die für diesen Zeitraum beliebig viele Ein- und Ausreisen gestatten.

Vorteile einer Arbeitstätigkeit in Saudi-Arabien sind die hohen, steuerfreien Löhne, die zumeist kostenlose, geräumige Wohnung und die Zuschüsse für Transport und Schulen. Zum Ende des Kontrakts gibt es in der Regel eine großzügige Abfindung. Allerdings müssen sich die Expats selbst krankenversichern und eigenständig Altersrücklagen bilden. Sie können jederzeit gekündigt und repatriiert werden und müssen es hinnehmen, wenn der saudische Kollege im

Rampenlicht steht, während ihre Arbeit keine Erwähnung findet.

Die rund 100 000 »Expats« sind als Ingenieure, Techniker, Finanzexperten, Wirtschafts- und Politikwissenschaftler, Manager, IT-Experten, Ärzte, Professoren oder Lehrer tätig. Sie bewohnen meist Häuser oder Wohnungen in »Compounds« (abgeschlossenen Siedlungen), die häufig nach Herkunftsländern getrennt sind. Hier gelten liberalere Regeln als außerhalb, z. B. entfallen die Kleidervorschriften für Frauen. Alkoholkonsum ist aber auch dort strikt untersagt. Den Bewohnern stehen Läden, Restaurants, Swimmingpools, Tennisplätze und Fitnesscenter zur Verfügung, manchmal sogar Golfplätze. Von Soldaten bewacht, bieten die Compounds den Bewohnern Sicherheit vor Anschlägen, unterstellen sie aber auch einer dauerhaften Aufsicht. Mitunter wohnen Expats auch inmitten saudischer Bürger in Wohnungen oder Häusern.

Natürlich werden Überstunden verlangt, meist aber nicht im Übermaß. Die Arbeitszeit beträgt acht Stunden pro Tag (ggf. inklusive des Samstags). Maximal zwei Stunden pro Tag zusätzlich sind erlaubt.

Kinder von Ausländern dürfen saudische Schulen nicht besuchen; es gibt jedoch viele internationale Schulen für Expats, darunter die deutschen Auslandsschulen in Dschidda und Riad. Den Schulen sind meistens Kindergärten angeschlossen.

Mitreisende Ehefrauen haben mitunter Probleme, da das Leben im Compound trotz der Annehmlichkeiten schnell langweilig wird. Immerhin fahren regelmäßig Shoppingbusse für Frauen in die großen Einkaufszentren. Mancherorts empfiehlt es sich für Ausländerinnen, die *abaja* zu tragen, um Problemen zu entgehen. Der Anblick von Frauen, die allein unterwegs sind, ist noch ungewohnt.

Da die Saudis sehr auf ihr Familienleben konzentriert sind, ist eine Kontaktaufnahme zu Kollegen aus Europa oder Nordamerika eher selten. Doch werden durchaus Einladungen ausgesprochen, und mitunter entwickeln sich Freundschaften.

Neuerdings werden öffentliche Film- oder Musikveranstaltungen angeboten, und Männer und Frauen können sich in den Städten gemeinsam zwangloser als früher bewegen. Für viele Expats in Saudi-Arabien ist es auch faszinierend, die Dynamik der sozioökonomischen Öffnung mitzuerleben und mitzugestalten.

In den Städten gibt es neben den Einkaufszentren schöne Parks und interessante Museen. Am Meer können Expats Mitglieder privater Klubs werden, in denen Frauen im Bikini schwimmen gehen dürfen. Unberührte Korallenriffe laden zum Schnorcheln oder Tauchen ein. Die Wüste lockt zu Ausflügen, man kann unter freiem Sternenhimmel übernachten, unbeobachtet laute Musik hören und tanzen.

Christliche Gottesdienste sind allenfalls in den extraterritorialen Botschaften möglich. Moscheen dürfen in den Golfstaaten von Nichtmuslimen grundsätzlich nicht betreten werden. Einige ausgewählte Moscheen in Dschidda bieten Führungen zu bestimmten Öffnungszeiten an.

In der Entwicklungsstrategie »Saudi Vision 2030« heißt es: »Wir werden versuchen, die Lebens- und Arbeitsbedingungen für Nicht-Saudis zu verbessern, indem wir ihre Fähigkeit erweitern, Immobilien in bestimmten Bereichen zu besitzen, die Lebensqualität verbessern, die Einrichtung von mehr Privatschulen ermöglichen und ein wirksames und einfaches System für die Erteilung von Visa und Aufenthaltsgenehmigungen einführen.« So kann man seit 2019 ein unbefristetes »Premium-Aufenthaltsrecht« ohne Sponsor für 213 000 US-Dollar erwerben.

Das Bemühen der Regierung, saudische Bürger stärker in das Arbeitsleben zu integrieren, wird die Zahl der Expats künftig reduzieren. Allerdings beschäftigen viele Unternehmen der Privatwirtschaft bisher nur zum Schein »Quotensaudis«: Sie erhalten einen Arbeitsvertrag und ein monatliches Gehalt, arbeiten jedoch kaum oder dürfen sogar zu Hause bleiben. Die eigentliche Arbeit macht ein im Hintergrund bleibender Expat.

Ausgeweitete Vorschriften zur »Saudisierung« des Arbeitslebens führten dazu, dass zwischen Ende 2016 und April 2018 über 800 000 Ausländer das Königreich verließen. Sie sind nun von Tätigkeiten in zwölf Sektoren ausgeschlossen. Auch haben Benzinpreiserhöhungen und die Einführung einer Mehrwertsteuer die Arbeit im Königreich unattraktiver gemacht. Noch immer kann man hier aber recht günstig leben. Zum Jahreswechsel 2020/21 kostete ein Liter Benzin rund 37 Cent, ein Drittel des weltweiten Durchschnitts. Die Mahlzeit in einem preiswerten Restaurant belief sich auf etwa 4,40 Euro, drei Gänge für zwei Personen in Mittelklasserestaurant auf rund 23 Euro. Mieten, Taxifahrten usw. sind aber für Ausländer häufig teurer als für Einheimische.

Niedrige Ölpreise sowie die Covid-19-Pandemie und ihre wirtschaftlichen Folgen führten zu einer weiteren Emigration ausländischer Arbeitskräfte. Einfache Arbeiter aus Süd- und Südostasien saßen 2020/21 in großer Zahl in den Straßen, wurden heimgeschickt oder von ihren Herkunftsstaaten evakuiert. Damit drohten gemäß Weltbank Einbußen um ca. 20 Prozent bei den Rücküberweisungen in die Heimatländer. Expats verließen ebenfalls Saudi-Arabien und seine Nachbarstaaten – allein im dritten Quartal 2020 waren es über 250 000.

## Nimmt Saudi-Arabien Flüchtlinge auf?

In deutschen Medien wird häufig kritisiert, dass Saudi-Arabien keine Flüchtlinge aufnehme, obwohl es das reichste arabische Land sei und durch seine Interventionspolitik, z. B. im Syrien-Krieg, zu den Fluchtursachen beitrage.[6] Diese Aussage ist so aber nicht korrekt. Kronprinz Muhammad bin Naif antwortete 2016 vor der UNO-Generalversammlung auf entsprechende Kritik: »Das Königreich hat seit Beginn der Krise seine Türen für Hunderttausende Syrer geöffnet. Nicht als Flüchtlinge in Lagern, sondern auf der Grundlage brüderlicher und ethischer Grundsätze, um ihre Würde und Sicherheit zu wahren.«[7]

Das saudische Außenministerium behauptete gar, man habe seit 2011 fast 2,5 Millionen Syrern Zuflucht gewährt. Diese Zahl dürfte aber zu hoch sein; es handelt sich wohl um 750 000 bis 1 Million Menschen. Ärmere muslimische Länder nahmen freilich eine höhere Zahl syrischer Flüchtlinge auf: die Türkei 3,6 Millionen, der kleine Libanon ca. 1,5 Millionen (Zahlen von 2020).

Die Flüchtlingssituation in Deutschland und Saudi-Arabien ist nicht vergleichbar, weil das Königreich die Genfer Flüchtlingskonvention von 1951 und die internationalen Folgeabkommen nicht unterzeichnet hat. Flüchtlingen wird also nach strenger Auswahl freiwillig Asyl gewährt. Damit gibt es keine konkreten, geschweige denn einklagbaren Regeln. Auch sind Flüchtlinge und ausländische Arbeitskräfte schwer voneinander zu trennen.

Seit König Abd al-Asis ist es üblich, bedrängten Muslimen Zuflucht zu gewähren, so im Fall der vertriebenen Palästinenser 1949. Damals forderte der König die Ölgesellschaft Aramco auf, bevorzugt Palästinenser einzustellen.

Unter den rund 30 Prozent in Saudi-Arabien lebenden Ausländern finden sich zahlreiche Flüchtlinge, schätzungsweise 250 000 bis 500 000 Rohingja aus Myanmar, zwischen 600 000 und 900 000 Jemeniten, 300 000 bis 400 000 Palästinenser und eben zwischen 750 000 und 1 Million Syrer (2020). Nach dem Ausbruch des Kriegs in Syrien 2011 räumten königliche Dekrete den Syrern »Besucherstatus« mit Anrecht auf Sozialleistungen ein, der alle sechs Monate verlängert werden muss. In den Genuss einer solchen Duldung kamen 2018 an die 700 000 Syrer. Eine ähnliche Regelung wurde für Jemeniten getroffen.[8]

Unter den geduldeten Syrern befinden sich natürlich auch viele Angehörige der Mittel- und Oberschicht, die sich rechtzeitig mit ihrem Kapital nach Saudi-Arabien abgesetzt haben und dort als Geschäftsleute oder Investoren hochwillkommen sind.

1987 konnte das UNO-Flüchtlingshilfswerk UNHCR ein Verbindungsbüro in Saudi-Arabien einrichten. Sein Mandat, sich um Flüchtlinge im Königreich zu kümmern, ist jedoch eng begrenzt. Ende 2017 trug das UNHCR Verantwortung für rund 70 000 Flüchtlinge, Asylbewerber und Staatenlose in Saudi-Arabien.[9]

Die saudische Regierung weist auch auf ihren umfangreichen Mitteleinsatz für Flüchtlinge weltweit hin. So habe das King Salman Humanitarian Aid and Relief Centre dem UNHCR von 2015 bis 2019 insgesamt 53 Millionen US-Dollar für dessen weltweite Arbeit zur Verfügung gestellt, außerdem habe der Saudi Fund for Development von 2010 bis 2019 UNHCR-Programme mit 65 Millionen unterstützt.[10] Saudi-Arabien sei zudem drittgrößtes Geberland des Palästinenserhilfswerks UNRWA (160 Millionen US-Dollar; 2018).[11]

Im Gegenzug werden unerwünschte Migranten deportiert, unter ihnen Muslime, die mit einem *hadsch*-Visum nach Saudi-Arabien kommen und nicht mehr in ihr Heimatland zurückreisen. Gemäß der Internationalen Organisation für Migration (IOM) wurden rund 260 000 Äthiopier zwischen Mai 2017 und März 2019 in ihr Heimatland abgeschoben. Die britische Zeitung Daily Telegraph berichtete im September 2020 von Dutzenden gefängnisartigen Unterkünften, in einem wegen Covid-19 angelegten Lager würden gar 16 000 Äthiopier festgehalten. Hunderte Männer würden auf dem blanken Boden nächtigen, viele mit nacktem Oberkörper und Narben. Ein junger Äthiopier klagte über regelmäßige Schläge, Wasser sei Mangelware. Einige Insassen hätten sich bereits umgebracht.[12]

Auch aus Saudi-Arabien flüchten Bürger des Landes, doch nur wenige Hundert pro Jahr, vor allem nach Kanada, Großbritannien und Nordirland sowie in die USA.

# Saudi-Arabien und der »Arabische Frühling«

## Proteste von Marokko bis zum Oman

Ausgelöst durch die Selbstverbrennung eines von der Polizei schikanierten jungen Straßenhändlers in einer vernachlässigten tunesischen Provinzstadt formierten sich zum Jahresbeginn 2011 in fast allen arabischen Staaten Protestbewegungen, die rasche und nachhaltige ökonomische und politische Reformen, in manchen Staaten sogar den Sturz der autokratischen Regime forderten. Im Januar bzw. Februar mussten die langjährigen Präsidenten Tunesiens und Ägyptens dem Druck der Straße weichen. Hierzu trug auch bei, dass ihnen das wichtigste Partnerland USA nicht zu Hilfe kam.[1]

Die im Internet und den Sozialen Medien angefachten Proteste reichten von Internetaufrufen über kleine Kundgebungen bis hin zu Massendemonstrationen in manchen Ländern. Optimisten im Westen sprachen von einem »Arabischen Frühling« und prognostizierten eine schnelle Demokratisierung der Region nach dem Vorbild der ostmittel- und osteuropäischen Staaten in den 1990er-Jahren. Nur im arabischen Raum hatten nach dem Zusammenbruch des Kommunismus diktatorische, autokratische oder semiautokratische Systeme auf breiter Fläche überlebt. Hingegen malten Pessimisten eine rasche Islamisierung an die Wand, da Organisationen wie die Muslimbruderschaft dank ihrer gut organisierten Netzwerke über Wahlen an die Macht gelangen würden. Zu den Warnern gehörten auch die absoluten Monarchen am Golf, die eine Politisierung ihrer Untertanen und die Destabilisierung ihrer Herrschaft fürchteten. Nach ersten Wahlerfolgen islamistischer Parteien in Tunesien und Ägypten sahen sich die Pessimisten bestätigt und prägten das Schlagwort vom »Islamistischen Winter«.

Beide Seiten sollten nicht recht behalten. Die arabische Protestbewegung führte weder zu einem einheitlichen noch zu einem raschen Veränderungsprozess. So konnten die Golfmonarchien durch den Einsatz finanzieller Mittel die Proteststimmung in ihren Ländern einhegen. In anderen Staaten erschwerte die Einmischung externer Mächte den angestoßenen Reformprozess oder brachte ihn sogar zum Stillstand. Den Faktor äußerer Einflussnahme hatten viele Beobachter zunächst unterschätzt. Schnell stellten sich die globalen und regionalen Mächte auf die neue Lage ein. Zu nennen sind hier vor allem Saudi-Arabien, Katar, die Türkei und der Iran; sie versuchten, die Entwicklungen politisch und finanziell zu beeinflussen und ihre Macht zu mehren. In manchen Staaten intervenierten sie auch militärisch und gingen dabei wechselnde Allianzen mit internen Akteuren ein.

Der unter US-Präsident Barack Obama eingeleitete Teilrückzug der USA aus dem Nahen und Mittleren Osten hatte ein Vakuum geschaffen, das nun andere Mächte besetzen wollten. Die US-Politik konzentrierte sich fortan auf den indopazifischen Raum. Von den Ergebnissen der Militärinterventionen in Afghanistan und Irak war man in Washington desillusioniert, die staatlichen Mittel waren infolge der Finanzkrise von 2008 knapper geworden, und aufgrund der neuen Fracking-Technologie mussten die USA zunehmend weniger Öl aus dem Mittleren Osten importieren, weswegen dessen strategische Bedeutung abnahm.

Lang andauernde Transformationskonflikte schwächen im arabischen Raum die staatliche Macht und begünstigen den Aufstieg grenzübergreifend agierender nichtstaatlicher Akteure, wie z. B. separatistischer, terroristischer oder krimineller Gruppierungen. Manche Länder gerieten sogar an den Rand des Staatszerfalls.

## Petitionen und Proteste in Saudi-Arabien

Aufgrund der dynastisch bzw. tribal begründeten Legitimität überstanden die Monarchien den »Arabischen Frühling« besser als die Republiken, in denen die Präsidenten häufig nur infolge Wahlmanipulation oder gewaltsamer Machtübernahme regieren. Auch in puncto wirtschaftlicher Entwicklung schnitten die Monarchien besser ab, zumindest die Golfmonarchien: Im Zeitraum von 2002 bis 2012 hatten diese von hohen Ölpreisen profitiert und die Einnahmen in die Landesentwicklung investiert. Mit Hilfe ausländischer Fachkräfte wurde eine vergleichsweise effektive Verwaltung etabliert. Die kleinen Golfmonarchien hatten zudem den Vorteil, dass sie nur für zahlenmäßig begrenzte Bevölkerungen sorgen mussten. Im Königreich Saudi-Arabien, das 28 Millionen Menschen im Jahr 2011 zählte, war die Lage etwas anders. Zwar hungerte hier niemand, doch lebten in diesem Jahr etwa 670 000 Familien unter der Armutsgrenze. 2013 lag die Arbeitslosigkeit offiziell bei 12,7, die Jugendarbeitslosigkeit sogar bei 29,2 Prozent.[2] An die 40 Prozent der Bevölkerung lebte 2012 von weniger als 850 US-Dollar monatlich.[3] Zudem litt die Effizienz der Verwaltung an unklaren Hierarchien und mangelnder Kompetenzverteilung. Religiöse Stiftungen und halbstaatliche Organisationen von Prinzen machten staatlichen Institutionen Konkurrenz.

Auch in den Golfmonarchien stießen Repression, Korruption und Nepotismus auf Kritik. Außerdem wurde den

Herrschern vorgeworfen, Erfüllungsgehilfen westlicher Interessen zu sein. Die Führungen waren auch hier überaltert, so bestand in Saudi-Arabien die Vorgabe, dass der König ein lebender Sohn des Staatsgründers Abd al-Asis sein sollte. Im Januar 2011 war König Abdullah 86 Jahre, Kronprinz Sultan 83 Jahre alt. Ihnen stand damals eine jährlich um 3 Prozent wachsende Bevölkerung mit hohem Jugendüberhang gegenüber. 70 Prozent der Saudis waren jünger als 30 Jahre.

Forderungen nach Reformen machten sich auch in Saudi-Arabien bemerkbar, denn die Gesellschaft hatte sich im Zuge der rasanten ökonomischen Entwicklung differenziert. Traditionell-konservative Stützen der Monarchie – die obersten Rechtsgelehrten, die alteingesessene städtische Mittelschicht, die Stämme – waren nicht mehr allein entscheidend.

Selbstbewusste Bevölkerungsgruppen drängten auf Reformen: Jugendliche, Frauen, neue ökonomische Eliten, im Ausland ausgebildete Akademiker, Rechtsgelehrte niedrigen Ranges. Entweder orientierten sie sich an liberalen Vorstellungen oder an gemäßigt-islamistischen Konzepten, wie sie z. B. von der Muslimbruderschaft entwickelt wurden. Hinzu traten Gruppierungen wie die saudischen Bürger schiitischen Glaubens, die nun nachdrücklich ihre Gleichstellung einforderten.

Ab Ende Januar 2011 kam es in Saudi-Arabien zu Protestaufrufen im Internet und kleineren Demonstrationen.[4] Die Führung reagierte mit einer Mischung aus Repression und finanziellen Anreizen. Vorübergehend wurde auch wieder die Autorität konservativer Geistlicher gestärkt, sie riefen zu unbedingtem Gehorsam gegenüber dem Herrscher auf. Zum wichtigsten Architekten der Gegenmaßnahmen wurde der im November 2012 zum Innenminister ernannte Prinz Muhammad bin Naif, ein Hardliner. Zuvor war er in diesem Ministerium für Innere Sicherheit und Terrorismusbe-kämpfung verantwortlich gewesen, und aus dieser Perspektive sah er die Proteste. Der Innenminister machte externe Mächte wie den Iran dafür verantwortlich, die Stabilität Saudi-Arabiens mittels konfessioneller Spaltungsversuche torpedieren zu wollen. Dies entsprach der Bedrohungswahrnehmung vieler Saudis, doch war es gleichfalls eine politische Strategie, die Loyalität der breiten Mehrheit zum Herrscherhaus durch ein verbindendes Feindbild zu stärken.

Nur ein Familienmitglied riet König Abdullah, den entgegengesetzten Weg zu beschreiten: Der einstige »Rote Prinz« Talal bin Abd al-Asis empfahl seinem Halbbruder, umgehend notwendige Reformen einzuleiten, ansonsten könnten die Proteste auf Saudi-Arabien übergreifen. Wenn der König sterbe, ohne umfassende Veränderungen eingeleitet zu haben, werde sich »latenter Unmut« Bahn brechen, dann könne »alles passieren«.[5] Damit vertrat er freilich eine Außenseiterposition, die kein Gehör fand.

Im benachbarten Königreich Bahrain gingen ab dem 14. Februar 2011 Tausende Demonstranten gegen das sunnitische Herrscherhaus auf die Straße. Sie forderten einen Regierungswechsel, eine neue Verfassung, ein Parlament mit vollen legislativen Kompetenzen, die Einstellung von Menschenrechtsverletzungen sowie eine Verbesserung der Lebensbedingungen. Drei kleine schiitische Bewegungen gingen noch weiter und riefen im März dazu auf, die Monarchie durch eine Republik zu ersetzen.

Die Proteste in Bahrain lösten auch in der Ostprovinz Saudi-Arabiens Kundgebungen aus. Entsprechend dem sich verschlechternden Verhältnis zur Islamischen Republik Iran hatten die saudischen Behörden dort in den letzten Jahren wieder zunehmend auf Repression gesetzt, was vor allem bei jüngeren Schiiten Empörung hervorrief.

Gemäß den saudischen Behörden agierten die Demonstranten in beiden Ländern als Stellvertreter Teherans. Zwei Drittel der Bewohner Bahrains sind Schiiten, das zugewanderte Herrscherhaus ist sunnitisch. Sicherlich war der iranische Geheimdienst auf der arabischen Seite des Golfs nicht untätig, doch weder die Proteste in Bahrain noch diejenigen in Saudi-Arabien konnte man allein dem Iran anlasten. So marschierten in Bahrain neben Schiiten auch Sunniten mit und forderten grundlegende Reformen des politischen Systems – der erste von der Polizei festgenommene Aktivist war denn auch Sunnit.

In Saudi-Arabien fand die erste Demonstration am 29. Januar im sunnitischen Dschidda statt, Schiiten in der Ostprovinz gingen erst ab dem 17. Februar auf die Straße. Letztere forderten die Beseitigung gesellschaftlicher Diskriminierungen und die Verbesserung ihrer Lebensverhältnisse. Eine organisierte Gruppe, die sich an der Islamischen Republik Iran orientiert hätte, gab es dort nicht mehr. Und auch in Saudi-Arabien wurden Kontakte zwischen Schiiten und liberalen sunnitischen Oppositionellen geknüpft.

Am 5. März erließ die saudische Regierung ein Verbot von Demonstrationen, da diese mit dem islamischen Recht unvereinbar seien. Einen Tag später verurteilte der Rat der Obersten Gelehrten Petitionen und Kundgebungen, weil diese die islamische Gemeinschaft spalteten. Als die Proteste im Osten anhielten, schossen die Sicherheitskräfte am 10. März in der Stadt al-Katif erstmals auf Demonstranten. Ein Teilnehmer soll getötet, vier weitere verletzt worden sein.

Aufgrund eines Hilfsersuchens der bahrainischen Regierung marschierten am 14. März saudische Soldaten und emiratische Polizisten in das Königreich ein und unterstützten die Niederschlagung der Oppositionsbewegung. Damit sollten »rote Linien« aufgezeigt werden.

Eine vom bahrainischen König Hamad bin Isa Al Chalifa eingesetzte internationale Untersuchungskommission kam Ende 2011 zum Ergebnis, dass in Bahrain von Anfang an »unverhältnismäßige Gewalt« inklusive Folter gegen die Demonstranten eingesetzt worden sei. Im Zuge der Niederschlagung der Proteste seien 40 Personen getötet worden, darunter fünf Polizisten. 2919 Demonstranten habe man inhaftiert, über 4000 hätten ihren Arbeitsplatz verloren. Für eine nennenswerte Urheberschaft des Iran hätten sich keine Belege finden lassen.

Um sich Rückendeckung für sein Vorgehen in Bahrain zu verschaffen, schloss Saudi-Arabien nach übereinstimmenden Aussagen zweier UN-Diplomaten mit den USA ein Quidproquo in Bezug auf Libyen.[6] Mit Katar, Bahrain und den VAE brachte es eine befürwortende Stellungnahme der Liga Arabischer Staaten (LAS) für das von Frankreich, Großbritannien und den USA angestrebte UN-Sicherheitsratsmandat zugunsten einer humanitären Militärintervention in Libyen zustande. Die drei Tage nach dem Einmarsch in Bahrain am 17. März 2011 verabschiedete Sicherheitsratsresolution 1973 erlaubte es, eine Flugverbotszone über Libyen einzurichten und »alle notwendigen Maßnahmen zum Schutze der Bevölkerung« zu ergreifen. Am 19. März etablierten die USA, Großbritannien und Frankreich im Rahmen des internationalen Militäreinsatzes eine Luft- und Seeblockade gegen Libyen und begannen mit Luftangriffen auf Regierungstruppen; schon bald dehnten sie das Mandat dahingehend aus, dass sie die Offensive der Rebellen militärisch unterstützten und Gaddafi zu eliminieren suchten. Katar und die VAE nahmen an dem Militäreinsatz in Libyen sogar mit Kampfflugzeugen sowie Spezialeinheiten teil.

Zweifellos wurde mit zweierlei Maß gemessen: Gegen al-Gaddafi wurde wegen Menschenrechtsverletzungen und

Gewalttaten gegen die eigene Bevölkerung eine zum Gewalteinsatz ermächtigende Sicherheitsratsresolution verhängt; hingegen hat sich seit 2011 keine einzige Resolution mit der Lage in Bahrain befasst.

Obwohl Saudi-Arabien grundsätzlich gegen Regimewechsel eingestellt war, machte es im Fall Libyen eine Ausnahme. »Revolutionsführer« Muammar al-Gaddafi hatte nämlich immer wieder das saudische Königshaus als reaktionär beschimpft und gefordert, dessen Ölreichtum der gesamten arabischen Welt zugutekommen zu lassen. 2020 wurden Mitschnitte von Gesprächen al-Gaddafis mit dem omanischen Außenminister aus den Jahren 2005 bis 2007 auf Sozialen Medien veröffentlicht. Darin hatte er die Herrschaft der Sauds als »abgelaufen« bezeichnet und ihren Sturz gefordert. Am einfachsten könne man den Wahhabismus bekämpfen, indem man die Unabhängigkeit einzelner Regionen des Königreichs fördere, so des Hedschas und des Schammar-Gebiets, weil dort der Wahhabismus nicht verwurzelt sei.[7] Auf dem LAS-Gipfel im März 2009 in Doha (Katar) hatte er König Abdullah vor den versammelten Staatsoberhäuptern attackiert:

»Ich werde die Gelegenheit nutzen, um meinem Bruder Abdullah zu sagen: Aus Furcht vor einer Konfrontation flüchtest Du schon seit sechs Jahren vor mir. Lass mich Dir versichern, dass Du keine Angst zu haben brauchst: Nach sechs Jahren ist klar geworden, dass hinter Dir die Lüge und vor Dir das Grab liegt. Du wurdest von Großbritannien erschaffen und Du wirst von Amerika beschützt.«[8] Sogar Attentatspläne gegen den saudischen König wurden Gaddafi unterstellt.

Die saudische Intervention in Bahrain goss in der saudischen Ostprovinz Öl ins Feuer und brachte einige Tausend schiitische Demonstranten auf die Straße. Schließlich löste im Oktober 2011 ein gewaltsamer Zusammenstoß zwischen schiitischen Jugendlichen und Polizisten in al-Awamija eine Eskalation aus. Anfang November wurden schiitische Jugendliche erschossen. Nun forderten die Demonstranten die Ablösung des Gouverneurs, die Freilassung der politischen Gefangenen, die Beendigung der Diskriminierung gegen Schiiten und den Abzug der saudischen Truppen aus Bahrain.

Die Regierung erweiterte den Einsatz der Sicherheitskräfte und beschuldigte den Iran und die libanesische Hisbollah, die innere Sicherheit des Königreichs zu untergraben. Als der unter Jugendlichen populäre schiitische Ajatollah Nimr al-Nimr im Juli 2012 angeblich nach einem Schusswechsel mit Polizisten verhaftet worden war, fanden in al-Katif und Awamija große Demonstrationen satt. Gefordert wurde jetzt auch der Sturz der Dynastie Al Saud. Jugendliche setzten Molotowcocktails gegen Polizisten und Regierungsgebäude ein. Al-Nimr hatte im Februar 2009 mit der Abspaltung der Ostprovinz gedroht, sollte die Diskriminierung gegen die Konfessionsgruppe anhalten. Lange hatte er als radikaler Wortführer keine große Gefolgschaft gehabt, doch änderte sich dies 2011. Während die älteren schiitischen Führer und Gelehrten auf Kompromisse setzten, gewann al-Nimr mit seinen aus dem Untergrund über Soziale Medien verbreiteten radikalen Freitagspredigten viele jungen Schiiten für sich, die nicht mehr an Verhandlungen glaubten. Gemäß Amnesty International rief er aber nie zu Gewalt auf.[9]

Mit massiver Polizeipräsenz, Zensur und Verhaftungen von beinahe 200 Aktivisten gelang es der Regierung schließlich, die Lage im Osten ruhigzustellen. Im Januar 2013 wurde der seit 1987 amtierende und verhandlungsbereite Gouverneur der Ostprovinz abgesetzt und durch Saud bin Naif, den Bruder des Innenministers, ersetzt.

Ajatollah al-Nimr wurde im Oktober 2014 wegen Anstiftung zum Aufruhr, Volksverhetzung, Gehorsamsverweigerung und Vandalismus zum Tod verurteilt und am 2. Januar 2016 hingerichtet. Auch minderjährige Aktivisten erhielten die Todesstrafe, z. B. der beim Tatvorwurf 17-jährige Neffe des Klerikers, Ali Mohammed Bakir al-Nimr. Er wurde für schuldig befunden, an regierungsfeindlichen Demonstrationen teilgenommen, die Sicherheitskräfte angegriffen, ein Maschinengewehr besessen und einen bewaffneten Raubüberfall begangen zu haben. Gemäß eigener Aussage hatte er keinen Zugang zu Anwälten und wurde unter Folter zu einem Geständnis erpresst. Er wurde zur härtesten Form der Todesstrafe – durch das Schwert mit anschließender öffentlicher Kreuzigung – verurteilt. Nach Abschaffung der Todesstrafe für Minderjährige 2021 wandelte man seine Strafe in eine zehnjährige Haftstrafe um, nach Verbüßung wurde er Ende 2021 freigelassen. Für den beim Tatvorwurf erst zehnjährigen Murtaja Kureiris forderte der Staatsanwalt ebenfalls die Todesstrafe. Schließlich kam der lange Jahre in Einzelhaft gehaltene Kureiris 2019 mit einer Strafe von zwölf Jahren Gefängnis davon.[10]

Nach anhaltenden Protesten gegen die Hinrichtung al-Nimrs kesselten die saudischen Sicherheitskräfte die Stadt al-Awamija im Mai 2017 ein, belagerten sie drei Monate lang und zerstörten sie weitgehend unter Einsatz von Artillerie und Kampfflugzeugen.

In anderen Regionen des Königreichs konnte die Regierung Proteste mit einer Mischung aus Verboten, Verhaftungen und Zuwendungen zum Abflauen bringen. Im Frühjahr 2011 stellte König Abdullah die gigantische Summe von 130 Milliarden US-Dollar für Wohnbauprogramme, Schaffung von Arbeitsplätzen im Staatsdienst sowie Verbesserung der Gesundheitsversorgung und Wohlfahrtseinrichtungen zur Verfügung. Gegen sunnitische Aktivisten gingen die Behörden tendenziell konzilianter vor, gaben sich häufig mit einer öffentlichen Entschuldigung bzw. der Erklärung politischer Abstinenz zufrieden.

Ende Februar 2011 forderte ein Facebook-Aufruf ein gewähltes Parlament, eine unabhängige Justiz und die Freilassung aller politischen Gefangenen. Ihm schlossen sich an die 10 000 Menschen an. Dem Appell, sich zu einem »Tag des Zorns« am 11. März in Riad zu versammeln, kam hier aber kaum noch jemand nach, da jeder Protest verboten worden war und Tausende Polizisten aufmarschiert waren.

Unter den sunnitischen Saudis traten islamistische und liberale Kritiker hervor. Trotz des Parteienverbots gründeten am 9. Februar 2011 Geistliche, Professoren, Rechtsanwälte und Geschäftsleute nach kuwaitischem Vorbild eine »Islamische Umma-Partei«. Sie verlangte eine Gewaltenteilung, Wahlen zu einem Parlament und die Beachtung islamischer Werte in der Innen- und Außenpolitik. Diese Programmatik verweist auf eine Mischung von wahhabitischen Ideen und dem Gedankengut der Muslimbruderschaft. Die Parteigründer wurden umgehend verhaftet. Nachdem sie zugesichert hatten, sich nicht mehr politisch zu betätigen, ließ man die meisten von ihnen wieder frei.

Salman al-Auda, der einstige Anführer der *as-sahwa*-Bewegung, äußerte im Fernsehen Zustimmung zu den arabienweiten Protesten und forderte die Freilassung politischer Gefangener. Daraufhin wurden seine Fernsehsendungen abgesetzt, 2012 erhielt er ein Ausreiseverbot. Im September 2017 wurde er zusammen mit 20 muslimischen Predigern wegen angeblicher Spionage und Kontakten zur Muslimbruderschaft festgenommen.

Bereits Forderungen nach Einführung einer konstitutionellen Monarchie und nach einer unabhängigen Justiz wertete man als Hochverrat. Die liberalen Reformer Muhammad al-Chahtani und Dr. Abdullah al-Hamid, die 2009 eine »Vereinigung für zivile und politische Rechte in Saudi-Arabien« gegründet hatten, wurden im März 2013 zu elf bzw. zehn Jahren Haft verurteilt; die Anklagepunkte lauteten »Verbreitung von Chaos«, »Untergrabung der öffentlichen Ordnung« und »Schwächung der Loyalität zum Herrscher«. Ende 2020 starb der Universitätsdozent und Dichter Dr. al-Hamid nach einem Schlaganfall und anschließendem Koma im Gefängnis.[11]

Sehr empfindlich reagierten die Behörden auf gemeinsame Aktionen von sunnitischen und schiitischen Aktivisten. Ein solches Vorgehen widersprach denn auch der offiziellen Line, schiitische Protestaktivisten als Erfüllungsgehilfen Teherans darzustellen.

Besonders bekannt im Westen wurde der Fall von Raif Badawi. Der Internetaktivist hatte bereits 2008 das Online-Forum »Die Saudischen Liberalen« gegründet. Er befürwortete einen säkularen Staat und die freie Religionswahl und setzte sich außerdem für Menschenrechte und die Gleichberechtigung von Männern und Frauen ein. 2012 wurde er verhaftet und 2013 wegen »Beleidigung des Islam« zu zehn Jahren Haft, an die 300 000 Euro Geldstrafe und 1000 Peitschenhieben verurteilt. Mit der Prügelstrafe wurde begonnen, jedoch setzte man sie wegen seines schlechten Gesundheitszustands aus. 2015 verlieh das Europäische Parlament Badawi den Sacharow-Preis. Sein Anwalt wurde wegen der Kontaktaufnahme zu internationalen Organisationen zu 15 Jahren Haft und einer Geldstrafe verurteilt.[12] Schließlich wurde Badawi am 11. März 2022 aus der Haft entlassen, das Ausreiseverbot gilt weiter.

Die saudischen Behörden rüsteten elektronisch auf, um gegen innere Gegner vorzugehen. In Israel erwarben sie Software, die es erlaubt, sich in Telefonate und Mailkonten von

Personen einzuschalten und Mikrophone zu aktivieren. Aus den USA wurden Systeme für die Gesichtserkennung angeschafft.

Am 2. Februar 2014 trat ein Anti-Terrorismus-Gesetz in Kraft, das 2017 überarbeitet wurde (siehe S. 274). Auch die Infragestellung des Islam fällt unter den Tatbestand des Terrorismus. Neben al-Kaida und dem IS wurde im März 2014 die Muslimbruderschaft zur terroristischen Organisation erklärt, obwohl im Königreich bislang kein von ihr geplanter oder verübter Anschlag bekannt war.

## Außenpolitischer Kurs

Die saudische Führung war entsetzt, als US-Präsident Obama zum Jahresanfang 2011 mit den tunesischen und ägyptischen Staatspräsidenten zwei enge Alliierte fallenließ. Als Zeichen ihrer Verärgerung verweigerte die Regierung dem US-Außenminister Robert Gates das Visum für einen Besuch.[13] Außenminister Saud bin Faisal bezeichnete die Verbindung mit den USA als »muslimische Ehe«[14] und deutete damit an, dass sie schnell geschieden bzw. um weitere Ehepartner ergänzt werden könne.

Dass dem ehemaligen tunesischen Staatspräsidenten Ben Ali und seiner Ehefrau Leila in Saudi-Arabien Exil gewährt wurde, war ein politisches Signal. Der ägyptische Staatspräsident Hosni Mubarak war sogar ein strategischer Alliierter Saudi-Arabiens gewesen. Er repräsentierte den bevölkerungsreichsten arabischen Staat mit der größten Armee und kontrollierte den Suezkanal. Saudi-Arabien gewährte Ägypten großzügige Finanz- und Militärhilfe, im Gegenzug arbeiteten zahlreiche Ägypter, von einfachen Arbeitern bis hin zu Lehrern, Ärzten und Ingenieuren, im Königreich.

Noch kurz vor dem Rücktritt Mubaraks hatte König Abdullah verkündet: »Kein Araber oder Muslim kann es tolerieren, dass sich diejenigen in die Sicherheit und Stabilität des arabischen und muslimischen Ägypten einmischen, die das Volk im Namen der Meinungsfreiheit infiltrieren und dies nutzen, um ihren zerstörerischen Hass zu verbreiten. Während das Königreich Saudi-Arabien, sein Volk und seine Regierung dies verurteilen, erklären sie, dass sie mit allen ihnen zur Verfügung stehenden Mitteln die Regierung von Ägypten und das ägyptische Volk unterstützen.«[15]

Saudi-Arabien wechselte 2011 von einer defensiven zu einer offensiven Außen- und Sicherheitspolitik. Gemäß dem deutschen Politikwissenschaftler Guido Steinberg wurde das Königreich zum »Anführer der Gegenrevolution«.[16] Es sucht Regimewechsel in der arabischen Welt zu verhindern und setzt der westlich-liberalen Demokratie sein konservativ-autoritäres Entwicklungsmodell entgegen. Die strikte Ablehnung des »Arabischen Frühlings« wurde religiös legitimiert: Der saudische Großmufti Abd al-Asis bin Abdullah Al asch-Sheikh rief die Muslime zu Gehorsam gegenüber dem rechtmäßigen Herrscher auf und verurteilte die ins »Chaos« führenden »schwachsinnigen Revolutionen«.[17]

Das Königreich ist seit 2011 bestrebt, möglichst viele konservative sunnitische Staaten hinter sich zu scharen. Die weniger reichen Golfmonarchien Bahrain, Kuwait und Oman erhielten über 20 Milliarden US-Dollar an Hilfsleistungen, um Protesten durch finanzielle Zuwendungen den Wind aus den Segeln zu nehmen. Ebenso wurden die Königreiche Marokko und Jordanien alimentiert, ihnen wurde sogar im Mai 2011 die Mitgliedschaft im GKR angeboten (was aber bis heute nicht vollzogen wurde). Saudi-Arabien arbeitet an einem von Marokko bis in den Jemen reichenden »sunnitischen Halbmond«, der gewissermaßen das Gegenstück zum unterstellten »schiitischen Halb-mond« darstellt.

Als zusätzliche Bedrohung erachtete Saudi-Arabien, dass Obama auf die Muslimbruderschaft zuging. Ob in Tunesien, Libyen, Ägypten oder Syrien: Überall gab die US-Regierung zu verstehen, dass sie bereit war, gemäßigten Islamisten eine Chance zu geben. Der Politikwissenschaftler der George Washington University Marc Lynch hatte 2008 empfohlen, »gemäßigte« Muslimbrüder anzusprechen und die Bewegung als »effektive Brandmauer« gegen al-Kaida und andere islamistische Extremisten zu nutzen.[18] Obamas Vorgehen 2011 wurde außerdem von der Lageeinschätzung bestimmt, dass parteipolitisch agierende Islamisten in arabischen Transformationsstaaten die wahrscheinlichen Wahlsieger sein würden. Statt sie zu unterminieren, entschied er sich dafür, Einfluss auf sie zu nehmen. Ein weiteres Argument war die marktwirtschaftliche Ausrichtung der Muslimbrü-der, was sie gegenüber linken Protestgruppen auszeichnete. Die USA wollten 2011 »neue Venezuelas« in der arabischen Welt verhindern.

Als die von der Muslimbruderschaft gegründete Freiheits- und Gerechtigkeitspartei (FGP) 2011/12 die Parlamentswahl in Ägypten klar gewann und sich ihr Kandidat Muham-mad Mursi 2012 bei der Wahl zum Präsidenten durchsetzte, schnürte US-Außenministerin Hillary Clinton ein Hilfspa-ket in Höhe von 450 Millionen US-Dollar und sagte Mursi Un-terstützung bei den Bemühungen um eine IWF-Anleihe in Höhe von 4,8 Milliarden US-Dollar zu. Deutlich signalisierte die US-Regierung, sie werde eine Regierung der Muslimbrü-der akzeptieren, solange der Friedensvertrag Ägyptens mit Israel nicht infrage gestellt werde. Die befreundeten Staaten Katar und Türkei ermunterten Obama zu seiner Politik der Öffnung gegenüber »moderaten Islamisten«, indem sie auf ihre guten Beziehungen zur Muslimbruderschaft verwiesen und versicherten, diese mäßigen zu können.

Die Regionalmächte Türkei, Katar, Iran und Saudi-Arabien rivalisieren miteinander um die machtpolitische wie auch um die religiöse Führungsrolle in der Großregion. Die Türkei setzt zusammen mit Katar auf eine Demokratisierung der Region unter Führung der Muslimbruderschaft und verwandter Gruppierungen. Die Islamische Republik Iran befürwortet ebenfalls eine Transformation der arabischen Welt. Einerseits fördert sie schiitische Oppositionsgruppen, andererseits umwirbt sie in Konkurrenz zu Türkei und Katar die sunnitische Muslimbruderschaft. Saudi-Arabien und die weiteren Golfmonarchien suchen den Status quo zu verteidigen bzw. wiederherzustellen. Dabei werden sie diskret von Israel unterstützt, denn mit autoritären, um Machterhalt bemühten Regierungen konnte sich der jüdische Staat stets verständigen. Doch fürchtet Israel, dass vom Volk gewählte Regierungen die Palästinenserfrage wieder stärker thematisieren könnten. Die gemeinsame Ablehnung des »Arabischen Frühlings« und die gemeinsamen Feindbilder Muslimbruderschaft und Iran führten zu einer allmählichen Annäherung zwischen Israel und Saudi-Arabien. Die Europäische Union fand nicht zu einer einheitlichen Haltung, wie z. B. die Differenzen in der Frage eines Waffenembargos gegen Syrien zeigten. Russland und China waren aus grundsätzlichen Erwägungen bemüht, nach dem Präzedenzfall Libyen einen weiteren von westlichen Staaten angestoßenen Regimewechsel zu verhindern, und stützten daher autoritäre Regime.

Saudi-Arabien betrachtet seinen Nachbarn Katar als Emporkömmling, der ihm die Führungsrolle auf der Arabischen Halbinsel streitig zu machen sucht. Das nur 11 437 Quadratkilometer große und 2,8 Millionen Einwohner zählende

Emirat hat sich seit Mitte der 1990er-Jahre dank der dritt-größten Erdgasreserven weltweit zu einem selbstbewussten Akteur entwickelt. Seine immensen Einnahmen aus Gas-exporten setzte Katar als »soft power« ein (wirtschaftliche Beteiligungen, Entwicklungsunterstützung durch die Qatar Foundation, Medienmacht mittels des Satellitensenders Al Dschasira, internationale Sportveranstaltungen, kulturelle Aktivitäten, personelle Netzwerke). Damit steigerte es seine politische Sichtbarkeit und erwarb sich das Image eines weltläufigen, moderaten muslimischen Staates. Dank des großen US-Militärstützpunkts in Doha hält es sich für unan-greifbar.[19] Da sich Katar mit dem Iran das größte Erdgasfeld der Welt teilt, pflegte es stets passable Beziehungen mit dem Iran. Auf jeden Einwohner kam 2011 ein Anteil am Brutto-inlandsprodukt von 135 565 US-Dollar (kaufkraftbereinigt), womit Katar weltweit an 1. Stelle stand. Das Emirat war denn auch der einzige arabische Staat, der im »Arabischen Früh-ling« von Protesten verschont blieb.

Der von 1972 bis 1995 regierende Emir Chalifa bin Hamad Al Thani war ein treuer Gefolgsmann Saudi-Arabiens gewe-sen, doch wurde er im Juni 1995 von seinem Sohn Hamad bin Chalifa gestürzt. Ein wahrscheinlich von Saudi-Arabien unterstützter Gegenputsch scheiterte im Februar 1996. Zu-nehmend berichtete der katarische Sender Al Dschasira kritisch über die inneren Verhältnisse in Saudi-Arabien und dessen Außenpolitik. 2002 kam es erstmals zur Krise. Der saudische Botschafter wurde abgezogen und kehrte erst 2008 zurück.

Mit dem Ausbruch des »Arabischen Frühlings« wandelte sich das Emirat vom Vermittler zum Akteur. Zusammen mit der Türkei setzte es auf die Muslimbrüder, von denen viele in Katar Exil genossen. Arabienweit verbreitet und gut or-ganisiert, sollte die Muslimbruderschaft als Transmissionsriemen dienen, um den politischen und ökonomischen Einfluss Katars und der Türkei auszuweiten. Im Oktober 2012 besuchte Emir Scheich Hamad bin Chalifa Al Thani den Gasastreifen und wurde dort zum wichtigsten Sponsor der aus der Muslimbruderschaft hervorgegangenen Hamas. Das Emirat beanspruchte die Rolle als Schutzmacht der Palästinenser, was Saudi-Arabien als Anmaßung empfand.

Als der Emir von Katar Hamad bin Chalifa im August 2012 Kairo besuchte, sagte er dem neugewählten Staatspräsidenten Muhammad Mursi 2 Milliarden US-Dollar Unterstützung zu. Auch die Ableger der Muslimbruderschaft in Jordanien, Libyen, Palästina, Syrien und Tunesien erhielten großzügige Zuwendungen aus Doha – für Saudi-Arabien waren dies Alarmzeichen. Zu militant-islamistischen Widerstandsgruppen pflegte Katar gleichfalls gute Beziehungen, so durften die afghanischen Taliban in Doha eine Vertretung eröffnen. Ideologisch konsequent war die katarische Außenpolitik nie, man wollte vielmehr »am liebsten auf jeder Hochzeit tanzen«.[20]

Die politischen, militärischen und ökonomischen Beziehungen zwischen Katar und der Türkei intensivierten sich ab 2011. Beide Staaten schlossen 2015 ein Verteidigungsabkommen; 2016 eröffnete die Türkei in Doha einen Militärstützpunkt mit 3000 Soldaten. Die »neo-osmanische« Rückkehr der Türken an den Golf war ein weiteres rotes Tuch für Saudi-Arabien und seine Nachbarn. In Riad war nicht vergessen, dass die Osmanen den zweiten saudischen Staat zerstört, Imam Abdallah ibn Saud 1818 nach Konstantinopel verschleppt und auf dem Platz vor der Hagia Sophia öffentlich enthauptet hatten.

Die Bestrebungen der Muslimbrüder, die Bevölkerung zu politisieren und eine »islamische Demokratie« zu etablieren, stellen für Saudi-Arabien und die VAE eine größere Bedrohung dar als liberale Oppositionelle, die über keine breite Basis verfügen. 2014 ergab eine vom Washington Institute in Auftrag gegebene Umfrage, dass 31 Prozent der Saudis und 29 Prozent der Emiratis Sympathien für die Muslimbruderschaft hegen.[21] In den VAE hatte die Bruderschaft mit der Gruppierung a*l-Islah* (»Reform«) bereits eine Vorfeldorganisation etabliert.

Im Verbund mit weiteren Golfmonarchien war Saudi-Arabien ab 2011 bestrebt, Regimewechsel in der arabischen Welt zu verhindern. Neben Libyen wurde Syrien zum zweiten Sonderfall. Hier strebte Riad den Sturz der iranfreundlichen Assad-Regierung an.[22]

In Syrien entstand im Februar/März 2011 eine landesweite, nicht zentral koordinierte Protestbewegung. Getragen wurde sie von Vertretern der säkularen Mittelklasse, Intellektuellen, Verlierern der Wirtschaftsliberalisierung, marginalisierten Stämmen sowie Islamisten. Schon früh zeigte sich die Heterogenität der Opposition, die sich schwertat, eine gemeinsame Front zu bilden. Auch wenn Staatschef Baschar al-Assad der religiösen Minderheit der Alawiten angehört, einer aus dem Schiitentum hervorgegangenen Religionsgruppe, und Alawiten führende Positionen im Staat bekleideten, war die Auseinandersetzung keineswegs ein Religionskampf zwischen Alawiten und Sunniten, wie häufig zu lesen. Der Riss ging durch alle Bevölkerungsgruppen, wenngleich die Regierung überwiegend von Alawiten und anderen religiösen Minderheiten, die Opposition überwiegend von Sunniten unterstützt wurde. Das Narrativ vom »Religionskrieg« erleichterte es jedoch beiden Seiten, Anhänger zu mobilisieren und ausländische Hilfe einzuwerben.[23]

Bis Mitte 2011 lavierte die Regierung zwischen Verhandlungen und Repression, doch setzten Hardliner zunehmend auf Einschüchterung und Gewalt. Im Juli 2011 soll die »Sicherheitslösung« beschlossen worden sein, d. h. eine Nieder-schlagung des Aufstands, den man als von außen orches-trierte Aggression bezeichnete. Zunehmend gewannen nun auch in der Opposition diejenigen die Oberhand, die nicht für gewaltlosen Widerstand, sondern für eine bewaffnete Rebellion eintraten. Dabei wurden sie von externen Akteu-ren unterstützt, die Waffen und Ausbilder versprachen. Ende Juli 2011 formierte sich eine »Freie Syrische Armee« (FSA), teils aus Deserteuren der syrischen Streitkräfte, teils aus neu aufgestellten lokalen Einheiten.

Saudi-Arabien hatte mit dem von 1971 bis 2000 regierenden syrischen Staatspräsidenten Hafes al-Assad gute Beziehun-gen gepflegt und dem Land finanzielle Hilfen zukommen lassen. Zahlreiche Syrer arbeiteten als Lehrer, Ingenieure oder Berater in Saudi-Arabien. Als Hafes' Sohn und Nach-folger Baschar al-Assad eine wirtschaftliche Liberalisierung einleitete, investierten die Saudis erhebliche Summen.

Die Beziehungen wurden durch die Ermordung des frühe-ren libanesischen Präsidenten und saudischen Staatsbürgers Rafik al-Hariri am 14. Februar 2005 in Beirut gestört. Saudi-Arabien vermutete eine Mitwirkung des syrischen Geheim-dienstes. Der Krieg zwischen Israel und der libanesischen Hisbollah (2006) belastete die Beziehungen weiter, da Syrien die iranfreundliche Hisbollah offen unterstützte. Auch gei-ßelte Baschar al-Assad die arabischen Führer (und insbeson-dere den saudischen König) als »halbe Männer«, nachdem sie die Hisbollah wegen ihrer Provokation Israels verurteilt hatten – sie selbst würden es nicht wagen, gegen Israel Krieg zu führen.[24] Der erzürnte saudische König Abdullah boykot-tierte daraufhin 2008 den LAS-Gipfel in Damaskus.

2009 kam es noch einmal zu einer Phase der Entspannung. Baschar al-Assad besuchte im September Riad, im Oktober traf König Abdullah in Damaskus ein. Beide Staatschefs reisten Ende Juli 2010 zu einem Versöhnungsgipfel nach Beirut, bei dem sie alle Differenzen für beendet erklärten.

Als in Syrien die Proteste zunehmend in Gewalt eskalierten, war Saudi-Arabien zunächst bemüht, einen Regimewechsel zu vermeiden. König Abdullah hielt Kontakt zu Baschar al-Assad, riet ihm zum Dialog mit der Opposition und der richtigen Entscheidung zwischen »Weisheit« und »Chaos«.[25] Saudi-Arabien soll dem bedrängten Staatspräsidenten Unterstützung angeboten haben, wenn er sich aus der iranischen Umarmung lösen würde.

Im Frühjahr 2011 ermunterten andere Staaten wie Katar bereits die syrische Opposition, zu den Waffen zu greifen. Zur Jahresmitte verlor auch Saudi-Arabien die Geduld und unterstützte die Rebellen. Syrien war damit für das Königreich ein Sonderfall. Reziprok traf das genauso auf den Iran zu: In allen anderen Ländern förderte er die Opposition, doch in Syrien stellte sich der Iran hinter die Regierung und denunzierte die Protestbewegung als von außen geschürt. »In Syrien sehen wir die Hand der USA und Israels«,[26] meinte der iranische Oberste Rechtsgelehrte Ali Chamenei im Juni 2011. Für beide Staaten standen geopolitische Interessen im Vordergrund: Der Iran wollte unbedingt seinen Einfluss in der Landbrücke Syrien verteidigen, während Saudi-Arabien dort dem Iran den Flügel stutzen wollte.

Ökonomische Gesichtspunkte traten hinzu. So war Saudi-Arabien verstimmt, weil sich die syrische Regierung 2011 für das iranisch-irakische Projekt einer Gasleitung vom Persischen Golf zum Mittelmeer entschied und dem konkurrierenden katarisch-saudischen Projekt eine Absage erteilte.

Eine Rolle spielte auch, dass die brutale Niederschlagung der überwiegend sunnitischen Protestbewegung große Empörung unter Sunniten weltweit hervorgerufen hatte. Saudi-

Arabien als muslimische Vormacht musste auf diese Stimmung Rücksicht nehmen, um sein Prestige zu wahren.

Saudi-Arabien mied in Syrien die radikalislamistische, mit al-Kaida verbundene »al-Nusra-Front«. In enger Koordination mit den USA, Frankreich und Großbritannien erwarb das Königreich unter Einsatz von Milliarden US-Dollar Waffen aus dem ehemaligen Jugoslawien und der Tschechischen Republik. Es unterstützte die FSA, salafistische Gruppierungen sowie regierungsfeindliche Stammesmilizen. Riad nutzte auch die tribalen Verbindungen von Schammar-Führern, denn das Siedlungsgebiet dieses Großstammes erstreckt sich von Saudi-Arabien über Jordanien und den Irak bis nach Syrien.

Der frühere Chef des britischen Geheimdienstes MI6, Richard Dearlove, berichtete, dass Bandar bin Sultan ihm gesagt habe: »Im Mittleren Osten ist die Zeit nicht mehr weit, Richard, wenn es buchstäblich ›Gott helfe den Schiiten‹ heißen wird. Mehr als eine Milliarde Sunniten hat einfach genug von ihnen.«[27] Dearlove hielt es sogar für möglich, dass Saudi-Arabien insgeheim die Expansion der Dschihadistenorganisation Islamischer Staat gefördert hat, da ihm deren schiiten- und iranfeindliche Haltung ins Konzept passte.

Mit dem Syrien-Dossier wie auch mit dem Ägypten- und Katar-Dossier wurde federführend Bandar bin Sultan betraut, der Generalsekretär des Nationalen Sicherheitsrates und ab Juli 2012 zusätzlich Geheimdienstchef. Möglicherweise trug er die Verantwortung für den spektakulären Bombenanschlag auf eine hochrangige Sicherheitsbesprechung in Damaskus am 18. Juli 2012, bei dem vier hochrangige syrische Generäle getötet wurden. (Der Syrien-Kenner Sam Dagher vermutet allerdings einen »Inside-Job«, da der bei diesem Attentat getötete stellvertretende Generalstabschef Assef Schaukat seit Sommer 2011 mit westlichen Geheimdiensten in Verbindung gestanden habe.[28])

Saudi-Arabien war verstimmt über den starken türkischen Einfluss auf die FSA; so war z. B. deren Oberkommando in der Türkei angesiedelt. Ab 2012 konzentrierte das Königreich seine Anstrengungen auf die Unterstützungsroute via Jordanien. Dort baute Bandar bin Sultans Halbbruder Salman bin Sultan Trainingseinrichtungen für Rebellen auf. Um den Einfluss Katars und der Türkei zu konterkarieren, weitete Saudi-Arabien seine Unterstützung ab Ende dieses Jahres stark aus.

US-Präsident Barack Obama genehmigte seinerseits ein Unterstützungsprogramm der CIA für syrische Rebellen, nachdem er dazu vom saudischen König Abdullah und dem israelischen Premierminister Benjamin Netanjahu ermuntert worden war. Das mit Saudi-Arabien koordinierte Programm »Timber Sycamore« stellte ab 2013 syrischen Rebellen Geld, Waffen und Ausbildung zur Verfügung. Sturmgewehre, Mörser und raketengetriebene Granaten wurden nach Taşucu (Türkei) und Akaba (Jordanien) geliefert und von dort an die Rebellen weitertransportiert.

Saudi-Arabien gehörte zusammen mit Katar und dem Jemen zu den ersten Staaten, die die im November 2012 begründete »Nationale Koalition für Syrische Revolutionäre und Oppositionelle Kräfte« als »einzige legitime Repräsentantin des syrischen Volkes« anerkannten. In diesem Gremium begann nun ein rücksichtsloses Tauziehen zwischen den externen Einflussmächten. Aus Protest gegen deren Einmischung trat der erste Präsident Moas al-Chatib im April 2013 zurück. Im Juli desselben Jahres brachte Saudi-Arabien seinen Kandidaten Ahmad Dscharba, ein Mitglied des Schammar-Stammes, gegen den katarischen Kandidaten als Präsidenten der Nationalen Koalition durch. Im Gegenzug boykottierte Katar zeitweise dieses Gremium.

Die ausländischen Unterstützer verfolgten unterschiedliche politische Ziele in Syrien. Katar und die Türkei setzten auf eine federführend von den Muslimbrüdern gebildete syrische Regierung. Die USA, Frankreich und Großbritannien wollten al-Assad schwächen und den iranischen Einfluss eindämmen, schreckten aber vor einem Regimewechsel zurück und setzten auf einen Kompromiss zwischen gemäßigten Oppositionellen und verhandlungsbereiten Teilen des Assad-Lagers. Saudi-Arabien und die VAE favorisierten eine autoritäre, sunnitisch dominierte Regierung, die die Beziehungen zum Iran und zur Hisbollah kappen würde, und umwarben Militärs aus dem Umfeld Assads. An einer Demokratisierung des Landes waren sie nicht interessiert.

Zu Kriegsbeginn erwarteten die externen Unterstützer der Rebellen einen baldigen Sturz al-Assads, der sich aber dank des Iran und der Hisbollah halten konnte. Schließlich intervenierte im September 2015 auch noch Russland mit Luftstreitkräften auf seiner Seite. Sukzessive eroberte die syrische Regierung danach Territorium zurück. Die Aktivitäten des Iran und der Hisbollah in Syrien waren von Landeskenntnis und sorgsamer Planung geprägt, während die katarische, saudische und türkische Unterstützung wenig informiert, mangelhaft koordiniert, nicht selten sprunghaft und von konkurrierenden Zielvorgaben bestimmt war.

Bandar bin Sultan setzte auf seine Verbindungen zu den USA, Großbritannien und Frankreich und suchte eine militärische Intervention der Westmächte zu provozieren. Als Rechtfertigung thematisierte er immer wieder den angeblichen Einsatz chemischer Massenvernichtungswaffen seitens der syrischen Regierung. US-Präsident Barack Obama hatte den Einsatz von C-Waffen am 20. August 2012 als »rote Linie« für ein Eingreifen der USA bezeichnet. Als Obama nach dem der syrischen Regierung angelasteten Chemie-

waffeneinsatz in Ost-Ghuta (21. August 2013) seinen ange-
kündigten Vergeltungsschlag absagte und sich auf die von
Russland eingefädelte »freiwillige« Abrüstung der Chemie-
waffen durch die syrische Regierung einließ, löste er damit
breite Enttäuschung unter den syrischen Rebellen und ihren
Unterstützern aus. Das Vertrauen in westliche Hilfe nahm
ab, militante islamistische und dschihadistische Gruppierungen verzeichneten Zulauf.

Ein UNO-Untersuchungsbericht kam 2014 zum Ergebnis,
dass tatsächlich Sarin in hoher Konzentration eingesetzt
worden sei. Wahrscheinlich hätten die Verantwortlichen
Zugang zu chemischen Waffen der syrischen Armee gehabt
und diese mit der notwendigen Expertise eingesetzt. Eine
direkte Täterschaft der syrischen Seite wurde aber nicht
konstatiert. Der Ghuta-Chemiewaffeneinsatz ist bis heute
nicht hinreichend geklärt. Allerdings kam im September
2017 eine UN-Untersuchungskommission zu Syrien zum Ergebnis, dass die syrische Regierung für 20 von 25 dokumen-
tierten Chemiewaffeneinsätze zwischen 2013 und 2017 verantwortlich gewesen ist.[29]

Saudi-Arabien, Katar und die Türkei nahmen nach dem September 2013 geringere Rücksicht auf westliche Interessen und
scheuten immer weniger vor einer Unterstützung radikaler
Akteure zurück. König Abdullah war über das Vorgehen Präsident Obamas entsetzt. Im Oktober 2013 kündigte Geheimdienstchef Bandar bin Sultan einen »großen Umschwung«
der saudischen Politik gegenüber den USA an und warf ihnen
Untätigkeit in Syrien und das Umwerben des Iran bei den Nu-
klearverhandlungen vor.[30] In einer aufsehenerregenden Pro-
testaktion verzichtete Saudi-Arabien in diesem Monat auf den
ihm zustehenden nichtständigen Sitz im UN-Sicherheitsrat.

Saudi-Arabien versuchte auch, Russland zu einer Änderung seiner Syrien-Politik zu veranlassen. Im Juli 2013 reiste

Bandar bin Sultan nach Moskau. Ohne Erfolg bot er Präsident Wladimir Putin an, Waffen im Wert von 15 Milliarden US-Dollar für die russischen Streitkräfte zu kaufen, seine Ölproduktion zu reduzieren und Russlands Vormachtstellung bei der Gasversorgung Europas anzuerkennen, wenn Russland als Gegenleistung seine Unterstützung für die Regierung von Baschar al-Assad beende. Beginnend mit gemeinsamen ökonomischen Projekten, intensivierten sich aber in den kommenden Jahren die saudisch-russischen Beziehungen.

Wahrscheinlich wegen seiner gescheiterten Syrien-Politik wurde Bandar bin Sultan »auf eigenen Wunsch« am 15. April 2014 von seinem Posten als Geheimdienstchef abberufen. Er wurde zum Sonderbeauftragten von König Abdullah bin Abd al-Asis ernannt, doch mit dessen Tod im Januar 2015 endete seine Karriere. Auch seine Stelle als Generalsekretär des Nationalen Sicherheitsrats verlor er, denn diese Institution wurde vom neuen König aufgelöst.

In Ägypten konnte die saudische Außenpolitik jedoch einen bedeutenden Erfolg erzielen. Am 3. Juli 2013 wurde der von der Partei der Muslimbrüder nominierte Staatspräsident Muhammad Mursi durch einen von Saudi-Arabien und anderen Golfstaaten unterstützten Staatsstreich der Armee unter General as-Sisi gestürzt. Der im August 2012 ausgerechnet von Präsident Mursi zum Armeechef ernannte as-Sisi war früher Militärattaché in Saudi-Arabien gewesen, und aus dieser Zeit bestanden gute Kontakte.[31]

Mursi hatte andere politische Kräfte nicht in die Regierung eingebunden, selbstherrlich regiert und keine spürbare Verbesserung der wirtschaftlichen Lage zuwege gebracht. Mit der Inanspruchnahme von Sondervollmachten und einem stärker islamisch, wenngleich nicht islamistisch geprägten Verfassungsentwurf verärgerte er seine säkularen Gegner. Doch war die Regierung der Muslimbrüder schon vom ersten Tag an von den Militärs, der Polizei und der Justiz sabotiert worden. Die früher mit Mubarak verbundenen ökonomischen Eliten finanzierten das Vorgehen gegen die Regierung Mursi und stellten hierfür ihren Medienapparat zur Verfügung. Zusammen mit dem Militär organisierten sie eine Kampagne gegen die Muslimbrüder, die sie als Extremisten und Terroristen diffamierten. Es gelang, Teile des säkularen Protestlagers von 2011 für den Sturz von Mursi einzuspannen.

Mit antiislamistischen und nationalistischen Ressentiments konnte die »Nationale Rettungsfront« eine breite Volksbewegung gegen den Präsidenten und die Muslimbrüder mobilisieren. Auch viele Jugendliche, die 2011 gegen Mubarak auf die Straße gezogen waren, schlossen sich ihr an. Die Mursi-Gegner scheuten nicht davor zurück, gegen die Muslimbrüder mit Gewalt vorzugehen, und diese schlugen mit gleichen Mitteln zurück. Die eskalierenden Zusammenstöße auf den Straßen verschafften dem ägyptischen Militär die Legitimation einzugreifen und die Ordnung wiederherzustellen. Wiewohl sich Feldmarschall as-Sisi danach in zwei Wahlen ohne nennenswerte Gegenkandidaten als ziviler Staatspräsident bestätigen ließ, wird Ägypten heute faktisch vom Militär regiert. Die Anti-Terror-, Versammlungs- und Mediengesetze sind schärfer als unter Mubarak, und laut Menschenrechtsorganisationen gerieten seit 2013 an die 65 000 Menschen in politische Gefangenschaft, von Linken über Liberale und Nationalisten bis hin zu Muslimbrüdern. Viele von ihnen sitzen auf unbestimmte Zeit ohne Anklage oder Gerichtsverfahren in Haft.[32]

Die Wiederherstellung des Status quo im arabischen Schlüsselland Ägypten war eine Priorität der saudischen Außenpolitik gewesen. Erstens war Riad erklärter Feind der Muslimbruderschaft, zweitens war es von Mursis Öffnung gegenüber dem Iran alarmiert. Bereits im April 2011 erklärten Saudi-Arabien und andere Golfmonarchien, eine politische Allianz zwischen Ägypten und dem Iran würde ihre nationale Sicherheit gefährden. Zwar wählte Mursi als Ziel seiner ersten Auslandsreise im Juli 2012 bewusst Saudi-Arabien, um Vertrauen aufzubauen; doch verärgerte er das Königreich, indem er bald darauf, am 1. September, am Blockfreiengipfel in Teheran teilnahm. Seit 1979 war kein ägyptischer Staatspräsident mehr in den Iran gereist. Die Wiederaufnahme diplomatischer Beziehungen zwischen Ägypten und dem Iran wurde vereinbart, und im Februar 2013 reiste der iranische Staatspräsident Mahmud Ahmadinedschad zum Gegenbesuch nach Kairo, wo ihn Mursi persönlich mit Umarmung und Kuss auf dem Flughafen empfing.

Umgehend nach dem Staatsstreich stellten Saudi-Arabien und die anderen Golfmonarchien 12 Milliarden US-Dollar Soforthilfe in Form von Zentralbankeinlagen, Energiesubventionen und Budgetunterstützung für die nächsten beiden Jahre zur Verfügung. Weitere Gelder – bis zu 30 Milliarden US-Dollar – sollen an das Militär geflossen sein. Der saudische Außenminister Saud bin Faisal gelobte, alle eventuellen Kürzungen westlicher Unterstützungsgelder zu kompensieren. Damit war Ägypten fest im saudischen Lager verankert.

Es war denn auch König Abdullah, der am 4. Juli 2013 als erstes ausländisches Staatsoberhaupt dem ägyptischen Übergangspräsidenten Adli el-Mansur gratulierte: »Wir schütteln den Männern aus allen Teilen der Sicherheitskräfte, vertreten durch General Abd-al Fattah as-Sisi, herzlich die Hand. Sie haben es geschafft, Ägypten in diesem kritischen Moment aus einem dunklen Tunnel zu retten.«[33] Die Telegramme Saudi-Arabiens und anderer Golfmonarchien hatten den Charakter von Bekennerschreiben mit Blankoscheck. Im Gegenzug warb as-Sisi bei seiner Wahlkampfkampagne 2014 mit riesigen Postern des saudischen und emiratischen Monarchen.

Im November 2013 reisten Außenminister Sergej Lawrow und Verteidigungsminister Sergej Schoigu aus Russland nach Kairo. Beim Gegenbesuch von Verteidigungsminister und Armeechef as-Sisi sowie Außenminister Nabil Fahmi im Februar 2014 in Moskau wurden Abkommen über Waffenlieferungen in Höhe von 2 Milliarden US-Dollar abgeschlossen. Finanziert werden sie von Saudi-Arabien und den VAE.

Die Golfstaaten profitierten nicht nur politisch, sondern auch wirtschaftlich von dem Machtwechsel. So verlor Katar seine Kontrakte bei dem 7 Milliarden US-Dollar umfassenden Projekt der Verbreiterung des Suezkanals und der Entwicklung der Suezkanalzone; dafür kamen saudische und emiratische Firmen zum Zug. Entsprechend verhielt es sich bei weiteren Großprojekten, wie z. B. dem Bau einer neuen Hauptstadt südöstlich von Kairo.

Auch militärisch steht Ägypten seither fest im saudischen Lager. Im März 2014 äußerte Ägyptens Interimspräsident el-Mansur, die Sicherheit der arabischen Golfstaaten sei »Ägyptens nationale Verantwortung«.[34] 2015 trat Ägypten der saudisch geführten Operation »Decisive Storm« gegen die schiitischen Huthis im Jemen bei (siehe S. 441).

Der aufsehenerregende Machtwechsel im Schlüsselland Ägypten markierte eine Zäsur. Das katarisch-türkische »Modell Muslimbruderschaft« war gescheitert. Auch in Jordanien, Libyen, Tunesien und anderen Staaten verstärkten Saudi-Arabien und die VAE nun den Druck auf die Muslimbrüder, und restaurative Tendenzen nahmen in vielen Ländern zu.

Washington schwenkte recht schnell auf die neue Linie um. Während europäische Staaten wie Deutschland den verfassungswidrigen Machtwechsel beklagten, rechtfertigte US-Außenminister John Kerry schon am 1. August 2013 explizit den Sturz Mursis: »Das Militär wurde von Millionen und Abermillionen Menschen zum Einschreiten gebeten, die allesamt Angst davor hatten, in Chaos und Gewalt abzugleiten. [...] Letztlich wurde dadurch die Demokratie wiederhergestellt.«[35]

Nur eine Woche vor dem Staatsstreich in Ägypten hatte am 25. Juni 2013 der katarische Emir Scheich Hamad bin Chalifa Al Thani angeblich aus gesundheitlichen Gründen seinem 33-jährigen Sohn Emir Scheich Tamim bin Hamad den Thron übergeben; gleichzeitig hatte der langjährige Außenminister Scheich Hamad bin Jassim bin Jaber Al Thani seinen Hut nehmen müssen. Dies war sicherlich kein Zufall. Saudi-Arabien und die VAE hatten nicht nur den Sturz Mursis in Ägypten betrieben, sondern flankierend einen seiner wichtigsten Unterstützer unter Druck gesetzt.

Der personelle Wechsel ermöglichte es dem katarischen Herrscherhaus, Zeit zu gewinnen und seine Ägypten-Politik ohne größeren Gesichtsverlust neu zu justieren. Nach außen verkaufte das Emirat die Rochade damit, dass man die Botschaft der Jugend erkannt habe und sich gegenüber Reformen öffnen wolle. Allerdings übte der frühere Emir weiterhin im Hintergrund Einfluss aus, und sein Sohn leitete keineswegs innere Reformen ein.

Im März 2014 beriefen Saudi-Arabien, Bahrain und die VAE ihre Botschafter vorübergehend aus Katar zurück, da sich das Emirat in ihre inneren Angelegenheiten eingemischt habe und die regionale Stabilität gefährde. Der junge Emir gelobte Besserung, schloss den in Ägypten sitzenden, muslimbruderfreundlichen Fernsehsender Mubascher Misr, wies einige islamistische Exilanten aus und beteiligte sich 2015 an der saudischen Militärintervention im Jemen gegen die schiitischen Huthis. Doch änderte sich der Kurs Katars nicht grundsätzlich. So mussten weder der populäre ägyptische Rechtsgelehrte und Fernsehprediger Jussuf al-Karadawi aus dem Umfeld der Muslimbruderschaft noch der Vorsitzende des Politbüros der palästinensischen Hamas Chalid Meschal das Emirat verlassen.

Ab September 2014 beteiligte sich Saudi-Arabien mit Luftangriffen in Syrien und im Irak an der »Internationalen Allianz gegen den Islamischen Staat«. Der IS hatte auch den Golfmonarchien den Krieg erklärt. Riad fürchtete damals einen Vorstoß der Dschihadisten aus dem Irak nach Saudi-Arabien, deshalb wurden im Sommer 2014 30 000 zusätzliche Soldaten an die Nordgrenze verlegt, die damals nur aus einem niedrigen Sandwall bestand. Auch intensivierte man die Errichtung moderner elektronischer Grenzsicherungsanlagen.

Der vorübergehende Aufstieg des IS begünstigte die Wiederkehr restaurativer Tendenzen, da Potentaten in der arabischen Welt damit ein willkommenes Schreckensbild präsentieren konnten. Ihren Autoritarismus bezeichneten sie als das kleinere Übel gegenüber der »Herrschaft der Barbaren«, Demokratie und Reform als Türöffner für Konflikte und Kriege.

## Zäsur 2015: Der neue König Salman und
## sein mächtiger Kronprinz »MbS«

Zum Nachfolger König Abdullahs wurde am 23. Januar 2015 sein 79-jähriger Halbbruder Salman bin Abd al-Asis ernannt. Damit kam die Linie der Sudairi (siehe S. 170) wieder an die Macht. Salman ist der 32. Sohn des Staatsgründers. Am Islamischen Institut in Mekka studierte er nach der Prinzenschule Islamische Religion, Geographie und Mathematik. Von 1962 an amtierte er als Gouverneur der Provinz Riad. 2011 wurde er zum Verteidigungsminister ernannt, ein Jahr später zusätzlich zum Kronprinzen und Vizepremierminister.

Der konservative Prinz Salman mit seinen guten Beziehungen zum Klerus förderte nach 1979 die wahhabitische Weltmission und die Anwerbung von *mudschahedin* für Afghanistan und Bosnien-Herzegowina. Seinem Sohn Prinz Faisal bin Salman, einem Medienmogul, gehört die international einflussreiche Zeitung Asharq al-Awsat (»Der Nahe Osten«). Seit einem Schlaganfall 2014 kann Salman seinen linken Arm nur noch eingeschränkt bewegen. Nach dem Herrschaftsantritt des neuen Königs rückte der stellvertretende Kronprinz Mukrin bin Abd al-Asis planmäßig zum Kronprinzen und stellvertretenden Premierminister auf, der 45-jährige Königsneffe und Innenminister Muhammad bin Naif wurde stellvertretender Kronprinz.

Mehr Aufsehen erregte die Ernennung des 29-jährigen Königssohns Muhammad bin Salman zum Verteidigungsminister und Chef des Königlichen Hofs, der den Zugang zum König kontrolliert. Im Eiltempo stieg er binnen zwei Jahren zum Kronprinzen auf: Zunächst wurde Kronprinz Mukrin im April 2015 »auf eigenen Wunsch« von seinen Ämtern entbunden und Muhammad bin Naif zum Kronprinzen ernannt, während Muhammad bin Salman zum stellvertretenden Kronprinzen befördert wurde. Im Juni 2017 war es dann so weit: König Salman enthob Muhammad bin Naif all seiner Ämter und machte Muhammad bin Salman zum Kronprinzen. Dieser ist darüber hinaus stellvertretender Premierminister, Verteidigungsminister, Vorsitzender des Rats für Politische und Sicherheitsfragen sowie Vorsitzender des Rats für Wirtschaft und Entwicklung. Damit steht er allen wichtigen Institutionen vor und bestimmt den politischen Kurs des Landes.

Der smarte Muhammad bin Salman studierte nicht, wie viele andere Prinzen, in den USA oder Großbritannien, sondern an der King-Saud-Universität in Riad und erwarb einen Bachelor in Islamischer Rechtswissenschaft. Sicherlich kennt er damit die Machtstrukturen im Land besser als andere Prinzen. Unter seinem Vater bekleidete er diverse Positionen in der Provinz Riad. Bewunderer loben seinen Charme, seine Dynamik und Zukunftsvisionen. Hingegen beschrieb ihn der ZEIT-Journalist Martin Gehlen 2015 als »extrem korrupt, raffgierig und arrogant«.[1] Schon früh gelang es ihm, ein Vermögen aufzubauen, das heute auf 3 Milliarden US-Dollar geschätzt wird. Der Kronprinz kaufte 2015 für 300 Millionen US-Dollar das Château Louis XIV in Louveciennes (Frankreich) und für 550 Millionen US-Dollar die Luxusjacht »Serene«, möglicherweise auch zwei Jahre später über Mittelsmänner für 450 Millionen US-Dollar das Leonardo da Vinci zugeschriebene Bild »Salvator Mundi«.

»MbS« knüpfte enge persönliche Kontakte zu seinem 24 Jahre älteren emiratischen Pendant »MbZ« Mohammed bin Zayed Al Nahyan, Kronprinz von Abu Dhabi. Dieser galt als De-facto-Herrscher, da sein Vater Emir Khalifa bin Zayed Al Nahyan seit einem Schlaganfall 2014 gesundheitlich geschwächt war; nach dessen Tod im Mai 2022 wurde »MbZ« Emir von Abu Dhabi und Präsident der VAE. Auf Jagdausflügen kamen die beiden Kronprinzen einander näher und sprachen den politischen Kurs beider Länder ab. Die VAE mit der boomenden Handels- und Dienstleistungsmetropole Dubai sind ein Vorbild für Muhammad bin Salman. Ermuntert von Muhammad bin Zayed Al Nahyan setzte er neue Schwerpunkte in der saudischen Politik:

- Zentralisierung der Macht und Ausschaltung dynastischer Konkurrenz,
- Reduzierung des Einflusses des Wahhabismus,
- Förderung eines saudischen Nationalismus,
- Eröffnung gesellschaftlicher Freiräume durch Reformen von oben,
- Eindämmungspolitik gegenüber dem Iran und der Muslimbruderschaft,
- Fortführung der Allianz mit den USA unter gleichzeitiger Hinwendung zu neuen Partnern,
- kontrollierte Öffnung des Landes nach außen,
- Transformation der Erdölökonomie in eine diversifizierte Wirtschaft.

Anstelle des familiären Konsultationsprinzips etablierte er eine Ein-Personen-Herrschaft, die das Land von oben modernisiert. Seine Mitarbeiter sind handverlesene Prinzen und bürgerliche Aufsteiger.

Schon bei der Ernennung König Salmans wurde signalisiert, welche Institutionen künftig Vorrang haben: Trotz des extrem niedrigen Ölpreises Anfang 2015 wurden 30 Milliarden US-Dollar als Boni an Soldaten, Polizisten und Beamte ausgezahlt.

Kaum war Muhammad bin Salman zum Kronprinzen avanciert, ging er offensiv gegen seine Konkurrenten vor. Nachdem ihn der König zum Leiter einer Anti-Korruptions-Kampagne ernannt hatte, ließ er am 4. November 2017 mehr als 380 hochrangige Bürger festnehmen und im Luxushotel Ritz-Carlton in Riad festsetzen. Unter ihnen befanden sich amtierende Minister und zahlreiche Prinzen einschließlich al-Walid bin Talal, der mit einem geschätzten Vermögen von 17 Milliarden US-Dollar reichste Mann Saudi-Arabiens. Nach monatelangen Verhandlungen konnten sich viele Arretierte freikaufen. Gemäß der Staatsanwaltschaft sollen 86 Milliarden Euro in die Staatskasse geflossen sein. Ob Gewalt eingesetzt wurde, wie in manchen Berichten behauptet, ist nicht belegt. Gegen einige Festgenommene wurden strafrechtliche Ermittlungen eingeleitet, wieder andere sollen wegen erwiesener Unschuld freigelassen worden sein.

In der saudischen Gesellschaft traf das Vorgehen einerseits auf Zustimmung, denn Korruption ist ein weitverbreitetes Übel. Andererseits war es nicht rechtsstaatlich und transparent. Potenzielle Rivalen wurden im Zuge der Anti-Korruptions-Kampagne verhaftet respektive entmachtet.

Ebenso spektakulär war im März 2020 die Festnahme des früheren Kronprinzen und Innenministers Muhammad bin Naif und seines Halbbruders Nawaf bin Naif. Auch der als liberal geltende Halbbruder des Königs Prinz Ahmed bin Abd al-Asis (38. Sohn des Staatsgründers Abd al-Asis) wurde inhaftiert – ihn hatten manche Beobachter als gemäßigte Alternative zum Kronprinzen gesehen. Den drei festgenommenen Prinzen wird vorgeworfen, Putschpläne geschmiedet zu haben. Damit droht ihnen lebenslange Haft oder sogar die Todesstrafe.

Kronprinz Muhammad bin Salman umwirbt die Jugend, die Frauen und die aufstrebende Mittelschicht und kommt ihrem Wunsch nach gesellschaftlicher Liberalisierung nach. Es sind denn auch diejenigen Teile der Bevölkerung, die er zur Besetzung der Arbeitsplätze in einer diversifizierten Wirtschaft benötigt.

Unter diesen Bevölkerungsgruppen ist der Kronprinz sehr beliebt. Die Begeisterung für Computer und Internet teilt er mit den Jugendlichen, die sich nach größerer gesellschaftlicher Freiheit und vermehrten Unterhaltungsangeboten sehnen. Frustration über institutionalisierte Verbotskultur und Langeweile führte zu Fehlentwicklungen, wie z. B. nächtlichen Autorennen auf öffentlichen Straßen, Kleinkriminalität, Drogenkonsum und Vandalismus. Problematisch sind auch der geringe Bildungsgrad und die verbreitete Arbeitslosigkeit vieler Jugendlicher, was zur Entfremdung gegenüber dem Staat beitrug. Im Unterschied zur Generation der Eltern, die dem Staat dankbar für den Wohlstandszuwachs in den 1970er-Jahren ist, stehen viele Jugendliche dem Staat indifferent bzw. ablehnend gegenüber.

Unter Jugendlichen kommt es gut an, dass »MbS« dem Königreich ein modernes Image jenseits von fundamentalistischer Strenge verpasst. Mit Jeans, Jackett und offenem Hemdkragen besuchte er auf seiner USA-Reise im Juni 2016 das kalifornische Silicon Valley und traf sich mit Facebook-Chef Mark Zuckerberg, abends war er im eleganten dunklen Anzug bei Empfängen und Konzerten zu Gast. »Endlich sprechen die saudische Jugend und die Regierung die gleiche Sprache«,[2] meinte eine Bankerin und Mutter zweier heranwachsender Töchter in Dschidda. »Ich denke, MbS ist sehr cool, und die Art, wie er unser Land auf positive Weise repräsentiert, macht mich stolz«, äußerte ein 16-jähriges saudisches Mädchen.[3]

Erklärtes Ziel des Kronprinzen ist es, Saudi-Arabien zu dem zu machen, was es seiner Ansicht nach einmal gewesen ist: »ein Land des moderaten Islam, das offen für alle Religionen und für die Welt ist«.[4] Die bisherige Religionspraxis sieht er als Hindernis für eine moderne Wirtschaft an. Diese benötige eine dynamische Kultur, keine unveränderlichen sozialen Beziehungen und Geschlechterverhältnisse. Tatkräftig trieb Muhammad bin Salman in den letzten Jahren gesellschaftliche Reformen voran:

- Eindämmung der Kompetenzen der Religionspolizei (April 2016),
- Gründung einer Allgemeinen Unterhaltungsbehörde (Mai 2016),
- Erlaubnis für Frauen, Kraftfahrzeuge zu fahren (September 2017, in Kraft ab Juni 2018),
- stufenweise Reduzierung der Vormundschaftsauflagen für Frauen (ab Mai 2017),
- Zutritt für Frauen zu ausgewählten Sportstadien (Januar 2018),
- Wiedereröffnung von Kinos (April 2018),
- Abschaffung der Prügelstrafe sowie der Todesstrafe für Minderjährige (April 2020),
- Möglichkeit für Frauen, allein in einer Wohnung zu leben; Vereinfachung der Zensurmechanismen; Reduzierung der Lautstärke des Gebetsrufs (Mai/Juni 2021).

Gleichzeitig machte der Kronprinz deutlich, dass Veränderung ausschließlich von oben kommen kann. Saud al-Kahtani, sein enger Berater im Rang eines Ministers, startete Kampagnen in den Sozialen Medien gegen Dissidenten und Rivalen.

Zivilgesellschaftliche Aktivisten und Aktivistinnen sind von Verfolgung bedroht. So wurde kurz vor der ersten Ausgabe von Führerscheinen für Frauen Loujain al-Hathloul, eine bekannte 28-jährige Vorkämpferin für dieses Recht, im März 2018 in Dubai vom saudischen Geheimdienst verschleppt und zweieinhalb Jahre lang in einem Hochsicherheitsgefängnis inhaftiert. Gegenüber ihrer Familie behauptete sie, dass sie mit Stromschlägen gefoltert, geschlagen und sexuell belästigt worden sei. Saud al-Kahtani sei dabei persönlich anwesend gewesen. Im Dezember 2020 wurde sie in den Anklagepunkten »Gefährdung der nationalen Sicherheit« und »Verfolgung ausländischer Interessen« schuldig gesprochen und zu fünf Jahren und acht Monaten Gefängnis verurteilt. Im Februar 2021 entließ man sie mit fünfjähriger Ausreisesperre und der Verpflichtung zum Schweigen in die Freiheit.[5]

Auch Mitglieder der Königsfamilie sind vor Verfolgung nicht gefeit. So wurde Prinzessin Basma bint Saud Al Saud, eine Cousine des Kronprinzen und gemäßigte Reformaktivistin, von 2019 bis 2022 ohne Gerichtsverfahren wahrscheinlich in einem Gefängnis in Riad inhaftiert.[6]

Im Dezember 2019 rechtfertigte Muhammad bin Salman die Umerziehungslager für muslimische Uiguren in Xinjiang laut dem chinesischen Fernsehen. Zuvor hatte er in Beijing über ein Handelsabkommen verhandelt: »China hat das Recht, zugunsten seiner nationalen Sicherheit Maßnahmen zur Terrorismusbekämpfung und zur Deradikalisierung durchzuführen.«[7] Die Wertschätzung beruhte auf Gegenseitigkeit: 2011 hatte China Saudi-Arabien zur Niederschlagung der Proteste schiitischer Bürger in der Ostprovinz gratuliert.

Auch im Ausland geht man gegen Kritiker vor, Bürger werden zurückbeordert und gemaßregelt. Internationale Empörung löste der Mord an dem Journalisten Dschamal Kaschoggi am 2. Oktober 2018 im saudischen Generalkonsulat von Istanbul aus. Als dieser, wie vereinbart, seine Scheidungspapiere abholen wollte, um wieder heiraten zu können, erwartete ihn ein eingeflogenes 15-köpfiges Kommando, das ihn erwürgte und seine Leiche mit Hilfe eines saudischen

Gerichtsmediziners zerlegte und beseitigte. Bevor das Konsulat schließlich türkischen Ermittlern zugänglich gemacht wurde, waren alle Spuren sorgsam beseitigt worden. Wenig glaubhaft waren die ersten Einlassungen der saudischen Regierung. Zuerst hieß es, Kaschoggi habe das Konsulat bald wieder verlassen; es zirkulierte sogar das Video eines Doppelgängers im Netz, der in den Kleidern und mit der Brille Kaschoggis das Gebäude verließ. Schon bald verkündete Staatspräsident Recep Tayyip Erdoğan, man verfüge über Tonaufnahmen des brutalen Geschehens. Nach 18 Tagen räumte die saudische Regierung ein, dass Kaschoggi – angeblich bei einem unglücklich verlaufenen Streit – gestorben sei. Auch diese Version klang nicht wahrscheinlich – warum war dann ein Gerichtsmediziner mit einer Knochensäge nach Istanbul angereist?

Erst am 25. Oktober bestätigte die saudische Staatsanwaltschaft die Anschuldigung Präsident Erdoğans, es habe sich um ein vorsätzliches Verbrechen gehandelt. Allerdings wurde dezidiert in Abrede gestellt, dass der König oder der Kronprinz irgendetwas davon gewusst hätten. Die Täter hätten eigenmächtig gehandelt. Man verhaftete 18 Verdächtige, der stellvertretende Geheimdienstchef Ahmad bin Hassan al-Asiri wurde abgesetzt. Schließlich wurden im Dezember 2019 fünf Beteiligte in Riad zum Tode verurteilt, drei weitere zu 24 Jahren Haft, drei andere wurden freigelassen. Da der älteste Sohn Kaschoggis (möglicherweise unter Druck) den Mördern verzieh, konnte auf die Vollstreckung der Todesstrafe verzichtet werden.[8]

Muhammad bin Salman versicherte in einem Fernsehinterview, keinen Mord befohlen zu haben. Allerdings wiesen Ermittlungen der türkischen Justiz wie auch der New York Times darauf hin, dass enge Vertraute des Kronprinzen zu der auch in anderen Fällen aktiven Eliteeinheit gehört hätten und sein Freund und Berater Saud al-Kahtani das Unternehmen geleitet habe.[9] Bei den Ermittlungen wurde dieser ebenso wie Generalmajor Ahmad bin Hassan al-Asiri entlastet. Die UN-Sonderberichterstatterin Agnès Callamard bezeichnete den Mord als »Staatsverbrechen«, gegen den Kronprinzen solle ermittelt werden.[10] Ein CIA-Bericht kam im November 2018 zum Ergebnis, dass Muhammad bin Salman mit großer Wahrscheinlichkeit die Hinrichtung Kaschoggis genehmigt hat.[11]

Warum ging man mit so unerbittlicher Härte gegen Kaschoggi vor? Wahrscheinlich gab es zwei Gründe: Kaschoggi war Berater des früheren Chefs des saudischen Auslandsgeheimdiensts und Botschafters Turki bin Faisal gewesen und hatte einst die reformorientierte saudische Zeitung al-Watan geleitet. Grundsätzlich begrüßte er den Reformkurs des Kronprinzen, kritisierte jedoch die autoritäre Umsetzung. 2016 wurde er mit einem Auftritts- und Veröffentlichungsverbot in Saudi-Arabien belegt. Als er im Sommer 2017 in die USA zog und die saudische Regierung in der Washington Post kritisierte, wurde dies als Verrat gewertet. Außerdem wurde Kaschoggi wegen seiner wiederentdeckten Sympathien für die Muslimbruderschaft zum Staatsfeind. Zunehmend trat er in Istanbul im Umfeld der türkischen Regierungspartei AKP auf. Er war Mitgründer des Netzwerks »Democracy for the Arab World Now« (DAWN), scharte im türkischen Exil lebende Vertreter des »Arabischen Frühlings« um sich und plante, das Netzwerk zu leiten. Zu seinem zweiten Todestag wurde DAWN aktiv.[12]

Die Online-Zeitschrift Middle East Eye publizierte nach dem Kaschoggi-Mord einen Bericht über eine »Tiger-Schwadron« (*Firqat el-Nemr*) ausgesuchter Geheimdienstleute, die Dissidenten im In- und Ausland bedrohe und liquidiere. Sie sei nach jenem Generalmajor Ahmad bin Hassan al-Asiri, dem »Tiger des Südens«, benannt. Fünf ihrer Mitglieder hätten an der Kaschoggi-Aktion teilgenommen.[13]

Nun sind Geheimdienstunternehmen im Nahen und Mittleren Osten an der Tagesordnung. In der Vergangenheit haben sich vor allem der libysche, der iranische, der israelische und der syrische Geheimdienst mit skrupellosen Auslandsoperationen gegen »Staatsfeinde« hervorgetan. Die Dienste lernen auch voneinander. Auf der Webseite der israelischen Armee erschien im Februar 2014 ein Bericht, nach dem der Auslandsgeheimdienst Mossad seit Langem mit den Diensten von Golfmonarchien (Bahrain, Saudi-Arabien, VAE) zusammenarbeite, insbesondere zum Thema Iran. Der Mossad habe arabische Länder bei Auslandsoperationen gegen politische Gegner unterstützt.[14]

Der Kaschoggi-Mord geschah 21 Tage vor einer internationalen Investmentkonferenz in Riad, auf der für Investitionen im Rahmen der Entwicklungsstrategie »Saudi Vision 2030« geworben werden sollte. Die provokative Tat brachte das Königreich medial in die Defensive. Viele Repräsentanten aus westlichen Staaten sagten ab; dennoch wurden Aufträge in Höhe von 56 Milliarden US-Dollar vergeben. Auch wenn das Image Saudi-Arabiens durch die Kaschoggi-Affäre gelitten hat und Kritiker der saudischen Regierung nun stärkeres Gehör finden: Langfristig ist das Land politisch und ökonomisch zu wichtig. So bezeichnete der französische Staatspräsident Emmanuel Macron die Forderung nach einem Stopp von Waffenexporten als »pure Demagogie«.[15] Am eindeutigsten formulierte der sozialistische spanische Ministerpräsident Pedro Sánchez sein Bekenntnis zur Realpolitik: »Ich muss hier und heute die spanischen Interessen schützen, die strategischen Interessen, zumal diese in Regionen angesiedelt sind, die vom Drama der Arbeitslosigkeit besonders betroffen sind [...]«.[16]

Auch im eigenen Land wurde die Position des Kronprinzen nicht erschüttert. Manche Saudis waren weniger über die Tat empört als über deren stümperhafte Ausführung, andere sahen ihr Land einseitig an den Pranger gestellt. Man hörte jedoch auch diskrete Stimmen, die mit Bezug auf die Prinzipien der Scharia entsetzt waren, dass Vertreter ihres Staates einen politischen Mord verübten.

Um die Wogen in den USA nach dem Kaschoggi-Mord zu glätten, griffen König und Kronprinz zu einer Charmeoffensive: So wurde am 23. Februar 2019 Reema bint Bandar Al Saud zur Botschafterin in Washington und ersten saudischen Botschafterin überhaupt ernannt.

## Umbau der Wirtschaft

Vor dem Hintergrund sinkender Ölpreise reduzierte Muhammad bin Salman das staatliche Budget, fror Regierungsaufträge ein und reduzierte das Gehalt von Staatsbeamten. Ohne Vorankündigung besuchte er morgens Ministerien, bestellte die Führungsriege zum Rapport ein und nahm Einsicht in die Bücher. Dass leitende Beamte bis hin zu Ministern nun an Leistungsindikatoren gemessen wurden und manch unfähiger Amtsträger entlassen wurde, fand breite Zustimmung in der Gesellschaft.

Der Kronprinz hat erkannt, dass eine einseitig auf Ölexporte ausgerichtete Wirtschaft aufgrund der globalen Energiewende nur noch für eine begrenzte Zeit möglich sein wird. Durch Öffnung, Privatisierung und Diversifizierung der Wirtschaft sollen langfristiges Wachstum und ein akzeptabler Lebensstandard für die weiter wachsende Bevölkerung garantiert werden.

Die von McKinsey ausgearbeitete Entwicklungsstrategie

»Saudi Vision 2030« setzt auf Zukunftstechnologien: grüne Energieträger, Information und Kommunikation, Gesundheit und Bildung, Unterhaltung und Tourismus. Das Land wird für Investoren und Touristen geöffnet und soll ein neues Image erhalten. Die saudischen Bürger sollen unternehmerische Initiative entwickeln sowie Arbeitsplätze besetzen, um die Millionen ausländischen Arbeitskräfte abzulösen, die auch ein Sicherheitsrisiko darstellen. Außerdem ist vorgesehen, die Infrastruktur großzügig auszubauen, das Bildungswesen zu reformieren und die schwerfällige Bürokratie zu verschlanken und zu digitalisieren.

Finanziert werden soll »Saudi Vision 2030« einerseits über inländische und ausländische Privatinvestitionen, andererseits über staatliche Investitionen, die durch Subventionskürzungen, Verbrauchssteuererhöhungen und Privatisierungserlöse ermöglicht werden (siehe ausführlich S. 354–359). Der dauerhaft niedrige Ölpreis machte Saudi-Arabien zu schaffen. Das Königreich benötigt mindestens 80 US-Dollar pro Fass Brent, um seinen Staatshaushalt einigermaßen auszugleichen. Nach einem Hoch von 109,45 (2012) stürzte der Ölpreis auf ein Tief von 40,76 (2016) ab und pendelte danach zwischen 40 und 70 US-Dollar. Auch ein Abkommen der OPEC mit Russland und anderen Ölproduzenten zur Kürzung der Fördermengen (April 2020) hatte die Talfahrt nicht aufhalten können. Die Covid-19-Pandemie brachte erneute Tiefstände. Erst mit wieder anlaufender Produktionstätigkeit weltweit stieg der Ölpreis ab Jahresmitte 2021 wieder an (70,40 US-Dollar am 30. November 2021). Der Krieg Russlands gegen die Ukraine ließ den Ölpreis (Brent) dann im Monatsdurchschnitt Juni 2022 auf 122,71 US-Dollar emporschnellen. Wie lange dieser Trend anhält, ist noch nicht absehbar.

## Offensive Außenpolitik

Die Zeit der indirekten Einflussnahme und Scheckbuchdiplomatie ist vorbei. Im GKR verfolgt das Königreich nicht mehr den bewährten kooperativen Führungsstil, sondern sucht seine Vorstellungen mit Macht durchzusetzen.

Muhammad bin Salman betreibt eine offensive, mitunter impulsive Außenpolitik. Ein enger Vertrauter ist der frühere Botschafter in den USA Adel al-Dschubeir, wie MbS ein Hardliner. Im April 2015 wurde er zum Außenminister ernannt. Neben Arabisch und Englisch spricht der an der Georgetown University in Washington, D.C. ausgebildete Politikwissenschaftler fließend Deutsch, da sein Vater in den 1970er-Jahren Kulturattaché an der saudischen Botschaft in Bonn war. Als Folge der in seinen Zuständigkeitsbereich fallenden Kaschoggi-Affäre wurde er im Dezember 2018 zunächst von Ibrahim Abd al-Asis Al-Assaf (später Faisal bin Farhan Al Saud) abgelöst und zum Staatsminister für Auswärtige Angelegenheiten herabgestuft. Al-Dschubeir bleibt aber eine in der saudischen Außenpolitik sehr einflussreiche Persönlichkeit.

US-Präsident Donald J. Trump gelobte, die distanzierte Politik seines Vorgängers Obama zu revidieren und dem treuen Verbündeten wieder volle US-Unterstützung zu gewähren. Bei seinem Besuch in Riad im Mai 2017 wurde eines der größten Rüstungsgeschäfte der Geschichte vereinbart. Saudi-Arabien kaufte sofort Rüstungsgüter für 110 Milliarden US-Dollar und kündigte an, über einen Zeitraum von zehn Jahren für 350 Milliarden US-Dollar weitere aus den USA zu beziehen. Darunter fällt das Raketenabwehrsystem THAAD zur Verteidigung gegen Kurz- und Mittelstreckenraketen; auf diesem Gebiet hat Saudi-Arabien deutliche Defizite. Das Megageschäft war nicht an Bedingungen wie die

Verbesserung der Menschenrechtslage oder ein Ende der Koalitionsluftangriffe im Jemen gebunden. Im gemeinsamen »Schwerttanz« mit Trump besiegelte man die Erneuerung der strategischen Allianz.[17]

Der Trump-Besuch in Riad gab Saudi-Arabien und seinen Verbündeten die willkommene Rückendeckung für die schon länger geplante Offensive gegen den unbotmäßigen Nachbarn Katar. Zwei Wochen später erfolgte am 5. Juni 2017 der Paukenschlag: Saudi-Arabien, Ägypten, Bahrain und die VAE brachen die diplomatischen Beziehungen ab, stellten den Wirtschaftsaustausch ein, sperrten den Luftraum für katarische Flugzeuge und schlossen die Grenzen. Damit war die einzige Landgrenze des Emirats blockiert: Von Saudi-Arabien waren große Mengen Lebensmittel und Baumaterial bezogen worden. Auch die von Riad finanziell unterstützten Regierungen des Jemen, der Komoren, Mauretaniens, der Malediven, des Senegal und des Tschad brachen die diplomatischen Beziehungen zu Katar ab; Dschibuti, Jordanien und Niger fuhren sie herunter.

Saudi-Arabien erwog gar, einen 61 Kilometer langen, 200 Meter breiten und 15 bis 20 Meter tiefen Kanal zu graben, um das verfemte Emirat zur Insel zu degradieren. Glücklicherweise wurde das auf 745 Millionen US-Dollar geschätzte, wirtschaftlich sinnlose Projekt nicht umgesetzt.

Auslöser des Embargos waren von der katarischen Nachrichtenagentur am 24. Mai verbreitete iranfreundliche und gegenüber Trump kritische Aussagen des Emirs gewesen. Die katarische Regierung dementierte sie umgehend und reklamierte einen Hackerangriff, doch halten sie die Saudis und ihre Verbündeten bis heute für echt. Daran konnte auch ein Bericht der Washington Post Mitte Juli nichts ändern, der unter Berufung auf US-Geheimdienstquellen berichtete, dass die Falschmeldung möglicherweise gezielt aus den

VAE platziert worden war – Regierungsmitglieder hätten am 23. Mai darüber diskutiert, die Webseite der katarischen Nachrichtenagentur zu hacken.[18]

Als weitergehende Begründung für die harschen Maßnahmen nannte die Viererallianz die iranfreundliche Politik des Emirats und dessen Unterstützung »terroristischer Gruppen«, von der *Ansar Dine* in Mali über die Muslimbrüder im Nahen Osten und die al-Nusra-Front in Syrien bis hin zu den Taliban in Afghanistan. Bereits Ende Mai 2017 hatte die Allianz die Webseite des im Eigentum der katarischen Herrscherfamilie befindlichen Fernsehsenders Al Dschasira gesperrt. Saudi-Arabien schloss nun das Büro des Senders und entzog ihm die Sendelizenz.

Ebenso behauptete die Viererkoalition, dass Katar 1 Milliarde US-Dollar an irannahe Organisationen im Irak und an den al-Kaida-Ableger *Hajat Tahrir asch-Scham* (Nachfolger der al-Nusra-Front) in Syrien gezahlt habe. Die exorbitanten Zahlungen seien als Lösegeld für eine 2015 im Irak entführte katarische Jagdgesellschaft getarnt worden.

Am 22. Juni 2017 wurden 13 Forderungen übermittelt, die binnen zehn Tagen (!) zu erfüllen waren. Katar sollte unter anderem den Sender Al Dschasira und weitere Medien schließen, seine diplomatischen Beziehungen herunterfahren, seine Verbindungen offenlegen, alle Kontakte zur Muslimbruderschaft kappen, gegen als terroristisch eingestufte 59 Personen und zwölf Organisationen vorgehen (darunter den Prediger al-Karadawi und die Stiftung Qatar Charity), den türkischen Militärstützpunkt bei Doha kündigen, eine beträchtliche Kompensationszahlung für seine angeblichen Verfehlungen leisten, eine enge Allianz mit den arabischen Golfstaaten schließen und einem zehnjährigen Überwachungsregime zustimmen.

Es waren Forderungen, die einem Ende der katarischen

Souveränität gleichkamen und für einen arabischen Herrscher ohne Verlust seiner Ehre nicht annehmbar waren. Katars Außenminister Mohammed bin Abdulrahman Al Thani schloss Verhandlungen so lange aus, wie die Isolation aufrechterhalten würde, und machte lediglich einige begrenzte Konzessionen im Hinblick auf die Bekämpfung des Terrorismus. Doch waren diese Schritte aus Sicht der Viererallianz Saudi-Arabien, Ägypten, Bahrain und VAE völlig ungenügend.

Dank ihrer immensen Devisenreserven konnte die katarische Regierung die von den Sanktionen besonders betroffenen Sektoren Handel, Finanzwesen und Tourismus ankurbeln. Ein Signal war just im August 2017 der Kauf des brasilianischen Fußballstars Neymar da Silva Santos jr. für den in katarischem Eigentum befindlichen Klub Paris Saint-Germain – mit 222 Millionen Euro der bislang teuerste Fußballtransfer überhaupt.

Katars Partner Türkei gewährleistete die Nahrungsmittelversorgung: Bis zum 23. Juni trafen unzählige Schiffsladungen und 105 Lufttransporte ein. Hierfür öffnete der Iran seinen Luftraum und schickte ebenfalls Lebensmittel. Beide Staaten profitieren damit wirtschaftlich von der Katar-Krise. Auch leitete die katarische Regierung schnell Gegenmaßnahmen ein. So kompensierte sie die ausgefallenen Milchlieferungen aus Saudi-Arabien mit dem raschen Import von 4000 Milchkühen per Flugzeug (darunter 1000 aus Deutschland), die in der Wüste in klimatisierten Ställen gehalten werden. Qatar Airways richtete Umwegrouten ein, die in vielen Fällen über den Iran führen. Damit geschah genau das, was die Viererkoalition eigentlich verhindern wollte: Katar wurde in Richtung des Iran getrieben.

Dem Wirtschaftsembargo seiner Nachbarn konnte Katar trotzen. Erstens baute es auf den Rückhalt der US-Amerikaner, die ihre riesigen Militärbasen halten wollen (auch wenn die VAE liebend gerne einspringen würden). Zweitens fürchteten Dutzende westliche Staaten einen Abzug der katarischen Wirtschaftsbeteiligungen und setzten sich daher für einen Kompromiss ein. Drittens stand die Bevölkerung mit großem Patriotismus hinter ihrem Emir – in diesem Punkt hatte sich die Viererallianz verkalkuliert. Viertens sorgte US-amerikanischer Druck dafür, dass die Strafmaßnahmen nicht verschärft wurden. Schon bald verkündeten Saudi-Arabien und seine Alliierten, man werde Drittstaaten nicht zwingen, sich zwischen ihnen und Katar zu entscheiden. Auch duldeten die USA nicht, dass Saudi-Arabien und die VAE eine Seeblockade über Katar verhängten – einer solchen Sanktion hätte das Emirat nicht standhalten können.

Der Katar-Konflikt wirkte sich negativ auf die Golfregion aus. Sie konnte nicht mehr beanspruchen, Hort von Stabilität und Entwicklung zu sein. Der GKR, der einzige erfolgreiche Staatenzusammenschluss in der arabischen Welt, bekam Risse, denn Kuwait und der Oman blieben zum Ärger der Viererallianz neutral. Alle Mitgliedsstaaten litten unter den politischen und ökonomischen Folgen der Katar-Krise.

Ein zweiter Paukenschlag von Kronprinz Muhammad bin Salman zielte auf den Libanon. Nachdem der über wirtschaftliche Unternehmungen im Königreich eng angebundene libanesische Premierminister Saad al-Hariri am 3. November 2017 in Beirut mit dem iranischen Regierungsberater Ali Akbar Welajati gesprochen hatte und nach Meinung seines Mentors zu unkritisch aufgetreten war, wurde er noch am selben Tag nach Riad zitiert. Muhammad bin Salman hatte wiederholt gefordert, dass die Hisbollah von einer Unterstützung der Huthis im Jemen abgehalten werden müsse, ansonsten müssten al-Hariri und der Libanon mit Konsequenzen rechnen. Am Vormittag des 4. November verlas der libanesische Premierminister offenkundig nervös eine vom saudischen Fernsehsender Al Arabija live ausgestrahlte, schriftlich vorbereitete Erklärung und verkündete seinen sofortigen Rücktritt. Den Iran und die im libanesischen Kabinett vertretene Hisbollah griff er scharf an. Er fürchte um sein Leben und sei von einem Attentat bedroht, weswegen er nicht in sein Heimatland zurückkehre.

Nicht nur Libanesen, sondern auch internationale Beobachter vermuteten, dass al-Hariri gegen seinen Willen festgehalten und zum Rücktritt gezwungen wurde. Der Journalist Robert Fisk schrieb, al-Hariri sei bei der Landung in Riad von Polizisten umringt worden, man habe ihm und seinen Begleitern die Mobiltelefone abgenommen.[19]

Spekuliert wurde auch über einen Zusammenhang mit dem Vorgehen der saudischen Regierung gegen die Abdullah-Linie des Hauses Saud. Just an jenem 4. November nämlich wurden zahlreiche Mitglieder der Abdullah-Linie in Saudi-Arabien verhaftet, und al-Hariri ist mit dieser Linie verwandt.

Der libanesische Präsident Michel Aoun nahm den Rücktritt al-Hariris nicht an, da ein solcher laut Verfassung persönlich erfolgen muss. Der Iran dementierte, ein Attentat auf al-Hariri zu planen, und auch die libanesische Armee erklärte, von solch einem Vorhaben nichts zu wissen. Auf Vermittlung des französischen Staatspräsidenten Macron durften al-Hariri und seine Familie am 18. November nach Paris ausreisen. Einige Tage später kehrte al-Hariri in den Libanon zurück und widerrief dort seinen Rücktritt. Über seinen Aufenthalt in Saudi-Arabien verweigerte er jede Auskunft.

Die wahrscheinlich vom Kronprinzen spontan befohlene Aktion wurde zum Bumerang. Sie stellte die Seriosität und Verlässlichkeit der saudischen Politik infrage. So warnte der deutsche Außenminister Sigmar Gabriel Saudi-Arabien vor »außenpolitischem Abenteurertum«.[20] Das Königreich zog daraufhin seinen Botschafter aus Berlin ab und ließ dem deutschen Botschafter in Riad eine Protestnote zukommen.

In Syrien verstärkte Saudi-Arabien ab 2015 seine Bemühungen, die Regierung al-Assad zu stürzen. Im Norden Jordaniens richteten Jordanien, Saudi-Arabien und die USA eine militärische Operationszentrale ein. Sie koordinierte zunächst recht erfolgreich die Aktivitäten von Rebellengruppen, die nun zu einer »Südlichen Front« zusammengeschlossen waren. Die USA, Jordanien, Katar, Saudi-Arabien und die Türkei vereinbarten, in den nächsten drei Jahren 15 000 »zuverlässige« Rebellen zu trainieren. US-Militärs sollten sie auf Basen in den Nachbarländern ausbilden. Das Syrian Train and Equip Program erwies sich allerdings als Fehlschlag: Weit weniger Rekruten als erwartet konnten hierfür gewonnen werden, und als man sie nach Syrien in den Einsatz schickte, wurden sie von der al-Nusra-Front und anderen radikalen Gruppen schnell als »amerikanische Agenten« ausgeschaltet und ihrer Waffen beraubt.

Nach der russischen Militärintervention im September 2015 lieferte Saudi-Arabien großzügiger als bisher Waffen an Rebellen, gegen den Willen der USA sogar Anti-Panzer-Lenkraketen. Ein syrischer Regierungsbeamter schloss gegenüber der BBC auch nicht aus, Boden-Luft-Raketen zu liefern.

Im Februar 2016 erklärte Saudi-Arabien, es habe Kampfflugzeuge zum türkischen Luftwaffenstützpunkt İncirlik verlegt. Spekuliert wurde über eine gemeinsame saudisch-türkische Operation zu Land und Luft, um Präsident Assad zu stürzen. Doch setzte Saudi-Arabien dabei auf eine Beteiligung der USA. Nachdem Washington hierfür nicht zu gewinnen war, nahm das Königreich von den Plänen wieder Abstand. Das Vorhaben scheiterte auch an der sukzessiven Annäherung der Türkei an den Iran und Russland, denn im Januar 2017 starteten Russland, der Iran und die Türkei ein neues Verhandlungsformat in Astana (heutiger Name Nur-sultan, Kasachstan), das sich vor allem militärischen Fragen widmete, die fortdauernden Syrien-Verhandlungen in Genf aber zunehmend konterkarierte. Im März 2018 bezeichnete Kronprinz Muhammad bin Salman die Türkei zusammen mit dem Iran und islamistischen Gruppierungen als Teil eines »Dreiecks des Teufels«.[21]

Zug um Zug unterstützten Russland und der Iran ab 2015 die Angriffe der syrischen Regierung auf Rebellen und ko-ordinierten ihr Vorgehen mit der Türkei. Wegmarken der Rückeroberung waren Ost-Aleppo (22. Dezember 2016) und Ost-Ghuta bei Damaskus (14. April 2018). Im Juli 2017 been-dete US-Präsident Donald J. Trump seine Unterstützung syrischer Rebellen, denen er seit Langem misstraute. Saudi-Arabien folgte und konzentriert sich seither auf die militäri-sche Eindämmung des Iran im Jemen.

Saudi-Arabien sprach sich gegen einen Abzug der US-Truppen in Syrien aus, den Präsident Trump im Oktober 2019 abschloss (übrig blieb ein 900 Mann umfassendes Rest-kontingent bei den nordöstlichen Ölförderanlagen sowie in al-Tanf im südlichen Dreiländereck Syrien/Jordanien/Irak). Das Königreich bot an, Soldaten für eine Nachfolgeoperation zu stellen. Eine aus ägyptischen, katarischen, jordanischen und saudischen Soldaten bestehende Stabilisierungstruppe im Nordosten scheiterte jedoch an den Differenzen zwischen den betreffenden Staaten. Ersatzweise unterstützt Saudi-Arabien die mit den USA zusammenarbeitenden, kurdisch dominierten »Syrisch-Demokratischen Kräfte« (SDF) und will damit ein Gegengewicht sowohl zur Türkei wie auch zum Iran etablieren.

In Syrien hat sich Saudi-Arabien inzwischen damit abge-funden, dass al-Assad an der Macht bleibt. Mit dem Angebot von Wiederaufbauhilfe ist man jedoch bestrebt, den syrischen Präsidenten von seiner engen Bindung an den Iran abzubringen. Dabei appelliert man an antipersische Ressentiments unter syrischen Regierungsvertretern. Die VAE eröffneten schon im Dezember 2018 ihre sieben Jahre zuvor geschlossene Botschaft in Damaskus wieder, und im März 2022 wurde Baschar al-Assad in den VAE als Staatsgast empfangen. Die Wiederaufnahme diplomatischer Beziehungen zwischen Saudi-Arabien und Syrien dürfte bevorstehen.

Das Verhältnis zu den USA ist trotz des Schwerttanzes mit Donald J. Trump grundsätzlich belastet, denn der US-Präsident befahl im September 2019 demonstrativ keinen Gegenschlag, als saudische Ölanlagen mutmaßlich von iranischen Raketen beschossen worden waren. Im Gegenteil – damals forderte er die Golfmonarchien auf, ihre Verteidigungsanstrengungen zu erhöhen. Eine fallweise militärische Unterstützung der USA müssten sie bezahlen. In der Tat zahlte dann Saudi-Arabien 500 Millionen US-Dollar für die im Oktober 2019 beginnende Stationierung von 2500 US-Soldaten nebst F-15-Kampfflugzeugen und Patriot-Luftabwehrbatterien.

Das Verhalten der USA in dieser Krise entsprach ihrer strategischen Neuausrichtung, die Trump am 8. Januar 2020 mit Bezug auf die wieder erreichte führende Position der USA in der Öl- und Gasproduktion verkündete: »Diese historischen Leistungen haben unsere strategischen Prioritäten verändert. [...] Wir sind unabhängig, und wir brauchen kein Öl aus dem Nahen und Mittleren Osten.«[22]

Dass die USA unter US-Präsident Biden Mitte 2021 trotz andauernder Raketenbedrohung Waffensysteme und Patriot-Batterien wieder aus Saudi-Arabien abzogen, wurde im Königreich mit großem Missfallen aufgenommen. Im März 2022 stationierten die USA allerdings erneut Patriot-Systeme in Saudi-Arabien.

Saudi-Arabien fürchtet einen weiteren Rückzug der USA aus der Golfregion. Zwar hält es an der Allianz mit den USA fest, sieht darin aber keine ausreichende Sicherheitsgarantie mehr und sucht sich daher neue Partner. In Syrien akzeptiert Saudi-Arabien Russland als Ordnungsmacht, denn obgleich Russland dort mit dem Iran und der Türkei kooperiert, ist es doch bestrebt, die Machtausweitung dieser Staaten zu begrenzen. Vor 1914 war Russland der Erbfeind sowohl des Osmanischen wie des Persischen Reichs gewesen.

Schon im Juni 2015 besuchte Prinz Muhammad bin Salman Moskau und unterzeichnete Kooperations- und Investitionsabkommen. Im Oktober 2017 reiste König Salman für drei Tage nach Moskau und traf mit Staatspräsident Putin zusammen – es war der erste Besuch eines saudischen Monarchen in Russland. Vereinbart wurden Geschäfte in Milliardenhöhe. Riad will russische Flugabwehrsysteme, Panzerabwehrwaffen und Raketenwerfer kaufen. Zudem soll Russland künftig in Saudi-Arabien Waffen produzieren und militärische Ausbildungsprogramme durchführen. Damit kauft das Königreich erstmals in großem Umfang Rüstungsgüter außerhalb des Westens. Saudi-Arabien stimmte zu, 1 Milliarde US-Dollar in russische Energieprojekte zu investieren, im Gegenzug will Russland eine petrochemische Fabrik in Saudi-Arabien errichten.

Im Jahr 2017 versuchte Saudi-Arabien vergeblich, bei der US-Regierung eine Aufhebung der Ukraine-Sanktionen gegen Russland zu erreichen, um im Gegenzug die Unterstützung Moskaus für ein Ende der iranischen Präsenz in Syrien einzuhandeln.

Im Oktober 2019 kam es in Riad zu einem Gipfeltreffen zwischen Präsident Putin und dem saudischen Kronprinzen Muhammad bin Salman. In den Bereichen Energie, Kernkraft und Agrarwesen wird eine enge Kooperation angestrebt. Russland und Saudi-Arabien teilen die Ansicht, dass Stabilität im arabischen Raum Vorrang vor Demokratisierungsbestrebungen hat, und sie arbeiten bei der Bekämpfung der (in Russland bereits seit 2003 verbotenen) Muslimbruderschaft sowie dschihadistischer Bewegungen zusammen.

Im Juni 2019 kündigte die staatliche russische Atomenergiebehörde ROSATOM an, eine Niederlassung in Saudi-Arabien zu errichten. Russland hat zusammen mit Partnern ein Angebot für den Bau von Atomreaktoren eingereicht. Obwohl Saudi-Arabien zu den Unterzeichnern des Nichtverbreitungsvertrages gehört, warnen Experten, es halte sich eine militärische Option offen. Kronprinz Muhammad bin Salman äußerte im März 2018, wenn der Iran nukleare Waffen entwickle, werde Riad »so bald als möglich nachziehen«.[23] Im November 2020 wiederholte der saudische Staatsminister für Auswärtiges Adel al-Dschubeir gegenüber der Deutschen Presse-Agentur: »Das ist definitiv eine Option.«[24] Da auch der türkische Staatspräsident Erdoğan 2019 das Recht auf Atomwaffen für sein Land forderte, um im Konzert der Großmächte mitspielen zu können, könnte es im Mittleren Osten zu einem nuklearen Rüstungswettlauf kommen.

Nach dem maßgeblich von Saudi-Arabien verhandelten Abkommen zur Begrenzung der Ölfördermengen zwischen der OPEC und Russland zwischen 2017 und 2019 schwärmten saudische Politiker von einer »Partnerschaft für die Ewigkeit« zwischen beiden Ländern – freilich machten sich bereits ein Jahr später wieder schwere Differenzen bei der Preispolitik bemerkbar.

Beijing ist ein weiterer alternativer Partner. Im Dezember 2021 legte ein auf Satellitenbilder gestützter US-Bericht nahe, dass China Saudi-Arabien beim Bau einer Anlage für ballistische Raketen nahe Dawadmi, 220 Kilometer östlich von Riad, unterstützt.[25]

Unter Kronprinz Muhammad bin Salman hat sich Saudi-Arabien auch gegenüber Israel geöffnet. Aufsehen erregte er im April 2018 mit folgender Aussage in einem Interview mit der US-Zeitschrift The Atlantic – 37 Jahre, nachdem König Chalid Israel den *dschihad* erklärt hatte:

»Ich glaube, dass jedes Volk überall das Recht hat, als friedliche Nation zu leben. Ich glaube, die Palästinenser und die Israelis haben das Recht, ihr eigenes Land zu haben. Aber wir müssen ein Friedensabkommen haben, um die Stabilität für alle zu gewährleisten und normale Beziehungen zu haben. [...] Israel ist eine große Wirtschaft im Vergleich zu seiner Größe und eine wachsende Wirtschaft, und natürlich gibt es viele Interessen, die wir mit Israel teilen, und wenn Frieden erreicht würde, gäbe es viele gemeinsame Interessen zwischen Israel und den Mitgliedern des Golfkooperationsrates und Ländern wie Ägypten und Jordanien.«[26]

Präsident Trumps Schwiegersohn und Nahostbeauftragter Jared Kushner umwarb die arabischen Staaten und versuchte, sie für eine Anerkennung Israels zu gewinnen. Ende 2020/Anfang 2021 nahmen die VAE, Bahrain, Marokko und der Sudan diplomatische Beziehungen zu Israel auf. Damit war der »Abdullah-Plan« von 2002 tot, der in einer konzertierten Aktion der Mitgliedsstaaten der Arabischen Liga Israel Frieden und Anerkennung offerierte, wenn es einem souveränen palästinensischen Staat zustimmte.

Saudi-Arabien zögert noch, Israel diplomatisch anzuerkennen, weil es als »Hüter der Heiligen Stätten« auf die israelkritische Haltung vieler Muslime Rücksicht nehmen muss. Auch hat sich das Land seit König Abd al-Asis als Schutzmacht der Palästinenser profiliert und will sich diese Rolle nicht vom Iran streitig machen lassen. Kronprinz Muhammad bin Salman kritisierte denn auch im September 2019 die Absicht des israelischen Premierministers Benjamin Netanjahu, Teile des Westjordanlands zu annektieren. Mitte 2020 erklärte die saudische Regierung, dass die Bedingungen für eine Anerkennung Israels noch nicht gegeben seien; doch gewährte sie israelischen Flugzeugen Überflugrechte, um Abu Dhabi, Dubai und Manama anfliegen zu können. Außerdem berichtete die israelische Zeitung Haaretz, Premierminister Netanjahu sei am 22. November 2020 zu einem zweistündigen geheimen Gespräch mit Kronprinz Muhammad bin Salman und US-Außenminister Mike Pompeo in die saudische Retortenstadt NEOM geflogen. Die saudische Regierung dementierte freilich eine Teilnahme Netanjahus. Ob er nun im Land war oder nicht: Unstrittig ist, dass sich die diskrete Kooperation Saudi-Arabiens mit Israel auf politischem, wirtschaftlichem, wissenschaftlichem sowie militärischem Gebiet stark intensiviert hat. Ein Indiz hierfür ist auch, dass die früher heftige antiisraelische Propaganda in den staatlichen saudischen Medien deutlich heruntergefahren wurde.

Das Tempo der gegenseitigen Annäherung ist atemberaubend – im Mai 2017 hatte der israelische Energie- und Infrastrukturminister Juval Steinitz noch das US-Rüstungsgeschäft mit Saudi-Arabien heftig kritisiert und das Königreich als »feindliches Land« klassifiziert.[27]

Die 2013 gefestigte Allianz Saudi-Arabiens mit Ägypten hat strategische Bedeutung. Das mit über 100 Millionen Einwohnern bevölkerungsreichste arabische Land ist am Roten Meer Nachbar des Königreichs. Die ägyptische 470 000-Mann-Armee kann die unzureichende Mannschaftsstärke der saudischen Streitkräfte im Fall eines bewaffneten Konflikts ergänzen. Saudische Firmen erhielten seit dem Staatsstreich von 2013 zahlreiche lukrative Kontrakte in Ägypten.

Im April 2016 unterzeichnete König Salman in Kairo Wirtschaftsvereinbarungen in Höhe von 25 Milliarden US-Dollar. Die beiden Inseln Sanafir und Tiran wurden an Saudi-Arabien abgetreten, über Tiran soll die künftige Straßen- und Eisenbahnbrücke zwischen beiden Ländern verlaufen. Freilich handelt die ägyptische Regierung unter Führung von Präsident as-Sisi durchaus selbstbewusst. Das bilaterale Verhältnis ist daher nicht frei von Friktionen. Der ägyptische Staatsfeind Nr. 1 ist die Muslimbruderschaft; außenpolitisch agiert Kairo vor allem gegen deren Hauptunterstützer, die Türkei und Katar. Gegenüber dem Iran zeigt man sich pragmatisch, solange Teheran nicht aktiv die Muslimbruderschaft fördert und die Handelswege zur See behindert. Ägypten ist in Teheran diplomatisch vertreten, wenngleich nur mit einem Büro und einem Chargé d'affaires. Saudi-Arabien versucht mit politischen und finanziellen Instrumenten, Kairo von einer Annäherung an Teheran abzubringen.

Im libyschen Bürgerkrieg unterstützt Saudi-Arabien zusammen mit Ägypten und den VAE den »starken Mann« und selbsternannten Feldmarschall Chalifa Hafter, der im Osten eine Gegenregierung etabliert hat. Hafter verspricht nämlich die Bekämpfung der Muslimbruderschaft, die über gewissen Einfluss in der international anerkannten Einheitsregierung in Tripolis verfügt.

Riad ist auch bestrebt, jedweden iranischen oder türkischen Einfluss an seiner afrikanischen Gegenküste zu verhindern, da »Saudi Vision 2030« einen Fokus auf die bislang unterentwickelte Küste am Roten Meer legt. So unterstützten Saudi-Arabien und die VAE im April 2019 den Sturz des langjährigen sudanesischen Diktators Umar al-Baschir, der gute Beziehungen zu Katar und der Türkei gepflegt hatte. Nach dem Machtwechsel kündigten Saudi-Arabien und die VAE umgehend an, dem Sudan 3 Milliarden US-Dollar Soforthilfe zu gewähren.

Im Wasserkonflikt zwischen Ägypten und der aufstrebenden afrikanischen Regionalmacht Äthiopien steht Saudi-

Arabien auf Kairos Seite. Ägypten fürchtet erheblichen Wasserverlust infolge der 2020 begonnenen Auffüllung des äthiopischen Grand Ethiopian Renaissance Dam (GERD) am Blauen Nil. Für Äthiopien ist der mit einer Stromerzeugung von 6450 MW verbundene neue Staudamm das wichtigste nationale Entwicklungsprojekt. Trotz Vermittlung der USA und der Afrikanischen Union kam bislang noch keine Einigung zustande. Von beiden Staaten wurden bereits Kriegsdrohungen ausgestoßen. Im Januar 2020 initiierte Saudi-Arabien zusammen mit Ägypten, Dschibuti, Eritrea, dem Jemen, Jordanien, Somalia und dem Sudan einen Zusammenschluss »Council of Arab and African States Bordering the Red Sea and the Gulf of Aden«. Dadurch soll Äthiopien isoliert werden.

Das Verhältnis Saudi-Arabiens zum Iran verschlechterte sich durch die Massenpanik bei Mekka am 24. September 2015, bei der zwischen 769 und 2400 Menschen – vorwiegend iranische Pilger – ums Leben kamen. Mit der Hinrichtung des wegen Aufruhrs zum Tod verurteilten schiitischen Geistlichen Nimr al-Nimr aus der Ostprovinz am 2. Januar 2016 ging Saudi-Arabien auf offenen Konfrontationskurs. Der Oberste Rechtsgelehrte Ali Chamenei drohte der saudischen Führung für »das zu Unrecht vergossene Blut dieses Märtyrers« mit Konsequenzen und »der Rache Gottes«.[28] Noch am selben Tag stürmte eine Gruppe von Iranern die saudische Botschaft in Teheran und setzte sie teilweise in Brand. Daraufhin brach Riad am 3. Januar 2016 die diplomatischen Beziehungen zum Iran ab. Der saudische Außenminister Adel al-Dschubeir verkündete, man werde nicht zulassen, dass der Iran Saudi-Arabien und andere Länder terroristisch infiltriere. Weitere Staaten wie Bahrain, Katar und der Sudan folgten, und Kuwait und die VAE fuhren ihre Beziehungen herunter. Vergeblich bot der iranische Außenminister Mohammed Dschawad Sarif Gespräche an, um die Spannungen mit Saudi-Arabien nicht eskalieren zu lassen.

Das Königreich bemüht sich, eine von Marokko bis Indonesien reichende sunnitische Militärallianz gegen den Iran aufzubauen. 2015 initiierte Kronprinz Muhammad bin Salman eine aus 41 Staaten bestehende »Islamische Militärkoalition gegen den Terrorismus«. Das Hauptquartier befindet sich in Riad, der Kommandierende General kommt aus Pakistan. Schiitisch dominierte Staaten wie der Iran und der Irak wurden nicht eingeladen.

Das am 14. Juli 2015 von den USA, Großbritannien, Frankreich, China, Russland und Deutschland mit dem Iran abgeschlossene und vom UN-Sicherheitsrat bekräftigte Nuklearabkommen wurde in Saudi-Arabien kritisch kommentiert. Es unterstellt das iranische Atomprogramm bis 2025 einer strengen internationalen Aufsicht, um die Möglichkeit der Herstellung von nuklearen Waffen zu verhindern. Als Gegenleistung werden die gegen den Iran gerichteten Sanktionen Zug um Zug aufgehoben.

Als US-Präsident Trump im Mai 2018 das Nuklearabkommen mit dem Iran einseitig und völkerrechtswidrig aufkündigte, die umfassenden US-Sanktionen wieder in Kraft setzte und über »Sekundärsanktionen« sogar Drittländer und deren Unternehmen in die Pflicht zu nehmen suchte, begrüßte Saudi-Arabien dieses Vorgehen. Das Außenministerium erklärte: »Der Iran nutzte die wirtschaftlichen Vorteile der Aufhebung der Sanktionen, um seine Aktivitäten zur Destabilisierung der Region fortzusetzen, insbesondere durch die Entwicklung ballistischer Raketen und die Unterstützung terroristischer Gruppen in der Region.«[29]

Kronprinz Muhammad bin Salman fachte den Konflikt mit dem Iran weiter an. Im März 2018 hielt er einen Krieg mit dem Iran in zehn bis 15 Jahren für wahrscheinlich, im April äußerte er gegenüber der US-Zeitschrift The Atlantic:

»Die iranische Revolution [schuf] ein Regime, das auf einer Ideologie des reinen Bösen basiert. [...] Ich glaube, dass der iranische Oberste Führer Hitler noch gut aussehen lässt. Hitler hat nicht getan, was der Oberste Führer versucht. Hitler versuchte, Europa zu erobern. Das ist schlecht. [...] Aber der Oberste Führer versucht, die Welt zu erobern. Er glaubt, die Welt zu besitzen. Sie sind beide böse Menschen. Er ist der Hitler des Nahen Ostens. [...] Wir drängen die iranische Ausbreitung zurück. Wir haben dies in Afrika, Asien, Malaysia, im Sudan, im Irak, im Jemen und im Libanon getan. Wir glauben, dass sich die Probleme nach dem Zurückdrängen in den Iran verschieben werden. Wir wissen nicht, ob das Regime zusammenbrechen wird oder nicht – es ist nicht unser Ziel, aber wenn es zusammenbricht, so ist das großartig, so ist es ihr Problem.«[30]

Mit Petrodollars wird versucht, den Iran diplomatisch zu isolieren. So brachen von Saudi-Arabien alimentierte Staaten wie Dschibuti, Somalia und der Sudan die diplomatischen Beziehungen zum Iran ab. Saudi-Arabien ist auch bestrebt, den Staatsfeind Nr. 1 durch Stellvertreterkriege in der Region zu beschäftigen und zu schwächen.

## Der Jemen-Krieg

Lange Zeit setzte Saudi-Arabien im Jemen auf den starken Mann Ali Abdullah Saleh. Der säkulare Schiit und Oberst a. D. amtierte von Juli 1978 bis Mai 1990 als Präsident der Arabischen Republik Jemen (Nordjemen) und von Mai 1990 bis Januar 2012 als Präsident der wiedervereinigten Republik Jemen.[31]

Zwischen Mai und Juli 1994 schlug Präsident Saleh in einem Bürgerkrieg die sezessionistischen Kräfte, die wieder einen unabhängigen Staat Südjemen etablieren wollten. Außerdem führte er zwischen 2004 und 2010 mehrere Feldzüge gegen die schiitische Huthi-Bewegung in der nördlichen Region Saada. 2009 griffen die Kämpfe auch in die saudische Provinz Dschisan über, königliche Truppen griffen ein. Die von einer Klerikerfamilie zunächst unter der Bezeichnung »Gläubige Jugend« gegründete Huthi-Bewegung sucht die zaiditisch-schiitische Glaubensrichtung zu erneuern und der von Saudi-Arabien unterstützten, aggressiv-wahhabitischen Mission in ihrer Heimatregion entgegenzutreten. Ihre Führer lebten zeitweise in Teheran und übernahmen von dort sozialrevolutionäre und antiwestliche Parolen, wie z. B. »Gott ist groß! Tod den USA! Tod Israel! Verdammt seien die Juden! Sieg dem Islam!«[32]

Anfang 2011 wurde der Jemen als eines der ersten Länder von der arabischen Protestbewegung erfasst. Korruption und Wahlfälschung sollten abgestellt, politische Gefangene freigelassen, die Meinungs-, Versammlungs- und Pressefreiheit garantiert sowie die Ressourcen gerecht verteilt werden. 16 000 Demonstranten unterschiedlicher Herkunft errichteten in der Hauptstadt ein Protestlager.

Bald zeigte sich freilich, dass Präsident Ali Abdullah Saleh nicht so schnell nachgeben würde. Er ließ das Oppositionslager von Scharfschützen auf Dächern beschießen. Am 18. März wurden 52 Menschen getötet und Hunderte verletzt.

Auch wurde die Protestbewegung schon bald von den traditionellen Eliten instrumentalisiert und marginalisiert. Insbesondere die Haschid-Stammeskonföderation unter Scheich Sadik al-Ahmar und die ihr nahestehende Islah-Partei sahen die Chance, sich auf Kosten von Saleh in den Vordergrund zu schieben. Der zu den Haschid gehörende

Generalmajor Ali Mohsen al-Ahmar kündigte mit Teilen der Armee Saleh die Gefolgschaft auf. Da Präsident Saleh zuletzt einen unabhängigeren Kurs versucht hatte, hatte sich Saudi-Arabien der Haschid-Konföderation und der Islah-Partei angenähert und sie mit Zuwendungen unterstützt. Die Islah-Partei verbindet Ideen der Muslimbruderschaft mit aus Saudi-Arabien kommenden wahhabitischen Vorstellungen.

Im Mai/Juni 2011 kam es zu Gefechten zwischen präsidententreuen Militäreinheiten einerseits sowie Haschid-Stammeskriegern und abtrünnigen Militärs andererseits. Erst nachdem Saleh am 3. Juni bei einem Raketenangriff auf seinen Palast schwer verletzt wurde und sich nach Saudi-Arabien zur medizinischen Behandlung begeben musste, nahm er einen vom GKR unter Federführung Saudi-Arabiens ausgearbeiteten Friedensplan an. Im November erklärte er sich zum Rücktritt bereit, im Gegenzug wurden ihm Immunität und freie Ausreise in die USA zugesichert. Vizepräsident Abed Rabbo Mansur Hadi wurde nach einer Wahl im Februar 2012 zum neuen Übergangspräsidenten ernannt.

UNO und GKR initiierten einen repräsentativen »Nationalen Dialog«: Bis Januar 2014 wurden Empfehlungen verabschiedet, die gerechte Regelungen in den Regionen Saada und Südjemen, die Einführung eines föderalen Systems, den Neuaufbau der staatlichen Institutionen inklusive der Armee sowie die Entwaffnung bewaffneter Gruppen vorsahen.

Zwei einflussreiche Gruppen trugen den Friedensplan nicht mit: die schiitischen Huthis aus der nördlichen Region Saada und die sezessionistische Bewegung *al-Hirak al-Dschanubi* im Süden. Die Huthis wandten sich gegen den im Februar 2014 vorgelegten Entwurf einer Föderation mit sechs Regionen, da die projektierten Grenzen ihr Siedlungsgebiet zerteilt hätten. Zur Verweigerungshaltung der jetzt unter der Bezeichnung *Ansar Allah* (»Helfer Gottes«) auftretenden

Huthis trug auch eine Serie von Attentaten gegen ihre Delegierten bei. Der *al-Hirak al-Dschanubi* (»Bewegung des Südens«) ging die Föderalisierung nicht weit genug. Unklar war außerdem die Aufteilung der Einnahmen aus den Öl- und Gasressourcen.

Ex-Präsident Saleh hatte sich nicht in die USA begeben, sondern war im Land geblieben. »Die Schlange«, wie ihn viele Jemeniten nannten, zog weiterhin ihre Fäden. Dabei konnte er auf bestimmte Stämme und Teile des Militärs zählen, z. B. die Einheiten der im Dezember 2012 von Präsident Hadi aufgelösten Republikanischen Garde, die von seinem ältesten Sohn Ahmed Saleh kommandiert worden war.

Der ökonomische Niedergang der Jahre 2012 bis 2014 hatte die Regierung des Präsidenten viel Vertrauen gekostet. Außerdem hatte Hadi seine Amtszeit einseitig verlängert, weswegen viele in ihm nicht mehr den rechtmäßigen Präsidenten sahen.

Nach einer unpopulären Benzinpreiserhöhung fachten die Huthis im August 2014 mehrwöchige Unruhen in Sanaa gegen Präsident Hadi an. Einen Monat später marschierten ihre Kämpfer von Saada nach Sanaa. Ein von den UN ausgearbeiteter Abzugsplan nach Bildung einer Regierung der Nationalen Einheit wurde aufgrund von Differenzen zwischen den politischen Lagern nicht umgesetzt.

Nachdem der neue saudische König Salman bin Abd al-Asis auf Verständigungsangebote der Huthis nicht reagiert hatte, steuerten diese ab Anfang 2015 einen kompromisslosen Kurs. Aus Sanaa vertrieben sie loyale Armeeinheiten. Schließlich traten Präsident Hadi und sein Kabinett unter Protest zurück. Die Huthis lösten im Februar das Parlament auf und erließen einseitig eine neue Verfassung mit Präsidentschaftsrat und provisorischem Nationalrat.

Ex-Präsident Hadi floh nach Aden, erklärte dort seinen

Rücktritt für null und nichtig und proklamierte die Hafenstadt zur provisorischen Hauptstadt. Nach zwei provokanten
Suizidanschlägen am 20. März 2015 auf zaiditische Moscheen
in Sanaa mit 142 Toten, verübt von einer bislang unbekannten Filiale des Islamischen Staats, marschierten die *Ansar
Allah* in Richtung Aden, um auch den Süden des Landes zu
besetzen und dort vorhandene dschihadistische Nester aus-
zurotten. Schon am 25. März erreichten sie Aden, das sie aber
nie vollständig eroberten. Damit wurde aus dem Aufstand
endgültig ein Bürgerkrieg. Je weiter die Huthis in den Süden
vorstießen, desto weniger konnten sie freilich auf die Unterstützung der Bevölkerung zählen. Präsident Hadi sitzt seit
März 2015 in Saudi-Arabien.

Die militärischen Erfolge der Huthis waren auch einem
überraschenden Bündnis mit Saleh geschuldet. Der frühere Präsident versuchte, auf ihrem Rücken an die Macht
zurückzukehren. Er brachte finanzielle Mittel, befreundete
Stämme, erprobte Kämpfer der Republikanischen Garde,
schwere Waffen aus US-Produktion sowie diplomatische
Verbindungen ein. Es handelte sich aber um eine brüchige
Zweckallianz, denn als Präsident hatte Saleh sechs Militäroperationen gegen die Huthis geführt.

Eine Provokation für Saudi-Arabien war das im März 2015
zwischen den Huthis und dem Iran abgeschlossene Abkommen über wirtschaftliche Zusammenarbeit. Der Iran kündigte an, Kraftwerke zu bauen und das Management jemenitischer Häfen zu übernehmen. Für Saudi-Arabien war die
Errichtung einer iranischen Präsenz an der strategischen
Meerenge Bab el-Mandab eine »rote Linie«.

Nach seiner Flucht von Aden nach Saudi-Arabien soll Präsident Hadi den GKR um militärischen Beistand gebeten haben. Der UN-Sicherheitsrat erklärte am 14. April 2015 ohne
Gegenstimmen mit Resolution 2216 seine Unterstützung für

die als legitim bezeichnete Hadi-Regierung und forderte die Huthis zum sofortigen Rückzug und zur Beendigung des Gewalteinsatzes auf. Außerdem verhängte er gemäß Kapitel VII der UN-Charta ein Waffenembargo sowie die Überwachung des Luft- und Seeraums.

Auf Betreiben von Muhammad bin Salman setzt Saudi-Arabien auf eine militärische Lösung im Jemen – in den Huthis sieht MbS nur Stellvertreter des Iran. Militärisches Denken ist dem Kronprinz eigen, er ist auch ein begeisterter CounterStrike-Spieler. Als Oberkommandierender der Armee will er mit einem Sieg im Jemen auch sein persönliches Prestige stärken. Ein weiterer Aspekt dieses Kriegs ist das Schmieden einer breiten sunnitischen Militärallianz, die auch nach Kriegsende Bestand haben soll. Der auf Einladung der Hadi-Regierung tätigen und mit einem GKR-Mandat ausgestatteten Militärkoalition traten neben Saudi-Arabien Ägypten, Bahrain, Eritrea, Jordanien, Katar, Kuwait, Marokko, der Senegal und der Sudan sowie die VAE bei. Saudi-Arabien konzentrierte sich auf Luftangriffe, die Verbündeten stellten das Gros der Landstreitkräfte. Katar wurde 2017 als Folge des Embargos ausgeschlossen, Marokko zog seine Truppen 2019 zurück.

Am 26. März 2015 begann die Operation »Decisive Storm«. Die USA begrüßten sie grundsätzlich, beteiligten sich aber lediglich mit Stabsoffizieren in der Gemeinsamen Planungszelle sowie mit Aufklärungsdaten für die Zielerkennung, Beratern, Waffen-, Munitions- und Kerosinlieferungen. In ähnlicher Weise ist Großbritannien involviert.

Der Jemen ist von großer geostrategischer Bedeutung für Saudi-Arabien, weist er doch 2400 Kilometer Küstenlinie auf. Bereits genannt wurde die Meerenge Bab el-Mandab am Ausgang des Roten Meers. Hinzu kommt die südjemenitische Provinz al-Mahra am Arabischen Meer; dorthin will Saudi-

Arabien eine Ölpipeline bauen, um die Straße von Hormus zu umgehen.

Das saudische Vorpreschen stieß nicht nur auf Zustimmung. Natürlich verurteilte der Iran die Einmischung in die inneren Angelegenheiten des Jemen. Nur eine Fortführung des Nationalen Dialogs könne die Probleme lösen. Waffenlieferungen an die Huthis dementierte Teheran – ohne entsprechende Unterstützung (z. B. Raketen) wären die Erfolge der Huthis aber zweifelsohne geringer. Auch der Irak, China und Russland lehnten die Militärintervention ab. Algerien und Tunesien äußerten sich besorgt und sprachen sich für Verhandlungen aus. Der stets um ein gutes Verhältnis zum Iran bemühte Oman beteiligte sich als einziges GKR-Mitglied nicht an der Operation.

Am 21. April 2015 verkündete die saudisch geführte Militärallianz die Einstellung der wegen der hohen zivilen Opferzahlen umstrittenen Luftangriffe und die Beendigung der Operation »Decisive Storm«. Die militärischen Ziele seien erreicht, die Rebellen praktisch geschlagen. Jedoch schloss sich daran am 22. April 2015 die Nachfolgeoperation »Restoring Hope« an, und die Luftangriffe wurden noch ausgeweitet.

Von der militärischen Konfrontation profitierten dschihadistische Gruppen. In entlegenen und vernachlässigten Regionen des Südjemen hat sich bereits seit den frühen 2000er-Jahren die »al-Kaida auf der Arabischen Halbinsel« (AQAP) eingenistet. Kurz nach dem Beginn der Militäroperation gegen die *Ansar Allah* besetzte die AQAP im April 2015 ein Jahr lang die Hafenstadt Mukalla und befreite dort Hunderte ihrer Kämpfer aus dem Gefängnis. Außerdem okkupierte sie vorübergehend die Städte Sindschibar und Dschaar. Die US-Armee führte zahlreiche Luftschläge durch, die regionale »Emire« (Führer) und Funktionäre der AQAP töteten. Dabei waren freilich immer wieder »Kollateralschäden« unter der Zivilbevölkerung zu beklagen.

Im November 2014 gründete auch der IS eine »Provinz Jemen«. 2015 machte er einerseits mit brutalen Suizidattentaten gegen schiitische Moscheen in Sanaa, andererseits mit Anschlägen gegen Vertreter der Hadi-Regierung und der Militärkoalition in Aden von sich reden.

Am 2. Dezember 2017 versuchte Ex-Präsident Saleh einen Seitenwechsel: Er verbündete sich mit den VAE gegen die Huthis und bemühte sich um eine Aussöhnung mit Präsident Hadi. Doch die Huthis schlugen zwei Tage später seine Kämpfer in Sanaa und töteten Saleh. Durch seinen Abfall wurde die Kampfkraft der *Ansar Allah* aber kaum geschwächt.

Jüngste Entwicklungen zeigen eine wachsende Rivalität zwischen Saudi-Arabien und den VAE. Letztere zogen ab Juli 2019 ihre Truppen offiziell zurück (wohl auch wegen der internationalen Kritik an der hohen Zahl ziviler Opfer), blieben jedoch militärisch präsent. Auf der angeblich für 99 Jahre an die VAE verpachteten jemenitischen Insel Sokotra im Indischen Ozean errichteten sie im Frühjahr 2018 einen Stützpunkt mit einer großen Kommandozentrale für den Einsatz emiratischer Luft-, See- und Spezialeinheiten in der Region. Mit emiratischer Hilfe eroberten am 31. Januar 2018 Kämpfer der sezessionistischen *al-Hirak al-Dschanubi* Aden und vertrieben die Truppen der Hadi-Regierung von dort. Am 20. Juni 2020 übernahmen sie auch die Macht auf der Insel Sokotra.

Weitere Militärstützpunkte haben die VAE in den letzten Jahren in Assab (Eritrea; genutzt bis 2021) und Mardsch (Libyen) errichtet. Strategisch wichtig ist die Präsenz emiratischer Truppen im Grenzgebiet Ostjemen/Oman (Gouvernement al-Mahra). Damit kommen die VAE den saudischen Bestrebungen in die Quere, eine Ölpipeline zum Hafen Mukalla zu bauen.

Mit aller Härte gehen sie gegen die islamistische Islah-Partei vor, deren Funktionäre sie inhaftieren. Hingegen arbeitet Saudi-Arabien mit dieser Partei zusammen. Manche Beobachter erwarten im Jemen einen künftigen Machtkampf zwischen Saudi-Arabien und den VAE; andere halten eine Abgrenzung der Einflusssphären (saudische Kontrolle des Nordwestens, emiratische Kontrolle des Südostens) für möglich.

Die VAE wollen zur regionalen Handels-, Ordnungs- und Seemacht aufsteigen. Zwischen Rotem Meer, Indischem Ozean und Arabischem Meer haben sie sich mit Hilfe der Dubaier Firma DP World die Kontrolle über zahlreiche Häfen gesichert. Sie betreiben eine massive Aufrüstung ihrer 65 000 Mann starken, zu einem bedeutenden Teil aus Ausländern rekrutierten Armee. In den bewaffneten Konflikten im Jemen und in Libyen demonstrierten sie ihre militärischen Fähigkeiten. Mit den USA und Frankreich arbeiten die VAE militärisch zusammen; in internationalen Missionen, wie z.B. in Afghanistan, wurde Interoperabilität eingeübt. Dem Westen bieten sich die VAE als verlässlicher Partner in der Region nach dem Vorbild Israels an. Auch zu diesem Staat intensivierten die VAE ihre Verbindungen, so fanden emiratisch-israelische Luftwaffenübungen über dem Mittelmeer statt, und im August 2020 nahmen die VAE als erste Golfmonarchie diplomatische Beziehungen mit Israel auf.

Im Juli 2020 startete eine »Emirates Mars Mission« (EMM) mit der Raumsonde »al-Amal« (»Hoffnung«), unter werbewirksamer wissenschaftlicher Leitung einer emiratischen Informatikerin. US-Verteidigungsminister James N. Mattis bezeichnete die ehrgeizigen VAE schon 2011 als »Little Sparta«.[33]

Allerdings waren im jemenitischen Bürgerkrieg Ende 2021 die Regierungskräfte und ihre arabischen Unterstützer in der Defensive: Die Huthis standen kurz davor, die strategisch wichtige Stadt Marib in der Mitte des Landes zu erobern, weswegen von den VAE angeheuerte Milizen wieder eingreifen mussten. Nach beinahe sieben Jahren Krieg hat die von Saudi-Arabien geführte Militärallianz ihre Ziele im Jemen verfehlt, trotz 200 Millionen US-Dollar allein saudischer Kriegskosten pro Tag. Die Huthis wurden zwar bis zur Mitte des Landes zurückgedrängt, sie kontrollieren aber die bevölkerungsreichsten Gebiete inklusive der Hauptstadt. Auch wenn viele ihrer Raketen abgefangen werden, sind sie doch zunehmend treffsicher, und immer wieder gelingen spektakuläre Einschläge. So wurde Saudi-Arabien gedemütigt, als im März 2022 unmittelbar vor dem Formel-1-Rennen in Dschidda Raketen in der Nähe der Rennstrecke einschlugen.

Das erkennbare Ziel Saudi-Arabiens und der VAE, die Politik im Jemen zu kontrollieren, und die zivilen »Kollateralschäden« haben zu einer patriotischen Solidarisierung zahlreicher Jemeniten geführt, auch wenn viele von ihnen die autoritäre, ideologisierte und rückwärtsgewandte Herrschaft der Huthis ablehnen.

Den Preis des Kriegs muss die Zivilbevölkerung zahlen. Gemäß dem Armed Conflict Location & Event Data Project (ACLED) wurden bis zum 31. Oktober 2019 wenigstens 100 000 Menschen durch Kampfhandlungen getötet, darunter mehr als 12 000 Zivilisten.[34] Hinzu kommen die mindestens ebenso vielen zivilen Todesopfer infolge der Blockade- und Embargomaßnahmen, die aufgrund von Hunger, Entkräftung, Wassermangel, Seuchen und unzureichender medizinischer Behandlung zu Tode kamen. 85 000 Kinder sollen zwischen 2015 und 2019 an Hunger und Krankheit verstorben sein. Gemäß UN-Sicherheitsrat war Anfang 2020 eine Rekordzahl von 6,7 Millionen Jemeniten von humanitärer Hilfe abhängig. Die Militärkoalition bombardiert unter anderem mit Streubomben gezielt Flughäfen, Häfen, Straßen, Tankstellen sowie Anbauflächen, wodurch die landwirtschaftliche Produktion eingebrochen ist. Humanitäre Lieferungen für die Huthi-Gebiete müssen sich einem zeitraubenden Kontrollregime unterziehen und werden häufig nicht durchgelassen.

Auch die *Ansar Allah* begehen Kriegsverbrechen, nutzen beispielsweise Krankenhäuser als Schutzschilde für ihre Kämpfer oder beschießen zivile Ziele in Saudi-Arabien. Doch sind die »Kollateralschäden« infolge der Koalitionsangriffe ungleich höher.[35] Problematisch sind zudem die häufigen Zerstörungen von Kulturgütern.

Vor allem Großbritannien, Frankreich und die USA verdienen an Waffenlieferungen. Saudi-Arabien und die VAE gelten als Verbündete oder »strategische Partner« (so Saudi-Arabien im Fall Deutschlands), Kritik an ihrem Verhalten wird daher allenfalls zurückhaltend geäußert.

Nach der Kaschoggi-Affäre nahm die internationale Kritik am Jemen-Krieg Saudi-Arabiens zu, auch in Deutschland. Rüstungsgeschäfte mit dem Königreich sind Thema einer lang andauernden innenpolitischen Kontroverse zwischen wertorientierten und realpolitischen Stimmen. Seit den 1980er-Jahren wurden die Beziehungen zwischen beiden Staaten enger. Saudi-Arabien vergab in enormem Umfang Kredite an die Bundesrepublik Deutschland, das bilaterale Handelsvolumen stieg stetig an. Unter der rot-grünen Regierungskoalition (1998–2005) wurden die Verbindungen zu dem G20-Gründungsmitglied Saudi-Arabien intensiviert. Bundeskanzler Gerhard Schröder reiste im Oktober 2003 und Februar 2005 nach Riad und warb für einen Ausbau der Wirtschaftskontakte; Bundeskanzlerin Angela Merkel stattete Saudi-Arabien drei Staatsbesuche (2007, 2010, 2017) ab. Für Saudi-Arabien ist Deutschland drittgrößter Handelspartner hinter den USA und Japan, es importierte 2019 aus der Bundesrepublik chemische Erzeugnisse, Maschinen sowie

Fahrzeuge und Fahrzeugteile im Wert von 5,9 Milliarden Euro.

Bei den deutschen Rüstungsexporten nach Saudi-Arabien wurde 2012 ein Höchststand von 1,24 Milliarden Euro erreicht, das Königreich war damit Exportland Nr. 1. 2013 bis 2018 gingen sie zurück und beliefen sich im Durchschnitt auf ca. 300 Millionen Euro.[36] Besonders umstritten war der 2011 geäußerte Wunsch Saudi-Arabiens, 270 Kampfpanzer des Typs Leopard 2 PSO/2A7+ zu kaufen, denn diese waren zur Bekämpfung von Unruhen geeignet. Schließlich erteilte 2014 die Große Koalition auf Betreiben der SPD dem Panzergeschäft eine Absage.

2017 einigte sich die Große Koalition darauf, keine Rüstungsexporte an Länder zu genehmigen, die am Jemen-Krieg beteiligt sind. Doch gab es weiterhin Ausnahmen. Nach dem Kaschoggi-Mord 2018 verfügte die Bundesregierung einen Stopp von Waffenlieferungen, Altverträge dürfen aber weiterhin abgearbeitet werden.

Die Meinungen der Experten zu Rüstungslieferungen gehen auseinander. Guido Steinberg von der Stiftung Wissenschaft und Politik (SWP) befürwortet sie, solange sie berechtigten saudischen Sicherheitsinteressen dienen. Wenngleich die Förderung wahhabitischen und salafistischen Gedankengutes problematisch sei, betonte er, dass das Königreich »ein enorm wichtiger Partner westlicher Politik ist und seine Stabilität eine wichtige Voraussetzung für die Versorgung der Weltwirtschaft mit Öl ist«.[37] Auch der Saudi-Arabien-Experte der Deutschen Gesellschaft für Auswärtige Politik (DGAP) Sebastian Sons erkennt die strategische Bedeutung des Königreichs an, empfiehlt aber ein Ende aller Waffenlieferungen – einerseits um sich nicht bei Menschenrechtsverletzungen mitschuldig zu machen, andererseits um die innenpolitische Diskussion von dieser heiklen Frage zu befreien. Potenzial habe die bilaterale Zusammenarbeit in den Bereichen Energie- und Klimapolitik, kulturelle und Entwicklungszusammenarbeit.[38]

Problematisch ist, dass die Hadi-Regierung mit Rückgriff auf UN-Resolution 2216 Vorbedingungen zum Frieden wie die Anerkennung ihrer Rechtmäßigkeit und die Niederlegung der Waffen durch die Huthis einfordert. Von den UN-Vermittlern organisierte Gespräche der Konfliktparteien wurden stets nach kurzer Zeit abgebrochen.

Ein erster Hoffnungsschimmer war das Abkommen über einen lokalen Waffenstillstand, das nach sechsmonatigen schweren Kämpfen um den für Hilfslieferungen eminent wichtigen Hafen Hodeida im Dezember 2018 vereinbart wurde. Eine UNO-Beobachtermission überwacht die Umsetzung des seit Mai 2019 funktionierenden Waffenstillstands. Den Vereinten Nationen gelang es, zum Anfang des islamischen Fastenmonats Ramadan (2. April 2022) eine zweimonatige Waffenruhe zustande zu bringen.

Künftige Friedensverhandlungen werden nur erfolgreich sein, wenn die Interessen aller internen Konfliktparteien berücksichtigt und die externen Einflussmächte hingezogen werden. Ohne Druck der internationalen Gemeinschaft, insbesondere von Seiten der EU und der USA, wird kein Frieden möglich sein. Sollte der Krieg andauern, könnte er in eine humanitäre Katastrophe und den Zerfall des Staates Jemen führen. Die Folgen für die Region wären unkalkulierbar.

## Neueste Entwicklungen

Im Dezember 2020 gewann Joseph R. Biden die US-Präsidentschaftswahl. Im Wahlkampf hatte er angekündigt, die Politik gegenüber Saudi-Arabien neu zu kalibrieren. Das

Land müsse als »Paria« herausgestellt werden und den Preis für den Kaschoggi-Mord zahlen. Nach seiner Wahl kündigte Biden an, die Menschenrechte in das Zentrum seiner Außenpolitik zu stellen. In Riad wurde seine Wahl daher mit wenig Begeisterung aufgenommen.

Im Februar 2021 erklärte Biden, den Krieg Saudi-Arabiens im Jemen nicht mehr mit Waffen und Aufklärungsdaten zu unterstützen. Er müsse enden, da er zu einer humanitären und strategischen Katastrophe geführt habe. Die Huthis strich er von der Terrorliste. Außerdem setzte er im selben Monat den Kronprinzen Muhammad bin Salman mit der Ankündigung der Veröffentlichung des von seinem Vorgänger geheim gehaltenen CIA-Geheimdienstdossiers zum Mordfall Kaschoggi unter Druck. Biden verschärfte auch die 2018 verhängten US-Sanktionen gegen Saudi-Arabien: Gegen weitere 76 saudische Bürger wurden Einreisebeschränkungen verhängt, freilich nicht gegen den Kronprinzen. Biden kommunizierte wegen der Kaschoggi-Affäre demonstrativ nur mit dem König, nicht mit dem Kronprinzen.

Anfang 2022 erklärte Muhammad bin Salman selbstbewusst gegenüber einem US-Journalisten, dass man ihm in der Kaschoggi-Affäre großes Unrecht angetan habe. Doch sei es ihm egal, wenn Präsident Joe Biden bezüglich seiner Person Dinge missverstehe. An der Fortsetzung der »langen, historischen Beziehungen mit den USA« sei er grundsätzlich interessiert. Doch müsse Biden selbst entscheiden, ob er seine Politik an den Interessen der USA ausrichte. Saudi-Arabien habe ein enormes Potenzial; wenn man es nicht realisiere, würden sich Konkurrenten aus dem Osten darüber freuen. Der Kronprinz verwies auf die hohen saudischen Investitionen in den USA in Höhe von 800 Milliarden US-Dollar – man könne sie erhöhen, aber auch reduzieren. Eine Umwandlung Saudi-Arabiens in eine konstitutionelle Monarchie lehnte

Muhammad bin Salman dezidiert ab. Unterhalb des Königs existierten rund 1000 wesensgleiche tribale und städtische Monarchien. Er werde den Fortbestand der »unverfälschten Monarchie« in Saudi-Arabien garantieren.[39] Die Entschlossenheit des Kronprinzen zeigen auch die 81 an einem einzigen Tag (12. März 2022) vollstreckten Hinrichtungen wegen Terrorismus.

Die Lage am Roten Meer und am Persischen Golf war zur Jahresmitte 2022 weiterhin brandgefährlich. Die USA haben ihre Truppen aus Afghanistan abgezogen und ihre Militärpräsenz im Irak, in Jordanien, Kuwait und Saudi-Arabien vermindert. Der Iran hat nach der Aufkündigung des Nuklearabkommens durch die USA begonnen, sich nicht mehr an bestimmte Vereinbarungen zu halten. Zwischen Israel und dem Iran wird ein Schattenkrieg mit Seeminen, verdeckten Angriffen auf Tanker, Geheimdienstoperationen und Cyberattacken ausgetragen, der jederzeit zum offenen Krieg eskalieren könnte. Auch Saudi-Arabien trägt mit dem Iran eine verdeckte Konfrontation aus, ist dabei aber ins Hintertreffen geraten: Seine Schutzmacht USA hat ihre Präsenz reduziert, das Verhältnis zu den VAE ist angespannt, im Irak, im Libanon und in Syrien konnte Saudi-Arabien den iranischen Einfluss nicht hinreichend eindämmen, im Jemen erreichte es allenfalls ein Patt, und den hochentwickelten iranischen Drohnen kann das Königreich (noch) nichts entgegensetzen.

Doch ist der saudisch-iranische Konflikt nicht unüberbrückbar. Wenngleich ideologisch-religiöse Differenzen eine Rolle spielen, so ist die Auseinandersetzung doch in erster Linie geopolitischer Natur. Vali Nasr (Johns Hopkins University in Baltimore) und Maria Fantappie (Centre for Humanitarian Dialogue in Genf) erkennen Chancen für eine stabile regionale Friedenslösung, denn auch der Iran ist infolge teurer Kriege, wirtschaftlicher Sanktionen und Destabilisierung von außen verwundbar. Die beiden sehen den Schlüssel bei den USA: Wenn es gelingt, die Sicherheitsinteressen des Iran zu respektieren und gleichzeitig Verbündeten wie Saudi-Arabien eine effektive Sicherheitsgarantie zu geben, sei eine Friedensordnung im Nahen und Mittleren Osten möglich.[40]

Erste Anzeichen einer Entspannung sind erkennbar. Nach Vermittlungsbemühungen kuwaitischer Diplomaten wurde im Januar 2021 der Konflikt Katars mit seinen Golfnachbarn mit einem Vertrag beendet. Im April dieses Jahres nahmen Saudi-Arabien und der Iran in der irakischen Hauptstadt Bagdad geheime Gespräche auf, von denen inzwischen mehrere Runden stattfanden. Viel wird davon abhängen, ob die im Dezember 2021 wiederaufgenommenen Atomgespräche mit dem Iran in Wien zu einer Wiedereinsetzung des Nuklearabkommens führen, im besten Fall sogar zu einem erweiterten Sicherheitsabkommen. Und die Kriegsparteien im Jemen einigten sich immerhin bis Oktober auf eine Verlängerung der Waffenruhe von April 2022.

Der russische Krieg gegen die Ukraine wird erhebliche Folgen für die arabische Welt haben. Beide Staaten zählen zu den weltweit größten Exporteuren von Weizen, Speiseöl und Dünger. Die Verknappung bzw. Verteuerung dieser Güter und das Emporschnellen des Ölpreises könnte in den ärmeren Staaten der Großregion – wie 2011 im »Arabischen Frühling« – wieder massenhafte Proteste und Flüchtlingsbewegungen auslösen. So ist Ägypten der weltweit größte Weizenimporteur. Seinem Verbündeten sagte das Königreich 5 Milliarden US-Dollar Budgetunterstützung zu, außerdem werden 10 Milliarden saudische Investitionen in Ägypten nach einem Abkommen mit dem Saudi Public Investment Fund erwartet. Der auf 122,17 US-Dollar pro Fass Brent (Juni 2022) hochgeschnellte Ölpreis bedeutet für Saudi-Arabien eine willkommene Budgetspritze. Gemäß IWF ist die Wachstumsvorhersage für das Königreich im Jahr 2022 von 2,8 Prozent auf 7,6 Prozent zu erhöhen. Entgegen den Wünschen der USA erklärte sich das Königreich zunächst nicht bereit, seine Produktion vorübergehend auszuweiten, um den Ölpreis zu stabilisieren.[41]

Saudi-Arabien hält sich seine politischen Optionen offen: Bei der Resolution der UNO-Generalversammlung vom 2. März 2022, die den russischen Angriff verurteilte, enthielt sich das Königreich der Stimme, und ebenso, als die Generalversammlung am 8. April den Ausschluss Russlands aus dem Menschenrechtsrat beschloss. Zusammen mit China, Indien, dem Iran, Israel und den VAE schließt sich Saudi-Arabien den vom Westen geforderten Sanktionen gegen Russland nicht an, mit dem es im Format OPEC+ zusammenarbeitet. Vom russischen Bedarf nach alternativen Märkten und Finanzierungsinstrumenten könnte das Königreich profitieren.

Die weltweit gestiegene Nachfrage nach Energie reduziert den Druck westlicher Staaten auf Saudi-Arabien, im Bereich der Menschenrechte Reformen einzuleiten. Ein Signal war, dass der saudische Kronprinz am 15. April 2022 den chinesischen Staatspräsidenten Xi Jinping anrief und seine Bereitschaft äußerte, die »Saudi Vision 2030« mit dem chinesischen Großprojekt »One Belt One Road« (siehe S. 41) zu harmonisieren. Im Gegenzug äußerte China die Absicht, Anteile am Ölkonzern Saudi Aramco zu kaufen. Sollte sich Russland mit Chinas Unterstützung behaupten, könnten sich Saudi-Arabien und die VAE noch stärker dem eurasisch-autoritären Lager zuwenden.

Der Russland-Ukraine-Krieg trägt dazu bei, dass die USA gegenüber Saudi-Arabien wieder in erster Linie auf Interessenpolitik anstatt auf wertegeleitete Politik setzen. Im Juli

2022 besuchte US-Präsident Biden mehrere Golfmonarchien inklusive Saudi-Arabien und traf erstmals Kronprinz Muhammad bin Salman persönlich. Doch hatten seine Bemühungen um niedrige Ölpreise keinen Erfolg: Unter Führung Saudi-Arabiens beschloss die OPEC+ im Oktober eine deutliche Kürzung der Fördermenge, um den Preis hoch zu halten.

US-Außenminister Antony Blinken hielt in einem Interview mit der Zeitschrift Foreign Affairs die Themen Menschenrechte und Demokratie im Verhältnis zu Saudi-Arabien weiterhin für wichtig, verwies aber auf die Bedeutung der US-amerikanischen Interessen: »Saudi-Arabien ist für uns ein entscheidender Partner bei der Bekämpfung des Extremismus in der Region, bei der Bewältigung der Herausforderungen durch den Iran und, wie ich hoffe, auch bei der Fortsetzung des Prozesses des Aufbaus von Beziehungen zwischen Israel und seinen Nachbarn [...] Wir wollen sicherstellen, dass es in einer Zeit, in der dies zunehmend infrage gestellt wird, auf den globalen Märkten genügend Energie gibt, und wir wollen sicherstellen, dass die Preise im Zaum gehalten werden, damit die Verbraucher nicht leiden, und Saudi-Arabien ist dabei ein entscheidender Akteur.«[42]

Ein möglicher »Gamechanger« war auch der Besuch des türkischen Staatspräsidenten Recep Tayyip Erdoğan am 28./29. April 2022 in Riad, wo er König Salman und seinen bisherigen Intimfeind, Kronprinz Muhammad bin Salman, traf. Die von einer eskalierenden Wirtschaftskrise gebeutelte und außenpolitisch unter Druck stehende Türkei bemüht sich um Wiederannäherung an Saudi-Arabien, die VAE, Ägypten und Israel. Angekündigt wurde eine signifikante Ausweitung der bilateralen Wirtschaftsbeziehungen, auch ein Währungstauschgeschäft (SWAP) wird diskutiert, das der Türkei dringend benötigte Devisenreserven verschaffen würde. Als Gegenleistung hat Ankara seine Verbindungen zur Muslimbruderschaft und zum Iran reduziert, und die Ermittlungen der türkischen Staatsanwaltschaft gegen die Kaschoggi-Mörder wurden eingestellt. Mit Einbindung der Türkei würde die von Saudi-Arabien angeführte Achse gegen den Iran maßgeblich gestärkt.

Es ist zu hoffen, dass sich die Regionalmächte im Nahen und Mittleren Osten auf ein gemeinsames Sicherheitskonzept verständigen, anstatt das kostspielige Wettrüsten fortzuführen und verdeckte Kriege gegeneinander auszutragen. Am Ende eines Prozesses könnte eine politische und wirtschaftliche Gemeinschaft Nahmittelost nach dem Vorbild der Europäischen Union stehen.

# Ausblick

Das alte Saudi-Arabien war von familiärem Konsens in der weitverzweigten Herrscherdynastie Saud und ihrem Bündnis mit wahhabitischen Gelehrten, Kaufmannsfamilien und Stämmen geprägt. Die starke weltweite Nachfrage nach Erdöl ermöglichte eine Wohlstands- und Versorgungsökonomie. Für Sicherheit sorgte der strategische Partner und Premiumkunde USA.

Doch haben sich die Rahmenbedingungen inzwischen signifikant geändert. Im Zuge der Energiewende werden die Erdöleinnahmen ungeachtet temporärer Schwankungen tendenziell zurückgehen. Die USA sind vom Energieimporteur zum Energieexporteur geworden, ihr sicherheitspolitischer Fokus liegt heute auf dem Pazifik und nicht mehr im Mittleren Osten.

Der starke Mann Muhammad bin Salman treibt die notwendige Modernisierung und Neuausrichtung von Staat, Gesellschaft und Wirtschaft ebenso tatkräftig wie rücksichtslos voran. In Saudi-Arabien herrscht heute allein die dynastische Linie Salmans; sie stützt sich auf technokratische Führungskräfte, neue Unternehmereliten, nach gesellschaftlichen Reformen drängende Bevölkerungsgruppen und die Sicherheitskräfte. Die Wirtschaft wird zur diversifizierten Industrie- und Dienstleistungswirtschaft umgebaut und für ausländische Investoren geöffnet. Saudische Bürger müssen sich künftig um Arbeitsstellen in der Privatwirtschaft bewerben oder unternehmerisch tätig werden.

Im neu eröffneten geopolitischen Vakuum sucht Saudi-Arabien die Demokratisierung der Region zu verhindern und eine Vormachtstellung am Persischen Golf wie auch in der arabisch-islamischen Welt zu erringen. Die gemeinsame Frontstellung gegen die Islamische Republik Iran und die Muslimbruderschaft führt zu einer fortschreitenden Annäherung an Israel.

Ob die Strategie des Kronprinzen erfolgreich sein wird, bleibt abzuwarten. Die konsequente Diversifizierung der Wirtschaft begann spät und nützte nicht die Periode hoher Ölpreise zwischen 2002 und 2012. Gebremst wird sie durch die globalen Folgen der Covid-19-Pandemie und durch ein Ölpreisniveau, das trotz eines momentan hohen Weltmarktpreises mittelfristig signifikant sinken dürfte. Die saudische Bevölkerung wird bis 2040 von 35 auf 42 Millionen Menschen wachsen. Pro Jahr drängen 400 000 junge Saudis auf den Arbeitsmarkt. Investitionen werden benötigt, um die erforderlichen Arbeitsplätze zu schaffen. Darüber hinaus müssen Bildung, Sozialisierung und Motivation der Bürger ausreichen, um den Erfolg des Umbaus zu garantieren, was fraglich ist. Hinzu kommen Risiken im regionalen Umfeld: Krieg und Terrorismus, Flüchtlingsbewegungen, humanitäre und ökologische Katastrophen.

Außenpolitische Projekte des Kronprinzen, wie der Jemen-Krieg und das Katar-Embargo, verschlangen immens viele Ressourcen, ohne dass die gesteckten Ziele erreicht wurden. Die Neuordnung Nordafrikas, des Nahen und Mittleren Ostens ist nicht abgeschlossen, der Gewinner noch nicht erkennbar. Saudi-Arabien ist derzeit gegenüber Bedrohungen von außen verwundbar und nicht in eine starke Sicherheitsarchitektur eingebunden. Im Innern hat sich der Kronprinz viele Feinde gemacht – möglicherweise kann er Widerstände mit autoritären Mitteln niederhalten, es könnte aber auch zu einer erfolgreichen Solidarisierung entmachteter Eliten kommen. Offen ist, wie sich der von oben oktroyierte gesellschaftliche Wandel auswirken wird. Er könnte mittelfristig Forderungen nach einer politischen Öffnung auslösen.

Saudi-Arabien ist in eine entscheidende Transformationsphase eingetreten. Die nächsten zehn Jahre werden ausschlaggebend für ihr Gelingen oder Scheitern sein.

# ANHANG

# Danksagung

Für ihre wichtigen Hinweise zu meinem Manuskript danke ich herzlich Dr. Said AlDailami (München), Professor em. Dr. Dieter Böhn (Würzburg) und Fabian Schmidmeier M.A. (Erlangen), außerdem Dr. Konrad Schliephake (Geographische Gesellschaft Würzburg) für seine fachkundigen wissenschaftlichen Reiseleitungen in Saudi-Arabien.

# Anmerkungen

## Saudi-Arabien: Klischeebehaftet und facettenreich, traditionell und reformorientiert, machtbewusst und verunsichert

1   House 2012, S. ix (Übersetzung Vf.).

## Was man zur Geographie und zur Geopolitik wissen muss

1   Gesellschaftlicher Wandel und Resilienz auf der Arabischen Halbinsel in 12 000 Jahren Klimawandel. Max-Planck-Institut, 6. 4. 2020, https://www.shh.mpg.de/1666170/societal-transformations-and-resilience-in-arabia-across-12-000-years-of-climate-change (Zugriff 10. 4. 2021); Girndt/Escher/Zimmermann 2013; Arabische Halbinsel 2020.
2   British Petroleum: Statistical Review of World Energy 2021, S. 70. Auflage, London 2021, S. 16, https://www.bp.com/content/dam/bp/business-sites/en/global/corporate/pdfs/energy-economics/statistical-review/bp-stats-review-2020-full-report.pdf (Zugriff 10. 4. 2021).
3   Ebd., S. 34.
4   Girndt/Escher/Zimmermann 2013, S. 48.
5   British Petroleum: Energy Outlook. 2020 Edition, London 2020, https://www.bp.com/content/dam/bp/business-sites/en/global/corporate/pdfs/energy-economics/energy-outlook/bp-energy-outlook-2020.pdf (Zugriff 30. 5. 2021).
6   Während die Mittelmeeranrainer Ägypten, Israel, Palästina, Jordanien und Syrien im Westen zum »Nahen Osten« gezählt werden, gehören die Staaten auf der Arabischen Halbinsel zuzüglich des Iraks und Irans zum »Mittleren Osten«. Im Englischen und Amerikanischen wird diese Unterscheidung nicht mehr vorgenommen: Der Begriff »Middle East« beinhaltet heute den gesamten Nahen und Mittleren Osten. Ihm entspricht der arabische Begriff

    *maschrek* (»Ort des Sonnenaufgangs«), im Gegensatz zu
    *maghreb* (»Ort des Sonnenuntergangs«, d. h. die Länder von
    Marokko bis Libyen).

7   Siehe World Bank: Data, https://data.worldbank.org/indicator
    (Zugriff 21. 9. 2021).

8   The Emirates Center for Strategic Studies and Research
    (ECSSR) 2013 bzw. 2019.

9   House 2012, S. 5, 69.

10  Niblock/Ahmad/Sun 2018; Shay 2019; United States Institute
    of Peace 2020; Zac Vertin: Red Sea geopolitics: Six plotlines to
    watch. Brookings, 15. 12. 2019, https://www.brookings.edu/
    research/red-sea-geopolitics-six-plotlines-to-watch (Zugriff
    10. 4. 2021); Arafat 2020; Baraki/Edlinger 2020.

11  Maha Yahya: How Has China's Role in the Middle East
    Evolved? Malcolm H. Kerr Carnegie Middle East Center,
    26. 9. 2019, https://carnegie-mec.org/2019/09/26/how-has-
    china-s-role-in-middle-east-evolved-pub-79930 (Zugriff
    20. 9. 2021).

12  Muyu Xu/Chen Aizhu: China oil imports from top supplier
    Saudi Arabia rise 47% in 2019: customs. Reuters, 31. 1. 2020,
    https://www.reuters.com/article/us-china-economy-trade-
    oil/china-oil-imports-from-top-supplier-saudi-arabia-rise-
    47-in-2019-customs-idUKKBN1ZU0EH?edition-redirect=uk
    (Zugriff 12. 4. 2021).

13  Eurostat: EU imports of energy products – recent develop-
    ments, 26. 10. 2021, https://ec.europa.eu/eurostat/statistics-
    explained/index.php?title=EU_imports_of_energy_
    products_-_recent_developments#Main_suppliers_of_
    natural_gas_and_petroleum_oils_to_the_EU (Zugriff
    21. 9. 2021).

14  Lüders 2012, S. 29.

15  Hanns-Seidel-Stiftung 2018.

## Die Geschichte der Arabischen Halbinsel
## bis zum Aufstieg der Dynastie Saud

1 Menschliche Fußabdrücke als Momentaufnahme der arabischen Ökologie vor 120 000 Jahren. Archäologie online, 20. 9. 2020, https://www.archaeologie-online.de/nachrichten/menschliche-fussabdruecke-als-momentaufnahme-der-arabischen-oekologie-vor-120000-jahren-4762 (Zugriff 10. 4. 2021).

2 Zur Geschichte der Araber: Hitti [7]1960; Hottinger 1960; Wohlfahrt 1980; Salabi [2]1980; Hourani 2000.

3 Zit. nach Albrecht Fuess und Christoph Werner: Tausendundeine Nacht, FAZ 18. 1. 2016.

4 Mahmud 1964; Ende/Steinbach [5]2005; Silverstein 2012.

5 Steppat 1965.

6 S. M. Ghazanfar: Vasco da Gama's Voyages to India: Messianism, Mercantilism, and Sacred Exploits, in: Journal of Global Initiatives: Policy, Pedagogy, Perspective 13 (2018) 1, S. 28–30.

7 Zur Geschichte der Osmanen: Frank 1980; Majoros/Rill 2000.

8 Zit. nach Adrian 1971, S. 7.

## Die Allianz Saud/Wahhab begründet ein
## religiös legitimiertes Staatswesen

1 Zur Geschichte des ersten und zweiten saudischen Staats: Schreiber 1981; Kopf 1982; Brandes 1999; Al'Uthaimin 2003 bzw. 2005; Steinberg 2004; Sons 2020.

2 Zit. nach Dietl 1982, S. 39.

3 Peters [5]2005, S. 96.

4 Brandes 1999, S. 81 f.

5 Schoeps 2014.

6 Zit. nach ebd., S. 140.

7 Brandes 1999, S. 167.

8 Zit. nach Schreiber 1981, S. 128.

9 Zit. nach Atwan 2016, S. 241.

10 Zit. nach ebd., S. 33.

11 Zit. nach ebd., S. 49.

12 Zit. nach Sir Martin Gilbert: Churchill Proceedings – Churchill and Bombing Policy. Finest Hour 137, Winter 2007–08, Page 26. The fifth Churchill lecture: The George Washington University, Washington D. C. 18 October 2005. International Churchill Society, ohne Datum, https://winstonchurchill.org/publications/finest-hour/finest-hour-137/churchill-proceedings-churchill-and-bombing-policy (Zugriff 9. 1. 2019; Übersetzung Vf.).

13 Zit. nach Schreiber 1981, S. 227.

14 Zit. nach Pfullmann 2004, S. 89.

15 Davidson 2016, S. 89.

16 Zit. nach Yury Bermin: How Moscow lost Riyadh in 1938. Al Jazeera, 15. 10. 2017, https://www.aljazeera.com/opinions/2017/10/15/how-moscow-lost-riyadh-in-1938 (Zugriff 30. 12. 2020; Übersetzung Vf.).

17 Asad 1992.

## Ein neuer Staat: Das Königreich Saudi-Arabien

1 Kelly 1956, S. 318–326.

2 Rautenbach 1958, S. 115–123.

3 Zit. nach Kopf ab. Der Spiegel, Nr. 44, 26. 10. 1969, https://www.spiegel.de/politik/kopf-ab-a-c7c3db28-0002-0001-0000-000045520503?context=issue (Zugriff 25. 4. 2021).

4 Wald 2018, S. 3–7, 34–36, 54–64, 69–99.

5 Heideking ²1999, S. 278.

6 Schreiber 1981, S. 190–203; Wald 2018, S. 3–22.

7 Parker 2015.

8 Danforth 2016, S. 17–58.

9 Zit. nach Franklin Delano Roosevelt Administration: Roosevelt Meets King Saud at Bitter Lake (February 14, 1945). Jewish Virtual Library; ohne Datum, https://www.jewishvirtuallibrary.org/president-roosevelt-meets-king-saud-at-bitter-lake-february-1945 (Zugriff 10. 12. 2020; Übersetzung Vf.).

10 Zit. nach ebd. (Übersetzung Vf.).

11 Achcar 2009, S. 125 f.

12 Zit. nach Lüders 2018, S. 39.

13 Zit. nach Churchill's Turn: Meeting »Ibn Saud,« Fayyoum, February 1945. Middle East Institute. Editor's Blog, 19. 2. 2015, http://mideasti.blogspot.com/2015/02/churchills-turn-meeting-ibn-saud.html (Zugriff 4. 12. 2020; Übersetzung Vf.).

14 Zit. nach Weiss 1976, S. 5.

15 Wald 2018, S. 22.

16 Ebd., S. 47.

17 Pabst 2018, S. 71–92.

18 Önder 1980, S. 131.

19 Rautenbach 1958, S. 108.

20 Schreiber 1981, S. 227–240.

21 Lippman 2019.

22 Zit. nach Schreiber 1981, S. 292.

23 Zit. nach ebd., S. 275 f.

24 Zit. nach Kopf 1982, S. 15 (verkürzt wiedergegeben).

25 Zit. nach ebd., S. 21.

26 Zit. nach ebd., S. 12.

27 Zit. nach Schreiber 1981, S. 232.

28 Zit. nach ebd., S. 235.

29 Wald 2018, S. 125–127.

30 Zit. nach Schreiber 1981, S. 240.

31 Simons 2016, S. 202.

32 Zu König Faisals Herrschaft: Schreiber 1981, S. 241–263, 283–312.

33 Steinberg 2004, S. 128.

34 Malte Pieper: Terrorismus in Belgien – Das Problem Molenbeek begann 1967. Deutschlandfunk, 23. 1. 2017, https://www.deutschlandfunk.de/terrorismus-in-belgien-das-problem-molenbeek-begann-100.html (Zugriff 13. 5. 2022).

35 Zit. nach Florence Gaub: War of words: Saudi Arabia v Iran. EUISS Brief, Februar 2016, https://www.files.ethz.ch/isn/196038/Brief_2_Saudi_Arabia___Iran_01.pdf (Zugriff 21. 12. 2020; Übersetzung Vf.).

36 Zit. nach Bruce Riedel: Saudi Arabia: Nervously Watching Pakistan. Brookings, 28. 1. 2020, https://www.brookings.edu/opinions/saudi-arabia-nervously-watching-pakistan (Zugriff 11. 12. 2020; Übersetzung Vf.).

37  Kerr 1965.

38  Zit. nach »Traurig für USA, traurig auch für Israel«. Der Spiegel, 31. 3. 1975, https://www.spiegel.de/spiegel/print/d-41533931.html (Zugriff 10. 12. 2020).

39  Zit. nach ebd.

40  Zit. nach Stephen Kinzer: Adnan Khashoggi, High-Living Saudi Arms Trader, Dies at 81. New York Times, 6. 6. 2017, https://www.nytimes.com/2017/06/06/world/middleeast/adnan-khashoggi-dead-saudi-arms-trader.html (Zugriff 2. 1. 2021; Übersetzung Vf.).

41  Zit. nach Schreiber 1981, S. 276.

42  Zit. nach King Faisal ›clarifies‹ His Stand on Jews; Speaks to Arabs Only. Jewish Telegraphic Agency, 27. 6. 1966, https://www.jta.org/1966/06/27/archive/king-faisal-clarifies-his-stand-on-jews-speaks-to-arabs-only (Zugriff 13. 12. 2020; Übersetzung Vf.).

43  Historical document reveals possible collusion with Israeli occupation pre-Six Day War. Middle East Monitor, 1. 12. 2017, https://www.middleeastmonitor.com/20171201-historical-document-reveals-possible-collusion-with-israeli-occupation-pre-six-day-war (Zugriff 30. 11. 2021).

44  Pabst 2018, S. 99–101.

45  Zit. nach Schreiber 1981, S. 254.

46  Zit. nach Dietl 1983, S. 297.

47  Pabst 2018, S. 120–123.

48  Zit. nach Krieg gegen die Ölscheichs? Der Spiegel, 13. 1. 1975, https://www.spiegel.de/spiegel/print/d-41558545.html (Zugriff 14. 12. 2020).

49  Zit. nach Schreiber 1981, S. 338.

50  Ebd., S. 218 f.; Steinberg 2004, S. 62–65.

51  Zit. nach Fred Halliday: The Arc of Crisis and the New Cold War. Middle East Research and Information Project, Dezember 1981, https://merip.org/1981/11/the-arc-of-crisis-and-the-new-cold-war (Zugriff 15. 12. 2020; Übersetzung Vf.).

52  Zit. nach Kopf 1982, S. 81 bzw. 80.

53  Erdman 1976.

54  Zit. nach Kopf 1982, S. 32.

55  Zit. nach Garrett Nada u. a.: Flashpoints: Iran and Saudi

Arabia. United States Institute of Peace, Iran Primer, 18. 9. 2019, https://iranprimer.usip.org/blog/2019/sep/18/ flashpoints-iran-and-saudi-arabia (Zugriff 16. 12. 2020; Übersetzung Vf.).

56   Zit. nach Florence Gaub: War of words: Saudi Arabia v Iran. EUISS Brief, Februar 2016, https://www.files.ethz.ch/ isn/196038/Brief_2_Saudi_Arabia___Iran_01.pdf (Zugriff 21. 12. 2020; Übersetzung Vf.).

57   Nabeel A. Khoury: The Arab Cold War revisited. The Regional Impact of the Arab Uprising, in: Middle East Policy 2/2013, S. 73.

58   Lüders 1982, S. 50–53.

59   Schreiber 1981, S. 11–29.

60   Zit. nach ebd., S. 17.

61   Halliday 1974.

62   Steinberg 2004, S. 65–90.

63   Lüders 2018, S. 68 f.

64   Zit. nach Schreiber 1981, S. 311 f.

65   David B. Ottaway: U. S. Eyes Money Trails of Saudi-Backed Charities. Washington Post, 19. 8. 2004, https://www. washingtonpost.com/archive/politics/2004/08/19/us-eyes-money-trails-of-saudi-backed-charities/8215d5ec-670f-4ed3-80e1-65069a8b9acd (Zugriff 5. 5. 2022).

66   Kepel [2]2019, S. 16, 39.

67   François Musseau: Le roi Fahd apporte un petit bout d'Arabie à Marbella. Huit avions ont débarqué le monarque et sa suite en Andalousie. Libération, 30. 7. 1999, https://www.liberation. fr/planete/1999/07/30/le-roi-fahd-apporte-un-petit-bout-d-arabie-a-marbella-huit-avions-ont-debarque-le-monarque-et-sa-sui_280018 (Zugriff 13. 5. 2022).

68   Christopher Drew/Nicola Clark: BAE Settles Corruption Charges. New York Times, 5. 2. 2010, https://www.nytimes. com/2010/02/06/business/global/06bribe.html (Zugriff 13. 5. 2022).

69   Zit. nach Encyclopaedia Britannica, https://www.britannica. com/topic/history-of-Arabia-31558 (Zugriff 20. 12. 2020; Über-setzung Vf.).

70   Abou-Taam/Bigalke 2006, S. 73–78.

71   Naif says Muslim Brotherhood cause of most Arab prob-

lems. Arab News, 28. 11. 2002, https://www.arabnews.com/
node/226291 (Zugriff 21. 12. 2020; Übersetzung Vf.).

72  Pabst 2018, S. 143–146.

73  Ebd., S. 160 f.

74  Zit. nach Anthony H. Cordesman: Saudi Official Statements
on Terrorism After the September 11th Attacks. Center for
Strategic and International Studies, November 2001, S. 2,
https://csis-website-prod.s3.amazonaws.com/s3fs-public/
legacy_files/files/media/csis/pubs/saudi_terror.pdf (Zugriff
17. 12. 2020; Übersetzung Vf.).

75  Zit. nach Wald 2018, S. 169 f.

76  Lüders 2018, S. 103.

77  Warren Richter: Power behind throne is Saudi of a different
stripe. The Christian Science Monitor, 1. 11. 2001, https://
www.csmonitor.com/2001/1101/p1s4-wome.html (Zugriff
27. 12. 2020; Übersetzung Vf.).

78  Zit. nach Robert S. Dudney: Verbatim Special: War on Terror.
Air Force Magazine, Dezember 2001, S. 40–48 (Übersetzung
Vf.).

79  House 2012, S. 131.

80  Ebd., S. 201.

81  Ebd., S. 192 f.

82  Lüders 2018, S. 101.

83  Paul Berman: Irak und der logische Weg. Hamburger
Abendblatt, 24/25. 4. 2004 (Original in International Herald
Tribune).

84  AlDailami/Pabst 2014, S. 28–32.

85  Gilbert Achcar: Greater Middle East: the US plan. Le Monde
diplomatique, April 2004, https://mondediplo.com/2004/
04/04world (Zugriff 5. 11. 2021).

86  Robin Wright/Peter Baker: Iraq, Jordan See Threat To Elec-
tion From Iran. The Washington Post, 8. 12. 2004, https://
www.washingtonpost.com/archive/politics/2004/12/08/iraq-
jordan-see-threat-to-election-from-iran/7e0cc1bc-aeb3-447a-
bc9e-cfa5499699bc (Zugriff 22. 12. 2020).

87  Fareed Zakaria: How Saudi Arabia played Donald Trump.
Washington Post, 25. 7. 2017, https://www.washington
post.com/opinions/global-opinions/saudi-arabia-just-
played-donald-trump/2017/05/25/d0932702-4184-11e7-8c25-

44d09ff5a4a8_story.html (Zugriff 27.9.2021; Übersetzung Vf.).

88 Seymour Hersh: The Red Line and the Rat Line, in: London Review of Books 8/2014, S. 21–24, www.lrb.co.uk/v36/n08/seymour-m-hersh/the-red-line-and-the-rat-line (Zugriff 30.11.2021).

89 RAND Corporation: Unfolding the Future of the Long War, Santa Monica/Arlington 2008, S. xvi, www.rand.org/content/dam/rand/pubs/monographs/2008/RAND_MG738.pdf (Zugriff 23.12.2020).

90 Steinberg 2004, S. 86 f.

91 Saudis launch Islamic unity drive. BBC News, 4.6.2008, http://news.bbc.co.uk/2/hi/middle_east/7436212.stm (Zugriff 22.12.2020; Übersetzung Vf.).

92 House 2012, S. 149.

93 Aude Fleurant/Sam Perlo-Freeman/Pieter D. Wezeman/Siemon T. Wezeman: Trends in International Arms Transfers. SIPRI Fact Sheet, Februar 2016, www.sipri.org/sites/default/files/SIPRIFS1602.pdf.

94 WikiLeaks, Public Library of U.S. Diplomacy, Cable 09RIYADH447_a, 22.3.2009, https://wikileaks.org/plusd/cables/09RIYADH447_a.html (Zugriff 26.12.2020; Übersetzung Vf.).

95 Guido Steinberg: The Iraqi Insurgency Actors, Strategies, and Structures. Stiftung Wissenschaft und Politik, Berlin, Dezember 2006, https://www.swp-berlin.org/fileadmin/contents/products/research_papers/2006_RP13_sbg_ks.pdf (Zugriff 12.1.2021).

96 Hosseini 2020, S. 130.

97 Cordesman 2009, S. 56.

98 WikiLeaks, Public Library of U.S. Diplomacy, Cable 09RIYADH447_a, 22.3.2009, https://wikileaks.org/plusd/cables/09RIYADH447_a.html (Zugriff 26.12.2020; Übersetzung Vf.).

99 Zit. nach House 2012, S. 239 (Übersetzung Vf.).

100 Saudi reservations over Iran – »cut off the head of the snake« (Drahtbericht zitiert in Stratfor-Mail, 29.11.2010), Wikileaks, The Global Intelligence Files, https://wikileaks.org/gifiles/docs/16/1660009_saudi-reservations-over-iran-

cut-off-the-head-of-the-snake-.html (Zugriff 22.12.2020;
Übersetzung Vf.).

101  Zit. nach Altunışık 2019, S. 23 (Übersetzung Vf.).

## Der *hadsch* in Mekka, der Wiege des Islam

1  Hammoudi 2007; Nomachi 1997; Danforth 2016, S. 186–218.
2  Paul Lunde: The Lure Of Mecca. Saudi Aramco World (1974),
   November/Dezember, S. 14–21, http://saudiaramcoworld.com/
   issue/197406/the.lure.of.mecca.htm (Zugriff 12.4.2021).
3  Zit. nach ebd. (Übersetzung Vf.).

## Puristische Frömmigkeit und dogmatischer Wahrheitsanspruch: Der wahhabitische Islam

1  Crown Prince Mohammed bin Salman Talks to TIME About
   the Middle East, Saudi Arabia's Plans and President Trump.
   Time, 5.4.2018, https://time.com/5228006/mohammed-bin-
   salman-interview-transcript-full (Zugriff 11.4.2021; Übersetzung Vf.).
2  Als Sekte bezeichnet sie beispielsweise die Islamwissen-
   schaftlerin Khadija Katja Wöhler-Khalfallah (Wöhler-Khalfallah 2004).
3  Peters ⁵2005, S. 95–97; Bint Fulan 2013; Henner Fürtig:
   Historisch gewachsene Symbiose: Das Haus Saud und die
   Wahhabiyya, in: Bundeszentrale für Politische Bildung 2014,
   https://www.bpb.de/apuz/194429/das-haus-saud-und-die-
   wahhabiyya (Zugriff 10.9.2021); Lohlker 2017, S. 33–54.
4  Zit. nach Dietl 1983, S, 39.
5  Burkhardt 1831, S. 392 f.
6  Ebd., S. 389.
7  Ebd., S. 390.
8  Ebd., S. 394.
9  Al-Rasheed 2013.
10  Zit. nach Dietl 1983, S. 291.
11  Cook 2000, S. 166 (Übersetzung Vf.).
12  Saudi grand mufti calls for demolition of churches. Times of

Israel, 18. 3. 2015, https://www.timesofisrael.com/saudi-grand-mufti-calls-for-demolition-of-churches (Zugriff 11. 4. 2021).

13 Insoll 2005, S. 191–209.

14 Saudi-Arabiens Großmufti verbietet Schach. Der Spiegel, 22. 1. 2016, https://www.spiegel.de/politik/ausland/saudi-arabien-grossmufti-verbietet-schach-a-1073308.html (Zugriff 3. 12. 2021).

15 Saudis erlauben Feuerwehr, Mädchen zu retten. Spiegel Online, 17. 5. 2010, https://www.spiegel.de/panorama/gesell schaft/ministeriumsentscheid-saudis-erlauben-feuerwehr-maedchen-zu-retten-a-695181.html (Zugriff 10. 9. 2021).

16 Beim Grabe des Propheten. Süddeutsche Zeitung, 8. 9. 2014, https://www.sueddeutsche.de/politik/islam-beim-grabe-des-propheten-1.2119147 (Zugriff 2. 12. 2021).

17 House 2012, S. 133–136.

18 Muslim World League, https://themwl.org/en/sg (Zugriff 3. 12. 2021).

19 Bosnia's Muslims divided over inroads of Wahhabism. Reuters, 20. 1. 2007, https://www.reuters.com/article/lifestyle-bosnia-wahhabi-dc/bosnias-muslims-divided-over-inroads-of-wahhabism-idUKL2972174820061229?edition-redirect=uk (Zugriff 20. 2. 2021; Übersetzung Vf.)

20 Raihan Ismail: How is MBS's consolidation of power affecting Saudi clerics in the opposition? Washing-ton Post, 4. 6. 2019, https://www.washingtonpost.com/politics/2019/06/04/how-is-mohammads-consolidation-power-affecting-oppositional-saudi-clerics (Zugriff 14. 6. 2022).

21 Platteau 2017, S. 268; Meddeb 2002, S. 125.

22 House 2012, S. ix (Übersetzung Vf.).

23 Graeme Wood: Absolute Power. The Atlantic, 3. 3. 2022, https://www.theatlantic.com/magazine/archive/2022/04/mohammed-bin-salman-saudi-arabia-palace-interview/622822 (Zugriff 13. 6. 2022).

24 Menno Preuschaft: Islam and Identity in Foreign Policy, in: Patrick 2016, S. 16 f. (Übersetzung Vf.).

25 Peters [5]2005, S. 103–123; Lohlker 2017, S. 16–32.

26 Wiktorowicz 2006, S. 207–239.

27 Zit. nach House 2012, S. 52 (Übersetzung Vf.).

28   Maher 2017, S. 14.

29   Bunzel 2016, S. 8.

30   Henry Schuster: Poll of Saudis shows wide support for Bin-
     ladin's views. CNN, 9. 6. 2004, https://edition.cnn.com/2004/
     WORLD/meast/06/08/poll.binladen (Zugriff 10. 9. 2021).

31   Eric Tucker: FBI: Shooter at Pensacola Navy base coordina-
     ted with al-Qaida. Military Times, 18. 5. 2020, https://www.
     militarytimes.com/news/your-military/2020/05/18/official-
     fbi-finds-link-between-pensacola-gunman-al-qaida (Zugriff
     3. 12. 2021).

32   Bunzel 2016, S. 20–22.

## Wie funktioniert eine absolute Monarchie?

1   Sons 2016, S. 96–148; Steinberg 2004, S. 69–107.

2   House 2012, S. 17.

3   Alrabaa 1998, S. 9.

4   Saudi court jails Yemeni man for 15 years for apostasy,
    HRW says. Reuters, 20. 12. 2021, https://www.reuters.com/
    world/middle-east/saudi-court-jails-yemeni-man-15-years-
    apostasy-hrw-says-2021-12-20 (zugriff 1. 5. 2022).

5   Zit. nach Caroline Hawley: G20: Saudi Arabia's human rights
    problems that won't go away. BBC News, 21. 11. 2020, https://
    www.bbc.com/news/world-middle-east-55002921 (Zugriff
    18. 8. 2022; Übersetzung Vf.).

6   Saudi-Arabien will Auspeitschen abschaffen. Der Spiegel,
    25. 4. 2020, https://www.spiegel.de/politik/saudi-arabien-will-
    auspeitschen-als-strafe-abschaffen-a-0da0d016-175f-46d8-
    bc72-929106ba5b15 (Zugriff 6. 12. 2021).

7   Alrabaa 1998, S. 35–54.

8   The Embassy of the Kingdom of Saudi-Arabia, Washington
    D. C.: Basic Law of Governance, 1. März 1992, https://www.
    saudiembassy.net/basic-law-governance (Zugriff 12. 4. 2021).

9   The role of the UAE and Saudi Arabia in the Pegasus spy-
    ware saga. TRT World, 2. 8. 2021, https://www.trtworld.com/
    magazine/the-role-of-the-uae-and-saudi-arabia-in-the-
    pegasus-spyware-saga-48861 (Zugriff 22. 9. 2021).

10  Ebd.

11  Saudi Arabia: New Counterterrorism Law Enables Abuse. Human Rights Watch, 23. 11. 2017, https://www.hrw.org/news/2017/11/23/saudi-arabia-new-counterterrorism-law-enables-abuse (Zugriff 6. 12. 2021).

12  House 2012, S. 3, 57 f.

13  So ein saudischer Prinz, zit. nach ebd., S. 17 (Übersetzung Vf.).

14  Ebd., S. 124 f.

15  Zu den Klans siehe Othman et al. 2020, S. 64–72.

16  Former chief of Saudi Royal Court under house arrest. Middle East Monitor, 14. 2. 2015, https://www.middleeastmonitor.com/20150214-reports-former-chief-of-saudi-royal-court-under-house-arrest (Zugriff 12. 4. 2021).

17  Abdul Aziz Al-Jouf, founder and CEO oft the Saudi payment processing company PayTabs. Arab News, 27. 4. 2019, www.arabnews.com/node/1488916/saudi-arabia (Zugriff 4. 5. 2022).

18  Saudi researcher battles obstacles to gain 10 patents to her credit. Al Arabiya News, 5. 3. 2016, https://english.alarabiya.net/business/technology/2016/03/05/A-Saudi-researcher-with-ten-patents-to-her-credit (Zugriff 4. 5. 2022).

19  House 2012, S. 224.

20  Transcript: Interview with Muhammad bin Salman. The Economist, 6. 1. 2016, https://www.economist.com/middle-east-and-africa/2016/01/06/transcript-interview-with-muhammad-bin-salman (Zugriff 26. 3. 2021; Übersetzung Vf.).

21  Zit. nach Olivia Alabaster: Saudi Arabia using anti-terror laws to detain and torture political dissidents, UN says. The Independent, 8. 6. 2018, https://www.independent.co.uk/news/world/middle-east/saudi-arabia-torture-political-dissidents-anti-terror-laws-un-mohammad-bin-salman-a8388226.html (Zugriff 27. 3. 2021; Übersetzung Vf.).

22  10 Dinge, die du über Menschenrechte in Saudi-Arabien wissen solltest. Amnesty International, 30. 7. 2019, https://www.amnesty.de/informieren/aktuell/saudi-arabien-10-dinge-die-du-ueber-menschenrechte-saudi-arabien-wissen (Zugriff 26. 3. 2021).

23  Dunja Ramadan: Ersatzreligion. Süddeutsche Zeitung, 6. 12. 2019, https://www.sueddeutsche.de/sport/saudi-arabien-ersatzreligion-1.4713446 (Zugriff 6. 12. 2021).

## Saudische Frauen erobern sich Freiräume

1 Mathias Brüggmann: 90 Milliarden Dollar – weil Frauen endlich Auto fahren dürfen. Handelsblatt, 24. 6. 2018, https://www.handelsblatt.com/politik/international/saudi-arabien-90-milliarden-dollar-weil-frauen-endlich-auto-fahren-duerfen/22729112.html?ticket=ST-4722966-Lxot4jotrPLjoANBccsT-cas01.example.org (Zugriff 7. 12. 2021).

2 Zur Situation der Frauen in Saudi-Arabien: Danforth 2016, S. 59–88; Koelbl 2019, S. 48–59, 226–233, 252–259; Sons 2016, S. 82–91.

3 Andrey Vitalyevich Korotayev: Were there any truly matrilineal lineages in the Arabian Peninsula?, in: Proceedings of the Seminar for Arabian Studies (1995) 25, S. 83–98.

4 Zintgraf 2000.

5 Mtango 2004, S. 49 (Übersetzung Vf.).

6 Bauer 2015, S. 135–144.

7 Die perfekte Kandidatin (Original: The Perfect Candidate), Deutschland/Saudi-Arabien 2019, Regisseurin Haifaa Al Mansour.

8 Peter Böhm: Lebenslange Knechtschaft für Frauen. taz, 30. 8. 2011, https://taz.de/Saudi-arabisches-Vormundschaftsystem/!5113137 (Zugriff 3. 11. 2021).

9 Zit. nach Saudi-Arabien gibt sich immer liberaler. ntv, 15. 12. 2019, https://www.n-tv.de/panorama/Saudi-Arabien-gibt-sich-immer-liberaler-article21459199.html (Zugriff 17. 2. 2021).

10 Zit. nach Koelbl 2019, S. 45.

11 Zit. nach Jana Simon: »Sie wollen sich zeigen, aber können es nicht«. Ein Gespräch mit der Fotografin Olivia Arthur über ihr Bild der saudi-arabischen Frau. Zeit Online, 28. 6. 2012, https://www.zeit.de/2012/27/Fotografin-Olivia-Arthur (Zugriff 3. 11. 2021).

12 Bauer 2015, S. 219–225.

13 Alrabaa 1998, S. 74–76.

14 Ursula von der Leyen: »Ich setze mir kein Kopftuch auf«. Stern, 12. 12. 2016, https://www.stern.de/politik/deutschland/

ursula-von-der-leyen---ich-setze-mir-kein-kopftuch-auf--7237330.html (Zugriff 7.12.2021).

15 Zit. nach Monika Bolliger: Die Stunde der Frauen im König-reich. NZZ, 29.4.2018, https://www.nzz.ch/international/die-stunde-der-frauen-im-koenigreich-ld.1381561?reduced=true (Zugriff 15.2.2021).

16 Das Ende einer Tradition? Anne Françoise Weber im Ge-spräch mit Marietta Schwarz. Deutschlandfunk Kultur, 28.12.2019, https://www.deutschlandfunkkultur.de/kleidervorschriften-in-saudi-arabien-das-ende-einer.2147.de.html?dram:article_id=466354 (Zugriff 12.2.2021).

17 Anne Françoise Weber: Zwischen Geschlechtertrennung und Welteroberung. Deutschlandfunk, 11.2.2021, https://www.deutschlandfunk.de/frauen-in-saudi-arabien-zwischen-geschlechtertrennung-und.799.de.html?dram:article_id=465262 (Zugriff 11.2.2.2021).

18 Girl, 12, divorces 80-year-old husband. NBC News, 22.4.2010, https://www.nbcnews.com/id/wbna36717454 (Zugriff 7.12.2021).

19 Saudi women's veil versus modernity. Emirates 24/7, 5.12.2010, https://www.emirates247.com/news/region/saudi-women-s-veil-versus-modernity-2010-12-05-1.325035 (Zugriff 18.8.2022).

20 Rautenbach 1958, S.130.

21 Elisabeth Lehmann/Eva Plesner/Flemming Weiß-Andersen: Braut für einen Sommer. Qantara, 19.4.2017, https://de.qantara.de/inhalt/sex-tourismus-in-aegypten-braut-fuer-einen-sommer (Zugriff 16.2.2021).

22 Generalkonsulat Jeddah: Underground party scene in Jeddah: Saudi youth frolic under »princely protection«, 18.11.2009, 09JEDDAH443_a, WikiLeaks, https://search.wikileaks.org/plusd/cables/09JEDDAH443_a.html (Zugriff 16.2.2021; Übersetzung Vf.)

23 Habib Toumi: Saudi man marries three women from same school. Gulf News, 21.11.2012, https://gulfnews.com/world/gulf/saudi/saudi-man-marries-three-women-from-same-school-1.1108100 (Zugriff 7.12.2021).

24 Marc Tran: Lagarde calls King Abdullah ›advocate of wo-men‹ – despite ban on driving. Guardian, 23.1.2015, https://

www.theguardian.com/world/2015/jan/23/lagarde-king-abdullah-advocate-women-driving-ban (Zugriff 7. 12. 2021).

25  Zit. nach Madlen Ottenschläger: Die Girls von Riad. Brigitte, 8. 5. 2007, https://www.brigitte.de/aktuell/gesellschaft/die-girls-von-riad-10090458.html (Zugriff 17. 2. 2021).

26  Zit. nach ebd.

27  Zit. nach ebd.

28  Traum Lokführerin – 28 000 Bewerberinnen auf 30 Stellen. Der Spiegel, 17. 2. 2022, https://www.spiegel.de/karriere/ 28-000-bewerberinnen-auf-30-stellen-tausende-frauen-bewerben-sich-als-bahnfahrerinnen-a-6a1e31da-2876-4bba-9b00-21bf2a0c2f55 (Zugriff 1. 5. 2022).

29  Anne Françoise Weber: Frauen in Saudi-Arabien. Emanzipation im Schritttempo. Deutschlandfunk, 27. 11. 2019, https:// www.deutschlandfunkkultur.de/frauen-in-saudi-arabien-emanzipation-im-schritttempo.979.de.html?dram:article_id=464421 (Zugriff 12. 2. 2021).


## Saudi-Arabien – eine künstlerische Wüste?

1  Foley 2019, S. 2 (Übersetzung Vf.).

2  »Die konservative Ebene schwächelt«. Najat Abdulhaq im Gespräch mit Eckhard Roelcke. Deutschlandfunk Kultur, 11. 12. 2017, https://www.deutschlandfunkkultur.de/ kulturpolitischer-aufbruch-in-saudi-arabien-die.1013. de.html?dram:article_id=402987 (Zugriff 7. 3. 2021).

3  Jörg Kallmeyer: Die zwei Gesichter des Kronprinzen. RND, 3. 4. 2018, https://www.rnd.de/politik/die-zwei-gesichter-des-kronprinzen-KI4CZT6ZA3VL5UJDQ75P44RIWY.html (Zugriff 30. 4. 2022).

4  Saudische Künstler schaffen sich Freiraum. Frankfurter Rundschau, 11. 1. 2019, https://www.fr.de/ratgeber/medien/ saudische-kuenstler-schaffen-sich-freiraum-zr-11132356.html (Zugriff 5. 3. 2021).

5  Tomas Avenarius: Picknick mit Picasso. Süddeutsche Zeitung, 7./8. 2. 2015.

6  Zit. nach Wolfgang Martin Hamdorf: Wortgefechte unterm Schleier. Deutschlandfunk, 30. 5. 2018, https://www.

deutschlandfunk.de/die-saudiarabische-dichterin-hissa-hilal-wortgefechte.886.de.html?dram:article_id=418943 (Zugriff 2. 3. 2021).

7   Zit. nach Jürgen Kiontke: »Wer hasst[,] kommt nicht zur Ruhe«. Amnesty Journal, 26. 7. 2018, https://www.amnesty.de/informieren/amnesty-journal/saudi-arabien-wer-hasst-kommt-nicht-zur-ruhe (Zugriff 2. 3. 2021).

8   Zit. nach Foley 2019, S. 10 (Übersetzung Vf.).

9   Hemming/Stapleton/Weedon/Braithwaite 2004.

10  Siehe hierzu Kidwah 2008.

11  Ebd., S. 231.

12  National anthem of Saudi Arabia. National Anthem, ohne Datum, https://www.hymne-national.com/en/national-anthem-saudi-arabia (Zugriff 27. 9. 2021; Übersetzung Vf.).

13  Zit. nach Azhar 2017, S. 223 (Übersetzung Vf.).

14  Ahmad Hissou: Der Roman »Salzstädte« als Spiegel der Realität. Interview. Qantara, 27. 4. 2005, https://de.qantara.de/inhalt/abdalrachman-munif-der-roman-salzstadte-als-spiegel-der-realitat (Zugriff 4. 3. 2021).

### Nach dem Öl: Saudische Wirtschaft im Umbruch

1   World Bank: Data. Countries and Economies, https://data.worldbank.org/country (Zugriff 12. 4. 2021).

2   Ramadi 2010; Wald 2018.

3   World Bank: Ease of Doing Business Index, 2019, https://data.worldbank.org/indicator/IC.BUS.EASE.XQ (Zugriff 22. 9. 2021).

4   Peter Hoskins: Apple loses position as most valuable firm amid tech sell-off. BBC News, 12. 5. 2022, https://www.bbc.com/news/business-61417982 (Zugriff 13. 5. 2022).

5   Matthew Martin/Salma El Wardany/Aberg Abu Omar: Saudi: Arabia Aims to Become Next Germany of Renewable Energy. Bloomberg Green, 27. 1. 2021, https://www.bloomberg.com/news/articles/2021-01-27/saudi-arabia-aims-to-become-the-germany-of-renewable-energy (Zugriff 11. 3. 2021).

6   Leigh Collins: ›We will be pioneering‹: Saudi Arabia reveals 50% renewables goal by 2030, but is that realistic? Recharge News, 1. 2. 2021, https://www.rechargenews.com/energy-

transition/we-will-be-pioneering-saudi-arabia-reveals-50-renewables-goal-by-2030-but-is-that-realistic-/2-1-954094 (Zugriff 11. 3. 2021).

7 TrendEconomy: Annual International Trade Statistics by Country (HS02). Saudi Arabia. Imports and Exports, 9. 8. 2021, https://trendeconomy.com/data/h2/SaudiArabia/TOTAL (Zugriff 22. 9. 2021).

8 Coll 2009.

9 Im Jahr 2017 wurden Saudi-Arabien 664 Patente erteilt – doppelt so viele wie allen anderen arabischen Ländern zusammen. Businesswire, 17. 4. 2018, https://www.businesswire.com/news/home/20180417005728/de (Zugriff 22. 9. 2021).

10 House 2012, S. 160 (Übersetzung Vf.).

11 Government of Saudi Arabia: Saudi Vision 2030, ohne Datum, www.vision2030.gov.sa (Zugriff 12. 4. 2021).

12 Alexander Armbruster: Wieso Saudi-Arabien, Herr Schmidhuber? FAZ, 13. 12. 2021.

13 Ovunc Kutlu: Saudi Aramco invests $5 million in blockchain firm. Anadolu Agency, 31. 1. 2020, https://www.aa.com.tr/en/energy/invesments/saudi-aramco-invests-5-million-in-blockchain-firm/28238 (Zugriff 1. 5. 2022).

14 House 2012, S. 157 bzw. 162.

15 Grand/Wolff 2020.

16 Stephan Roll: Ein Staatsfonds für den Prinzen. Wirtschaftsreformen und Herrschaftssicherung in Saudi-Arabien. Stiftung Wissenschaft und Politik, SWP-Studie 13, Berlin, Juni 2019, https://www.atlanticcouncil.org/wp-content/uploads/2020/06/Assessing-Saudi-Vision-2030-A-2020-review.pdf (Zugriff 22. 9. 2021).

17 World Bank: Saudi Arabia's Economic Update – October 2020, https://pubdocs.worldbank.org/en/646161603047333684/pdf/15-mpo-am20-saudi-arabia-sau-kcm.pdf (Zugriff 12. 4. 2021).

18 Saudi-Arabien will mit Privatisierungen offenbar 55 Milliarden Dollar einnehmen. Handelsblatt, 24. 5. 2021, https://www.handelsblatt.com/politik/international/hohes-haushaltsdefizit-saudi-arabien-will-mit-privatisierungen-offenbar-55-milliarden-dollar-einnehmen/27217362.html (Zugriff 30. 4. 2022).

1   Zit. nach Laffin 1982, S. 5 (Übersetzung Vf.).

2   Sons 2016, S. 153–163.

3   Davidson 2015, S. 60–62.

4   Zit. nach Gethin Chamberlain: Saudi Arabia's treatment of foreign workers under fire after beheading of Sri Lankan maid. The Guardian, 13. 1. 2013, https://www.theguardian.com/world/2013/jan/13/saudi-arabia-treatment-foreign-workers (Zugriff 23. 2. 2021; Übersetzung Vf.).

5   Remittances. Migration data portal, 3. 6. 2021, https://www.migrationdataportal.org/themes/remittances (Zugriff 10. 12. 2021).

6   Charlotte Lysa: A Recent History of Refugees in Saudi Arabia, 12. 11. 2020, http://refugeehistory.org/blog/2020/11/12/a-recent-history-of-refugees-in-saudi-arabia (Zugriff 22. 2. 2021).

7   Zit. nach ebd. (Übersetzung Vf.).

8   Ebd.

9   UNHCR: Global Trends. Forced Displacement in 2017, Genf 2018, S. 66, https://www.unhcr.org/5b27be547.pdf (Zugriff 10. 12. 2021).

10  Saudi Arabia Is a Key Donor of Refugees Relief Programs. United Nations Saudi Arabia, 16. 12. 2019, https://saudiarabia.un.org/en/28556-saudi-arabia-key-donor-refugees-relief-programs (Zugriff 10. 12. 2021).

11  Signing of US$ 50 Million Agreement confirming the historic pledge made by Saudi Arabia to UNRWA at the Arab Summit. UNRWA, 29. 11. 2018, https://www.unrwa.org/newsroom/press-releases/signing-us-50-million-agreement-confirming-historic-pledge-made-saudi-arabia (Zugriff 10. 12. 2021).

12  Zecharias Zelalem/Will Brown: About 16,000 migrants being held in just one Saudi centre, Ethiopian official reveals. Daily Telegraph, 15. 9. 2020, https://www.telegraph.co.uk/global-health/science-and-disease/16000-migrants-held-saudi-centres-ethiopian-official-reveals (Zugriff 26. 2. 2021).

1  Zum »Arabischen Frühling« siehe AlDailami/Pabst 2014;
   Armbruster 2021; Herrmann 2019 bzw. 2021; Kepel 2019; Pabst
   2019.

2  Sebastian Sons: Saudi-Arabiens Arbeitsmarkt, in: Bundeszentrale für Politische Bildung 2014, S. 26, https://www.bpb.de/
   apuz/194436/saudi-arabiens-arbeitsmarkt (Zugriff 30. 4. 2022).

3  House 2012, S. 159.

4  Ulrike Freitag: Saudi-Arabien: Erkaufte Stabilisierung, in:
   Asseburg 2011, S. 23–26; Guido Steinberg: Thronfolge in Saudi-
   Arabien. Reformverweigerung und Auseinandersetzungen
   in der Herrscherfamilie bedrohen die Stabilität des Regimes.
   Stiftung Wissenschaft und Politik, SWP-Aktuell 2011/A
   53, Berlin, 21. 11. 2011; ders.: Anführer der Gegenrevolution.
   Saudi-Arabien und der arabische Frühling. Stiftung Wissen-
   schaft und Politik, SWP-Studie 2014/S 08, Berlin 28. 4. 2014.

5  Zit. nach Gaddafi schickt seine Söhne gegen die Demonstranten. Berliner Morgenpost, 19. 2. 2011, https://www.
   morgenpost.de/printarchiv/politik/article104816534/Gaddafi-
   schickt-seine-Soehne-gegen-die-Demonstranten.html (Zugriff 26. 12. 2020).

6  Siehe Exposed: The US-Saudi Libya deal. Asia Times, 2. 4. 2011.
   Zum Libyen-Krieg: AlDailami/Pabst 2014, S. 82–95.

7  Jihâd Gillon: Leaked conversation: Libya's Gaddafi sought
   to replace Saudi Arabia's ruling family. The Africa Report,
   17. 5. 2020, https://www.theafricareport.com/28858/leaked-
   phone-call-libyas-gaddafi-sought-to-replace-saudi-arabias-
   ruling-family (Zugriff 25. 12. 2020).

8  Zit. nach Muammar al Gaddafi, Staatsoberhaupt von Libyen,
   Qatar TV, 30. 3. 2009, https://www.youtube.com/watch?v=ed-
   CAjEYrog (Zugriff 25. 12. 2020).

9  Urgent Action Sheikh Nimr al-Nimr at risk of execution.
   Amnesty International, 27. 10. 2015, https://www.amnesty.
   org/es/wp-content/uploads/2021/05/MDE2327492015ENGLISH.
   pdf (Zugriff 30. 4. 2022).

10 Gute Nachricht: Saudi Ali al-Nimr endlich frei. Amnesty
   International, Aachen, November 2021, https://amnesty-

todesstrafe.de/2021/11/gute-nachricht-saudi-ali-al-nimr-endlich-frei (Zugriff 13.12.2021).

11 The Right Livelihood Foundation decries Saudi cruelty resulting in the passing of imprisoned Laureate Abdullah al-Hamid. Right Livelihood Foundation, Enskede (Schweden), 24.4.2020, https://rightlivelihood.org/news/the-right-livelihood-foundation-decries-saudi-cruelty-resulting-in-the-passing-of-imprisoned-laureate-abdullah-al-hamid (Zugriff 13.12.2021).

12 Freiheit für Badawi! Amnesty International, Berlin, 9.1.2020, https://www.amnesty.de/informieren/aktuell/saudi-arabien-freiheit-fuer-raif-badawi (Zugriff 13.12.2021).

13 House 2012, S. 231.

14 Zit. nach ebd., S. 235.

15 UPDATE 1-Saudi king expresses support for Mubarak. Reuters, 29.1.2011, https://de.reuters.com/article/egypt-saudi-idAFLDE70S08V20110129 (Zugriff 29.12.2020; Übersetzung Vf.).

16 Guido Steinberg: Anführer der Gegenrevolution. Saudi-Arabien und der arabische Frühling. Stiftung Wissenschaft und Politik, SWP-Studie 2014/S 08, Berlin 28.4.2014.

17 Zit. nach Regierung von Baden-Württemberg: Ministerium für Kultus, Jugend und Sport: Die ideologische Bekämpfung des IS durch Saudi-Arabien und Ägypten, März 2018, https://www.lehrer-online-bw.de/LfV3,Lde/Startseite/Arbeitsfelder/Die+ideologische+Bekaempfung+des+IS+durch+Saudi-Arabien+und+Aegypten (Zugriff 7.9.2021).

18 Marc Lynch: Assessing the MB »Firewall«. Blog Abu Ardvark, 13.5.2008, URL: https://abuaardvark.typepad.com/abuaardvark/2008/05/assessing-the-m.html (Zugriff 7.9.2021).

19 Guido Steinberg: Katar und der Arabische Frühling. Unterstützung für Islamisten und anti-syrische Neuausrichtung. Stiftung Wissenschaft und Politik, SWP-Aktuell 2012/A 07, Berlin 6.2.2012; Haykel 2013; Kamrava 2015; Feiler/Zeev 2017.

20 Asher Schechter: A Finger in Every Pie: How Qatar Became an International Power. Haaretz, 9.8.2014, https://www.haaretz.com/2014-08-09/ty-article/.premium/how-qatar-became-an-international-power/0000017f-e584-dea7-adff-f5ffb5380000 (Zugriff 18.8.2022; Übersetzung Vf.).

21 David Pollock: New Poll Shows Majority of Saudis, Kuwaitis, Emiratis Reject ISIS, Back Two-State Solution with Israel. The Washington Institute, 23.10.2014, https://www.washingtoninstitute.org/policy-analysis/new-poll-shows-majority-saudis-kuwaitis-emiratis-reject-isis-back-two-state (Zugriff 7.9.2021).

22 Zu Syrien: AlDailami/Pabst 2014, S. 96–119; Abboud 2018; Helberg 2018; Pabst 2018, S. 70–85; Dagher 2019.

23 Guido Steinberg: Sunniten gegen Schiiten. Der konfessionelle Gegensatz wird durch Machtpolitik geschürt. Stiftung Wissenschaft und Politik, Kurz gesagt, Berlin 23.7.2013.

24 Syria's Assad says Saudi ties have been »cloudy«. Reuters, 19.3.2007, https://www.reuters.com/article/us-saudi-syria-idUSL1941872420070319 (Zugriff 30.11.2020; Übersetzung Vf.).

25 Dagher 2019, S. 264, 309–313.

26 Zit. nach Geneive Abdo: How Iran Keeps Assad in Power in Syria. Inside Iran, 5.9.2011, https://web.archive.org/web/20120320184525/http://www.insideiran.org/featured/how-iran-keeps-assad-in-power-in-syria (Zugriff 21.10.2019; Übersetzung Vf.).

27 Zit. nach Patrick Cockburn: Iraq crisis: How Saudi Arabia helped Isis take over the north of the country. The Independent, 14.7.2014, https://www.independent.co.uk/voices/comment/iraq-crisis-how-saudi-arabia-helped-isis-take-over-north-country-9602312.html (Zugriff 6.1.2021; Übersetzung Vf.).

28 Dagher 2019, S. 264, 309–313.

29 United Nations General Assembly: Human Rights Council. Report of the Independent International Commission of Inquiry on the Syrian Arab Republic, 8.8.2017 (A/HRC/36/55).

30 Saudi to reassess relations with US: report. Al-Jazeera, 23.10.2013, https://www.aljazeera.com/news/2013/10/23/saudi-to-reassess-relations-with-us-report (Zugriff 7.9.2021).

31 Zur Regierung von Mursi und zu seinem Sturz: AlDailami/Pabst 2014, S. 58–82.

32 Patricia Jannack/Stephan Roll: Politische Gefangene in Sisis Ägypten. Studie Wissenschaft und Politik, Willkürliche Inhaftierungen als Hindernis für deutsche Stabilisierungsbemühungen, SWP-Aktuell 2021/A 55, Berlin 30.8.2021, https://

www.swp-berlin.org/publikation/politische-gefangene-in-sisis-aegypten (Zugriff 13. 12. 2021).

33  Saudi King Congratulates Egypt's New Interim President. Al-Arabiya News, 4. 7. 2013, english.alarabiya.net/en/News/middle-east/2013/07/04/Saudi-king-congratulates-Egypt-new-interim-president.html (Zugriff 11. 1. 2021; Übersetzung Vf.).

34  Gulf Security is Egypt's National Responsibility: Mansour. Egypt State Information Service, 21. 3. 2014, https://allafrica.com/stories/201403211327.html (Zugriff 11. 1. 2021; Übersetzung Vf.).

35  Kerry legitimiert Putsch gegen Mursi. Süddeutsche Zeitung, 2. 8. 2013, https://www.sueddeutsche.de/politik/umsturz-in-aegypten-kerry-legitimiert-putsch-gegen-mursi-1.1736909 (Zugriff 29. 3. 2020).

## Zäsur 2015: Der neue König Salman und sein mächtiger Kronprinz »MbS«

1  Martin Gehlen: König Salman räumt am saudischen Hof auf. Zeit Online, 30. 1. 2015, https://www.zeit.de/politik/ausland/2015-01/saudi-arabien-koenig-salman-thronwechsel (Zugriff 3. 1. 2020).

2  Zit. nach Celine Aswad/Angus McDowall: Saudi prince aims for Silicon Valley appeal to gleam at home. Reuters, 23. 6. 2016, https://de.reuters.com/article/us-saudi-usa-prince/saudi-prince-aims-for-silicon-valley-appeal-to-gleam-at-home-idUSKCN0Z924V (Zugriff 1. 1. 2021; Übersetzung Vf.).

3  Zit. nach ebd. (Übersetzung Vf.).

4  Zit. nach Kingdom a country of moderate Islam. Saudi Gazette, 24. 10. 2017, https://saudigazette.com.sa/article/520191/SAUDI-ARABIA/Kingdom-a-country-of-moderate-Islam (Zugriff 1. 1. 2021; Übersetzung Vf.).

5  Abbie Cheeseman: Activists in Saudi prisons being ›sexually assaulted, tortured‹, says prison guard. The Telegraph, 11. 7. 2021, https://www.telegraph.co.uk/world-news/2021/07/11/activists-saudi-prisons-sexually-assaulted-tortured-says-prison (Zugriff 14. 12. 2021).

6 Saudische Prinzessin freigelassen. ntv, 8.1.2022, https://www.n-tv.de/politik/Saudische-Prinzessin-freigelassen-article23045321.html (Zugriff 1.5.2022).

7 Saudi Arabia defends China's right to put Muslims in concentration camps. The International News, 25.12.2019, https://www.thenews.com.pk/print/588598-saudi-arabia-defends-china-s-right-to-put-muslims-in-concentration-camps (Zugriff 5.1.2021; Übersetzung Vf.).

8 Saudische Justiz wandelt Todesurteile in Haftstrafen um. FAZ, 7.9.2020, https://www.faz.net/aktuell/politik/ausland/fall-khashoggi-todesurteile-in-haftstrafen-verwandelt-16942293.html (Zugriff 8.9.2021).

9 Mark Mazzetti: Crushing Dissent: The Saudi Kill Team Behind Khashoggi's Death. New York Times, 26.2.2021, https://www.nytimes.com/2021/02/26/us/politics/saudi-kill-team-khashoggi.html (Zugriff 14.12.2021).

10 Brian Thomas: UN-Sonderberichterstatterin: Khashoggi-Mord ein »Staatsverbrechen«. Deutsche Welle, 20.6.2019, https://www.dw.com/de/un-sonderberichterstatterin-khashoggi-mord-ein-staatsverbechen/a-49277172 (Zugriff 14.12.2021).

11 Saudi-Arabiens Kronprinz »genehmigte Khashoggi-Mord« – Riad weist alles zurück. Die Welt, 27.2.2021, https://www.welt.de/politik/ausland/article227179465/Saudi-Arabiens-Kronprinz-genehmigte-laut-CIA-Khashoggi-Operation-in-Istanbul.html (Zugriff 8.9.2021).

12 Democracy for the Arab World Now, Founded by Jamal Khashoggi, Launches its Organization on Anniversary of his Murder. Democracy for the Arab World Now, 29.9.2020, https://dawnmena.org/democracy-for-the-arab-world-now-founded-by-jamal-khashoggi-launches-its-organization-on-anniversary-of-his-murder (Zugriff 14.12.2021).

13 Mustafa Abu Sneineh: REVEALED: The Saudi death squad MBS uses to silence dissent. Middle East Eye, 23.10.2018, https://www.middleeasteye.net/news/revealed-saudi-death-squad-mbs-uses-silence-dissent (Zugriff 31.12.2020).

14 Mossad cooperates with Saudis, Bahrain. Pakistan Defence, 8.2.2014, https://defence.pk/pdf/threads/mossad-cooperates-with-saudis-bahrain.299127 (Zugriff 4.5.2022).

15   Thomas Hanke: »Pure Demagogie« – Macron kritisiert Merkel für Saudi-Arabien-Aussagen. Handelsblatt, 26. 10. 2018, https://www.handelsblatt.com/politik/international/fall-khashoggi-pure-demagogie-macron-kritisiert-merkel-fuer-saudi-arabien-aussagen/23236070.html?ticket=ST-24308763-pJsbCPbmnbMuSVZjAkeT-ap5 (Zugriff 3. 1. 2021).

16   Sánchez schließt Stopp der Waffenexporte Spaniens aus. Focus, 24. 10. 2018, https://www.focus.de/finanzen/boerse/wirtschaftsticker/fall-khashoggi-sanchez-schliesst-stopp-der-waffenexporte-spaniens-aus_id_9794787.html (Zugriff 3. 1. 2021).

17   Javier E. David: US-Saudi Arabia seal weapons deal worth nearly $110 billion immediately, $350 billion over 10 years. CNBC, 20. 5. 2017, https://www.cnbc.com/2017/05/20/us-saudi-arabia-seal-weapons-deal-worth-nearly-110-billion-as-trump-begins-visit.html (Zugriff 15. 12. 2021).

18   Karen DeYoung/Ellen Nakashima: UAE orchestrated hacking of Qatari government sites, sparking regional upheaval, according to U.S. intelligence officials. Washington Post, 16. 7. 2017, https://www.washingtonpost.com/world/national-security/uae-hacked-qatari-government-sites-sparking-regional-upheaval-according-to-us-intelligence-officials/2017/07/16/00c46e54-698f-11e7-8eb5-cbccc2e7bfbf_story.html (Zugriff 18. 8. 2022).

19   Robert Fisk: Saad Hariri's resignation as Prime Minister of Lebanon is not all it seems. The Independent, 9. 11. 2017, https://www.independent.co.uk/voices/lebanon-prime-minister-saad-hariri-resignation-not-all-seems-quits-resigns-surprise-saudi-arabia-mohamed-bin-salman-a8045636.html (Zugriff 8. 9. 2921).

20   Nach Gabriel-Äußerungen: Riad ruft Botschafter aus Berlin zurück. Deutsche Welle, 17. 11. 2017, https://www.dw.com/de/nach-gabriel-%C3%A4u%C3%9Ferungen-riad-ruft-botschafter-aus-berlin-zur%C3%BCck/a-41433206 (Zugriff 3. 1. 2021).

21   Zit. nach Saudi prince says Turkey part of ›triangle of evil‹: Egyptian media. Reuters, 7. 3. 2018, https://www.reuters.com/article/us-saudi-turkey-idUSKCN1GJ1WW (Zugriff 3. 1. 2021; Übersetzung Vf.).

22 Remarks by President Trump on Iran. White House, 8.1.2020, https://www.whitehouse.gov/briefings-statements/remarks-president-trump-iran (Zugriff 4.1.2021; Übersetzung Vf.).

23 Zit. nach If Iran gets nuclear bomb, Saudi Arabia will follow suit: crown prince. France24, 15.3.2018, https://www.france24.com/en/20180315-iran-gets-nuclear-bomb-saudi-arabia-will-follow-suit-crown-prince (Zugriff 4.1.2021; Übersetzung Vf.).

24 Zit. nach Saudi-Arabien denkt über atomare Bewaffnung nach. Deutsche Welle, 17.11.2020, https://www.dw.com/de/saudi-arabien-denkt-%C3%BCber-atomare-bewaffnung-nach/a-55625998 (Zugriff 4.1.2021).

25 Zachary Cohen: CNN Exclusive: US intel and satellite images show Saudi Arabia is now building its own ballistic missiles with help of China. CNN, 23.12.2021, https://edition.cnn.com/2021/12/23/politics/saudi-ballistic-missiles-china/index.html (Zugriff 1.5.2021).

26 Jeffrey Goldberg: Saudi Crown Prince: Iran's Supreme Leader ›Makes Hitler Look Good‹ (Interview). The Atlantic, 2.4.2018, https://www.theatlantic.com/international/archive/2018/04/mohammed-bin-salman-iran-israel/557036 (Zugriff 4.1.2021; Übersetzung Vf.)

27 Israeli ministers troubled by $110 billion US-Saudi arms deal. Ynet News, 21.5.2017, https://www.ynetnews.com/articles/0,7340,L-4965141,00.html (Zugriff 15.12.2021).

28 Zit. nach Saudi-Arabien bricht Beziehungen zu Iran ab. Spiegel Online, 3.1.2016, https://www.spiegel.de/politik/ausland/saudi-arabien-bricht-beziehungen-zu-iran-ab-a-1070289.html (Zugriff 4.1.2021).

29 Zit. nach Saudi Arabia says backs U.S. decision to withdraw from Iran nuclear deal. Reuters, 8.5.2018, https://www.reuters.com/article/us-iran-nuclear-gulf-idUSKBN1I92SH (Zugriff 4.1.2021; Übersetzung Vf.).

30 Jeffrey Goldberg: Saudi Crown Prince: Iran's Supreme Leader ›Makes Hitler Look Good‹ (Interview). The Atlantic, 2.4.2018, https://www.theatlantic.com/international/archive/2018/04/mohammed-bin-salman-iran-israel/557036 (Zugriff 4.1.2021; Übersetzung Vf.).

31    AlDailami 2019, S. 55–194.

32    Zit. nach Sama'a Al-Hamdani: Wer sind die Huthis im Jemen?, in: Sirius (2019) 3, S. 282.

33    Eva Thiébaud: Little Sparta: the growing power of the UAE. Le Monde diplomatique, März 2021, https://mondediplo.com/2021/03/03uae-sparta (Zugriff 18. 8. 2022).

34    Armed Conflict Location & Event Data Project (ACLED): Over 100,000 Reported Killed in Yemen War, 31. 20. 2019, https://acleddata.com/2019/10/31/press-release-over-100000-reported-killed-in-yemen-war (Zugriff 9. 9. 2021).

35    AlDailami 2019, S. 195–223.

36    Statista Research Department: Wert der deutschen Rüstungsexporte nach Saudi-Arabien bis 2020, 17. 06. 2021, https://de.statista.com/statistik/daten/studie/194837/umfrage/deutsche-ruestungsexporte-nach-saudi-arabien (Zugriff 15. 12. 2021).

37    Guido Steinberg: Saudi-Arabien als Partner der deutschen Politik, in: Bundeszentrale für Politische Bildung 2014, S. 53, https://www.bpb.de/apuz/194442/saudi-arabien-als-partner-deutscher-politik (Zugriff 3. 11. 2021).

38    Sons 2016, S. 200 f.

39    Graeme Wood: Absolute Power. The Atlantic, 3. 3. 2022, https://www.theatlantic.com/magazine/archive/2022/04/mohammed-bin-salman-saudi-arabia-palace-interview/622822 (Zugriff 13. 6. 2022).

40    Vali Nasr/Maria Fantappie: How Iran and Saudi Arabia Can Together Bring Peace to the Middle East. Foreign Affairs, 3. 8. 2021, https://www.foreignaffairs.com/articles/iran/2021-08-03/how-iran-and-saudi-arabia-can-together-bring-peace-middle-east (Zugriff 8. 9. 2021).

41    The Takeaway: Ukraine war worsens Middle East oil gap. Al Monitor, 20. 4. 2022, https://www.al-monitor.com/originals/2022/04/takeaway-ukraine-war-worsens-middle-east-oil-gap (Zugriff 30. 5. 2022).

42    A Conversation With Antony Blinken. The U. S. Secretary of State Discusses the Biden Administration's Foreign Policy. Foreign Affairs; 1. 6. 2022, https://www.foreignaffairs.com/united-states/2022-06-01/antony-blinken-conversation-us-secretary-of-state (Zugriff 13. 6. 2022; Übersetzung Vf.).

# Bibliographie

In den Fußnoten wird Kurzzitierung verwendet, z. B. steht Abou-Taam/Bigalke 2006 für Marwan Abou-Taam/Ruth Bigalke (Hg.): Die Reden des Osama bin Laden, Kreuzlingen/München 2006.

Aufsätze und Internet-Artikel werden nur in den Fußnoten nachgewiesen.

## Quellen

Marwan Abou-Taam/Ruth Bigalke (Hg.): Die Reden des Osama bin Laden, Kreuzlingen/München 2006.

Hans G. Adrian: Alphabet des Kaffeehauses, Bremen 1971.

Muhammad Asad: Der Weg nach Mekka. Reporter, Diplomat, islamischer Gelehrter. Das Abenteuer eines Lebens, Hamburg 1992.

Stefan Bauer: Der mit dem Scheich tanzt: Mein Jahr in Saudi-Arabien, Köln 2015.

Carmen Bin Ladin: Der zerrissene Schleier. Mein Leben in Saudi-Arabien, München 2010.

Paul Emil Erdman: The Crash of '79, New York 1976 (Roman).

Abdellah Hammoudi: Saison in Mekka. Geschichte einer Pilgerfahrt, München 2007.

Henry Hemming/Stephen Stapleton/Georgie Weedon/Al Braithwaite: Off Screen: Four Young Artists in the Middle East, New York 2004.

Ali Kazuyoshi Nomachi mit Texten von Seyyed Hossein Nasr: Mekka, München 1997.

Stephan Orth: Couchsurfing in Saudi-Arabien. Meine Reise durch ein Land zwischen Mittelalter und Zukunft, München 2021.

Harry Philby: Das geheimnisvolle Arabien. Entdeckungen und Abenteuer. Zwei Bände, Leipzig 1925.

Liselotte Rautenbach: Fatime. Als Hofärztin im Harem König Ibn Saud's, Hamburg 1958.

Wilfred Thesiger: Arabian Sands, London 2008 (Original 1959).

Denise Zintgraf: Die Frau aus Tausendundeiner Nacht. Mein Leben in einem Harem, Augsburg 2000.

## Darstellungen

Samer N. Abboud: Syria, Cambridge/Medford, MA ²2018.

Said K. Aburish: The Rise, Corruption and Coming Fall of the House of Saud: With an Updated Preface, London 2005

Gilbert Achcar: The Arabs and the Holocaust: The Arab-Israeli War of Narratives, New York 2009.

Kourosh Ahmadi: Naming the Persian Gulf: the roots of a political controversy, Reading 2018.

Sami Alrabaa: Die Tyrannei der Tausend Prinzen. Vom Leben in der Rechtlosigkeit, Hamburg 1998.

'A.A.S. Al'Uthaimin: Geschichte des Königreichs Saudi-Arabien. Teil 1: 1744 A.D. bis 1891 A.D.; Teil 2: Die Regierungszeit von König Abdul Aziz (1901 – 1053 A.D.). Schriften zu deutsch-arabischen Beziehungen (= Würzburger Geographische Manuskripte, Sonderhefte 6 und 8), Würzburg 2003 bzw. 2005.

Said AlDailami/Martin Pabst: Der Arabische Umbruch – Eine Zwischenbilanz. Interne Dynamik und externe Einmischung (= Hanns-Seidel-Stiftung, Berichte & Studien 99), München 2014.

Alaa Al-Din Arafat: Regional and international powers in the Gulf security, Cham (Schweiz) 2020.

Arabische Halbinsel – Der Weg zur wirtschaftlichen Diversifizierung. Praxis Geographie, Braunschweig (2020) 10 (Oktober).

Jörg Armbruster: Die Erben der Revolution: Was bleibt vom Arabischen Frühling?, Hamburg 2021.

Muriel Asseburg (Hg.): Proteste, Aufstände und Regimewandel in der arabischen Welt. Akteure, Herausforderungen, Implikationen und Handlungsoptionen. Stiftung Wissenschaft & Politik, SWP-Studie 2011/S 27, Berlin 2011.

Abdel Bari Atwan: Das digitale Kalifat. Die geheime Macht des Islamischen Staates, München 2016.

Matin Baraki/Fritz Edlinger (Hg.): Krise am Golf. Hintergründe, Analysen, Berichte, Wien 2020.

Isa Blumi: Destroying Yemen. What Chaos In Arabia Tells Us About The World, Oakland, CA 2018.

Jörg-Dieter Brandes: ... mit Säbel und Koran. Saudi-Arabien oder der Aufstieg der Königsfamilie Saud und der Wahhabiten, Stuttgart 1999.

Bundeszentrale für Politische Bildung (Hrsg.): Saudi-Arabien. Aus Politik und Zeitgeschichte. Beilage zur Wochenzeitung »Das Parlament« 46 (2014).

Cole Bunzel: The Kingdom and the Caliphate. Duel of the Islamic States. Carnegie Foundation, Washington, Februar 2016.

Steve Coll: The Bin Ladens: Oil, Money, Terrorism and the Secret Saudi World, London 2009.

Michael Cook: Commanding Right and Forbidding Wrong in Islamic Thought, Cambridge 2000.

Anthony H. Cordesman: Saudi Arabia. National Security in a Troubled Region. Center for Strategic and International Studies, Washington D. C. 2009.

Sam Dagher: Assad or We Burn the Country, New York 2019.

Loring M. Danforth: Crossing the Kingdom. Portraits of Saudi-Arabia, Oakland, CA 2016.

Christopher Davidson: After the Sheikhs. The Coming Collapse of the Gulf Monarchies, London 2015.

– ders.: Shadow Wars. The Secret Struggle for the Middle East, London 2016.

Adeed Dawisha: The Second Arab Awakening, New York/London 2013.

Die arabische Welt. Geschichte, Probleme, Perspektiven (= Arabien Ploetz), Freiburg i. Br./Würzburg 1978.

Wilhelm Dietl: Heiliger Krieg für Allah. Als Augenzeuge bei den geheimen Kommandos des Islams, Stuttgart/Hamburg/München 1982.

Werner Ende/Udo Steinbach (Hg.): Der Islam in der Gegenwart. Entwicklung und Ausbreitung. Kultur und Religion. Staat, Politik und Recht, München [5]2005.

Gil Feiler/Hayim Zeev: Qatar. The Limits of Nouveau Riche Diplomacy. The Begin-Sadat Center for Strategic Studies, Mideast Security and Policy Studies Nr. 131, Ramat Gan 2017.

Sean Foley: Changing Saudi Arabia. Art, Culture, and Society in the Kingdom, Boulder, CO 2019.

Gerd Frank: Die Herrscher der Osmanen. Aufstieg und Untergang eines Weltreiches, Düsseldorf 1980.

Fulana Bint Fulan: Islam und Wahhabismus – ein Vergleich, North Charleston, SC 2013.

Thilo Girndt/Anton Escher/Stefan Zimmermann: Nordafrika und Vorderasien, Braunschweig 2013.

Stephen Grand/Katherine Wolff: Assessing Saudi Vision 2030: A 2020 review. Atlantic Council, Rafik Hariri Center for the Middle East, Washington D. C., Juni 2020.

Fred Halliday: Arabia Without Sultans, London 1974.

Hanns-Seidel-Stiftung e. V. (Hg.): Brennpunkt Iran – Eine neue Krise? Mit Beiträgen von Andreas Bock, Heinz Gärtner, Reinhard Meier-Walser. Politische Studien (2018) 481, S. 12–49.

Bernard Haykel: Qatar's foreign policy. NOREF/Norwegian Peacebuilding Resource Centre, Policy Brief, Oslo, Februar 2013.

Jürgen Heideking: Geschichte der USA, Tübingen ²1999.

Kristin Helberg: Der Syrien-Krieg. Lösung eines Weltkonflikts. Freiburg im Br. 2018.

Rainer Hermann: Die Golfstaaten. Wohin geht das neue Arabien?, München 2011.

– ders.: Arabisches Beben. Die wahren Gründe der Krise im Nahen Osten, Stuttgart 2018.

– ders.: Die Achse des Scheiterns. Wie sich die arabischen Staaten zugrunde richten, Stuttgart 2021.

Philip K. Hitti: History of the Arabs, London/New York ⁷1960.

Sevil Hosseini: Die Rechtsstellung religiöser Minderheiten im Iran. Minderheitenschutz im Spannungsfeld zwischen Völkerrecht, islamischem Recht und dem Recht der Islamischen Republik Iran, Baden-Baden 2020.

Arnold Hottinger: Die Araber. Werden, Wesen, Wandel und Krise des Arabertums, Zürich 1960.

Albert Hourani: Die Geschichte der arabischen Völker, Frankfurt am Main 2000.

Karen Elliott House: On Saudi Arabia. Its People, Past, Religion, Fault Lines – and Future, New York 2012.

Annette Jünemann/Anja Zorob (Hg.): Arabellions. Zur Vielfalt von

Protest und Revolte im Nahen Osten und Nordafrika, Wiesbaden 2013.

Mehran Kamrava: Qatar: Small State, Big Politics, Ithaca, NY 2015.

Gilles Kepel: Chaos. Die Krisen in Nordafrika und im Nahen Osten verstehen, München [2]2019.

– ders.: Chaos und Covid: Wie die Pandemie Nordafrika und den Nahen Osten verändert, München 2021.

Malcolm Kerr: The Arab Cold War, 1958–1964: A Study of Ideology in Politics, London/New York/Toronto 1965.

Noman Kidwah: Das Theater im Königreich von Saudi Arabien [sic]. Erste Versuche, Entstehung und Entwicklung. Diplomarbeit, Wien 2008.

Susanne Koelbl: Zwölf Wochen in Riad. Saudi-Arabien zwischen Diktatur und Aufbruch, München 2019.

Wilhelm Kopf: Saudi-Arabien. Insel der Araber, Stuttgart 1982.

John Laffin: The Arabs as master slavers, Englewood, NJ 1982.

Thomas W. Lippman: Crude Oil, Crude Money: Aristotle Onassis, Saudi Arabia, and the CIA, Santa Barbara, CA 2019.

Rüdiger Lohlker: Dschihadismus. Materialien, Wien 2009.

– ders.: Die Salafisten. Der Aufstand der Frommen. Saudi-Arabien und der Islam, München 2017.

Michael Lüders: Iran: der falsche Krieg. Wie der Westen seine Zukunft verspielt, München 2012.

– ders.: Wer den Wind sät. Was westliche Politik im Orient anrichtet, München [4]2015.

– ders.: Die den Sturm ernten. Wie der Westen Syrien ins Chaos stürzte, München 2017.

– ders.: Armageddon im Orient. Wie die Saudi-Connection den Iran ins Visier nimmt, München 2018.

Marc Lynch: Die neuen Kriege in der arabischen Welt. Wie aus Aufständen Anarchie wurde, Hamburg 2016.

Simon Mabon: Saudi Arabia and Iran. Power and Rivalry in the Middle East, London/New York 2018.

Shiraz Maher: Salafi-Jihadism. The History of an Idea, London 2017.

Sayyid Fayyaz Mahmud: Geschichte des Islam, München 1964.

Ferenc Majoros/Bernd Rill: Das Osmanische Reich 1300–1922, Wiesbaden 2000.

Abdelwahab Meddeb: Le maladie d'islam, Paris 2002.

Ruth Müller/Stephan Sievert/Reiner Klingholz: Krisenregion Mena. Wie demografische Veränderungen die Entwicklung im Nahen Osten und Nordafrika beeinflussen und was das für Europa bedeutet. Berlin-Institut für Bevölkerung und Entwicklung, Berlin 2016.

Tim Niblock/Talmiz Ahmad/Degang Sun: Conflict resolution and creation of a security community in the Gulf Region, Berlin 2018.

Zehra Önder: Saudi-Arabien. Zwischen islamischer Ideologie und westlicher Ökonomie, Stuttgart 1980.

Martin Pabst: Der Nahostkonflikt. Eine Einführung, Stuttgart 2018.

– ders.: Arabischer Frühling ohne Sommer? Die schwierige Neuordnung einer Großregion, Stuttgart 2021.

Chad H. Parker: Making the Desert Modern: Americans, Arabs, and Oil on the Saudi Frontier, 1933–1973, Cambridge, MA 2015.

Neil Patrick (Hg.): Saudi Arabian Foreign Policy: Conflict and Cooperation, London/New York 2016.

Rudolph Peters: Erneuerungsbewegungen im Islam vom 18. bis zum 20. Jahrhundert und die Rolle des Islams in der Neueren Geschichte: Antikolonialismus und Nationalismus. In: Ende/Steinbach [5]2005, 90–127.

Jean-Philippe Platteau: Islam Instrumentalized: Religion and Politics in Historical Perspective, Cambridge 2017.

Menno Preuschaft: Religion, Nation und Identität. Eine Untersuchung des zeitgenössischen saudischen Diskurses zum Umgang mit religiöser Pluralität, Würzburg 2014.

Mohamed A. Ramady: The Saudi Arabian Economy. Policies, Achievements, and Challenges, New York/Dordrecht/Heidelberg/London 2010.

Annette Ranko: Die Muslimbruderschaft. Porträt einer mächtigen Verbindung, Hamburg 2014.

Madawi Al-Rasheed: A Most Masculine State. Gender, Politics, and Religion in Saudi Arabia, Cambridge 2013.

Christoph Reuter: Die schwarze Macht. Der »Islamische Staat« und die Strategen des Terrors, München [5]2015.

Kamal Salabi: A History of Arabia, Beirut 1980.

Konrad Schliephake/Ghazi Shanneik (Hg.): Die Beziehungen
    zwischen der Bundesrepublik Deutschland und dem König-
    reich Saudi-Arabien (= Schriftenreihe zu Deutsch-Arabischen
    Beziehungen. Heft 3), Berlin/Irbid 2001.

Julius H. Schoeps: Der König von Midian. Paul Friedmann und
    sein Traum von einem Judenstaat auf der arabischen Halb-
    insel, Leipzig 2014.

Friedrich Schreiber: Die Saudis. Macht und Ohnmacht der Herr-
    scher Arabiens, Wien/München/New York/Zürich 1981.

Reinhard Schulze: Geschichte der Islamischen Welt im 20. Jahr-
    hundert, München 1994.

Shaul Shay: The Red Sea region: between war and reconciliation,
    Eastbourne 2019.

Geoff Simons: Saudi Arabia: The Shape of Client Feudalism, Lon-
    don 1998.

Adam J. Silverstein: Islamische Geschichte, Stuttgart 2012.

Sebastian Sons: Auf Sand gebaut. Saudi-Arabien – Ein problemati-
    scher Verbündeter, Berlin 2016.

Udo Steinbach: Tradition und Erneuerung im Ringen um die Zu-
    kunft: Der Nahe Osten seit 1906, Stuttgart 2021.

Guido Steinberg: Saudi-Arabien. Politik, Geschichte, Religion,
    München 2004.

The Emirates Center for Strategic Studies and Research (ECSSR):
    Water and Food Security in the Arabian Gulf, Abu Dhabi 2013.

– dass.: Climate Change and the Future of Water, Abu Dhabi 2019.

Gönül Tol/David Dumke (Hg.): Aspiring Powers, Regional Rivals.
    Turkey, Egypt, Saudi Arabia, and the New Middle East, Wa-
    shington D. C. 2019.

United States Institute of Peace: Final Report and Recommenda-
    tions of the Senior Study Group on Peace and Security in the
    Red Sea Arena, Washington, D. C. 2020.

Ellen R. Wald: Saudi Inc. The Arabian Kingdom's Pursuit of Profit
    and Power, New York 2018.

Walter Weiss: Das Ende von 1001 Nacht. Ein Saudi-Arabien-Buch,
    Wien/München 1976.

Eberhard Wohlfahrt: Die Arabische Halbinsel, Berlin/Frankfurt
    a. M./Wien 1980.

# Namen- und Ortsregister

# Über den Autor

Dr. Martin Pabst ist selbständiger Politikwissenschaftler und ausgewiesener Kenner Afrikas, des Nahen und Mittleren Ostens. Er betreibt das Büro Forschung & Politikberatung in München, ist Präsidiumsmitglied und ehemaliger Vorsitzender der Deutschen Gesellschaft für die Vereinten Nationen (DGVN) in Bayern und publiziert regelmäßig in Fachzeitschriften.